本书由教育部人文社会科学重点研究基地重大项目"南北朝《涅槃经》注释书的综合研究"（项目批准号：19JJD730005）资助出版

涅槃学研究

张文良　著

中国社会科学出版社

图书在版编目(CIP)数据

涅槃学研究 / 张文良著 . —北京：中国社会科学出版社，2024.2（2024.10重印）

ISBN 978 - 7 - 5227 - 3141 - 4

Ⅰ . ①涅…　Ⅱ . ①张…　Ⅲ . ①大乘—佛经—研究　Ⅳ . ①B942.1

中国国家版本馆 CIP 数据核字(2024)第 040721 号

出 版 人	赵剑英
责任编辑	郝玉明
责任校对	谢　静
责任印制	王　超

出　　版	中国社会科学出版社
社　　址	北京鼓楼西大街甲 158 号
邮　　编	100720
网　　址	http://www.csspw.cn
发 行 部	010 - 84083685
门 市 部	010 - 84029450
经　　销	新华书店及其他书店

印　　刷	北京君升印刷有限公司
装　　订	廊坊市广阳区广增装订厂
版　　次	2024 年 2 月第 1 版
印　　次	2024 年 10 月第 2 次印刷

开　　本	710×1000　1/16
印　　张	27.25
字　　数	432 千字
定　　价	139.00 元

序　言

在现代汉语语境中，"涅槃"一词往往与"凤凰"联系在一起，即以"凤凰涅槃"代指浴火重生、劫后再生。但"凤凰涅槃"并不是佛教中固有的典故，而是出自现代著名诗人郭沫若发表于1920年的长篇抒情叙事诗《凤凰涅槃》。"凤凰"的意象虽然直接来源于《山海经》，但正如诗人自己在注释中所说，"凤凰"也吸收了西方文化中的不死鸟菲尼克斯（phoenix）的意象，从而有了凤凰向死而生的情节展开。《山海经》的凤凰只是一种神鸟，并没有再生的内涵，而不死鸟菲尼克斯虽然有再生的内涵，但并没有"涅槃"的内涵。诗人凭借天才的想象，将中国文化中的神鸟、西方文化的不死鸟、印度文化的涅槃等意象重新组合成一幅色彩绚丽、奇异玄幻、富有生命哲理的长诗，歌颂生命的真谛、呼唤一个新世界的诞生。

郭沫若将"凤凰"与"涅槃"联系在一起，是一种文学创造。这个词一旦诞生，就伴随着《女神》这部经典的长诗而广泛流传，获得了持久的生命力。人们提到"涅槃"就会联想到"凤凰涅槃"，就会想到诗歌中奋勇赴火、经过大火的淬炼而获得永生的情景。但这种理解是否符合印度佛教中的"涅槃"原意呢？

涅槃从一开始就是一个多义词。从词源学上讲，它指火的熄灭或火灭后的状态。在佛教语境中它既有具象的内涵也有抽象的内涵，具象的内涵就是色身的灭度，佛陀住世八十年，最后在双林树下入涅槃。原始《涅槃经》的内容就是以佛陀涅槃这一历史事件为背景展开的。而抽象的内涵则是指佛教徒修行所达到的境界，这种境界就是解脱了烦恼、超越了世间的矛盾对立而达到的自在境界。

在原始佛教中有"三法印"之说，即"诸行无常""诸法无我""涅槃寂

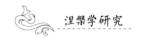

静"。所谓法印，就是区别佛法与非佛法的标准。"诸行无常"指世间的一切事务、现象都是生灭变化的，没有常住不变的存在；"诸法无我"指一切物质和精神现象都没有一个主宰或自性；而"涅槃寂静"则指超越生死变化、进入永恒寂静的境界。这三法印是相互联系在一起的，"诸行无常"是对世间万物根本特征的描述，"诸法无我"则是对世间万物何以如此的一种解释，而"涅槃寂静"则是为众生指明一条如何超越世俗走向解脱，或者说从烦恼的此岸到达解脱彼岸的一个目标和途径。

涅槃，作为表达佛教修行最高境界的术语，其核心内涵虽然是解脱，但汉语的"解脱"不足以表达其全部内涵，于是在大乘《涅槃经》传入中国之后，经过南北朝时期中国佛教思想家的诠释，在"解脱"之外又增加了"法身"和"般若"之意。因为"涅槃"既有色身入灭之意，又有精神解脱、超越生死之意，这就使得这一概念具有内在的张力。色身的入灭意味着有生灭变化，而精神的解脱又意味着超越生死变化。那么如何在同一个"涅槃"概念中兼容生死和超越生死呢？后代思想家构想出"法身"的概念。即色身虽然有生灭，但作为色身本质的法身则不生不灭；色身有生死，而法身则超越生死。在佛教思想发展过程中，法身概念还与报身、应身概念结合在一起，成为佛教佛身理论体系中的重要一环。而般若则是佛教所说的超越性的智慧，只有具有超越性的智慧，修行者才能进入涅槃的境界。如此一来，生死的局限就在佛教智慧的关照下被消解。

很显然，这种具有特定佛教教义背景的涅槃概念与"凤凰涅槃"的"涅槃"并不是一回事。作为佛教概念的"涅槃"虽然最初与"火"有关，但它是指火的熄灭而不是火的燃烧。而且，原始佛教的"涅槃"虽然与死亡联系在一起，但并没有再生的意涵，相反，涅槃意味着生命个体不再轮回，超越了生死，从这个意义上说，涅槃可以说是对"再生"的否定。

郭沫若在《凤凰涅槃》的小注中说其意象灵感来自古希腊神话，但实际上类似的意象也存在于古印度的传说。据说在雪山中有一种神鸟迦陵频伽，又称妙音鸟，此鸟鸣叫声美妙动听，抑扬顿挫。在临近死亡时进入狂喜状态，在四周堆集易燃物，在极乐状态中跳舞，然后便从容投入火中。在一切化为灰烬之后，在温暖的灰烬中孕育出一个蛋，从此蛋中便能孵出新的鸟。可见类似的传说在不同文化体系中都不乏其例，它似乎暗示了人类普遍具有超越生死、追求永恒的心理倾向。只是"凤凰涅槃"所代表的再生理念只是一种浅层次的、朴素的愿望，而佛教的涅槃则是通过修行，使自己的身心得到彻底改造，获得对世界本质的洞察，从而在精神层面上完成对生死的超越。迦陵频伽的意象被佛教经典吸收，不同的是，出现于《法华经》《阿弥陀经》中的迦陵频伽，已经剥离了自焚、再生的内涵，只是帮助佛陀宣扬佛教教义的神鸟。这从一个侧面反映了"凤凰涅槃"的"涅槃"是再生而不是佛教的涅槃。

佛教的涅槃理念的展开有一个发展过程。早期佛教关注的是佛陀的入灭的历史事实，涅槃可以说是死亡的隐晦说法。而到大乘佛教出现，围绕涅槃概念形成了佛性思想、法身思想、解脱思想，涅槃概念的内涵也得到极大的丰富。我们要考察的目标是中国佛教思想家是如何诠释和重构大乘《涅槃经》思想的。自晋宋之际直到隋唐时代，《涅槃经》都是中国佛教思想家关注的大乘经典，出现了众多的注释家和注释书。我们不可能对《涅槃经》的注释书网罗殆尽，只能择其大者，对其思想特征进行考察，以期对涅槃思想的发展轨迹有一个相对准确的把握。

涅槃概念在历史上已经深深嵌入中国文化的各个方面，对涅槃思想的研究需要聚合不同学科、不同领域的学者进行综合性研究。尽管笔者希望在吸收最新研究成果的基础上有所创新，但本研究终究只是涅槃学研究的一个环节，还有大量的课题留待以后进一步拓展。

张文良于人大人文楼

2023 年 5 月 4 日

目　次

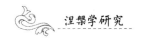

序章 《涅槃经》及其注释书的研究

第一节 研究范围与研究方法

本书聚焦于南北朝时期《涅槃经》的注释书。以往的研究者主要针对收录于《大正藏》的七十一卷本《涅槃经集解》（以下简称《集解》）而展开研究。的确，《集解》收录了自晋宋初期的道生至梁代的宝亮等十九人关于《涅槃经》的注释，不仅对我们了解公元 5 世纪后半叶至 6 世纪初的涅槃思想动态有重要的资料价值，而且对我们考察整个南北朝佛教思想史，都具有不可替代的资料价值。但我们在考察南北朝《涅槃经》注释书、分析南北朝涅槃思想的展开时，《集解》作为基础资料又有很大的局限。首先，《集解》收录的都是注释者对《涅槃经》注释的片段，而且每位注释者被收录的量也很不平衡。道生、僧宗、僧亮、宝亮等人的注释被大量采用，而智藏、慧令等人的注释则只是被零星提及。这样，我们就无从知道这些注释家的思想全貌。如南齐慧诞法师的顿渐判教说在后世影响很大，但《集解》中虽然收录了慧诞的若干《涅槃经》的注释，但并没有收录其判教的说法。这就造成后世只能根据他人的转引来理解其思想。其次，《集解》完成于天监七年（508）至天监八年（509），所以其收录范围仅限于在此之前的《涅槃经》注释书。但《涅槃经》的注释活动在《集解》之后并没有中止，实际上，在南梁南陈以至于到隋代，《涅槃经》的注释活动仍然很活跃，如被称为"梁代三大士"的法云和智藏都曾著《涅槃经疏》，而僧旻是涅槃学大家宝亮的弟子，被嘉祥吉藏和净影寺慧远等奉为涅槃学的权威。但由于这些著作已经散佚，并且其内容没有被收录到《集解》，所以，我们难以把握这一时期涅槃思想的全貌。

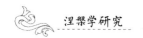

对于《集解》之后《涅槃经》注释书的样态和涅槃思想的展开,我们也只能通过《高僧传》《续高僧传》等传记资料,以及净影寺慧远、灌顶等的《涅槃经》注释书的转引而窥其一斑。在梁陈之际,还有一位"观师"屡屡出现在灌顶的《涅槃经疏》中,其涅槃说对以往的学说多有批判,显示其在当时涅槃宗中的地位很高。但《续高僧传》中并没有为他列传。我们只能通过灌顶的《涅槃经疏》约略把握其涅槃思想的大要。最后,现在《大正藏》所收录的《集解》录文的错谬很多,影响对其思想的正确把握。而最近向学术界公开的日本白鹤美术馆所藏《集解》写本则属于善本,如果两本对校,有望得到一个较好的版本。本书也对此写本的流传、收藏以及文本价值进行了初步研究。

鉴于《集解》作为基础文献的局限性,本书将研究范围扩大到 2012 年公开的《敦煌秘笈》中所收录的萧子良的《杂义记》和敦煌文献中的《涅槃经》注释书。《杂义记》大约成书于 5 世纪 90 年代,反映了南齐时代涅槃宗的动向,特别是其中的"涅槃义""法身义""二谛义",有助于我们把握南齐时代思想家是如何诠释《涅槃经》教义的。《杂义记》中的涅槃思想与《集解》中的涅槃思想有交叉、有继承。将两种文献结合起来考察,南北朝涅槃思想的发展线索和逻辑会更加清晰。

在藏外文献中,敦煌文书中与《涅槃经》相关的文书大约有四十九件,合并同属一本注释书的残简,其中大约有二十三种较完整的注释书。这些注释书,从时间分布看,包括从 5 世纪后半叶到 6 世纪后半叶的文献。对于这些文献,已经有学者作了文献学和思想史的初步考察,但仍然留有很大的研究空间,特别是思想层面的研究还有待结合涅槃思想史进行深入挖掘。由于这些文献很多是地论宗思想家的注释书,所以以往都是作为地论宗的文献进入研究者的视野。由于注释者具有比较明确的地论宗的理论立场,其注释形式和思想逻辑与《集解》也有一定差异,将其置于地论宗思想史进行考察无可厚非。但这些文献毕竟是针对《涅槃经》所作的理论阐释,所以理所当然也应该将其放在涅槃学的框架下进行讨论。本书选择了北京图书馆所藏《涅槃经疏》(02224、02316、02276 号)作为个案,对其版本特征、思想属性进行了初步考察。

本书的主体部分限于南北朝时期,但就涅槃思想的展开而言,南北朝与隋代甚至唐初的涅槃思想之间有着密切的联系，所以，作为南北朝涅槃宗的一种延展，笔者也对隋代净影寺慧远法师的涅槃思想以及三论宗嘉祥吉藏的涅槃思想作了若干考察。另外，由于唐代《涅槃经》注释书中引用了南北朝时期已经亡佚的《涅槃经》注释书的资料，为了还原这些亡佚资料，补足南北朝涅槃宗所缺失的板块，我们把唐代的《涅槃经》注释书如灌顶的《涅槃经疏》也纳入了考察范围。

从《涅槃经》注释书的数量变化可以看出，涅槃学的全盛期是在5世纪下半叶至6世纪上半叶的一百年间。随着隋唐宗派佛教如天台宗、华严宗等宗派的兴起，《法华经》和《华严经》等作为宗派的根本经典受到尊崇，其地位超越了《涅槃经》。随着玄奘弟子创立法相宗，《成唯识论》《瑜伽师地论》等风靡一时，《涅槃经》无论在信仰层面还是在思想层面都走向边缘。尽管如此，我们在唐初关于佛性的论争中可以看到《涅槃经》的众生悉有佛性的思想仍然有顽强的生命力，其逻辑力量甚至超过法相宗的五种佛性说。而在天台宗湛然的《金刚錍》中，《涅槃经》的"佛性"被视为"法性"的同义词，内涵获得进一步丰富，显示出《涅槃经》的思想具有多维的解释空间，可以成为思想发展、思想创造的素材。最后一章将对唐代宗派佛教中的涅槃思想进行若干考察，以期对涅槃思想的流变有一个相对全面的认知。

在此有必要对所谓"涅槃宗"的概念略作辨析。带有宗派意义的"涅槃宗"概念，最早出自日本古代思想家凝然。凝然在《三国佛法传通缘起》(1311年)中，依据在中国的弘通次第将中国佛教分为十三宗，即毗昙宗、成实宗、律宗、三论宗、涅槃宗、地论宗、净土宗、禅宗、摄论宗、天台宗、华严宗、法相宗、真言宗。凝然的这种说法得到中国近代思想家梁启超的呼应。在《论中国学术思想变迁之大势》(1902年)中，将南北朝和隋唐佛教也分为十三宗，认为涅槃宗、地论宗、摄论宗被后来发展起来的宗派吸收，真正蔚为大观的是俱舍宗、成实宗、律宗、法相宗、三论宗、华严宗、天台宗、真言宗、净土宗、禅宗十宗。① 但梁启超的说法似乎并没有被后来的佛教史家接受。如蒋维乔(1873—1958年)的《中国佛教史》(1928年)主张八

---

① 参见梁启超《论中国学术思想变迁之大势》，中国社会科学出版社1995年版，第63页。

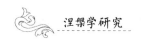

宗说，汤用彤（1893—1964 年）主张六宗说，吕澂（1896—1989 年）主张五宗说。他们都没有将"涅槃宗"视为一个独立的佛教宗派。

不仅如此，随着中国学术界对"宗派"概念内涵认识的清晰化，越来越意识到南北朝时期的"宗"和隋唐佛教的"宗"不是同一个概念。如蒋维乔在《中国佛教史》中提及凝然的"十三宗"说时就认为"十三宗"说混淆了"宗"和"宗派"的内涵，在隋唐之前并无所谓"宗派"。"涅槃宗"等不是后来的天台宗、华严宗意义上的宗派。[①] 汤用彤则更进一步结合日本佛教史说明"十三宗"之说成立的背景。即《成实论》《俱舍论》传入日本之后由于讲习者众，日本僧俗掌权者将其视为"宗"，并将此二宗与讲习《华严经》的"华严宗"并称。凝然在叙述佛教在中国展开历史时，将南北朝时期的"宗"与隋唐时代的"宗"相提并论，想当然地认为中国历史上存在十三宗。也就是说，凝然一方面是将隋唐时期佛教的宗派概念投射到南北朝时期佛教中，另一方面又将日本佛教宗派概念投射到中国佛教，从而才出现了不完全符合中国佛教历史的"十三宗"之说。为此，汤用彤将"宗"分为学派之"宗"和教派之"宗"，前者是由佛教义理的不同而区分开来的学派，如涅槃宗、成实宗、地论宗等；后者则是师徒相传的教团，如天台宗、法相宗、华严宗等。应该说，汤用彤以学派和教派区分南北朝佛教的"宗"和隋唐佛教的"宗"，比较符合中国佛教史的事实，有很强的解释力。[②]

"涅槃宗"等不能与隋唐佛教的天台宗、华严宗等相提并论，那么这一概念是否就要弃之不用呢？历史上概念一旦形成，往往相沿成俗，具有自己独特的内涵和逻辑，要让其从知识体系中退出并非易事。实际上，这一概念仍然被现代学者使用。如日本学者布施浩岳的涅槃学研究代表作就是《涅槃宗之研究》。根据布施浩岳对"涅槃宗"的界定，它是以大乘《涅槃经》的讲习和注释活动为中心形成的学派，其时间跨度为东晋末期至初唐的二百五十年间。布施浩岳将涅槃宗界定为与隋唐"宗派"不同的"学派"的做法与汤用彤的理念相一致。而布施浩岳进一步对涅槃宗的内涵作了如下说明。

① 参见蒋维乔《中国佛教史》，广陵书社 2008 年版，第 40 页。
② 参见汤用彤《论中国佛教无"十宗"》，《汤用彤集》，中国社会科学出版社 1995 年版，第 178 页。

（1）以三教五时为中心的判教说。在这一判教体系中，《涅槃经》作为一切经典中的最高经典的地位得以确立。（2）绵延不绝的学系传承。这种师承有时是明确的，有时并不明确。（3）《涅槃经》的弘扬不是依托特定寺院而是依赖个人。即涅槃宗不是以寺院为单位的组织性宗派。在隋代虽然短暂存在过"涅槃众"的群体，但总体而言，涅槃宗是学派性的而不是组织性的。（4）涅槃宗是兼宗而非专宗。在南北朝时期，往往研习《涅槃经》者也同时研习《成实论》《十地论》《摄论》等。如作为"梁代三大士"的僧旻、智藏皆以《成实论》的讲习和研究而知名，法云以《法华经》研究而知名。净影寺慧远虽然著有《涅槃经疏》，但他是地论宗南道派的代表人物。所以，南北朝时期的涅槃师往往被称为成论师、地论师、摄论师。①

从布施浩岳的分析看，涅槃宗确实与隋唐时代的佛教宗派不同，将其称为"宗"容易与后来的宗派混淆。但为什么他仍然选择使用这一概念呢？他的一个重要的考虑是这一概念并不是从凝然的著作才开始使用的，而是在南北朝和隋唐文献中就屡屡出现的概念。如《涅槃经集解》卷六就有"佛开涅槃宗"之说，只是这里的"宗"是宗旨之意，"涅槃宗"即《涅槃经》之宗旨。但在隋开皇十六年至十七年（596—597），朝廷敕立海觉寺的法聪、净影寺的善胄等为"涅槃众主"，以官方名义，确认法聪等所统领的僧众为专门弘扬《涅槃经》的群体。虽然这一制度并没有延续到后代，但仍然意义重大。这说明"涅槃宗"不仅仅是一个抽象的学派名称，而是在一定时期代指特定的群体。"涅槃宗"虽然总体上是一个思想性的学派，但在特定时期也指称实体性的组织。正因为如此，布施浩岳没有使用"涅槃学派"而是用"涅槃宗"代指历史上的涅槃学系。

"涅槃宗"作为一个古已有之的概念，如果像布施浩岳那样加以限定，即表达历史上存在，以《涅槃经》诠释为中心而展开的一个学派，则仍然可以使用。只是我们要明确它既不同于隋唐时代师承相续的佛教宗派也不同于日本佛教排他性、组织性宗派。

针对涅槃宗这一研究对象，我们所采取的研究方法则是从现代学术立场

---

① 参见［日］布施浩岳『涅槃宗の研究』（後篇），東京：国書刊行会 1973 年版，第 5—15 頁。

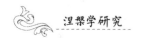

对其进行综合研究，这种研究称为"涅槃学"。

涅槃学研究有三个向度，在三个层面展开。一是传统的文献学、历史学研究向度。关于涅槃宗最具分量的第一手资料是《涅槃经集解》，作为成立于一千五百年前的文献能够相对完整地保存下来，这本身就是奇迹。只是自汤用彤、布施浩岳的相关研究之外，在最近的三四十年间，关于此文献的研究并没有大的进展。随着白鹤美术馆藏《涅槃经集解》的公开，关于此文献的研究有望取得突破。本书将在第二章中讨论此文献的最新研究成果。此外，敦煌文献中的《涅槃经》注疏文献群也是值得关注的研究领域。虽然已经有一些先行研究，但综合性研究尚处于起步阶段，还有大量的研究空白需要去填补。

关于涅槃思想的历史展开，汤用彤和布施浩岳已经作了基础性考察，对于重要的涅槃师的生平、著作和在《涅槃经》诠释史上的地位皆有考证分析，这是本研究的重要基础和进一步研究的出发点。关于《涅槃经》注释书中的判教思想等，日本学者菅野博史等也有若干富有启发的考辨。但即使已经有上述先行研究的成果积累，关于涅槃思想的历史研究仍然存在大量的课题。如顿渐二教判是中国佛教思想史上的重要课题，但围绕这一判教思想在南北朝佛教史中何时出现、由何人最早提出的问题，众说纷纭，莫衷一是。虽然嘉祥吉藏提到是晋宋时期的道场寺慧观最早提出的，但如我们在下面正文部分的分析所看到的，这种说法值得进一步商榷。

二是思想史的研究向度。在思想史研究中，概念史的研究尤其重要。概念是思想的细胞，只有从概念研究入手，才能具体而微地窥见思想体系的内部结构和思想发展的内在逻辑。近代以来的中国哲学和宗教学的研究在很大程度上是依靠概念史的研究而成熟起来的。如张岱年先生的《中国哲学大纲》（1957年）、《中国古典哲学概念范畴要论》（1987年）等，都是以概念研究作为方法论，发掘中国哲学独特的问题意识和发展规律，为中国哲学的创新发展和体系建构提供了重要的方法论范式。而方立天先生的佛教研究实际上也是以概念史研究作为核心方法论而展开的，特别是其代表作《中国佛教哲学要义》，分别从"人生论""心性论""宇宙论""实践论"四个方面，对佛教的核心概念包括"涅槃""心性""净土"等进行了历史的和逻辑的考察，并透过这些概念的嬗变轨迹，深刻揭示了这些概念与佛教中国化进程的深度耦合关系。

涅槃学涉及的概念众多，从对后世的思想影响来看，佛性、如来藏概念无疑是最重要的概念。本书考察了两概念在印度佛教语境中的异同，并结合对《涅槃经》注释书的考察分析了两个概念进入中国佛教语境之后不同的发展轨迹。两个概念在印度佛教语境中就有微妙区别，对《涅槃经》和《涅槃经》注释书中的两个最重要概念的厘清，有助于我们从概念史的角度考察佛教中国化的进程和内在逻辑。

思想史研究离不开思想比较研究法。在佛教传入中国初期，为了理解佛教的概念，中国佛经注释家采用了"格义"的方式，即以比较和类比的方法解释跨文化背景的概念。如用中国传统思想中的"无"类比佛教的"空"等。但如果在中国传统思想中找不到类似的概念，这种"格义"就行不通。法身概念在传入中国初期，就遇到了这种理解和解释的困难。梵文中的"身"是集聚之意，与中国语境下的肉体之"身"大异其趣。由于传统思想中没有相对应的概念，所以即使像庐山慧远这样当时第一流的佛教学者都不能准确理解"法身"的内涵。通过考察《杂义记》的"法身义"、《涅槃经集解》的法身观、净影寺慧远《涅槃经疏》的法身观，我们可以看出中国佛教思想家是如何经过艰苦的思想努力才最终达成对"法身"概念的准确理解。当然这种"准确"理解是相对的，因为中国佛教思想家的理解并不是完全祖述印度经典的说法，而是有所创新、有所发挥。如法身有"真"有"应"、有"性"有"相"等说法，就不见于《涅槃经》，完全是结合中国传统思想而作出的发挥。

本书在涅槃概念史的考察过程中，关注到印度佛教概念中国化的问题，分别考察了"理""神明"等中国传统思想中的概念是如何与涅槃概念相结合而成为涅槃学的组成部分。佛教中国化是一个内涵非常丰富的课题，需要从不同视角、不同层面进行综合性考察才能把握其发展历程和多重向度。佛教教义思想的中国化是佛教中国化的重要向度，而要精确把握佛教思想的中国化，就必须从作为思想的细胞形态的概念入手进行具体而微的分析。实际上，除了"理""神明"等概念，还有"顿""中""圆""真"等中国传统思想的概念进入涅槃学中，成为中国涅槃学思想体系的重要思想要素。

此外，《涅槃经》与道教的交涉也是值得关注的课题。在南北朝时期，模仿或摄取《涅槃经》的思想素材和概念名相等而出现的道教经典有《海藏经》《大本经》等，在隋代还出现了道士因为剽窃《涅槃经》而制作《广天经》被处死的极端例子。这一方面说明道教的做法不被当时社会通则允许，另一方面也彰显了《涅槃经》在当时的影响力，这种影响力没有局限在佛教的圈子，而是广泛影响到包括道教在内的信仰形态。从正统道教的立场看，这种模仿《涅槃经》而成的经典或许荒诞不经，没有任何思想价值。但这种道教伪经为什么会出现，它们摄取了《涅槃经》的什么内容，却是值得关注的问题。透过这些问题的考察，我们会发现《涅槃经》越出了佛教界，辐射到其他信仰形态。通过对《涅槃经》与中国传统思想的交涉互动的考察可以看出，涅槃学不仅在佛教思想史中占有重要地位，而且在中国宗教思想史、中国思想史研究方面也有独特价值。

概念史的考察离不开社会史的考察，概念史研究注重思想内部的逻辑展开，注重概念与概念之间的相互交涉、相互渗透以及由此带来的概念之间的连续性和非连续性问题等，而社会史则是对概念思想发展的外部社会环境包括社会政治、经济、文化等多方面的考察。概念思想与社会史之间的联系有些是直接的，比如我们看到梁武帝的《断酒肉文》的颁布对中国佛教徒如何理解《涅槃经》不食肉戒就产生了直接的影响。但大多数情况下这种影响是非直接的，要经过许多中介环节才能看到，如从部派佛教的三净肉戒到《涅槃经》不食肉之间所发生的戒律观念的转变，就需要深入古印度社会的社会结构变化以及僧团组织的变化等来探索其原因。又比如，在晋宋之际发生的从"般若空"向"涅槃有"的佛教思潮的转变，除了《涅槃经》的翻译等佛教内部的要因之外，也和当时社会观念的转变有很大关系。所有这些课题，都应该是涅槃学的题中应有之义，即只有将概念史与社会史相结合才能得出有说服力的结论和有学术价值的成果。但本书主要聚焦于概念史的讨论，只是在考察梁武帝的《断酒肉文》与《涅槃经》不食肉戒的关联时，讨论了当时的社会动向和士大夫阶层的观念等背景因素。

三是哲学的研究向度。佛教学研究不能只是一种思想考古学，即只关注古代文献的挖掘整理和思想史的梳理，还要具有现代学术的问题意识，结合当代学术界的热点问题，发出基于佛教思想立场的见解和观点。在涅槃学研究方面，也面临着方法论的创新问题。基于文献学考察的涅槃思想史研究不是涅槃学研究的终点，如何从《涅槃经》和涅槃宗的思想素材中萃取有价值的思想要素，作为我们思考当代人所关注的理论问题的思想催化剂，是我们要思考的重点之一。如原始《涅槃经》的涅槃观念对于我们思考历史上的死亡观念的嬗变有重大启发意义。佛教徒克服死亡的恐惧，不是依靠死后重生的信念，而是凭借对生死的内在超越；大乘《涅槃经》引入法身概念对涅槃概念进行的改造，对我们当代人思考生命的有限性与无限性这一亘古至今的课题不无启发；涅槃宗思想家所讨论的草木有佛性命题，为我们思考环境保护的伦理基础问题也提供了新的视角。日本佛教学者末木文美士提出作为方法的佛教，提倡利用佛教的思想资源思考当代世界性的课题，给出佛教的解决方案。佛教要从文献导向转向问题导向，要关注现实，要有思想创新，只有如此佛教才能焕发思想生机，在当代人文社会科学领域占有一席之地。应该说，这种主张有明确的现实针对性，值得我们研究涅槃思想时参考。

当然，涅槃学研究还有其他的方法论选择，如最近流行的图像学研究等。以佛陀涅槃为主题的造像、壁画、雕塑等艺术作品无论在印度、中亚还是在中国敦煌和内地皆有丰富的历史遗存。结合图像学的方法，能够从一个独特视角阐释思想史的演变过程。如中国的涅槃图中有一个重要情节，即佛陀的姨母摩耶夫人从天而降，扶棺痛哭，佛陀从金棺中复生，为母说法。这种场景本来是原始涅槃图中所没有的情节，后来随着《摩诃摩耶经》等经典的出现才有了这一情节。其表达的孝道观念和再生的观念显示了原始涅槃观念发生了很大变化。而探讨这种变化的社会文化背景恰恰是涅槃学研究的课题。

总之，《涅槃经》、涅槃宗、涅槃学是三个相互区别又相互关联的概念。《涅槃经》是涅槃宗、涅槃学的经典基础和思想渊源；涅槃宗是中国古代佛教思想家对《涅槃经》的传习、注疏和思想构建；涅槃学则是从现代学术立场对《涅槃经》和涅槃宗所展开的学术研究。本书的研究属于涅槃学的范畴，研究对象以南北朝时期《涅槃经》注释书为中心，同时兼顾隋唐时期《涅槃经》注释书。

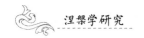

第二节 先行研究的考察

本书虽然将研究对象限定于南北朝时期《涅槃经》注释书的研究，但由于注释书与注释对象《涅槃经》之间存在密切的思想关联，要理解注释书的阐释在哪些方面忠实于原典，在哪些方面进行了延伸解释，就必须同时关注《涅槃经》本身的研究。所以，本书的先行研究包括两部分：《涅槃经》的研究与《涅槃经》注释书研究。

一 《涅槃经》的研究

《涅槃经》分为原始《涅槃经》和大乘《涅槃经》。虽然从分量上说，原始《涅槃经》包括《遗教经》等也构成一个经典群，并且也在佛教史上占有一定位置，但从思想史的角度看，显然大乘《涅槃经》的影响更大。大乘《涅槃经》的涅槃思想、佛性思想、法身思想、一阐提的观念、不食肉的理念，不仅对中国佛教思想的展开产生了巨大影响，而且对中国佛教徒的生活方式也具有了规范作用。中国僧尼的素食传统的原点就在于《涅槃经》关于僧人不得食肉的相关教义。鉴于大乘《涅槃经》在大乘佛教经典中所占有的重要地位，在近代佛教学诞生之后，日本和欧美学术界关于《涅槃经》的研究构成了佛教学研究的重要组成部分。特别是最近三十余年来，由于新出资料的发现和研究方法论的突破，《涅槃经》研究取得了重要进展。以下，在对大乘《涅槃经》研究史进行梳理的基础上，对若干重要理论问题的最新进展略作考察。

（一）《涅槃经》研究史的概观

日本近代佛教学意义上的《涅槃经》研究始自 20 世纪初叶。著名的历史学家、京都大学松本文三郎（1869—1944 年）于 1917 年发表《涅槃经论》，对《涅槃经》的内容、起源及传播，从历史学的角度进行了考证。在此之前，日本佛教界对《涅槃经》虽然多有注释和解说，但都是站在信仰的角度，以经解经，意在就《涅槃经》自身逻辑来理解《涅槃经》。而松本文三朗则从实证主义的研究视角，将《涅槃经》作为历史学的研究对象，考察其历史性格和历史定位。这可以说是《涅槃经》第一次进入现代佛教学的视野。

这种从文献史的角度所进行的研究成为日本《涅槃经》研究的一大传统。当然，这种研究的目标不限于《涅槃经》这一文献的史料价值，研究者之所以重视《涅槃经》，亦是看重其历史价值。因为《涅槃经》是大乘佛教运动兴起之后最早的一批大乘佛教经典，所以考察分析《涅槃经》的出现和传播历史，有助于从一个重要侧面究明大乘佛教运动兴起的社会背景和历史过程。在这方面，横超慧日（1906—1996 年）所做的工作最具有代表性。

横超慧日《涅槃经》研究最具特色的部分是对《涅槃经》形成史的研究。他通过详细考察昙无谶所译四十卷本《涅槃经》的内容，认为从开头的"寿命品"到"名字功德品"的三卷，即相当于六卷本《泥洹经》的内容，构成原始大乘《涅槃经》，其思想内容和"如来性品"之后的内容有显著的不同。通过这种二分法，我们可以对《涅槃经》的内容和形成过程进行更为准确的把握，并解决以往研究中的许多难题。如关于一阐提能否成佛的问题，在《涅槃经》的不同部分就有截然不同的说法，如果把《涅槃经》视为一部一次性完成且逻辑统一的整体，那么这种矛盾现象就难以解释。而如果《涅槃经》是不同时期的内容汇编在一起的话，前后内容出现差异就不难理解。实际上，在横超慧日之前，宇井伯寿（1882—1963 年）虽然也有类似的观点，但并没有从文献学的角度展开论证，所以横超慧日的研究具有开创性，并对后来的《涅槃经》研究产生了深远影响。

与这种对《涅槃经》的文献学研究形成对照的，是从《涅槃经》的外围即经典形成的社会背景出发的研究。这方面的代表人物是平川彰（1915—2002 年）。1967 年，平川彰出版《初期大乘佛教的研究》，提出大乘佛教出现的社会基础是在家居士群体。这些群体以佛塔信仰为中心，其信仰方式、生活方式与部派佛教僧团不同，包括《般若经》《法华经》《涅槃经》《维摩经》等大乘经典的思想体现了这一群体的信仰形态。具体而言，佛塔的舞乐供养、金银华鬘的庄严，由于戒律的限制，不能由出家僧人主持，只能由在家居士承担。这一群体逐渐形成自己的信仰形态，如对原始佛教戒律持宽容态度、对部派佛教徒的"声闻"持批判态度、在佛法僧三宝中重视佛陀崇拜、在自我解脱之外重视对"他者"的救度等。这一群体的信仰成为大乘佛教运动的

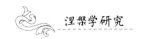

实践基础。平川彰的相关研究虽然不是专门针对《涅槃经》的研究，但对《涅槃经》研究具有深刻的方法论启示。以往包括《涅槃经》在内的经典研究，主要限定于思想研究，即从经典中提炼总结出佛教的思想体系和修行体系。而平川彰的研究则将《涅槃经》等经典作为历史研究的素材，通过对经典形成的社会背景的考察分析，找到佛教思想发展的社会基础和转变机制。这种方法论的创新和转换在世界佛教学术界都引起了很大反响，对后来的下田正弘等人的《涅槃经》研究更是产生了直接的影响。

平川彰的研究尽管给《涅槃经》研究带来极大冲击，但新的研究思路并没有取代传统的文献学研究。实际上，基于文献学的思想史研究仍然是日本《涅槃经》研究的主流。在 20 世纪 70 年代，高崎直道（1926—2013 年）出版《如来藏思想的形成——印度大乘佛教研究》，在世界学术界再次引起波澜。以往的如来藏思想研究，在欧美学界主要利用梵文和藏文文献，而在日本则主要依赖汉文文献。1950 年由爱德华·汉密尔顿·约翰斯通（Edward Hamilton Johnstone，1885—1942 年）所整理的梵文本《宝性论》的出版，曾极大地推动了如来藏思想的研究，其后，宇井伯寿于 1959 年出版梵文《宝性论》的日译和汉译对照本。由于《涅槃经》与《宝性论》同属如来藏系统的著作，所以《宝性论》的研究间接地刺激和推动了《涅槃经》的研究。随着日本学术界对梵文本《宝性论》的整理和研究，日本学者有了综合利用梵文、藏文、汉文文献研究如来藏和佛性思想的条件。高崎直道的如来藏思想研究从《宝性论》研究起步，但又不限于《宝性论》，而是把考察范围扩展到关于如来藏思想的整个经典群，即《如来藏经》《不增不减经》《胜鬘经》《涅槃经》等。在对这些经典的思想进行细致考察的基础上，力图还原如来藏思想形成的轨迹，找到如来藏思想发展的内在逻辑。由于《涅槃经》在如来藏思想发展过程中居于重要地位，其佛性思想构成印度佛教如来藏思想发展链条的重要环节，所以高崎直道对《涅槃经》的思想特征和思想史定位作了大量考证，关于《涅槃经》的定位，高崎直道倾向于认为《涅槃经》吸收了《如来藏经》的思想而出现，之后又影响到《胜鬘经》和《不增不减经》。由于高崎直道的研究建立在扎实的文献学基础之上，所以被视为如来藏思想研究的经典之作。

在总结前人《涅槃经》研究的基础上，20 世纪 90 年代，下田正弘

(1958—) 出版了《涅槃经研究——大乘经典研究方法试论》，将《涅槃经》研究推进到一个新的高度。正如本书的副标题所提示的，本书力图从新的研究方法论出发对《涅槃经》展开研究。这种新的方法论就是将日本佛教学传统的文献学研究与社会史研究相结合，从"内面"和"外面"两个维度对《涅槃经》进行综合考察，从而对《涅槃经》的思想特征作出更准确的把握和定位。比如，下田正弘继承了横超慧日将《涅槃经》分为"原始《涅槃经》"（一类）和"晚期《涅槃经》"（二类）的做法，但与横超慧日不同的是，下田正弘没有停留在指出这个事实，而是力图结合古代印度社会史的考察，对于《涅槃经》前后部分的思想转变给出合理的解释。下面我们还会讨论，正是结合对《涅槃经》前后部分形成背景的考察，下田正弘分析了《涅槃经》各品为什么对一阐提是否可以成佛问题持不同的立场，也分析了《涅槃经》为什么否定部派佛教的"三净肉"的规定，转而强调僧人不得食肉等问题。

下田正弘的研究与老一代日本学者的研究相比有一个显著特征，就是其研究的国际化视野。这一代学者成长于学术国际化的时代，在求学阶段所受的学术训练中，除了传统的汉文、梵文、藏文、巴利文之外，英文的训练受到特别的重视。在与国际学术界的交流互动中，下田正弘充分吸收欧美学术界的相关研究成果，从而拓展了研究视野，丰富了研究方法论的选择。如关于《涅槃经》的形成史研究，下田正弘确实受到横超慧日相关研究的启发，但同时他也关注到欧美学界的相关研究。如恩斯特·瓦尔德施米特（Ernst Waldschmidt, 1897—1985 年）基于巴利文、藏文、梵文、汉文文献对原始《涅槃经》的研究，对研究原始《涅槃经》的原始形态和发展轨迹作出了卓越贡献。[1] 安德列·巴利奥（André Bareau）[2] 在 1979 年出版的关于原始《涅槃经》研究的著作，也给予下田正弘方法论的启发。

2013 年出版的《大乘佛教丛书》第八卷《如来藏·佛性》是反映日本与欧美学术界最新研究成果的论文集。其中，下田正弘的论文《关于如来藏·佛性思想的新理解》结合新的研究成果，重新考察了《涅槃经》在如来藏·

---

[1] 参见 Ernst Waldschmidt, *Die überlieferung von Lebensede des Buddha* i, ii, 1944 – 1948。

[2] 参见 André Bareau, "La composition et les étapes de la formation progressive du mahāparinirvāṇasūtra", *Bulletin de l'École française d'Extrême-Orient*, Vol. 66, 1979, pp. 45 – 103。

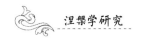

佛性思想发展史上的地位，对高崎直道的研究结论提出挑战。幅田裕美的《佛性的宣言——涅槃经》概述了国际学术界关于《涅槃经》研究的最新成果，对《涅槃经》的主题"如来常住"思想，从"nitya"一词的意义嬗变的角度做了新的分析。藤井教公（1948— ）的《涅槃经与东亚世界》，则考察了《涅槃经》在中国的传播及中国思想家如道生、法云等对《涅槃经》的诠释。

欧美学术界最新的《涅槃经》研究成果，是何书群（Michael Radich）教授的著作《大乘〈涅槃经〉与如来藏思想的产生》（2015 年）。该书以四个版本的大乘《涅槃经》为研究对象：佛陀跋陀罗与法显所译的《大般泥洹经》，简称"法显本"（"FX"）；昙无谶所译《大般涅槃经》，简称"昙无谶本"（"DhKṣ"）；胜友（Jinamitra）、智藏（Jñānagarbha）与月天（Devacandra）所译的简称"西藏本"（"Tib"）；以及梵文残片（"SF"）。在研究方法上，即通过诸版本的比较，找到诸版本共通的部分（MPNMS-common），这一部分构成《涅槃经》最原始的形态。这一做法是欧美学者进行文献学研究最流行的方法，也是经典诠释学最有效的一种方法。作者认为，《涅槃经》的共同部分可以进而分为两个部分，即"法身部分"（MPNMS-dhk）和"如来藏部分"（MPNMS-tg）。作者基于如来藏部分的考察，对如来藏思想的起源提出了新的见解，认为作为如来藏经典，《涅槃经》早于《如来藏经》，而不是学术界通常所认为的后者早于前者。何书群的《涅槃经》研究，理所当然引起下田正弘的关注。特别是何书群对《涅槃经》出现年代和出现地域的考辨，下田正弘表示认同，并在自己的论文中有引用。

（二）关于《涅槃经》的基础研究

一般认为大乘《涅槃经》全称为"Mahāparinirvāṇasūtra"，而在《涅槃经》的梵文片段中反复出现"Mahāparinirvāṇamahāsūtra"，直译当是"大般涅槃大经"。当今学术界为了将此经与原始《涅槃经》相区别而一般使用"大乘涅槃经"的名称，但在印度佛教中没有与"大乘大般涅槃经"相对应的梵文"Mahāyānamahāparinirvāṇasūtra"。对梵文《涅槃经》采取直译立场的藏文《涅槃经》还原为梵文也是"Mahāparinirvāṇamahāsūtra"。可见，"大般涅槃大经"是此经最原始的名称。

关于"大经"的内涵，以往的研究者并没有多加关注。日本学者幅田裕美（1960— ）在《佛性的宣言——涅槃经》一文中，在佐佐木闲（1956— ）等人的研究基础上，对《涅槃经》作为"大经"的性格作了考察。根据说一切有部和根本说一切有部律典中的规定，比丘在夏安居中是不允许外出的，但如果在家居士有书写、供养"大经"的需要时，比丘也可以外出接受供养。在家居士请求时会说，"我要读诵大经，请到我家里来"。在家里，居士不是读诵而是书写经典，然后供养给比丘。在上座部的巴利语律典中也有类似规定。在家信徒在预感到余命不多时，会把自己背诵的经典背诵给比丘，让比丘能够把经典传承下去。总之，"大经"指在家信徒和僧人共同参与传承的经典，至少在说一切有部和根本说一切有部是如此。当然，在经典性质上，《涅槃经》不是说一切有部的"大经"，但却是适合在家者读诵的经典，或者面向在家居士制作的经典。

关于大乘《涅槃经》的成立时期和成立的地点，以往由于没有相关的资料线索，所以学术界只能根据《涅槃经》的汉译时间，大体推断此经成立于公元2世纪。而何书群注意到与佛涅槃相关联的经典群中经常提到佛涅槃后"七百年"的说法。如《大方等无想经》卷六云："善男子！汝今谛听！我当说之。以方便故，我涅槃已七百年后，是南天竺，有一小国，名曰无明。彼国有河，名曰黑暗，南岸有城，名曰熟谷，其城有王，名曰等乘。"① 其他如《杂宝藏经》《出三藏记集》《大乘法界无差别论疏》等也出现"七百年"的说法。因为其他经典中提到末法出现时经常说佛灭后"五百年"，那么这种"七百年"说法的出现或许并非偶然或者随意的编造。何书群仔细讨论了涅槃经群中记载的预言，探讨其中涉及的地名和人名，推测当时的状况是创作和拥护《涅槃经》的群体先出现于百乘王朝统治下的南印度，后来又转移迦腻色伽王时期的罽宾。而时间则为1世纪后半叶到2世纪中叶。关于佛陀入灭年代，学术界有公元前6世纪和公元前5世纪之分。《涅槃经》群的作者自认处于佛灭"七百年"之后的时代，反映出当时印度人对佛灭年代的认知。

关于大乘《涅槃经》编纂的动机，下田正弘集中对昙无谶译《涅槃经》

① 《大方等无想经》卷六，《大正藏》第12册，第1107页上。

前十卷（"序品"第一至"大众所问品"第五）的部分进行了考察。之所以集中于这一部分，是因为这部分可以确定是在古印度成立的经典，而十一卷之后的部分则是从中亚地区僧人入手的内容，很难说直接反映古印度的状况。前十卷的内容以"佛身常住"为中心，讨论佛陀如何可以获得金刚身。佛陀涅槃之后，如何解释佛陀肉身的无常性和佛教真理永恒性的矛盾就是佛教徒需要解决的课题。在佛教信徒中，佛陀遗骨信仰和佛塔信仰盛行，这种信仰形态既与印度古老的文化传统有关，也与佛教徒独特的信仰形态有关。下田正弘还提到，佛教的信仰形态，自原始佛教始就分为两种：一种是将佛陀的本质理解为佛陀的语言、教法；另一种是将佛陀的本质归结为佛陀自身的永恒存在。前者是四阿含等经典所传承的、以冥想等为基础的口传体系；而后者则以佛塔信仰、佛陀遗骨信仰为中心的信仰体系。《涅槃经》无疑是从佛塔信仰、佛陀遗骨信仰发展出来的信仰形态和理论形态。而《涅槃经》则是通过"佛身常住"和"如来藏"等概念从理论上对这种关于佛陀永恒的信仰进行论证。

大乘《涅槃经》由原始《涅槃经》发展而来，而大乘《涅槃经》的成立受到诸多大乘经典的影响。在大乘《涅槃经》中，我们可以发现对《般若经》、《法华经》、《首楞严经》、《杂华经》（《华严经》)、《如来藏经》等的引用或言及。考察《涅槃经》的引用立场，我们可以发现《涅槃经》是吸收了哪些经典的思想而成立。关于《涅槃经》与其他大乘经典之间的关联，除了高崎直道、下田正弘、何书群等关于《涅槃经》与如来藏系经典之间的相互影响的研究之外，河村孝照还分别对《涅槃经》与《般若经》《首楞严经》《华严经》之间的关系进行了研究。

首先，关于《涅槃经》与《般若经》的关联，河村孝照注意到《涅槃经》"圣行品"的说法："从佛出生十二部经，从十二部经出修多罗，从修多罗出方等经，从方等经出般若波罗蜜，从般若波罗蜜出大涅槃，犹如醍醐。"[①]这里是从时间顺序对佛陀的说法进行的一种整理，也是中国佛教判教说的经典依据。根据《涅槃经》的这种说法，《涅槃经》似乎是依据《般若经》问世的。从《涅槃经》多处直接引用《般若经》的经文看，《般若经》应该出

---

① 《涅槃经》卷十四，《大正藏》第 12 册，第 449 页上。

现于《涅槃经》之前，而《涅槃经》的编纂者参考了《般若经》的内容。但实际上，《涅槃经》的主题与《般若经》有很大不同，前者讲佛身常住，讲"常乐我净"，强调众生皆有佛性、如来藏，属于"妙有"的系统；而后者则强调众生要破除一切执见、偏见，了达诸法的空性，属于"真空"的系统。那么，《般若经》是在什么意义上影响到《涅槃经》呢？仔细分析《涅槃经》对《般若经》的引用可以发现，《涅槃经》主要在修行问题上引用或者说吸收《般若经》的思想。《涅槃经》虽然讲到众生皆有佛性，但如何破除烦恼的缠缚，让佛性彰显出来，《涅槃经》言之不详。而《般若经》则对如何通过六度、四行、四无量心等来获得般若智慧进行有系统论述。所以《涅槃经》"如来性品"云："善男子！我与无我性相无二，汝应如是受持顶戴。善男子！汝亦应当坚持忆念如是经典，如我先于《摩诃般若波罗蜜经》中说我、无我，无有二相。"[1] 可见，《涅槃经》在实践层面吸收了《般若经》的"我"与"无我"的深度思考。

其次，关于《涅槃经》与《首楞严经》的关联，河村孝照发现了《涅槃经》"如来性品"的开头部分有两处言及《首楞严经》。"如来性品"以迦叶与佛陀对话的方式讨论"如来身"的本质。佛陀告诉迦叶，如来身的本质是常住的法身，但同时又有种种示现之相，如怀胎、出生、涅槃等。而在《首楞严三昧经》中，佛陀住首楞严三昧，以三昧力而有种种示现。如果说《涅槃经》所讨论的是如来身之体，那么，《首楞严三昧经》所讨论的就是如来身之用。《涅槃经》吸收《首楞严三昧经》的思想阐发己意，应该是题中应有之义。但《涅槃经》和《首楞严三昧经》的主题不同，所以其内容虽然有关联，但其主旨并不相同。如《涅槃经》的教义中心在佛的"法身"，如神通变化的自在身被称为"法身"，而在《首楞严三昧经》中则完全没有出现"法身"概念。

其他显示《涅槃经》与《首楞严三昧经》之间思想关联的主题，还包括"十地"思想、一阐提思想、佛性遍在思想、佛身寿命无量思想等。特别是《首楞严三昧经》讨论了一切菩萨、一切众生在"心"的层面悉皆平等，也

---

① 《涅槃经》卷八，《大正藏》第 12 册，第 411 页上。

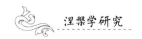

讨论了"魔界如即佛界如，魔界如佛界如无二无别"。这种"诸法不定"的思想与《涅槃经》所说的"诸佛如来无有定相"一脉相承，是《涅槃经》的佛性遍在说的重要理论根据。从这个意义上说，相比其他大乘经典，《首楞严三昧经》在思想上似乎对《涅槃经》的影响最为明显。

《涅槃经》在行文中也三次提及《杂华经》。《华严经》的原名为"gaṇda-vyūha"，原意为"杂华严饰"，日照三藏在翻译此经时，将其译为《华严经》，其经名才固定下来。《涅槃经》在"梵行品第八"中言及布施为涅槃之因时云："诸佛菩萨，修习是施，为涅槃因。我亦如是，修习布施，为涅槃因，如《杂华》中广说。""德王品第十"在言及持戒波罗蜜时云："尸罗、尸罗波罗蜜，乃知般若、般若波罗蜜，如《杂华经》中广说。"的确，《涅槃经》中关于布施、持戒等六波罗蜜的说法，在《华严经》中能够找到类似的内容。不过，相对于《涅槃经》的六波罗蜜（布施、持戒、忍辱、精进、禅定、般若），《华严经》常说的是十波罗蜜，即布施、持戒、忍辱、精进、禅定、般若六波罗蜜再加上方便、愿、力、智。

《涅槃经》曾云菩萨应该专心思维五种修行，即圣行、梵行、天行、婴儿行、病行。关于其中的圣行、梵行、婴儿行，《涅槃经》单独设立"圣行品""梵行品""婴儿行"以说明其内涵，关于"天行"，"梵行品第八"云，"天行品者，如《杂花》说"①，直接将相关说明推给了《华严经》。而关于"病行"的说明则直接省略了。但检索《华严经》的相关内容，并没有所谓"天行品"。按照《涅槃经》"圣行品"的内容看，"天"包括"四天王处"这样的具象的"天"，也包括禅定修行所达到的"非想非非想天"这样修行意义上的"天"。但《涅槃经》中的菩萨所追求的不是无常的"四天王处""非想非非想天"，而是常住不变的"第一义天"。《华严经》"十地品"中，关于菩萨修行多有说明，从内容上看，与《涅槃经》所说追求"第一义天"的修行有契合之处。但《华严经》"十地品"并没有出现"第一义天"的概念，《涅槃经》所说"天行品"的内容是否指"十地品"的内容，还是《华严经》其他部分的内容，从现有文献看难以确定。

---

① 《涅槃经》卷二十，《大正藏》第 12 册，第 485 页中。

（三）关于《涅槃经》的结构问题

早在 20 世纪 80 年代，日本学者横超慧日通过考察昙无谶译四十卷本《涅槃经》的内容结构，提出其内容分为七个部分：（1）"寿命品"至"名字功德品"（3 卷）；（2）"如来性品"至"一切大众所问品"（7 卷）；（3）"现病品"至"婴儿行品"（10 卷）；（4）"德王菩萨品"（6 卷）；（5）"师子吼品"（6 卷）；（6）"迦叶菩萨品"（6 卷）；（7）"憍陈如品"（2 卷）。在这里，特别值得注意的是"名字功德品"的内容。此品的内容相当于六卷本《泥洹经》的"受持品"，是讲受持《涅槃经》的功德以及嘱咐众人流通此经。这部分内容一般出现在经典的最后，表示一部经的结束。而"名字功德品"出现在四十卷本《涅槃经》的中间，可以推测此前的内容具有相对独立性。

横超慧日的分析非常具有启发性，它从文献学的立场，破除了《涅槃经》从一开始就是一部内容完整、逻辑一致的经典的信仰主义立场，展现出《涅槃经》形成过程中的阶段性，为后来的实证主义研究奠定了基础。后来的下田正弘的研究在方法论上与横超慧日的研究一脉相承。但横超慧日的研究仅止于指出《涅槃经》在结构上的分层性格，并没有进一步分析各分层之间在思想内容上的相关性，以及各部分内容在思想演进过程中出现的必然性。这就使得这种分层仅限于形式上的分层，缺乏学理上的进一步分析。

下田正弘认为《涅槃经》从内容上可以分为两类：第一类即从"序品"第一至"名字功德品"第七（除"长寿品"第五外），这部分构成大乘《涅槃经》的原始形态；第二类即"长寿品"第五、"四法品"第八至"随喜"品第十八，这部分构成了《涅槃经》的后期形态。

下田正弘《涅槃经》研究的理论特色则结合古代印度社会的发展和演变，对《涅槃经》不同部分成立的社会基础进行了考察。原始大乘《涅槃经》（第一类）的主体是"法师"，即过着游行生活的修行者，他们同时是佛塔的供养者和维护者。由于过着乞食生活，所以重视与在家者的连接，对传统戒律奉行宽容主义。而后期《涅槃经》（第二类）的主体是"菩萨"，即定居于僧院的修行者，他们同时是经典书写者，大乘佛教运动的出现跟菩萨群体的经典书写活动密切相关。

菩萨群体的出现及其与"法师"不同的生活样式，带来了他们在价值观和道德观上的微妙改变。如关于僧人能否食肉的问题，在印度佛教史上是一个争论颇多的问题。佛教史上的提婆达多曾提出"提婆五法"，其中就包括不食肉。但佛陀时代的僧团过着游行乞食的生活，信徒供养肉食，似乎很难拒绝。所以在流传下来的部派佛教六部律典中，肉食并不在禁止之列，最多对食肉有一些限制性规定，如不允许食三不净肉等。围绕要不要接受"提婆五法"问题，佛教僧团甚至曾面临分裂的危险，由此可见，是否允许僧人食肉是一个关乎佛教生死存亡的问题。但在大乘佛典中，《涅槃经》率先否定了部派佛教以来的食肉规定，转而禁止一切食肉行为，甚至提出禁止食用蒜、韭等刺激性食物。

以往的研究也意识到《涅槃经》的不食肉戒与部派佛教戒律中的"三净肉"戒之间存在扞格之处，但对于这种差异是如何形成的，未能给出有说服力的解释。下田正弘通过对《涅槃经》内容的分析，发现禁止僧人食肉的规定集中在后期《涅槃经》，而这种规定反映的是菩萨群体的立场。而这种立场的转变与菩萨群体生活样式的变化有密切关系。即随着菩萨群体转向定居生活，其道德规范和行为准则不可避免地受到印度社会道德和习俗的深刻影响，宗教道德与世俗道德之间产生深刻的互动。如《法显传》和《大唐西域记》都记载，只有社会中的贱民才会食肉或食蒜，这些人被视为"不净者"，不允许居住在都市里。① 即当时的印度社会认为吃肉和吃刺激性食物是低种姓人群的陋习，是道德低下的表现。《涅槃经》不食肉的规定，正好反映了古代印度社会的不净观深刻影响到居住在僧院的菩萨群体，进而通过菩萨群体的道德观念来影响佛教的戒律。

（四）《涅槃经》佛性说的特征

《涅槃经》在译为汉文并在中国传播开来之后，就有一个理论问题困扰中国佛教思想家，并引起佛教界的争论，即一阐提是否有佛性、能否成佛的问

---

① 《大唐西域记》卷二："蔬菜则有姜、芥、瓜、瓠、荤陀菜等；葱蒜虽少，啖食亦希，家有食者，驱令出郭。至于乳、酪、膏、酥、秒糖、石蜜、芥子油、诸饼麨，常所膳也。鱼、羊、獐、鹿，时鹰肴藏。牛、驴、象、马、豕、犬、狐、狼、师子、猴、猿，凡此毛群，例无味啖，啖者鄙耻，众所秽恶，屏居郭外，希迹人间。"《大正藏》第 51 册，第 878 页中。

题。围绕这个问题，在晋宋时期，道生在四十卷本《涅槃经》译出之前就高唱一阐提成佛，结果遭到群僧的反对，被迫离开当时的政治中心建业。在四十卷本《涅槃经》译出之后才得到"平反"，回到建业。

之所以围绕《涅槃经》的教义会发生这样的争论，与《涅槃经》本身的内容结构有关。关于一阐提问题，从"如来性品"到"问菩萨品"的部分皆主张一切众生皆有菩提因、唯除一阐提。如"梵行品"云："一阐提者，断灭一切诸善根本，心不攀缘一切善法。"否定一阐提亦有佛性。但"一切众生所问品"则云，"犯四重罪，谤方等经，作五逆罪，及一阐提悉有佛性"，而"高贵德王菩萨品"也主张一阐提亦有佛性。[①] 那么，这就存在一个很大的疑问，为什么在佛经的不同部分，关于同一个问题会有截然不同的说法？这种差异是如何形成的？传统的《涅槃经》注释家或者选择无视这个问题，或者用佛陀随机说法的逻辑将这一问题消解掉，但现代佛教学却不能绕开这一问题。

按照下田正弘在《涅槃经研究》中的分析，《涅槃经》的思想内容可以分为"佛身常住"和"佛性·如来藏思想"两部分。"一阐提"概念在《涅槃经》中正式出现是在"四法品"，属于"佛身常住"的内容。"四法品"中的"一阐提"意指"贪著者"，相对于修行者的严持戒律、不蓄私财，"一阐提"贪着世俗利养、不积极修行正法。"一阐提"是一种人生态度或人生状态。修行者要像佛陀一样修行开悟，就不能像"一阐提"一样生活。下田正弘认为在"佛身常住"语境下的"一阐提"是众生的一部分，从广义上说也有佛性，也可以成佛。但在"佛性·如来藏思想"语境下的"一阐提"成为所谓极恶之人，被排除在有佛性者、可能成佛者的行列之外。这种转变的背景是佛教修行论的理论要求。在"佛身常住"的逻辑中，佛和众生分属无为的世界和有为的世界、常住的世界和无常的世界，众生只有通过修行才能跨越两个世界的鸿沟，开悟成佛。所以，即使承认"一阐提"有佛性，佛教修行论的基本前提并没有受到损害。但随着"佛性·如来藏"概念导入《涅槃经》，《涅槃经》的主题变成强调众生皆有佛性，这就在理论上消解了佛与众

---

① 《大般涅槃经》卷二十一："一切众生悉有佛性，忏四重禁、除谤法心、尽五逆罪、灭一阐提，然后得成阿耨多罗三藐三菩提。"《大正藏》第 12 册，第 488 页中。《大般涅槃经》卷二十二："三宝佛性无差别相，犯四重罪、谤方等经、作五逆罪及一阐提悉有佛性。"《大正藏》第 12 册，第 493 页中。

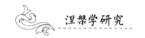

生之间存在的张力，似乎众生无须刻意修行也能成佛，从而使得佛教修行论的前提受到威胁。为了保持佛教修行论的逻辑自洽，《涅槃经》导入"一阐提"概念，将其作为佛与众生之外的另一类存在，表明众生悉有佛性并不意味着众生皆能成佛，因为存在一类燋芽败种——"一阐提"。可以说，"一阐提"在《涅槃经》的不同语境中所承担的理论功能是不同的。

通过比较《涅槃经》与《如来藏经》关于"佛性""如来藏"的用法，可以发现，在《如来藏经》中，对后世如来藏思想影响最大之处是"garbha"的观念。此词的词根是"√grabh"意为"孕育"，"garbha"则指"胎"或"胎儿"，相当于汉语的"胎""怀胎"两个含义。"tathāgatagarbha"显然是脱胎于"garbha"的概念，如第八譬喻所示，贫女虽然怀了未来做转轮圣王的王子，但她本人并不自知。同样，众生虽然皆有成佛的本性，但自己却不觉知。《涅槃经》中的如来藏概念的特色，是强化了《不增不减经》中出现的"性（dhātu）"的属性，将"如来藏"规定为"buddhadhātu"或"tathāgatadhātu"。最明显的例子，是"四倒品"以下内容："复有比丘，广说《如来藏经》言，一切众生皆有佛性。"这里引用《如来藏经》的说法，证明一切众生皆有佛性。这里的"一切众生皆有佛性"的梵文，据高崎直道从《涅槃经》的藏译推定，应该是"sarvasattveṣu buddhadhātuḥ san"，而根据《宝性论》对《如来藏经》的引用，其梵文应该是"sarvasattvas tathāgatagarbhāḥ"。其最大的改变就是"tathāgatagarbha"（如来藏）改换成了"buddhadhātu"（佛性）。如果说前者尚具有"胎""胎儿"等具象性的色彩，后者则更具有本质、根本属性等抽象性的色彩。

《如来藏经》的最早译本是东晋求那跋陀罗所翻译，其译出时间与六卷本《泥洹经》（418年译出）、三十六卷本《涅槃经》（421年译出）很接近。但两部经典在中国的命运却形成鲜明对比。《涅槃经》受到格外重视，注释书汗牛充栋，绵延不绝。而《如来藏经》则深藏经柜，鲜有问津。为什么会形成这样的情形呢？究其原因，或许与《涅槃经》通过对《如来藏经》的"如来藏"概念的改造，使之与"佛性"概念相融合，从而让如来藏概念不再具有违和感有关。而《如来藏经》的"如来藏"概念由于其具象色彩浓厚，而被中国佛教思想家疏远。

22

（五）未来的课题

综上所述，对于《涅槃经》的研究国际学术界已经有了相当的学术积累。可以说，关于印度佛教背景中的《涅槃经》，无论是关于其起源、结构体例、思想内容等，国际学术界都取得了引人注目的进展。这种成果的取得，一方面得益于新资料如梵文《宝性论》的发现和整理；另一方面则得益于研究方法论的探索，特别是下田正弘等提出的文献学和社会史相结合的研究方法论，不仅可以有效运用于《涅槃经》的研究，也可以运用于对其他大乘经典的研究。这种方法可以说具有普遍的意义。《涅槃经》的研究成果，不仅有助于我们准确把握《涅槃经》自身的思想内容，也有助于我们透过《涅槃经》与其他大乘经典的关系，厘清大乘经论之间的相互影响关系，探索印度大乘佛教的兴起的思想背景和社会背景。

当然，围绕《涅槃经》的研究仍然有大量课题值得进一步探讨。如上所述，下田正弘认为大乘《涅槃经》吸收改造了《如来藏经》的思想而成立。高崎直道虽然没有明确表达《涅槃经》与《如来藏经》孰先孰后，但从其代表作《如来藏思想的成立》的章节目录看，还是倾向于《如来藏经》在前。但何书群重新考证下田正弘等人所说证据中的疑点，通过经文内容和历史学上的考察，认为《涅槃经》才是现存最早的如来藏经典。也就是说，不是《如来藏经》影响了《涅槃经》，而是《涅槃经》影响了《如来藏经》。其根据大约有三个：一是《涅槃经》对于"如来藏"（tathāgatagarbha）的谈论要多于"佛性"（buddhadhātu），而在谈论"佛性"时，其含义实际上是可以与"如来藏"进行互换的；二是《如来藏经》更像是把"如来藏"当成一个已经被确立的概念来使用，而《涅槃经》则花费较长的篇幅来探讨"如来藏"的内涵，仿佛这个概念仍然是一个未确立的概念；三是《涅槃经》中出现的"如来藏经"并不是指《如来藏经》，而是指《涅槃经》自身。何书群的观点值得重视，但也不能视为最终结论，《涅槃经》与《如来藏经》等其他大乘经典之间的相互影响关系，今后仍然是一个有待进一步讨论的课题。

另外，相对于大乘《涅槃经》研究取得的进展，学术界对于原始《涅槃经》的研究则没有太大进展。特别是原始《涅槃经》与大乘《涅槃经》之间

的关联，尚缺乏突破性的研究成果。在这方面，国内的佛教造像和佛教壁画的某些研究反倒给了我们启发，帮助我们了解原始《涅槃经》是如何过渡到大乘《涅槃经》的。结合佛教考古学、佛教造像学的研究成果推进《涅槃经》的研究应该是学术界的另一个课题。

二 《涅槃经》注释书的研究

据《高僧传》等僧传资料的记载，在南北朝时期，《涅槃经》是佛教界最为重视的佛教经典之一，不仅讲说此经者众多，而且关于此经的注释书也层出不穷。最早的注释书，当推河西道朗和昙无谶的《涅槃经义疏》，他们在翻译四十卷本《涅槃经》之后，撰《涅槃经义疏》，宣传《涅槃经》的佛性义。① 另外道生的《关中疏》，即六卷本《泥洹经》甫已译出（418 年），道生即为此经作疏。虽然此疏已经亡佚，但在后人编写的《涅槃经集解》中对道生的观点有诸多引用，从而使我们仍可以窥见《关中疏》的吉光片羽。道生之后的注释书，仅从《涅槃经集解》的引用看，到梁代初年就有十八家。而在《涅槃经集解》之后，对于《涅槃经》的注疏仍在进行，梁代三大士中，法云和智藏都有《涅槃经疏》，而隋代三大士中，净影寺慧远和嘉祥吉藏也留下《涅槃经》注释书。这一传统一直延续到唐代，初唐唯识宗的法宝、天台宗的灌顶等都撰有《涅槃经疏》。按照日本学者布施浩岳的说法，《涅槃经》的研习和注疏活动在唐初走向沉寂，而其背景是唐初唯识法相宗的兴起。随着玄奘将瑜伽行派的经论带回中国，并由其弟子开创唯识宗，由于唯识教义与《涅槃经》相对立，《涅槃经》受到批判。特别在众生佛性问题上，到底是"悉有佛性"还是"五性各别"，两派各执一词，聚讼不已。加之《法华经》《华严经》等大乘经典随着天台宗和华严宗的兴起而成为主流经典，《涅槃经》的地位急剧边缘化。

（一）汤用彤的研究

从现代佛教学的意义上对《涅槃经》注释书进行研究的先驱是汤用彤和

---

① 《大乘玄论》卷三："但河西道朗法师与昙无谶法师，共翻《涅槃经》，亲承三藏作《涅槃义疏》。"《大藏经》第45册，第35页下。

日本的布施浩岳。汤用彤在《汉魏两晋南北朝佛教史》中，关于南北朝时期的《涅槃经》注释书，单独列出两章进行考察，即第十六章"竺道生"和第十七章"南方涅槃佛性诸说"。在第十六章，作者首先对"涅槃部经的翻译"作了考察，在此基础上，对竺道生的生平事迹、著作作了考订，并结合当时佛教界的思想动向对竺道生的佛教思想特别是佛性思想、顿悟思想作了细致的分析。由于竺道生的《关中疏》已经亡佚，故汤用彤所使用的资料主要是《涅槃经集解》对竺道生《关中疏》的引用，也包括后来的《四论玄义》等著作的引用。从这个意义上说，汤用彤的竺道生研究也是对《涅槃经》最早注释书《关中疏》的研究。

由于竺道生在东晋时期是佛教思想界的一位代表性人物，其思想展开牵涉前代的鸠摩罗什、庐山慧远，也牵涉同时代的慧观以及稍晚的刘虬等。汤用彤根据僧传资料等，对竺道生的涅槃佛性思想的内涵及其与其他僧人相关思想的互动交涉作了全面的考辨，可以说是竺道生涅槃佛性思想研究的奠基性成果。值得注意的是，汤用彤在方法论上虽然采用的是历史学和文献学的方法，但却能够结合思想史的发展脉络讨论具体而微的问题，故能够见微知著，富有启发。如关于竺道生的"顿悟义"，汤用彤在考察其思想内涵之后评价道："道生生于《般若》风行之世，后复得什公之亲传，故其于《涅槃》，能以般若之理融合其说，使真空、妙有契合无间。刘宋之后之谈《涅槃》者，皆未知《般若》，故多堕于有边，［如谓佛性是神明者皆是也］而离于中道。"[1]这种说法富有洞见，对理解整个南北朝涅槃宗的走向都有启发意义。当代日本学者菅野博史等对竺道生的研究就多有参考汤用彤的研究。但由于"竺道生"只是《汉魏两晋南北朝佛教史》的一章，这种体例上的限制使得作者不可能深入竺道生涅槃佛性思想的细节，所以留下诸多需要进一步研究的空间。菅野博史等在汤用彤研究的基础上，进一步考察了竺道生的"感应"思想、"理"的思想等，将竺道生思想研究又向前推进了一步。

在第十七章"南方涅槃佛性诸说"中，汤用彤以《涅槃经集解》为基本材料，考察了法瑶、宝亮、梁武帝的涅槃佛性思想。法瑶在佛性问题上以

---

① 汤用彤：《汉魏两晋南北朝佛教史》（增订本），北京大学出版社2011年版，第365页。

"理"为正因佛性，在顿渐问题上持渐悟说，在感应问题上持"应无缘"说，可以说与竺道生之说完全对立。这反映出在刘宋时期中国佛教界在涅槃佛性问题上已经异彩纷呈。宝亮结合真俗"二谛"说阐释佛性，认为神明真如法体是正因佛性，此佛性就"体"而言，真俗不殊；就"用"而言，真俗有异。梁武帝关于涅槃佛性最知名的文献是《立神明成佛性之记》。在此文献中，梁武帝将"神明"分为"神性"和"无明"，神性不断，而无明则无常。汤用彤认为"武帝佛性之真义，实即可谓之为常人所言之灵魂，就心理现象而执有实物，其所陈义固甚浅显"①。可见，汤用彤对梁武帝的"神明成佛"说持负面的评价。汤用彤的说法自有其道理，但如果不限于梁武帝的说法，而是结合沈绩的"序"和"注"来看，似乎可以得出不一样的结论。神明成佛的论证活用了中国哲学的体用概念，对中国传统思想中的"神明"概念作了重新阐释，弱化了"神明"概念的实体性色彩，或者说将"神明"概念消解到"佛性"概念之中，不仅帮助中国佛教界正确理解佛性的真实内涵，而且在事实上终结了关于神灭神不灭的论争，在中国佛教思想发展史上具有重要意义。

汤用彤在提到《涅槃经集解》中的"慧朗"时云："集解引其言，常述僧宗法瑶诸人之说。即续传僧韶，传之法朗，作涅槃集解。"即认为《涅槃经集解》的作者是法朗，此法朗与《涅槃经集解》中出现的"慧朗"是同一人。关于《涅槃经集解》中屡屡出现的"明骏"，汤用彤也推测是与法朗、宝唱一起编纂《涅槃经集解》的人物。日本学者宇井伯寿也持"法朗"编者说。但无论是"法朗"说还是"明骏"说后来都被质疑。如根据史料记载，法朗的《涅槃经集注》完成于梁天监七年（505），但现在的《集解》却引用了梁天监八年（509）的宝亮的《涅槃经义疏》。明骏被视为《集解》的作者，是因为在《集解》中列举诸师的注解之前往往有"明骏案"，这说明明骏的《涅槃经》注释受到特别对待。但《涅槃经集解》的第十九卷之后，"明骏案"的标记就极少出现，这种情况如何解释也是"明骏作者"说的一个难题。总之，关于《涅槃经集解》的作者，学术界有各种说法，但包括汤用彤的法朗说在内都没有得到学术界的一致认可。

---

① 汤用彤：《汉魏两晋南北朝佛教史》（增订本），北京大学出版社 2011 年版，第 391 页。

（二）布施浩岳的研究

关于《涅槃经》注释书的综合性研究，迄今为止只有布施浩岳（1897—1971 年）的《涅槃宗之研究》。布施浩岳是中国佛教研究专家，研究领域主要是《法华经》和《涅槃经》在中国的注释书。该书最早由丛文阁出版社在1942 年出版，1973 年由国书刊行会再版。由于此书比较全面地考察了"涅槃宗"的思想内涵和历史演变，学术价值较高，所以长期以来，此书都被奉为《涅槃经》注释书研究的权威之作。

《涅槃宗之研究》分为前篇和后篇，前篇是"圣典论"，后篇是"涅槃宗史"。在"圣典论"部分，作者分别考察了原始《涅槃经》的翻译和传播、大乘《涅槃经》的翻译和传播、后分《涅槃经》的翻译和传播、北本《涅槃经》的宋土传入与修治、《涅槃经》南北两本的异同等内容。文献学研究是日本近代佛教学的重要方法论。在佛教文献学研究领域，日本学者得欧洲文献学风气之先，从 19 世纪末期开始，以南条文雄、高楠顺次郎等留学欧洲者为代表的学者在文献学研究领域取得了引人注目的成果。布施浩岳基于大量的僧传资料和中国日本的译经目录等，对《涅槃经》翻译过程进行了细腻的考察，为我们把握《涅槃经》在中土的翻译和传播过程，提供了翔实的资料和符合历史事实的结论。关于大乘《涅槃经》的翻译和传播以及南北《涅槃经》的异同等，在本书的第二章中还会结合布施浩岳的研究成果进行讨论，这里不再赘述，值得注意的是布施浩岳对后分《涅槃经》的翻译和传播的考察。

大乘《涅槃经》的主题是佛身常住和常乐我净等，虽然经名中仍然与原始《涅槃经》一样有"涅槃"的字样，但并没有关于佛陀入灭、荼毗等情节的描述。唐初，在诃陵国（古国名，今印度尼西亚爪哇岛或苏门答腊岛）出现一部《大般涅槃经后译荼毗分》二卷，该经由该国若那跋陀罗和唐朝沙门会宁共同译出，并在仪凤元年（676）传到本土。但此经引起佛教界的关注是在天册万岁元年（695）。此经虽然被收录于智升的《开元录》，但没有关于此经的专门注释书流传下来。与其他大小乘《涅槃经》皆经由陆上丝绸之路传到中国不同，此经在外国译出，并由海上丝绸之路传到中国，属于独具特色的《涅槃经》经典。至于为什么此经传到中国之后经过近二十年才引起关注，并且没有留下专门的注释书，布施浩岳提出两个原因。一个原因是此经的大小乘属性难以确定。根据智升在《开元录》中的引述，义净认为此经属于阿含游行经的异译本，并非大乘经典。智升虽然不赞成义净对此经的定性，但也承认此经大小乘教义杂陈，难以断定其性质。另一个原因则是此经传到中土时，《涅槃经》已经不再是佛教界研习的重要经典，已经被边缘化。唐初玄奘师徒弘扬唯识学，对《涅槃经》持批判态度，此时弘扬《涅槃经》已经不合时宜。

布施浩岳的分析有一定道理。但实际上，关于后分《涅槃经》并不是如布施浩岳所说的那样，完全没有弘传。如《台州录》有"《涅槃后分科文》一卷，荆溪和尚撰，六纸"的记载。《佛祖统纪》为"湛然撰，《涅槃后分疏》一卷，亡"。此外，《义天录》有"《大涅槃经后分疏》一卷，良愿述。《大涅槃经后分节要》一卷，思孝述"。这些注释书是否真实存在，虽然不能确定，但天台宗人对后分《涅槃经》有所关注却是事实。如灌顶在世时，后分《涅槃经》尚未传入中土，故《法华录》关于他曾著《涅槃后分疏》的记载肯定不是事实。但灌顶在注释《涅槃经》的最后部分（须跋陀罗悟道的部分）时云"应有正付嘱，而文来未尽"，可见灌顶意识到大乘《涅槃经》缺最后的"付嘱品"，内容并不完整。

到湛然的弟子一代，后分《涅槃经》受到关注，并被视为大乘《涅槃经》的一部分而加以注释。如道邃在《涅槃经疏私记》中就引用后分《涅槃经》的内容，对这部分进行注释。道邃还认为，既然后分《涅槃经》在内容上与大乘《涅槃经》有密切的关联，所以它不应该科分为"上下卷"，而应该接续到南本《涅槃经》之后，直接称为"三十七""三十八"卷更合适。① 而宋代的孤山智圆在所著的《涅槃经疏三德指归》中，也对后分《涅槃经》进行了注释。并感叹"呜呼！章安祖师未逢后分，顾我眇劣而睹全文，随力赞扬，幸莫达矣"②。值得注意的是，无论是道邃还是智圆在自己的《涅槃经》注释书中皆引用了"《后分》"或"《后分疏》"之文，此《后分疏》或

---

① 《涅槃经疏私记》卷九："《疏》云其文未尽者，既云未尽，不合题为上下，只应云三十七、三十八卷耳。"《续藏经》第37册，第307页下。

② （宋）智圆：《涅槃经疏三德指归》卷二十，《续藏经》第37册，第622页下。

许就是《佛祖统纪》中所记载的湛然的《后分疏》。可见，后分《涅槃经》虽然在思想上没有特别之处，但在了解唐代和宋代《涅槃经》的传播方面仍然具有资料价值。布施浩岳虽然没有关注到中国天台宗人对后分《涅槃经》的注疏，但他在《涅槃宗之研究》一书中对后分《涅槃经》的关注为我们进一步考察此经与唐宋佛教的关联提供了契机。

《涅槃宗之研究》的后篇即"涅槃宗史"分为第一章"涅槃宗的滥觞与初期情势"、第二章"初期涅槃思想"、第三章"兴盛期的思想传承"、第四章"兴盛期的思想展开"、第五章"隋朝涅槃宗的衰运"五章的内容。这部分内容既有关于"涅槃宗"历史纵轴的考察，又有关于涅槃思想的横向逻辑考察，给作者呈现了一个关于"涅槃宗"的立体画面。应该说，布施浩岳的工作为后来的《涅槃经》注释书的研究以及中国涅槃思想史的研究，奠定了坚实的基础。关于其中涉及的涅槃佛性思想，在本书的相关部分会结合布施浩岳的相关研究成果进一步讨论，以下仅就判教说涉及的一个问题，对布施浩岳相关研究略作点评。

南北朝时期佛教的一个重要主题是判教说，随着大乘佛教经典大规模传入，如何对这些经典进行思想定位，并由此从思想上对佛陀一生的说法进行序列化的整理就是佛教思想家的一大课题。按照布施浩岳的考察，在南北朝时期兴起的判教说至少有四种：法轮说（道生），顿渐二教判（刘虬、诞法师），顿渐不定三教判（僧柔、僧旻、慧次、智藏、法云等），五时教判（僧宗等）。布施浩岳基于《涅槃经集解》等确切的史料，对这些判教说进行了细致的梳理，其内涵基本上是清楚的。但让这一问题变得复杂的是后世思想家对南北朝判教说的追述。如嘉祥吉藏在《大品经游意》①、《三论玄义》② 中，引宋道场寺慧观《涅槃经序》之言，认为慧观主张顿渐"五时"判教。智者大师在《法华玄义》中也提到慧观持"五时"判教说。③ 布施浩岳通过对南北朝时期判教说发展史进行分析认为，二教五时说的展开有待《华严经》《胜鬘经》等大乘经典的译出和弘扬，而《华严经》虽在慧观时代就已经译出

① 《大正藏》第33册，第66页中至下、67页上。
② 《大正藏》第45册，第5页中。
③ 《大正藏》第33册，第801页上。

(418 年)，但《华严经》的弘扬却是在二十年之后的事情。而且如果真的如吉藏所说，慧观曾经撰述《涅槃经》序言的话，《涅槃经集解》不可能不收录。由于这种种疑点，布施浩岳认为将慧观视为"五时"判教的创倡者难以成立，最大可能是开善寺智藏自己在刘虬的顿渐二教说基础上提出五时说，为了增强其权威性而托名慧观。

关于这一问题的详细讨论，将在本书的第四章展开。从笔者的研究结论来说，在梁代晚期和陈代应该还活跃着另一位涅槃师"观师"。在灌顶的《涅槃经疏》中关于"观师"的引用很多，从引用内容看，此人著有《涅槃经疏》，在佛教界有很大的影响力。吉藏和智者大师著作中所说的"慧观"可能不是刘宋时期的慧观，而是梁代或陈代的慧观。当然，要确定此慧观非彼慧观，尚需要更多的证据。

在南北朝时期极一时之盛的"涅槃宗"何以在隋唐时期急剧衰退，是学术界关注的一个课题。布施浩岳在"隋朝涅槃宗的衰运"一章中对这个问题作了分析。布施浩岳分析了摄论宗的三轮判教、三论宗的判教以及智者大师的判教说，注意到三家的判教说不约而同地对《涅槃经》的价值作了贬低或批判。如真谛的判教说中排除了《涅槃经》的位置，而吉藏的判教说则否定了《涅槃经》作为"常住教"的地位，认为《法华经》等其他大乘经典同样讲"常住"。而对"涅槃宗"造成最大冲击的则是天台宗的判教说。智者大师在《法华玄义》中展开的判教说中，虽然将《涅槃经》与《法华经》皆定位于"第五时"即佛陀最后所说法，但两部经的功能是不一样的。智者大师认为"五时"是两重"五时"：从《华严经》到《法华经》是"前番""五时"；而需要经过《般若经》的熏陶才能接受《涅槃经》的过程则为"后番""五时"。两者的区别是，《法华经》所摄受的"先种先熟先收"的众生；而《涅槃经》所摄受的则是法华会上"如聋如哑"的"晚种后熟后收"的众生。①智者大师的这种说法，影响到荆溪湛然将《涅槃经》定位于"捃拾

---

① 《法华玄义》卷十："今佛熟前番人，以《法华》为醍醐。更熟后段人，重将《般若》淘汰，方人《涅槃》。复以《涅槃》为后教后味，譬如田家先种先熟先收，晚种后熟后收。《法华》八千声闻，无量损生菩萨，即是前番果实，于《法华》中收，更无所作。若五千自起，人天被移，皆是后熟，《涅槃》中收。"《大正藏》第 33 册，第 808 页上、808 页下—809 页上。

教",即度化《法华经》度化所剩下的众生。涅槃师将《涅槃经》定位于佛陀最后所说的"常住教"更多是从信仰的立场出发所作的判教,经不起逻辑推敲。而吉藏和智者大师的判教说虽然也有信仰的要素在其中,但相对而言更符合佛教思想史的真实。所以,面对这种对《涅槃经》的贬低和批判,涅槃师很难作出强有力的反驳。

布施浩岳的分析富有启发,但"涅槃宗"的衰落应该是诸种社会要素和思想要素综合作用的结果,而不只是因为其他宗派对《涅槃经》的贬低这一个因素。比如《涅槃经》之所以受到中国佛教界的关注,有几方面的原因。如佛性说的展开、法身说的展开以及僧人不得食肉的规定等。僧人不得食肉的问题,由于梁武帝的介入,基本上被中国僧人普遍接受。而后来的《楞伽经》等在这个问题上作了更充分的论证和说明。《涅槃经》作为论证不食肉的经典根据的历史使命已经完成。随着地论宗思想的展开,基于《十地经论》所构筑的法身、报身、应身的三身说比《涅槃经》单纯的"法身"说在理论上更为精致和深刻;"理佛性"和"行佛性"的分类比《涅槃经》的"三佛性"或"五佛性"说更合理也更具有理论深度①,随着南方的摄论宗和北地的地论宗的流行,以《涅槃经》研习为业的"涅槃宗"走向衰落也就是不可避免的了。

(三)菅野博史的研究

菅野博史是日本著名的中国佛教研究专家,特别是关于《法华经》注释书的研究得到东亚学术界的高度评价。其代表作之一《中国法华思想研究》(国际文化交流出版公司 2020 年版)已经在中国翻译出版。在研究《法华经》注释书之余,菅野博史也关注《涅槃经》注释书的研究,撰写了关于《涅槃经集解》的系列论文。在布施浩岳之后很长一个时期,日本学术界关于《涅槃经》注释书的研究处于停滞状态,没有突出的研究成果,直到菅野博史的相关研究问世,这一状况才发生变化。

菅野博史的研究主要包括四个方面:《涅槃经集解》的基础研究,《涅槃经集解》中的道生疏研究,基于《涅槃经集解》的南北朝判教说的研究,白

---

① 《大乘玄论》卷三:"但地论师云,佛性有二种,一是理性,二是行性。理非物造,故言本有,行藉修成,故言始有。"《大正藏》第 45 册,第 39 页中。

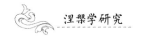

鹤美术馆藏《涅槃经集解》的研究。

《涅槃经集解》，顾名思义，是关于《涅槃经》诸人注释的汇集本。收录了从刘宋末年的竺道生到南齐、梁初的十九人的《涅槃经》注释。考虑到5世纪后半期至6世纪初期的中国佛教资料大多散佚，这部《涅槃经》的集注就显得尤其珍贵。它不仅对于理解南北朝时期"涅槃宗"的情况不可或缺，而且对把握整个南北朝佛教思想的动向都具有重要的资料价值。关于该文献的作者，菅野博史梳理了相关的研究史，认为佐佐木宪德和布施浩岳的"明骏"说有很多疑点，很难成立，而汤用彤、横超慧日等提出的"法朗"（慧朗）说似乎更合理。当然，《唐高僧传》中所说的"法朗"是否就是《涅槃经集解》中的"慧朗"，还留有疑问。菅野博史用表格的形式，统计了十九位注释者的注释在《涅槃经集解》中的分布，被采用最多的注释者是敬遗（31处），而慧令和智藏的注释则只出现一次。菅野博史对《涅槃经集解》的基础研究虽然不涉及思想内容的研究，但为学术界进行《涅槃经集解》思想的研究提供了坚实的基础。

关于道生的《涅槃经》注疏，汤用彤和布施浩岳在其著作中都有所涉及，但没有单独作为一个研究课题进行综合性研究。通过对《涅槃经集解》对道生的注释的引用内容看，菅野博史认为，从总体上说，道生的《涅槃经疏》在分量上比不上道生的《维摩经注》和《法华经注》，在行文上多是对《涅槃经》经文的重复或总结，缺乏思想上独创性。很遗憾的是，从《涅槃经集解》的引用中，也看不到道生对"一阐提"的相关论述。菅野博史结合道生的《涅槃经序》和《法华经注》等，讨论了道生思想中的"理"的概念，认为道生所理解的"悟"就是与"理"契合。这种独特的理解反映了中国传统思想与佛教思想的融合。菅野博史对道生《涅槃经疏》中"理"概念的关注，对道生思想研究富有启发。实际上，中国佛教思想理解《涅槃经》的一个重要路径就是结合中国传统思想重新诠释《涅槃经》。关于"理"概念在中国佛教中的受容和变容，本书也将在第七章中进行专题研究。

关于南北朝判教思想的研究，在布施浩岳的《涅槃宗之研究》中已经展开，特别是对涅槃师的顿渐二教判、顿渐不定三教判、四时教判、五时教判的内涵及历史演变作了综合考察。但布施浩岳研究的重点在于判教学说史的分析，对《涅槃经集解》中出现的僧宗、僧亮等的教判思想没有进行个案分析。而菅野博史则基于《涅槃经集解》的资料，分别对僧宗、僧亮的判教思想作了考察，使得南北朝时期判教说的细节得到呈现。如僧宗、僧亮皆把佛陀一代圣教分为"偏教"和"圆教"，这里的"圆教"虽然特指《涅槃经》，与后来的天台圆教、华严圆教不是一个概念，但作为一种特异的判教说仍然值得关注。而僧宗虽然言及《华严经》，但并没有如刘虬、诞法师那样将《华严经》视为"顿教"。关于《涅槃经集解》中的判教思想，会在下面相关章节结合菅野博史等的研究成果进一步讨论。

迄今为止，学界研究《涅槃经集解》时，所使用的版本都是《大正藏》所收录的版本。这个版本并不是一个善本，有许多错讹之处。但由于没有其他版本进行校对，所以在研究过程中遇到许多困难。菅野博史得到日本白鹤美术馆的许可，得到了白鹤美术馆所藏《涅槃经集解》写本。该版本的底本是唐代的写本，在日本流传过程中经过两次增补。菅野博史和中国人民大学张文良、孙茂霞等合作，对《大正藏》本和白鹤美术馆本作了较对，并陆续发表了系列论文。期待以后有精校本《涅槃经集解》问世。

(四) 其他相关研究

除了上述几位代表性学者的研究之外，关于《涅槃经》的注释书，还有著名三论宗研究学者平井俊荣和《涅槃经》研究专家藤井教公等的相关研究。吉藏虽然是三论宗思想家，但其对《涅槃经》持续关注，曾著《大般涅槃经疏》，惜乎此文献已经亡佚。平井俊荣从诸种史料中辑其逸义，在《吉藏著〈大般涅槃经疏〉逸文之研究》(上、下) 中①，对吉藏《大般涅槃经疏》的结构、内容进行分析，使得吉藏的涅槃佛性思想更为清晰。前面提到的藤井教公原本是研究《涅槃经》的专家，后来转向研究《涅槃经》注释书，特别是天台宗对《涅槃经》的诠释。其论文《天台智顗对〈涅槃经〉的受容与定位》②、

---

① 参见〔日〕平井俊榮『吉藏著「大般涅槃經疏」逸文の研究（上）』，『南都佛教』1971 年第27 号；〔日〕平井俊榮『吉藏「大般涅槃經疏」逸文の研究（下）』，『南都佛教』1972 年第29 号。

② 参见〔日〕藤井教公『天台智顗における「涅槃経」の受容とその位置づけ（一）』，『大倉山論集』1988 年第23 号；藤井教公『天台智顗における「涅槃経」の受容とその位置づけ（二）』，『大倉山論集』1988 年第24 号。

《灌顶撰〈涅槃经玄义〉中的"有人"是谁?》①,对天台宗如何定位《涅槃经》作了考察。由于天台宗在日本仍然是活跃的佛教宗派,对天台宗的研究是日本学术界重要的研究领域,所以对天台宗的《涅槃经》注释书的研究成果颇多。在本书的最后一章,还会结合日本学术界相关研究成果进行考察。

一般认为初唐的法宝(627—704 年)是"涅槃宗"的最后一位思想家,其《大般涅槃经疏》是"涅槃宗"的绝唱。虽然后来天台宗僧人仍然有《涅槃经》的注释书,但皆是从天台宗的立场对《涅槃经》进行注疏,与法宝就《涅槃经》本身的逻辑进行注释的立场不同。但由于法宝的《大般涅槃经疏》大部分佚失(《续藏经》所收录的是其中的第九、十卷,全《疏》十五卷),所以无法把握法宝涅槃佛性思想的全貌。但随着金泽文库本《一乘佛性权实论》写本的发现,以及对日本天台宗《一乘要诀》等文献中法宝思想资料的辑录,关于法宝思想的研究取得了一定的进展。如久下陞的《法宝撰〈大般涅槃经疏〉中的一阐提思想》②、《〈一乘要诀〉中的法宝佛性论》③、《〈守护国界章〉中的唐沙门法宝的佛性论》④。此外,木村宣彰的《法宝的〈涅槃经〉解释的特质》⑤、伊藤尚德《慧沼〈能显中边慧日论〉所见法宝批判》⑥、柳干康《法宝的佛性论》⑦ 等也是法宝研究的重要成果。

---

① 参见〔日〕河村孝照『灌頂撰「涅槃経玄義」における"有る人"とは誰を指すか』,『印度学佛教学研究』1985 年通号 67。

② 参见〔日〕久下陞『法宝撰「大般涅槃経疏」における一闡提思想』,『人文学論集』1973 年通号 7。

③ 参见〔日〕久下陞『「一乘要決」における法宝の佛性論』,『日本文化と浄土教論攷:井川定慶博士喜寿記念』1974 年通号 23。

④ 参见〔日〕久下陞『「守護国界章」における唐沙門法宝の佛性論』,『佛教大学研究紀要』1975 年通号 59。

⑤ 参见〔日〕木村宣彰『法寶における涅槃經解釋の特質』,『大谷学報』1978 年通号 217。

⑥ 参见〔日〕伊藤尚德『慧沼「能顕中辺慧日論」にみる法宝批判』,『大正大学大学院研究論集』2007 年通号 31。

⑦ 参见〔日〕柳幹康『法宝の佛性思想』,『東アジア佛教研究』2020 年通号 18。

第一章 《涅槃经》的汉译与再治

第一节 《涅槃经》经典群

关于佛陀涅槃或入灭为主题的经典，构成《涅槃经》的经典群，这些经典有的经名中有"涅槃"有的没有"涅槃"，但其内容皆与佛陀入涅槃之际的说法以及"佛身常住"问题有关。从大的类别来看，这一经典群可以分为原始《涅槃经》群和大乘《涅槃经》群。

原始《涅槃经》，有收于《长阿含经》、由佛陀耶舍和竺佛念译出的《游行经》，此经属于法藏部的传承。此外，汉译《增一阿含》的"八难品"第三经《道》也以佛陀的涅槃为主题，虽然篇幅不长，但也属于原始《涅槃经》的重要部分。

《出三藏记集》等经录所记载的支娄迦谶所译《胡般泥洹经》（又称《般泥洹经》《梵泥洹经》）一卷，经录一般将其归入原始《涅槃经》。由于此经早已失传，内容不得而知，或许也是《游行经》的异译。不过历史上没有留下有人弘传此经的记载。①

《游行经》的异译，还有西晋沙门白法祖所译《泥洹经》（或称《佛般泥洹经》《佛般泥洹教》）二卷。《开元释教录》"白法祖"条"《佛般泥洹经》二卷，出《长阿含》，是初分《游行经》异译"。

---

① 《出三藏记集》卷二："《大般泥洹经》二卷，安公云：'出《长阿含》。'佑案，今《长阿含》与此异。"《大正藏》第55册，第6页下。支谶所译《大般泥洹经》，按照道安的说法属于《长阿含经》的《游行经》的异译，如果此说法成立，则它属于原始《涅槃经》。但僧祐认为两者内容相异，应该属于大乘《涅槃经》。后来的经录一般将其归入大乘《涅槃经》。

《出三藏记集》卷二列出法显所译经典十一部，其中包括两部《涅槃经》："《大般涅槃经》六卷（晋义熙十三年十一月一日道场寺译出）、《方等泥洹经》二卷。"其中，《大般涅槃经》六卷属于大乘《涅槃经》没有异议，而关于《方等泥洹经》二卷到底属于大乘还是小乘存在争议。① 由于此经在梁代就已经失传，所以难以确定其真实属性。但从常识推断，竺法护同时翻译两部不同卷数的大乘《涅槃经》的可能性较低，如果二卷《方等泥洹经》存在，属于原始《涅槃经》的可能性较大。

在《大正藏》"涅槃部"所收录的经典有十八部，这些经典的属性比较复杂，如《大云无想经》《大方等无想经》属于大乘《涅槃经》系统，但大部分属于小乘经典。这些经典的共同特征就是在内容上都与佛陀涅槃相关联。② 在这十八部经典中，对后世影响最大的当属鸠摩罗什所译《佛垂般涅槃略说教诫经》一卷。此经又称《佛遗教经》或《遗教经》，关于此经有真谛三藏翻译的世亲菩萨所著《遗教经论》，此经在中国亦有多种注释书，其中最著名的当推明代蕅益智旭的《佛遗教经解》。此经讲到佛陀临涅槃时教诲弟子"以波罗提木叉为师"，这种重视戒律的精神被后世继承，并成为唐宋朝廷推崇此经的重要根据。如唐太宗颁布敕令，以广流布。宋真宗亲自为此经作序，雕版流通。唐宋之后，《遗教经》的影响甚至超过大乘《涅槃经》。这可以说是《涅槃经》流传史上值得注意的一个现象。

大乘《涅槃经》，即北凉昙无谶所译四十卷本《涅槃经》（421 年译出）和慧严、慧观与谢灵运再治的三十六卷本《涅槃经》（424—453 年译出）。这

---

① 如《法经录》卷三"小乘经异译部"云："《大般泥洹经》二卷（亦是《游行经》，晋世竺法护译）。"《大正藏》第 55 册，第 130 页中。而《仁寿录》《静泰录》则视之为大乘经，因为经名中有"方等"的字眼。智升在《开元录》卷三关于此经云："《大般涅槃经》三卷（或二卷，是《长阿含》初分《游行经》异译。群录并云显出《方等泥洹》者，非。即前《大泥洹经》加'方等'字。此小乘涅槃，文似昙译，故以此赞之）。"《大正藏》第 55 册，第 507 页中。

② 这些经典包括：竺法护译《等集众德三昧经》三卷、《般泥洹后灌腊经》一卷、《佛说当来变经》一卷，昙无兰译《迦叶赴佛般涅槃经》一卷，鸠摩罗什译《集一切福德三昧经》三卷、《佛垂般涅槃略说教诫经》一卷，竺佛念译《菩萨从兜术天降神母胎说广普经》七卷、《中阴经》二卷、《大云无想经》卷九，昙无谶译《大方等无想经》六卷，昙景译《摩诃摩耶经》二卷，那连提耶舍译《大悲经》六卷、《莲花面经》二卷，阇那崛多译《四童子三昧经》三卷，玄奘译《佛临涅槃记法住经》一卷，失译《佛灭度后棺敛葬送经》一卷、《佛入涅槃密迹金刚力士哀恋经》一卷、《佛说法灭尽经》。

两个译本是中国佛教思想家注释最多的译本，也是中国涅槃思想展开所依据的主要文本。关于这两个译本的翻译，我们将在第二节专门考察。

除了以上译本，还有与《涅槃经》思想相接近，或者在《涅槃经》影响下成立的经典，这些经典也属于《涅槃经》经典群。其中最著名的是《央掘魔罗经》和《大法鼓经》。这两部经典虽然故事情节有差异，但都以如来藏思想为主题，在思想上与《涅槃经》一脉相承。而且，三部经都有"正法欲灭，余八十年"的说法，表达一种关于佛教发展的危机意识，而且都预言如来藏思想会在南方得到传播。除此之外，还有一些线索可以证明三部经典之间的关联性。

《央掘魔罗经》有七个版本，其中六个版本属于早期部派佛教的诵本，被收入"阿含部"，属于小乘佛典。而求那跋陀罗所译《央掘魔罗经》则属于大乘经典，是在大乘《涅槃经》影响之下成立的经典。大乘《央掘魔罗经》虽然在经名、结构和部分故事情节上与小乘《央掘魔罗经》相似，但内容属性完全不同，属于如来藏系经典，而且对声闻乘持强烈的批判态度。《央掘魔罗经》中有"听闻如来常住大般涅槃甘露之法"之句，如果这里所指是《涅槃经》，那么，《央掘魔罗经》应该出现于《涅槃经》之后。

如高崎直道的相关研究所表明的，《央掘魔罗经》的如来藏思想不是一种纯理论的叙述，《央掘魔罗经》是一种带有文学色彩的经典，如运用各种譬喻来表达如来藏的性格等。这种风格与《不增不减经》《胜鬘经》等如来藏系经典的风格不同，而与《涅槃经》相接近。在思想层面，《央掘魔罗经》也与《涅槃经》一样，强调如来藏就是世俗谛中的"阿特曼"，如果听闻、信奉如来藏，就能见到菩萨。关于"如来藏"，除了代指一切众生所具有的内在的如来本性，还代指"如来藏之说"以及解说如来藏的"如来藏系经典"，所以经文中有"闻如来藏""信、不信如来藏"等说法。①

《大法鼓经》系刘宋元嘉年间（424—453），由求那跋陀罗翻译，也属于如来藏系经典。因为佛在此经所说诸如来秘密法藏甚深微妙，如击战鼓，怯弱者闻而恐怖，是故《大法鼓经》唯为利根者说，非二乘之人所能信解。此经同《涅槃经》一样，认为如来藏是如来的秘密、隐藏之说；如来藏是真我；

---

① ［日］高崎直道：『如来藏思想の形成』，東京：春秋社1974年版，第213—214頁。

如来藏与涅槃的常、恒、清凉、不变相联系等。但也有与《涅槃经》相异的思想。如借用《法华经》的长者穷子的譬喻和化城之喻，表达即使诽谤《大法鼓经》者也会得到救度的思想。关于一阐提能否成佛问题，《涅槃经》的说法前后并不统一，而《大法鼓经》受到《法华经》一乘思想的影响，在一切众生是否皆能得到摄受问题上，比《涅槃经》的立场更为乐观。

净影寺慧远曾在《大乘义章》中多处引用《大法鼓经》，论证如来藏的思想史定位。在《楞伽经》"食肉品"中，《央掘魔罗经》就与《涅槃经》相提并论，作为说明断肉食戒律的经典依据。在后来的中国佛教思想展开中，天台宗的《法华经文句》、华严宗的《华严经疏》时常引用《央掘魔罗经》的如来藏思想。《央掘魔罗经》成为构筑中国佛性思想的重要素材。

第二节 《涅槃经》的翻译

中国涅槃学的基础文本是四十卷本《涅槃经》和三十六卷本《涅槃经》。因为前者在北凉译出，故称"北本《涅槃经》"，而后者是北本的改编本，在建康编辑而成，故称"南本《涅槃经》"。北本《涅槃经》翻译出来之前，有六卷本《涅槃经》译出，即由法显从印度带回中国，与佛陀跋陀罗共同译出。在六卷本《涅槃经》和四十卷本《涅槃经》之间，还有智猛翻译的二十卷本《涅槃经》，可惜此译本早在梁代已经是缺本。[①]

法显是东晋僧人，因为有感于国内律藏不备，发愿西行印度，求取完整的律典。东晋隆安三年（399），与慧景、道整、慧应、慧嵬等从长安出发，历经六年才到达中印度，又在印度游学六年，归途又耗费了三年，在东晋义熙九年（413）回到中国。法显西行求法时已经六十余岁，在当时已经是高龄。能够不顾一切艰难险阻，依然西行，没有舍身求法的精神是不可想象的。法显带回的经典除了六卷本《涅槃经》，还有《摩诃僧祇律》四十卷、《杂阿毗昙心论》十三卷等。

---

① 《大般涅槃经》的梵文原本已经不存，但梵文残片尚有九件存世，大多出土于新疆和田一代。《大般涅槃经》除了汉译本，还有藏译本（两种）、突厥语译本、粟特文译本。

根据梁代僧祐的《出三藏记集》卷八的记载，六卷本《涅槃经》是在义熙十三年（417）十月一日开始在司空谢石所建道场寺翻译，到十四年（418）正月二日定稿。佛陀跋陀罗负责梵文的解读，宝云负责传译。据说在译场有二百五十人躬逢其盛。①

六卷本《涅槃经》相当于北本《涅槃经》的前十卷内容，但实际上，北本《涅槃经》前十卷无论在分量上还是在内容上，都对六卷本《涅槃经》作了增广，这些增广部分具有重要的理论意义，如以"伊字三点"来表达涅槃三德"法身、般若、解脱"不纵不横的关系、佛灭度后世界进入像法时代、对"常乐我净"四德的集中说明等。比较这两个译本，不仅可以看到《涅槃经》逐渐丰富、逐渐成熟的过程，而且可以找到在北本《涅槃经》译出之后，六卷本《涅槃经》为什么基本上退出研究者视野的理由。

在佛陀跋陀罗译出六卷本《涅槃经》之后不久，智猛曾译出二十卷本《涅槃经》。《出三藏记集》卷二在"《般泥洹经》二十卷（缺）"云："宋文帝时沙门释智猛游西域还，以元嘉中，于西凉州译出《泥洹经》一部，至十四年，赍还京都。"② 再参考《历代三宝纪》的说法，译者智猛是雍州沙门，从天竺带回梵本《涅槃经》，途经玉门而在凉州译出。智猛于元嘉十四年（437）到达建康。但智猛译本在梁代已经是缺本。关于其内容，《法经录》认为它与六卷本《涅槃经》一样属于"大般涅槃经别品殊译"。那么，它是将北本《涅槃经》前十卷敷衍成二十卷，还是相当于北本《涅槃经》"婴儿行品"之前部分？布施浩岳综合《涅槃经》本身的结构特征以及当时译经的习惯，认为智猛所译二十卷本《涅槃经》应该是《涅槃经》的初分十卷和中分十卷，即六卷本《涅槃经》再加从"现病品"到"婴儿行品"的四品内容。③

几乎在六卷本《涅槃经》和二十卷本《涅槃经》译出的同时，四十卷本

---

① 《出三藏记集》卷八："义熙十三年十月一日，于谢司空石所立道场寺出此《方等大般泥洹经》，至十四年正月二日校定尽迄。禅师佛大跋陀手执胡本，宝云传译。于时坐有二百五十人。"《大正藏》第 55 册，第 60 页中。根据这一记载，法显似乎没有直接参与《方等大般泥洹经》的翻译，但据王邦维分析，此经视为法显、佛大跋陀、宝云合译比较合理。参见王邦维《略论大乘〈大般涅槃经〉的传译》，《华梵问学集》，兰州大学出版社 2014 年版。

② 《大正藏》第 55 册，第 12 页下。

③ 参见［日］布施浩岳『涅槃宗の研究』（後篇），第 68—72 頁。

《涅槃经》也由印度僧人昙无谶译出。译出时间在玄始三年（414）到玄始十年（421）。昙无谶的传记主要见于《出三藏记集》卷十四和慧皎的《高僧传》卷二，其中，《高僧传》的记载最为详细。根据《高僧传》的记载，昙无谶出生于中印度，先学小乘和五明诸论，后从一白头禅师处得到写在树皮上的《涅槃经》，从而转向大乘。到二十岁时就已经诵大小乘经二百余万言。后离开中印度，携带《涅槃经》前分十卷、《菩萨戒经》《菩萨戒本》等到达罽宾，但当时罽宾流行小乘，无信奉《涅槃经》者，于是昙无谶又往东到达龟兹国。又经鄯善到达敦煌，在此逗留数载之后，到达凉州之姑臧。当时，此地在北凉沮渠蒙逊统治之下，昙无谶得到沮渠蒙逊的赏识，尊其为"圣人"。沮渠蒙逊到达姑臧的时间大约在玄始元年（412）前后。应沮渠蒙逊之请，昙无谶在河西地区的慧嵩和道朗的帮助下译出了《涅槃经》的前分十卷。由于不是全本，翻译工作停顿下来。为了寻求《涅槃经》的中分和后分，昙无谶又返回中印度，据说在回中国路过于阗时发现了《涅槃经》的中分，并在姑苏译出中分。因为仍然不是全本，所以又派遣使者到于阗寻访《涅槃经》的后分。最终历时七年才译出《涅槃经》四十卷全本。①

当然，这里的记载亦有可疑之处。最大的疑点就是昙无谶最初带到中国的《涅槃经》不是全本，而只是前分十卷，而且，按照《高僧传》的记载，他甚至一开始并没有意识到这一点，而是在翻译完前十卷之后才意识到不是全本，于是专程回印度求取中分部分，中分翻译出来，发现仍然不是全本，又去寻访后分。如果是不通梵文的中国僧人到印度取经，由于不能通读全经，所以取回的经典不是全本还有可能，而对印度出身、精通大小乘经论的昙无谶来说，自己尊奉的经典是不是全本都不能确定就不远万里带到中国，显然不合常理。按照布施浩岳的推测，最大的可能是：《涅槃经》本来就不存在四

---

① 《涅槃经玄义》卷下："昔道猛亡身天竺，唯赍五品还。谓寿命、金刚身、名字功德、如来性、大众问等品。到西凉州，值沮渠蒙逊割据陇后，自号玄始。其号三年，请昙无谶共译五品，得二十卷。逊恨文义不圆，再遣使外国，更得八品。谓病行、圣行、梵行、婴儿行、德王、师子吼、迦叶、陈如等品。又翻二十卷，合成四十轴，传于北方。玄始五年，乃究竟讫。"（隋）灌顶撰：《大般涅槃经玄义》卷二，《大正藏》第 38 册，第 14 页上—中。根据布施浩岳的分析，灌顶的说法与僧祐所引作者不明的"《涅槃经》序"一样，有多处与正史不合，不具有文献价值。但由这段文字可以窥知，自梁代到隋代，将北本《涅槃经》与智猛所携来的二十卷本《涅槃经》视为同一系统的传说一直盛行。

十卷的全本，而是六卷本、二十卷本等大小异本在印度河流域成立并分别流传，四十卷本分三个阶段而逐渐增广而成。昙无谶分三次将《涅槃经》译出，实际上正反映了《涅槃经》本身形成的复杂过程。①

四十卷本《涅槃经》似乎也不是《涅槃经》的全本，因为《涅槃经》作为以佛陀入涅槃为主题的经典，除了佛身常住和佛性等内容之外，一般会有关于佛陀入灭和荼毗等情节。据《高僧传》等记载，在昙无谶译出四十卷本《涅槃经》之后，当时就有外国沙门昙无发认为"此经品未尽"。昙无谶闻听此言，遂于义和三年（433）决定西行寻访《涅槃经》的后分。但由于复杂的政治原因，昙无谶在中途被暗杀（宋元嘉十年），壮志未酬。②

第三节　南本《涅槃经》的编纂

昙无谶所译四十卷本《涅槃经》大约在元嘉七年（430）传到建康。③ 当时，正值道生因为宣扬一切皆成佛的教义而被逐出建康的事件发生不久，所以此经很快在江南佛教界流传开来。同时，在此之前就有六卷本《泥洹经》的流传，人们已经对大乘《涅槃经》有了一定程度的了解，所以北本传来之后，就为人们提供了对两个版本进行比较研究的机会。据《高僧传》卷七"慧严传"记载，"《大涅槃经》初至宋土，文言至善，而品数疏简，初学难以措怀。严乃共慧观、谢灵运（385—433年）等依《泥洹》本加之品目。文有过质，颇亦治改，始有数本流行"④。即慧严等通过比较两个版本发现，在

---

① 参见［日］布施浩岳『涅槃宗の研究』（後篇），第110—112頁。
② 据《高僧传》卷二"谶法师传"末所"道普传"的记载，除了昙无谶之外，道普也曾西行寻访《涅槃经》的后分。时间是宋元嘉七年（430）。但由于船破负伤而死，临终之际感叹"涅槃后分与宋地无缘矣"。根据义净《大唐西域求法高僧传》卷上的记载，益州成都会宁在唐麟德年中（664—665）从海路求法，在诃陵洲（今爪哇岛和苏门答腊岛）滞留期间，与当地僧人若那跋陀罗（智贤）译出《涅槃经》荼毗分二卷。后将此经寄回长安，得以在中国流通。
③ "元嘉七年说"的最早记载见于隋代硕法师的《三论游意义》，其言："晋末初宋元嘉七年涅槃至阳（笔者注：'阳'当作'扬'）州。"硕法师：《三论游意义》卷一，《大正藏》第45册，第122页中。这种说法实来自《祐录》，然而《祐录》却未说明北本到达建康的具体时间，而将其与道生赴庐山的事件相关联。《祐录》言道生"以元嘉七年投迹庐岳，销影岩阿，怡然自得，山中僧众咸共敬服。俄而大涅槃经至于京都"。（梁）僧祐撰：《出三藏记集》卷八，《大正藏》第55册，第111页上。
④ （梁）慧皎：《高僧传》卷七，《大正藏》50册，第368页上。

结构上，六卷本的品目划分更为合理；在内容上，四十卷本有质过于文即译文不太流畅之处。于是，慧严与慧观、谢灵运等合作，对四十卷本作了改治，其改治本即三十六卷本《涅槃经》，亦称"南本《涅槃经》"。

南本《涅槃经》修治的时间，《佛祖历代通载》卷八提示在元嘉十三年（436）。① 但考虑到谢灵运元嘉十年就离世，布施浩岳认为修治本应该是在元嘉八年（431）下半年到元嘉九年（432）上半年完成的。但由于当时政治混乱，世事纷纭，修治本在元嘉十三年问世的可能性是存在的。②

值得注意的是，僧祐和慧皎虽然生活年代较近，但两者对于北本《涅槃经》的记载有较大差异。如《祐录》云：

> 昙纤之传《涅槃》，跋陀之出《华严》，辞理辩畅，明逾日月，观其为义，继轨什公矣。③

又，关于北本《涅槃经》的卷数云：

> 谶以《涅槃》经本品数未足，还国寻求，值其母亡，遂留岁余。后于于阗更得经本，复还姑臧译之，续为三十六卷焉。④

僧祐的记载有两点不同：其一，僧祐对昙无谶的翻译水平极为赞赏，不仅认为昙无谶的译文清晰流畅，还视其为鸠摩罗什译经事业的后继者，这与《长房录》所言"语小朴质，不甚流美"相矛盾；其二，《祐录·昙无谶传》言明，昙无谶所译《大般涅槃经》为三十六卷，这与《高僧传》所述三十三卷

---

① 《佛祖历代通载》卷八"丙子"条："慧严与慧观、谢灵运等，详订《大涅槃经》，颇增损其辞。"《大正藏》第 49 册，第 536 页下。

② 关于南北《涅槃经》的成立时间，还有学者基于北本于元嘉三年（426）南传的观点，主张改治发生在元嘉三年或元嘉四年。参见刘汝霖《东晋南北朝学术编年》，上海书店出版社 1992 年版，第 185 页。注：该书据 1936 年出版的商务印书馆版影印。参见［日］尾崎勤「「涅槃经」の北本南伝と南本编纂の时期」，『佛教史学研究』2013 年通号 149。

③ 根据上下文，纤当作谶。乃译经之昙谶，而非齐代僧人昙纤。见（梁）僧祐《出三藏记集》，《大正藏》第 55 册，第 5 页上。

④ 《出三藏记集》卷十四，《大正藏》第 55 册，第 103 页上。

（一说"三十卷"）、《长房录》所述四十卷皆不同。以上三种关于北本卷数的说法，只有《长房录》的说法与现存于《大正藏》中的南北二本的情况相符。

僧祐与慧皎在昙无谶译本的卷数上存在分歧，似可说明在梁代北本初传的情形已不清晰。如果当时存在关于北本初传情形的明确记载，僧祐与慧皎应当不会在北本卷数上有分歧。正因为记录的模糊，僧祐和慧皎只能根据现存于梁地的南本的卷数来推测北本初入南方时的卷数。事实上，梁土并非没有北本存在。实际的情况是南北二本并存，只不过南本更为流行，这种情况可于文献中略见端倪。在《大般涅槃经集解》中，昙济解释经题时注曰，"经者，胡言修多罗……或以文为经，或以理为经，或四十卷文字，尽为经体"①，明确指出了《涅槃经》为四十卷。

值得注意的是，《长房录》在讲述《涅槃经》改治之事的段落后注明"见《宝唱录》及《高僧传》"，说明宝唱亦认为北本《涅槃经》的品数曾经有过改动。宝唱曾撰《名僧传》，成书于《高僧传》之前，现只存《名僧传抄》，其目录载有《慧严传》《慧观传》，《高僧传》中关于慧严、慧观的记载有可能借鉴了《名僧传抄》。② 可以认为宝唱是《涅槃经》改治说的最早提出者。

僧祐与宝唱、慧皎的生活时代大致相当，为什么会在同一个问题上产生两种不同的取向呢？

一种可能的解释是僧祐反对抄经等中国编辑经典。僧祐在《祐录·新集抄经录》篇首力陈"抄经"之弊。僧祐认为这种"割断成经""棋散众品""爪剖正文"的行为"既使圣言离本，复令学者逐末"③，即摘抄章句、肆意分品的行为不利于完整地展示经典的原貌。僧祐还批评了萧子良大规模抄经的行为，强调经典的"名部一成"则"难用刊削"。僧祐集《抄经录》的目的正是告诫后学不要仿效抄经的行为。南本《涅槃经》不仅仅是对北本《涅槃经》作了文字上的改动，而且改变了原本的结构，没有忠实地反映梵文底本的原貌。这种改治行为想必是僧祐所反对的。南本《涅槃经》将北本前五

---

① 《大正藏》第37册，第378页上。
② 《名僧传抄》的目录载："宋乌衣寺释惠叡五、宋东安寺释惠严六。"（梁）宝唱：《名僧传抄》卷三十，《续藏经》第77册，第347页下。
③ （梁）僧祐《出三藏记集》卷五，《大正藏》第55册，第37页下。

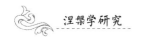

品拆为十七品，是为了方便与旧有的六卷法显本进行对照阅读。在法显本已在南方有广泛影响力的时候，经过改治的北本前五品使用与法显本相同的分品方式，更符合读者的阅读习惯，从而促进了北本在南方的流通。但僧祐基于自己的经典观，反对对经典进行改变，哪怕这种改变有积极的效果。

关于南本《涅槃经》与北本《涅槃经》的差异，布施浩岳在《涅槃宗之研究》的上编通过对两个版本文字的详细对比，进行了考察分析。

首先就品数而言，北本共有十三品，南本共有二十五品。从内容上看，南本的前十七品相当于北本的前五品；从品题上看，南本前十七品与法显译《大般泥洹经》相同。南本的这种分品方式早在刘宋时期已经成型。查阅《大般涅槃经集解》，可以从法瑶的注文中看出端倪，现略举数条如下：

> 法瑶曰：从此入《四相品》讫善解因缘竟，答此问也。①
>
> 法瑶曰：……是以《四依品》中，举贼狗毒龙等譬，答问云何作留难也。今此一品，并《四谛品》，答如来波旬说。②

从上文可知，在法瑶所生活的时代，南本已经出现了《四相品》《四依品》《四谛品》。法瑶于元嘉中过江，居于吴兴小山寺③，可以推测，元嘉年间或已有人将昙无谶的译本重新分品，形成了南本。

关于南本在文字上的改动问题，布施浩岳认为这种改动从积极的方面说，改变了北本较为难解的文字，使经文变得更为流畅自然。而且改治者在改动文字时非常小心谨慎，尽量不改变经文的原意。应该说，在教义方面，南本确实保持了与北本的一致性。④ 但从消极的方面说，南本仅仅参考北本的译文

---

① 《大般涅槃经集解》卷十，《大正藏》第 37 册，第 424 页下。

② 《大般涅槃经集解》卷十七，《大正藏》第 37 册，第 444 页中。

③ 《高僧传·法珍传》云："释法珍（笔者注：珍当作瑶）……元嘉中过江，吴兴沈演之特深器重，请还吴兴武康小山寺，首尾十有九年。"（梁）慧皎：《高僧传》卷七，《大正藏》第 50 册，第 374 页中。

④ 关于南本的改动，汤用彤认为南本的改动主要在品目方面，文字上的改动较少。参见汤用彤《汉魏两晋南北朝佛教史》（增订本），北京大学出版社 2011 年版，第 335 页。景盛轩考察了南北本的异文，归纳了二者在用词上的若干差异，得出了北本的文辞更雅驯的结论。参见景盛轩、吴波《南、北本〈大般涅槃经〉词汇差异》，《汉语史研究集刊》2008 年第 00 期。

而没有参照梵文文本，所以经过改动虽然从汉语的角度看更为通顺晓畅，但有些地方反倒失去了梵文本身所具有的韵味，相比较而言，北本由于总体上属于直译的风格，所以还多少保留梵文的韵律和节奏。

为了避免以文害意，参与修治的慧严法师等承受了相当大的心理压力。据《高僧传》"慧观传"记载，慧观曾梦到有人严厉警告他不要轻易对《涅槃经》作出改动。① 如上所述，僧祐极力反对对经典改编。在当时的江南佛教界对修治《涅槃经》的做法是存在争论的。由于佛教界领袖之间并不存在共识，所以慧观等人才小心谨慎，不敢对经文作出大的改动。

《文字品》的主要内容是介绍悉昙字母（梵文的一种书写方式），并结合佛教教义对其进行解释。其中，在中国佛教中影响最大的是《文字品》中出现的所谓"伊字三点"，中国南北朝时期的僧人借此表达涅槃三德之间不即不离的关系。《文字品》的内容虽是昙无谶译本与法显译本所共有的，但二者翻译悉昙字母的方式却有所不同，最值得关注的是对梵文元音 a、ā、i、ī、u、ū 的不同翻译，现列表如下：

表 1-1　　　　　　　　　　　梵文元音对照表②

梵文元音	法显本	昙无谶本（北本）	南本
a	短阿	恶	短阿
ā	长阿	阿	长阿
i	短伊	亿	短伊
ī	长伊	伊	长伊
u	短忧	郁	短忧
ū	长忧	忧	长忧

由上表可以看出，南本参照了法显本，改变了原译本（即北本）用单字标示梵文字母的方式，转而采用标注长短声的做法。这两种不同的标注方式代表

---

① 《高僧传》卷七："严乃梦见一人，形状极伟，厉声谓严曰：'《涅槃》尊经，何以轻加斟酌！'严觉已惕然，乃更集僧，欲收前本。时识者咸云：'此盖欲诫厉后人耳，若必不应者，何容即时方梦。'严以为然。"《大正藏》第 50 册，第 368 页上。

② 此处参考谢怡晴的论文《〈涅槃经〉改治说考辨》，本科学位论文，中国人民大学，2018 年。

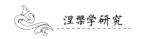

了两种翻译方式。

　　另外，在北本《涅槃经》卷二"寿命品"中，佛陀在纯陀讲了"诸佛境界，悉皆无常"的道理之后，又说偈云："一切诸世间，生者皆归死，寿命虽无量，要必当有尽。夫盛必有衰，合会有别离，壮年不久停，盛色病所侵，命为死所吞，无有法常者……永断诸缠缚，今日入涅槃。我无老病死，寿命不可尽，我今入涅槃，犹如大火灭。纯陀汝不应，思量如来义，当观如来住，犹如须弥山。我今入涅槃，受于第一乐，诸佛法如是，不应复啼哭。"[①] 南本《涅槃经》省略了"永断诸缠缚"以下的十四句。南本对北本的其他改动都是字句的调整和润色，只有这里是删减。从上下文来看，这十四句并不是衍文，没有删减的必要性。南本修治者不知是出于何种考虑而作此删减。

　　南本问世之后（约436年），南朝的佛教注释家皆依据南本进行注释，以后隋唐的注释家进行注释时也无一例外地依据南本。从这个意义上说，慧严、慧观、谢灵运的修治得到了佛教界的认可。

---

　　① 《大般涅槃经》卷二，《大正藏》第12册，第373页上—中。

第二章 《涅槃经》在汉地的传播

《涅槃经》的主题之一是宣扬佛身常住,这解决了佛陀入灭之后佛教徒无佛可依的状况,满足了信徒对佛的信仰需求;主题之二是宣扬常住的"佛身—法身"作为佛性内在于一切众生,一切众生皆有佛性,皆可成佛,这又给了一切信众修行成佛的希望和保证。

从理论的层面上说,自东晋以来,神灭、神不灭的争论在思想界盛行。儒家思想家如王充等站在朴素唯物主义的立场主张神灭论,佛教思想家从三世因果报应的立场出发主张神不灭论。这里的"神"是指人的身心主体,如果不承认"神"的存在,就会出现轮回的主体何在的问题。所以佛教思想家为了维护轮回说,只能竭力论证"神"的存在。但不灭的"神"又与佛教最基本的"无我"说相矛盾。如果将"无我"说贯彻到底,佛教不可能承认任何永恒的实体的存在。这样一来,佛教徒在思想上陷入了一种二律背反之中,如果承认"无我"说,就必须否定"神"的存在;如果坚持"有神"论,就必然与"无我"说相冲突。《涅槃经》的佛性说似乎为中国佛教徒解决了这一难题。虽然《涅槃经》中的"佛性"并不是中国佛教徒所理解的"神",不是一种实体,但在字面上,"佛性"在《涅槃经》中被称为"我(阿特曼)"。中国佛教思想家于是不加批判地将两者联系起来,将其视为轮回的主体。这是《涅槃经》得以广泛流行的思想背景。

由于《涅槃经》的主题契合了东晋时期人们的信仰需求和理论需要,所以传到中土之后很快得到传播,成为南北朝时期影响最大的经典之一。《涅槃经》的流传大体可以分为四个时期。(1)《涅槃经》初期传播。主要是《涅槃经》在北凉(397—439年)和刘宋(420—479年)的传播,其中影响最大的是道朗和道生对《涅槃经》的诠释。(2)南北朝时期的传播。这是《涅槃经》的研习最鼎盛的时期，当时活跃的佛教思想家几乎都从不同的视角对《涅槃经》思想进行了诠释。（3）隋代三大士的《涅槃经》诠释。三论宗的吉藏、地论宗的净影寺慧远、天台宗的智者大师从不同的佛教立场出发，对《涅槃经》作出了创造性的诠释。通过这种诠释，一方面拓展了《涅槃经》本身的内涵，另一方面，丰富了三论宗、地论宗、天台宗的佛性思想，成为这些宗派思想发展的重要契机。（4）唐代之后的传播。随着天台宗、华严宗、法相唯识宗等宗派佛教的兴起，《涅槃经》的佛性说与诸宗派的思想体系如何融合成为思想界的主题，与《法华经》《华严经》等宗经相比，《涅槃经》虽然已经被相对边缘化，但其佛性思想仍然渗透到各宗派思想体系中，成为各宗派佛教思想的有机组成部分。由于在第四个时期，《涅槃经》的思想融合到宗派佛教思想体系中，所以以下的考察主要集中于前三个时期。

第一节 《涅槃经》在北凉、刘宋的传播

如上所述，北凉玄始十年（421）十月二十三日，昙无谶译出《涅槃经》四十卷时，担任"笔受"的是当时在河西地区声誉卓著、独步一时的慧嵩和道朗。据《出三藏记集》卷十四"谶法师传"记载，"是时沙门慧嵩道朗，独步河西。值其宣出法藏，深相推重，转易梵文，嵩公笔受。道俗数百人，疑难纵横。谶临机释滞，未常留碍。嵩朗等更请广出余经，次译《大集》《大云》《大虚空藏》《海龙王》《金光明》《悲华》《优婆塞戒》《菩萨地持》，并前所出《菩萨戒经》《菩萨戒本》，垂二十部"[1]。可见，在当时，以昙无谶为中心形成了一个有数百僧俗参加的信仰团体，这些信众除了研习《涅槃经》，还修习《大集经》《金光明经》《菩萨地持经》等。慧嵩和道朗在这一信仰团体中处于特殊地位，《涅槃经》之外的大乘经典，就是昙无谶应二人之请而译出的。[2]

---

[1] 《出三藏记集》卷十四，《大正藏》第55册，第103页上一中。

[2] 据《出三藏记集》卷十"毗婆沙经序"记载，慧嵩和道朗还在元嘉四年（427）请在北凉的浮陀跋摩译出《毗婆沙论》，并与义学僧三百余人一起考订其文义。由此可见，二人不仅是北凉佛教的义学高僧而且是译经事业的重要组织者。

一 道朗与《涅槃经》

由于昙无谶周围有如此众多的义学高僧，所以《涅槃经》译出之后，按照常理推断，一定会有相关注释书问世。只可惜，这些文献都没有能留存下来，使我们不能凭第一手资料考察《涅槃经》传入之初中国僧人对此经的理解，只能从后人的引用中一窥蛛丝马迹。如中国三论宗的嘉祥吉藏在《大乘玄论》卷三，关于道朗与《涅槃经》的渊源云：

> 河西道朗法师与昙无谶法师，共翻《涅槃经》。亲承三藏，作《涅槃义疏》，释佛性义，正以中道为佛性。尔后诸师，皆依朗法师《义疏》，得讲《涅槃》，乃至释佛性义。[①]

由此可见，道朗曾撰述《涅槃经义疏》，诠释《涅槃经》的佛性思想。而且，其佛性观的特征是以中道为佛性。如果吉藏的转述是事实，那么，道朗也是站在中观的立场理解佛性。[②] 吉藏还对道朗之后的"涅槃师"的思想作了概括，认为这些涅槃师继承了道朗的基本立场，都是从中观的立场诠释《涅槃经》，解释佛性。吉藏在《涅槃经游意》中分析《涅槃经》的大意时，提到河西道朗和世亲分别从"五门"和"七分"来把握《涅槃经》的整体内容。[③]

后来的天台宗灌顶在《大般涅槃经疏》卷一的科段部分，同样提到了道朗的"五门"说：

> 梁武但制中前中后，开善唯序正，光宅足流通，灵味问有缘起，答有余势。河西五门，婆薮七分，兴皇八门。虽兰菊各美而经遮论开。牧

① 《大乘玄论》卷三，《大正藏》第45册，第35页下。
② 日本学者平井俊荣认为，河西道朗不属于三论宗。吉藏之所以推崇道朗，一方面是要对抗梁代三大士的影响，另一方面，道朗确实有与鸠摩罗什、僧肇类似的思想。参见［日］平井俊荣《中国般若思想史研究——吉藏与三论学派》，东京：春秋社1976年版，第60—72页。
③ 《涅槃经游意》卷一，《大正藏》第38册，第230页中。

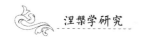

女添水，遮也；派深析重，开也。今分为五，又为七。一列章，二示处，三释名，四生起，五通别，六引证，七异解。①

灌顶的"河西五门，婆薮七分"之说显然是承袭吉藏，但从吉藏和灌顶的转述看，道朗在《涅槃经》的科段方面，应该是将全经的内容分为"五门"。那么，这"五门"到底是哪"五门"呢？由于《涅槃经义疏》已经不存，我们无由知道其确切的含义。但布施浩岳通过对道朗撰述的《涅槃经》序②的分析，认为这"五门"分别是释名、明宗、辨体、论用、判教。这种对《涅槃经》的解说框架被南北朝时期的注释家吸收改造，出现了灌顶所提到的诸种解说框架。

二 鸠摩罗什僧团与《涅槃经》

在《涅槃经》的初传期，江南佛教界影响最大的是龙光寺的道生。根据僧祐的记载，在北本《涅槃经》尚未传到江南时，道生就提出一阐提也可以成佛，由于此说没有经典依据，所以遭到佛教界的攻击，被逐出建业，流寓苏州，后来又到庐山。元嘉七年末，北本《涅槃经》传到建业，其中果然有一阐提可以成佛之说，道生的见解被证明是有先见之明的。据僧祐的"道生传"记载，"俄而，《大涅槃经》至于京都，果称阐提皆有佛性，与前所说，

---

① 《大般涅槃经疏》卷一，《大正藏》第 38 册，第 42 页中。
② 《出三藏记集》八"大涅槃经序第十六"："大般涅槃者，盖是法身之玄堂，正觉之实称。众经之渊镜，万流之宗极。其为体也，妙存有物之表，周流无穷之内。任运而动，见机而赴。任运而动，则乘虚照以御物，寄言蹄以通化；见机而赴，则应万形而为像，即群情而设教。至乃形充十方而心不易虑，教弥天下情不在己。厕流尘蚁而弗下，弥盖群圣而不高。功济万化而不恃，明逾万日而不居。浑然与太虚同量，泯然与法性为一。夫法性以至极为体，至极则归于无变，所以生灭不能迁其常。生灭不能迁其常，故其常不动；非乐不能亏其乐，故其乐无穷。或我生于谬想，非我起于因假。因假存于名数，故至我越名数而非无。越名数而非无，故能居自在之圣位，而非我不能变，非净生于虚净，故真净水镜于万法。水镜于万法，故非净不能渝。是以斯经触章叙常乐我净为宗义之林，究研玄致为涅槃之原。用能阐秘藏于未闻，启灵管以通照。拯四重之痈疽，拔无间之疣赘。阐秘藏则群识之情畅，审妙我之在己；启灵管则悟玄光之潜，映神珠之在体。然四重无间诽谤方等，斯乃众患之疔痾，创疣之甚者。故大涅槃以无创疣为义，名斯经以大涅槃为宗目。宗目举，则明统摄于众妙，言约而义备；义名立，则照三乘之优劣，至极之有在。然冥化无朕，妙契无言；任之冲境，则理不虚运。是以此经开诚言为教本，广众喻以会义。建护法以涉初，睹秘藏以穷原。畅千载之固滞，散灵鹫之余疑。"《大正藏》第 55 册，第 59 页中—下。

50

若合符契"。之后，道生被迎请到京师，讲解《大涅槃经》，撰述《涅槃经义疏》五十余纸，这就是后世所称的《关中疏》。在《涅槃经集解》中选录的道生的见解就出自《关中疏》。由于道生于元嘉十一年（434）入寂，而南本《涅槃经》是在元嘉十三年（436）才问世，所以《关中疏》所注释的原本是北本《涅槃经》。

当初，从庐山出发到长安在鸠摩罗什僧团求学的僧人，除了道生还有慧观、慧严、慧叡。而慧观等三人也曾弘扬《涅槃经》。慧观离开长安后，进入建业的道场寺，除了与慧严和谢灵运编辑南本《涅槃经》，还协助求那跋陀罗翻译《楞伽经》，担任笔受。后世有人将"五时"教判的源头追溯到慧观，可见，慧观对《涅槃经》的弘扬是作出贡献的。

慧叡在鸠摩罗什去世后也到达建业，依住乌衣寺，在元嘉年中以八十五岁高龄去世。虽然他没有留下关于《涅槃经》的注疏，但在《喻疑》中曾云："什公时虽未有《大般泥洹》文，已有《法身经》明佛法身即是泥洹，与今所出，若合符契。此公若得闻此佛有真我，一切众生皆有佛性，便当应如白日朗其胸衿，甘露润其四体，无所疑也。"[1] 从这段文字可以看出，慧叡力图汇通《法华经》和《涅槃经》，将鸠摩罗什僧团引导到《涅槃经》研究的潮流中去。的确，鸠摩罗什僧团所关注的重点是般若空观，如其门下弟子僧肇被称为"解空第一"，作《不真空论》。但与此同时，佛身问题也是鸠摩罗什和中国僧人所关注的问题，如《大乘义章》中鸠摩罗什和庐山慧远之间的通信就曾聚焦于佛身和法身问题。《法华经》的主题虽然是"一乘"问题，而不是佛身和佛性问题，但此经也已经讨论"本佛"和"迹佛"问题，关注到"久远实佛"的存在。《法华经》的"开示悟入佛之知见"说，从逻辑上说，可以开显出一切众生皆有佛性甚至皆可成佛说。[2] 慧叡在这里提到的《大般泥洹》，应该是六卷本《涅槃经》而不是四十卷本《涅槃经》。

---

① 《出三藏记集》卷五，《大正藏》第55册，第42页上。
② 慧叡在《喻疑》中也谈论了《法华经》与《涅槃经》在教义上的关联性："而亦曾问，此土先有经言，一切众生皆当作佛，此云何？答言，法华开佛知见，亦可皆有为佛性。若有佛性，复何为不得皆作佛耶。但此法华所明，明末唯有佛乘，无二无三，不明一切众生皆当作佛。皆当作佛，我未见之，亦不抑言无也"。僧祐：《出三藏记集》卷五，《大正藏》第55册，第42页上。

三　顿悟与渐悟之争

在中国佛教史上，说起顿悟和渐悟，人们首先想到的是禅宗的南宗和北宗之争，即所谓"南顿"和"北渐"之争。实际上，即使在禅宗内部真的存在这种顿渐之争，它也不是中国佛教史上第一次的顿渐之争。早在 5 世纪中后期，在南朝就围绕《涅槃经》的思想发生过一场顿渐之争。这场争论主要在主张顿悟说的道生与主张渐悟说的慧观之间展开。

关于道生主张顿悟说，史籍有许多记载。如慧皎的《高僧传》和唐道宣的《大唐内典录》，都提到道生曾撰述《顿悟成佛论》。① 在道生之后，祖述道生顿悟义者，僧俗之中皆不乏人。如宋太祖就赞成道生之说，并就顿悟和渐悟的问题与僧弼等辩论。② 而在道生的外护群体中，谢灵运是另一个特殊的存在。谢灵运撰写了《辨宗论》，批驳法晟、僧维、慧骥、竺法纲、慧琳、王卫军等，宣扬顿悟说。

在僧人中间，弘扬顿悟义最力者是宝林和法宝。宝林曾受学于鸠摩罗什门下，应该是道生的同时代人。曾著述《涅槃记》《注异宗论》《注檄魔文》等，是道生之后顿悟说的代表人物。法宝是宝林的弟子，曾著《金刚后心论》。此论不传，但从题目看，应该与顿悟义相关，因为后世的嘉祥吉藏在评说顿悟义时云："金刚后心，豁然大悟者，道生之顿悟义也。"③ 可见，法宝和其师宝林一样是道生顿悟义的继承者。另有僧正京法师亦持顿悟说，梁代刘之遴甚至认为在道生之后顿悟说能够传承下来，端赖京法师弘扬之功。④

---

① 《高僧传》卷七："生既潜思日久，彻悟言外，乃喟然叹曰：'夫象以尽意，得意则象忘；言以诠理，入理则言息。自经典东流，译人重阻，多守滞文，鲜见圆义。若忘筌取鱼，始可与言道矣。'于是校阅真俗，研思因果，乃立'善不受报'，'顿悟成佛'。又著'二谛论''佛性当有论''法身无色论''佛无净土论''应有缘论'等，笼罩旧说，妙有渊旨。"《大正藏》第 50 册，第 366 页下。《大唐内典录》卷四："善不受报论、佛无净土论、应有缘论、顿悟成佛论、佛性当有论、法身无色论、二谛论，右七部。宋初龙光寺沙门竺道生，思力天挺，智不从师。推佛性通于有心，考性命穷于法座。"《大正藏》第 55 册，第 261 页下。
② 《高僧传》卷七"道生传"："宋太祖尝述生顿悟义，沙门僧弼等皆设巨难。帝曰：'若使逝者可兴，岂为诸君所屈。'"《大正藏》第 50 册，第 367 页上。
③ 《二谛义》卷下，《大正藏》第 45 册，第 111 页中。
④ 参见（南朝）刘之遴《吊僧正京法师亡书》，《广弘明集》卷二十四，《大正藏》第 52 册，第 276 页上。

道生的顿悟说在其生前就遭到质疑和反对，在道生入寂、谢灵运死后，此说就陷入沉寂，之后虽然有其弟子等传承此说，但也不过是不绝如缕而已。如《高僧传》"道攸传"讲到《胜鬘经》译出之后的情景：

> 初为生公弟子，随师之庐山，师亡后，隐临川郡山，乃见新出《胜鬘经》，披卷而叹曰："先师昔义，暗与经同。但岁不待人，经集义后，良可悲哉！"因注《胜鬘》，以翼宣遗训，凡有五卷，文颇不行。宋文问慧观："顿悟之义，谁复习之？"答云："生公弟子道攸。"即敕临川郡发遣出京。既至，即延入宫内，大集义僧，令攸申述顿悟。时竞辩之徒，关责互起。攸既积思参玄，又宗源有本，乘机挫锐，往必摧锋。帝乃抚机称快。及孝武升位，尤相叹重，乃敕住新安，为镇寺法主。帝每称曰："生公孤情绝照，攸公直辔独上，可谓克明师匠，无忝徽音。"①

这里讲到道生的弟子道攸的几件事情，透露出道生之后顿悟义的传播情形。首先是道攸在隐居地临川郡山读到新翻译出来的《胜鬘经》的顿悟说之后感慨不已。悲叹道生去世太早，没有看到《胜鬘经》的传来。虽然孤明先发，提出顿悟义，但由于没有明确的经典依据而不被世人理解。后来，宋文帝支持顿悟义，招道攸到宫内宣讲顿悟义，并与诸僧论辩。道攸舌战群僧，挫锐摧锋，深得宋文帝赞许。后来又得到宋武帝的尊崇，被推举为新安寺住持。道攸之后，其弟子道慈继承了其事业，道慈也曾得到宋武帝的召见，命其在都城宣讲顿悟义。道慈将道攸的《胜鬘经疏》五卷缩略为两卷，以广流通。

从道攸和道慈的经历看，虽然晚年受到帝王的尊崇，但顿悟义在多大程度上得到世人的理解和支持也值得怀疑。据说，法瑗奉诏到京城讲顿悟义，何尚之闻后，感慨道："常谓生公殁后，微言永绝。今日复闻象外之谈，可谓天未丧斯文也。"② 何尚之所说的"生公殁后，微言永绝"可能是夸大其词，但也反映了一个事实，即由于顿悟义难思难解，在道生之后，其影响力有限。

---

① 《高僧传》卷七，《大正藏》第50册，第374页下。
② 《高僧传》卷八，《大正藏》第50册，第376页下。

在道攸之后，活跃于江南地区的涅槃师还有法瑶、昙斌。但这两位的立场与道攸的立场之间有微妙的区别。道攸作为道生的亲传弟子，忠实地继承了道生的顿悟说，而法瑶（约400—475年）、昙斌（约410—475年）则兼说顿悟和渐悟义。① 随着学者对《涅槃经》理解的深入，人们意识到既不能单纯从顿悟的立场把握《涅槃经》，也不能单纯从渐悟的立场去把握，只有从顿和渐两个方面辩证地讨论觉悟的问题，才能趋近《涅槃经》的实相。

与道生的顿悟义相并行而展开的是渐悟说。渐悟说的代表性人物一般认为是同为鸠摩罗什门下的慧观。据《高僧传》"慧观传"记载，慧观曾著《辨宗论》《论顿悟渐悟义》。另据陆澄的《法论目录》的记载，他还著有《渐悟论》《执渐悟》等。同为鸠摩罗什弟子的昙无成亦曾著《明渐论》，宣扬渐悟说。《明渐论》与《渐悟论》可以说是当时渐悟说的代表性论说。住在龙光寺的僧弼虽然没有留下专门的论文，但从他与宋文帝围绕顿悟的争论看，僧弼显然是渐悟论者。

另一个值得关注的渐悟论者是于阗沙门智胜。智胜于宋景平元年（423），在龙光寺与罽宾国律学僧人佛大什、道生一道将法显带回中国的《弥沙塞律》三十四卷译出。可见，智胜与道生原本是一起从事佛经翻译的合作者，并不是一开始就是敌对者。但由于道生宣传一阐提可以成佛和顿悟义，引起智胜的极大不满，于是上奏宋文帝，主张把道生摈除在京城之外。两人因为在对《涅槃经》的理解上存在根本差异而彻底分道扬镳。

在谢灵运的《辨宗论》中作为批驳对象出现的法晟、僧维、慧驎、法纲、慧琳、王卫军等都可以理解为渐悟论者。其中的慧琳曾著《白黑论》，又曾为法纲、道生等写诔文，在当时的佛教界有着相当高的地位和影响。

从《高僧传》所载高僧的传记可以看出，当时佛教界的代表性高僧几乎都有在鸠摩罗什门下学习的经历，而鸠摩罗什的学说主要承袭龙树的中观学

---

① 法瑶又称"小山法瑶"，长期在武康的小山寺说法，曾为《涅槃经》《法华经》《大品般若》《胜鬘经》作言疏，宋大明六年（462），应召上京，住新安寺。"使顿渐二悟义，各有所宗。"昙斌曾从法瑶学习《涅槃经》和《胜鬘经》，晚年在陈郡的庄严寺弘法。"及孝建之初，敕王玄谟资发出京。初止新安寺，讲《小品》《十地》，并申顿悟渐悟之旨。时心竞之徒，苦相雠校，斌既辞惬理诣，终莫能屈。"（梁）慧皎：《高僧传》卷七，《大正藏》第50册，第373页上。

说。从中观的立场来说，人们的烦恼难以对治，需要渐进式的修行才有望超凡入圣。所以，从正统的中观佛教的立场来说，渐悟说才是正宗，而顿悟说则是一种理论创新。对相信经典的权威性、反对自呈己意的佛教界来说，道生的顿悟义遭到反对和攻击是一种必然的结局。

实际上，在刘宋中期到南齐（499—502），涌现了许多研习和讲说《涅槃经》的高僧，如僧含、僧庄、慧豫、超进、僧钥、慧定、法庄、道汪、慧静、僧慧、静林、昙济等。但这些人到底支持顿悟说还是渐悟说，并没有明确记载。考虑到法瑶、昙斌兼讲顿悟和渐悟义，可以推测，在这一时期，顿悟和渐悟的争论已经不是佛教界关注的焦点，在《涅槃经》的研究方面，如何超越顿渐之争，从而更全面地理解《涅槃经》的宗旨成为新的研究范式。在反映这一时期《涅槃经》研究成果的《杂义记》和《涅槃经集解》中，我们可以明确看到从这种研究范式出发的研究。

第二节 《涅槃经》在齐梁的传播

一 《涅槃经》在南齐的弘传

南齐时代，由于齐武帝和其子竟陵郡王萧子良（460—494 年）等的支持，佛教获得进一步发展，特别是在萧子良的倡导和组织下，僧人们围绕佛教义理展开热烈讨论，极大地深化了中国佛教徒对佛教基本概念的正确理解，促进了佛教哲学思辨能力的提升，为梁代佛教思想的繁荣奠定了基础。从后世留下的《杂义记》，可以看到当时义学讨论的盛况。以下，结合《高僧传》和《杂义记》的记载，以当时影响较大的僧宗、法安、智秀、慧次、僧钟、昙度为中心，考察齐朝涅槃学的动向。

根据《高僧传》卷八"僧宗传"的记载①，僧宗（438—496 年）九岁在

---

① 《高僧传》卷八："释僧宗，姓严，本雍州凭翊人。晋氏丧乱，其先四世祖，移居秦郡。年九岁，为瑷公弟子，咨承慧业。晚又受道于斌、济二法师。善《大涅槃》及《胜鬘》《维摩》等。每至讲说，听者将近千余。妙辩不穷，应变无尽。……宗讲《涅槃》《维摩》《胜鬘》等，近盈百遍。以从来信施，造太昌寺以居之。建武三年，卒于所住，春秋五十有九。"《大正藏》第 50 册，第 379 页下—380 页上。

建康道场寺的法瑗座下出家，后依止昙斌、昙济两位法师。法瑗（408—489年）是道场寺慧观的弟子，而慧观则是当时顿渐争论中渐悟派的代表。所以，从师承上说，僧宗归属于慧观一系的渐悟派。而昙斌则是静林寺法瑶的弟子，僧宗自然受到顿悟派的影响。应该说，晋宋之际的顿悟和渐悟两派涅槃学在僧宗身上都有体现。在学问上，僧宗是当时第一流的高僧，曾讲《涅槃经》《维摩经》《胜鬘经》近百遍，并以信众布施建造大昌寺，在社会上有一定影响力。但僧宗性情疏狂，不拘小节，由于这种处世态度而招致当时佛教界的非议。

《杂义记》中收录"白马僧宗法师解净土义"。此白马寺非洛阳之白马寺，乃建康之白马寺，东晋元帝司马睿（317—322 年在位）建于京师黄里。[①]据僧传，南北朝时期疑有三个僧宗：一为南朝刘宋僧，见于《高僧传》卷七"法愍传"[②]；一为南朝齐、梁间僧（438—496 年），《高僧传》卷八有"齐京师太昌寺释僧宗传"；一为陈代僧，见于《续高僧传》卷一"拘那罗陀传并法泰传"[③]。按年代推算，《杂义记》中之"白马僧宗"为京师太昌寺僧宗的可能性较大。然而"僧宗传"中并没有提到僧宗曾住白马寺，或许另有其人也未可知。

法安（454—498 年）在《高僧传》中亦有传，根据"释法安传"的记载[④]，法安八岁出家，成为白马寺慧光的弟子。早年，他在建康跟从昙斌法师等学习涅槃学，与道慧等同辈学僧共论涅槃佛性，众人赞叹。法安曾赴番禺弘法，后回寺中，讲《涅槃经》《十地经》《成实论》等。其著书有《维摩经义疏》《十地经义疏》等。《涅槃经集解》有法安撰《涅槃经义疏》的记载，

---

① 《法苑珠林》卷三十九："白马寺，在建康中黄里。太兴二年（319），晋中宗元皇帝起造。昔外国王欲灭佛法，宣令四远毁坏塔寺。次招提寺忽有一白马从西方来，绕塔悲鸣，腾跃空中，或复下地。一日一夜，鸣声不绝。以事白王，王潸下泪，深自愧责，即敕普停。已毁之塔，并更修复。由此白马，大法更兴，因改招提为白马。此寺之号，亦取是名焉。"《大正藏》第 53 册，第 594 页下。

② 《大正藏》第 50 册，第 372 页中。

③ 《大正藏》第 50 册，第 429 页下—432 页上。

④ 《高僧传》卷八："永明（483—493 年）中还都，止中寺，讲《涅槃》《维摩》《十地》《成实论》，相继不绝。司徒文宣王及张融、何胤、刘绘、刘瓛等，并禀服文义，共为法友。永泰元年（498），卒于中寺，春秋四十有五。着《净名》《十地》义疏并《僧传》五卷。"《大正藏》第 50 册，第 380 页上。

可见，法安是与僧宗、智秀等齐名的涅槃学大家之一。

《杂义记》收录"中寺法安法师解十地义"，可见其在《十地经》方面造诣最深。对《涅槃经》的注释部分收录在《大般涅槃经集解》中①，此外，法安的佛性解释在慧均《四论玄义》佛性义中作为"末"第五家被言及。②

冶城寺智秀（440—502 年）是齐梁间名僧，根据《高僧传》的记载③，早年和双亲一起在蒋山灵耀寺出家，最善《涅槃经》《维摩经》《般若经》，著有《涅槃经义疏》，梁天监初年，卒于冶城寺。《涅槃经集解》中有多处引用智秀的注释。在《杂义记》卷五即"冶城智秀法师解四谛义"（缺）中，智秀一回作为讲说者、七回作为质问者出现，可见其在齐代佛教界很活跃。

僧钟（430—489 年）十六岁出家，早年在寿春师事僧导，善讲《成实论》《涅槃经》《十地经》以及《中论》等般若学典籍，文惠太子与文宣王萧子良多有请教。④ 他后到建康住中兴寺，故有"中兴僧钟"之称，在《高僧传》中亦有传记。在《杂义记》第一"天安僧钟法师解法身义"等中，僧钟三回作为讲说者、五回作为质问者出现。从"天安僧钟"的称呼看，中兴寺又称天安寺。⑤

---

① 《大般涅槃经集解》（《大正藏》第 37 册，第 380 页上、380 页中、381 页上、381 页中、381 页下、382 页下、383 中—下、389 页上、392 页下、399 页中—下）。此外，吉藏《胜鬘宝窟》（《大正藏》第 37 册，第 10 页上、第 27 页中）、灌顶《大般涅槃经疏》（《大正藏》第 38 册，第 76 页下、196 页下）中也言及法安的解释。

② 慧均《大乘四论玄义》佛性义："第五中寺小安法师云，心上有冥转（→传）不朽之义，为正因体。"［韩］崔鈆植校注：『「大乘四論玄義記」校勘』，서울：불광출판사 2008 年版，第 348 页。

③ 《高僧传》卷八："释智秀，本姓裴，京兆人，寓居建业。幼而颖悟，早有出家之心。二亲爱而不许，密为求婚。将克婚日，秀乃间行避走，投蒋山灵耀寺，剃发出家。及年满具戒，业操逾坚。禀访众师，搜检新异。于是大小兼明，数论精熟。尤善大小涅槃、净名、波若。及讲筵一建，辄王侯接驾，负帙肩随。为人神彩细密，思入玄微。其文句幽隐，并见披释。以天监之初，卒于冶城寺，春秋六十有三。"《大正藏》第 50 册，第 380 页下—381 页上。

④ 《高僧传》卷八："钟妙善《成实》、三论、《涅槃》《十地》等。后南游京邑，止于中兴寺。……尔后盘桓讲说，禀听成群。齐文惠太子、竟陵文宣王，数请南面。"《大正藏》第 50 册，第 375 页下。

⑤ 《高僧传》卷五："晋太元五年（380），卒于都。春秋七十有四矣。帝以钱十万，买新亭岗为墓，起塔三级。义弟子昙爽，于墓所立寺，因名新亭精舍。后宋孝武南下伐凶，銮旆至止，式宫此寺。及登禅，复幸禅堂，因为开拓，改曰中兴。……今之天安是也。"《大正藏》第 50 册，第 350 页下—351 页上。

僧柔（431—494 年）《高僧传》卷八义解篇五本传载："齐太祖创业之始，及世祖袭图之日，皆建立招提，傍求义士。以柔耆素有闻，故征书岁及，文宣诸王再三招请，乃更出京师，止于定林寺。躬为元匠，四远钦服，人神赞美，文慧、文宣并伏膺入室。"① 受文宣王萧子良等之请住于上定林寺，文惠太子及萧子良皆从其受教。② 据传僧柔曾在南齐武帝永明七年（489）受萧子良邀请与慧次共讲《成实论》，更抄出《抄成实论》九卷。③ 此外，僧柔的佛性解释在慧均《四论玄义》中被举为"末"第八家。④

昙纤或与《高僧传》释僧钟传附传中的"昙纤"是同一人（《名僧传》中有专传，《高僧传》归纳于附传中）。⑤ 昙纤被看作与僧表、僧最、僧钟同时代的名僧，是受到萧子良知遇的学匠之一。昙纤对《涅槃经》的注释部分被收录于《大般涅槃经集解》中。⑥

二 《涅槃经》在梁代的弘传

梁代《涅槃经》的弘传，在很大程度上有赖于梁武帝和诸王公贵族的外护。众所周知，梁武帝（464—549 年）是中国历史上有名的崇佛皇帝，在位近五十年（502—549），建寺安僧，布施寺院，甚至三次出家，来表明自己的信仰，表达对佛教的支持。在梁武帝的影响下，长子萧统（昭明太子）、三子萧纲（简文帝）、七子萧绎（元帝），以及许多官员，都信奉佛教。正是在这种政治背景下，《涅槃经》的弘扬进入鼎盛期。

---

① 《大正藏》第 50 册，第 378 页下。

② 《高僧传》卷八："齐太祖创业之始，及世祖袭图之日，皆建立招提，傍求义士。以柔耆素有闻，故征书岁及，文宣诸王再三招请，乃更出京师，止于定林寺。躬为元匠，四远钦服，人神赞美，文慧、文宣并伏膺入室。"《大正藏》第 50 册，第 378 页下。

③ 《出三藏记集》卷十一："齐永明七年（489）十月，文宣王招集京师硕学名僧五百余人，请定林僧柔法师、谢寺慧次法师，于普弘寺迭讲。"《大正藏》第 55 册，第 78 页上。《出三藏记集》卷五："《抄成实论》九卷'齐武帝永明七年十二月，竟陵文宣王请定林上寺释僧柔、小庄严寺释慧次等，于普弘寺共抄出'。"《大正藏》第 55 册，第 38 页上。

④ 慧均《四论玄义》佛性义："第八定林柔法师义，开善知藏师所用，通而为语，假实皆是正因。"［韩］崔鈆植校注：『「大乘四论玄义记」校勘』，第 349 页。

⑤ 参见［日］春日礼智『净土教史料としての名僧传指示抄 名僧传要文抄 并に弥勒如来感应抄第四所引の名僧传に就いて』，『宗学研究』1936 年通号 12。

⑥ 《大般涅槃经集解》（《大正藏》第 37 册，第 389 页上、389 页中、477 页上、483 页下）。同书标记为"昙谶"。

梁武帝本人不仅亲自讲解《涅槃经》，还撰述《涅槃经义记》。此外，还敕命法朗撰《注大般涅槃经》七十二卷、宝亮《涅槃义疏》七十一卷等。还曾召集法云、智藏等在皇宫讲解《涅槃经》。梁武帝之所以对《涅槃经》情有独钟，与其重视《涅槃经》的戒律思想有直接关系。据《广弘明集》卷二十六记载，梁武帝在撰写了《断酒肉文》颁布天下之后，又令光宅寺法云特意诵读《涅槃经》"四相品"的内容，同时组织律学沙门讨论《涅槃经》的不食肉戒与部派佛教的可食三净肉戒之间的整合性问题。严肃僧尼的戒律、规制僧尼的生活，应该是梁武帝重视《涅槃经》、弘扬《涅槃经》的主要动机。当时活跃的代表性涅槃师有以下几位。

宝亮（444—509 年）是活跃于刘宋后期至梁朝初期的涅槃大家，日本学者布施浩岳甚至称其为涅槃宗事实上的集大成者[1]，宝亮出身于青州，十二岁跟从道明法师出家，前后跟从道明法师修学十年，二十一岁时到建康，先后住中兴寺、灵味寺，曾讲《涅槃经》八十四遍。天监八年（509），宝亮依梁武帝敕命而著《涅槃经疏》，除《涅槃经》之外，还讲《胜鬘经》四十二遍，《维摩经》二十遍等，僧俗弟子达三千余人。其涅槃学的传承，虽然传记中没有明确记载，但由于其二十一岁之后住在建康的中兴寺，而中兴寺的知名涅槃师有僧印、僧钟、慧定、昙济等，其思想受到这些涅槃师影响的可能性最大。而在《涅槃经集解》中，注释者的出场顺序往往是"昙济→僧宗→宝亮"，由此推测，宝亮的涅槃思想继承自昙济、僧宗的可能性最大。

僧旻（467—527 年），梁代三大法师之一，十三岁赴建康白马寺求学，十六岁移至庄严寺，跟从庄严寺的法云、法开、柔次、达亮等学习经论，在当时以《成实论》研究者而知名。但从灌顶《涅槃经疏》等后世文献的引用来看，僧旻曾撰有《涅槃经疏》，同时是一位涅槃学大家。根据其传记的记载，其涅槃思想当传承自宝亮。

法云（467—529 年），梁代三大法师之一，七岁出家，先住庄严寺，为僧成、玄趣、宝亮弟子，后住妙音寺，讲《法华经》和《维摩经》。梁天监七年（508），法云受敕为庄严寺主，后世一般称其为"庄严法云"，曾在同

---

① 参见［日］布施浩岳『涅槃宗の研究』（後篇），第215頁。

泰寺为梁武帝讲《涅槃经》。法云现存的《法华义记》在《法华经》注释史上占有重要地位。《广弘明集》和《法华义记》皆记载法云曾著《涅槃经义疏》。① 而在灌顶的《涅槃经疏》等著作中屡屡引用法云对《涅槃经》的注疏，可见，法云除了是《法华经》研究大家，同时也是《涅槃经》研究大家。从其传记看，其涅槃思想主要继承宝亮，同时也受到僧宗、僧印等的影响。

智藏（458—522年），梁代三大法师之一，十六岁出家，跟从上定林寺僧远、僧祐以及天安寺的弘宗等学习，后跟从齐代名僧僧柔、慧次等学习经论，曾长期在会稽一带弘法。至梁代，智藏受敕住开善寺，故后世称其“开善智藏”，曾为《涅槃经》《般若经》《法华经》《十地经》《金光明经》《成实论》《百论》《阿毗昙心论》等作疏。智藏是一个大小乘兼通的博学之士。其所学承自僧远、僧祐、慧次等，为学风格偏重《成实论》。智藏还是在教判思想史上占有重要地位的“五时”说的倡导者之一。

一般认为，梁代是涅槃宗发展的最高峰，无论是涅槃师的数量还是《涅槃经》的注释质量都应该超过齐代。但正如日本学者布施浩岳所指出的，从《高僧传》和《续高僧传》的记载看，齐代的涅槃师数量超过梁代的涅槃师。② 造成这种状况的原因之一是《高僧传》和《续高僧传》的选录倾向不同。《高僧传》的作者慧皎（497—554年）本人就撰有《涅槃经义疏》十卷，是梁代涅槃学传承中的重要人物。由于其涅槃师的立场，《高僧传》收录的涅槃师较为全面，这些涅槃师的涅槃学传承也较为清晰。而《续高僧传》作者道宣（596—667年）是律宗大家，其所收录的高僧传记，在内容上偏重律学的传承和弘扬，而对传主的涅槃学传承或语焉不详，或直接忽视。这就导致出现于《续高僧传》中的梁代涅槃师数量远远低于《高僧传》中涅槃师的数量。

如僧旻的传记，道宣只提到他曾经听过僧宗讲《涅槃经》，并继承了“亮公”的涅槃学，但关于其求学经历和《涅槃经》的注疏情况等则语焉不详。从后世的慧达、吉藏、灌顶的引用或撰述看，智旻却是梁代涅槃学的权威。

---

① 《大正藏》第33册，第574页上、619页中。
② 参见［日］布施浩岳『涅槃宗の研究』（後篇），第229页。

但仅就《续高僧传》的叙述看,智旻与《涅槃经》的关系似乎若有若无。又如慧超(475—528 年)曾在涅槃学大家智秀、智藏的门下长期研学,按照常理应该是涅槃学的传承者,但在其传记中,道宣完全没有提及其涅槃学的传承,只提到其律学的求学经历。还有后面要专门提到的"观师"也是梁代一位涅槃学大家,灌顶在《涅槃经疏》中屡屡引用其注疏,但《续高僧传》中却看不到关于"观师"的任何记载。《高僧传》收录的下限至于梁天监十年(511),在此之前示寂的涅槃师,大体可以找到相关史料。而当时在世的梁代涅槃师的史料,只能依靠《续高僧传》等唐代以后的史料进行研究。由于有一百余年的时间间隔,又受到僧传撰述者的特定立场的影响,关于梁代涅槃师的记载存在很大的空白。这是研究南朝涅槃学时需要十分留意的事情。换言之,依靠现有史料,我们难以把握梁代涅槃学的全貌。

第三节 《涅槃经》在陈朝和北地的传播

在陈朝声望最高的僧人是慧暅和宝琼。慧暅先后住扬州湘宫寺、金陵白马寺和东安寺,讲说《涅槃经》和《成实论》,以"涅槃师"而知名于世。陈至德四年(586)成为大僧正。宝琼则讲《涅槃经》三十遍,著《涅槃经义疏》十七卷、《大乘义》十卷。天台智者大师在金陵瓦官寺开讲《法华经》时,建初寺的宝琼曾参与法会的讨论。

关于《涅槃经》在北地的传播,如上所述,在《涅槃经》译出之初,曾以昙无谶及其弟子为中心形成了一个《涅槃经》研究的团体,但随着北凉的灭亡,这一团体的成员也流散各地。在东晋末年,以鸠摩罗什的弟子为中心,又形成一个研习六卷本《涅槃经》的团体,其中心人物则是道生和慧观。两人围绕顿悟和渐悟问题往复争辩,最终以渐悟论占据上风而告一段落。但在道生的弟子中不乏坚持顿悟之说者,由于得到宋文帝和宋武帝的外护,一直到北宋末年,顿悟说虽然不是主流但仍然不绝如缕。

在刘宋时代,一方面由于宋朝政治安定,而北地处于战乱状态,另一方面宋文帝、宋武帝等支持佛教,为佛教发展提供了很好的外部环境,所以大批北方的僧侣流入南方,促进了南方佛教义理的兴盛。如北魏武帝时期,大肆打压佛教，佛教寺院被毁，僧尼被逼还俗。像玄畅这样的法师只能避居江南。虽然后来的文成帝改变了武帝的废佛政策，但人才的回归和教义研究的展开不是短时间内可以实现的，所以在北魏初期，《涅槃经》的研究处于停滞状态、乏善可陈。直到北魏孝文帝迁都洛阳（494年），随着政局平稳，文化事业逐渐恢复，佛教的教理研究也再现生机。其标志性事件就是刘宋后期的《涅槃经》《成实论》研究专家昙度应北魏孝文帝之邀，在北都平城设坛讲学。

北魏、北齐、北周的佛教与东晋和刘宋佛教相比，有一个显著的特征是除了《涅槃经》，还有《法华经》和《华严经》等其他大乘经典的流布。这与在南方《涅槃经》一经独大的情景不同。由此之故，在北地弘扬《涅槃经》者可以分为两类：一类是专弘《涅槃经》一经者；二是兼弘《涅槃经》和其他大乘经典者，主要是在弘通《涅槃经》的同时兼弘《法华经》《华严经》和《十地经论》。

据《续高僧传》卷八"僧妙传"记载，僧妙活跃于北周大统年间（535—551），常住河东的常念寺（后来的仁寿寺），聚众讲学。僧妙得到北周太祖的崇信，太祖赐西域进献的佛舍利，让其安置寺院供养。常年以讲《涅槃经》为业，其门下学僧中，最著名的是昙延（516—588）。昙延闻僧人讲《涅槃经》而生发对佛教的信心，及年长，著《涅槃经大疏》，在北地《涅槃经》弘扬方面贡献卓著。

在北齐朝，最知名的《涅槃经》讲师是法常。法常活跃于漳邺地区，天保元年（550）受诏入宫廷讲《涅槃经》，被封为国师。后来舍弃一切世间名誉地位，辗转南渡，在衡山、覆船山等地弘法。晚年兼讲《法华经》《维摩经》等。

北齐年间另一位活跃于民间的《涅槃经》讲师是僧安。僧安原本在河北泽州的王屋山集众讲《涅槃经》。北齐武平四年（573）率徒众南渡到越州，继续讲《涅槃经》。生卒年月不详。应该是为了避乱而南迁。

在北朝，兼习《涅槃经》者甚众，其中最知名者当推天台宗的创始人慧思（515—577年）。慧思十五岁出家，早年从慧文禅师习禅，东魏武定六年（548）之后在河南一带活动，在大苏山讲学。后来为了逃避战乱而到南岳，讲《法华经》等大乘经论，直到去世。虽然其传记中没有弘通《涅槃经》的记载，但在《法华经安乐行义》中解说"法华三昧"时曾引用《涅槃经》"文字品"的内容。① 由此可见，《涅槃经》也是慧思研习和讲说的大乘经典之一。慧思对《涅槃经》的重视影响到中国天台宗的思想走向和发展方向，后来的智者大师、灌顶乃至湛然继承了慧思的这一立场，结合天台宗的思想对《涅槃经》进行诠释，既丰富了天台宗的思想，也让《涅槃经》的思想获得了新的生机。

由于《华严经》和《十地经论》在北地的传播，所以兼修《涅槃经》和《华严经》《十地经论》者尤多。如在北魏孝明帝正光元年（520）在宫中与道士姜斌就佛道进行论辩的昙无最就兼通《涅槃经》和《华严经》。昙无最，武安人，曾奉诏住持洛阳的融觉寺。《十地经论》的译者菩提留支见到昙无最，赞其为东土菩萨，读过昙无最所撰写的《大乘义章》后，赞叹不已，译为梵文，传入大夏国。勒那摩提的再传弟子僧稠（480—560 年）在北地传播禅法，其所学除了禅法也包括《涅槃经》。僧稠的活跃年代比昙无最稍晚。

在北朝还存在一个特殊的团体，这就是从弘赞《涅槃经》转向《十地经论》的僧人团体。包括僧范（476—555 年）、道凭（488—559 年）、法上（495—580 年）、慧顺（生卒年不详）、灵询（482—550 年）、道慎（生卒年不详）等。僧范，平乡人。二十九岁闻《涅槃经》而发心出家，先学《涅槃经》，尽得其奥，曾撰写《涅槃论》。后赴洛阳跟从献公学《法华经》《华严经》，又从慧光学《十地经论》。晚年在邺城大觉寺领众修学。除了《涅槃论》，还有《华严经疏》《十地经疏》《胜鬘经疏》以及《般若论》等。道凭是慧光的上首弟子，早年讲习《涅槃经》，后在慧光门下十年，学习《十地经论》，晚年在邺城讲《十地经论》《涅槃经》《华严经》《四分律》等，被当时人赞为"一代希宝"。在慧光的弟子中，在社会上影响最大的当推法上。据僧传记载，法上九岁就读《涅槃经》，后投入慧光门下，受具足戒，讲《十地经》《地持经》《楞伽经》《涅槃经》，并皆有义疏。在北齐曾任僧统，统领天

---

① 《法华经安乐行义》卷一："如涅槃中。迦叶问佛。所言字者其义云何。佛告迦叶有十四音名为字义。所言字者名为菩提。常故不流。若不流者即是无尽。夫无尽者即是如来金刚之身。"《大正藏》第 46 册，第 699 页中。

下僧尼四十年。著作有《佛性论》二卷、《大乘义章》六卷、《众经录》一卷。慧顺是侍中崔光之弟，先学儒学，后接触到《涅槃经》而发心出家。后在洛阳，跟从慧光学习，曾著《十地经》《地持经》《华严经》《维摩经》疏记。灵询少习《涅槃经》《成实论》，曾作《成实论删要》二卷，后师事慧光十余年，晚年曾担任"国都"和并州僧统。道慎少年时代就跟从慧光学习《十地经论》，后从法上学习《涅槃经》，晚年受到北齐文宣王的崇信，担任"国都"。从他们的弘法经历来看，这一群体都有一个共同特征，就是早年广学群经，而且大多数有学习《涅槃经》的经历。在投入慧光门下之后，转学《十地经论》等。不过，值得注意的是，这些僧人即使转向地论宗之后，也并没有废弃《涅槃经》，在后期的讲学中，在弘扬地论宗的经典的同时，仍然热心弘扬《涅槃经》。可见，在当时，《涅槃经》被认为是大乘佛教的基本经典，修习《涅槃经》是大乘佛教徒的基本功课。

第四节 《涅槃经》在隋朝的传播

如前所述，在陈朝，慧暅和宝琼在佛教界很活跃，也都以"涅槃师"而知名。在他们的弟子中，传承《涅槃经》者也代不乏人。如慧暅的弟子慧隆（？—601年）擅讲《涅槃经》《成实论》《大品般若经》，讲《涅槃经》十余遍。宝琼的弟子慧哲（539—597年）先师从大彭城寺宝琼，后跟从兴皇寺法朗。其学问介乎涅槃和三论之间，往往交互讲说《涅槃经》和三论宗教义。慧哲门下自成一家的僧人有慧品、法粲、智嵩、法同、慧璿、慧楞等。慧隆兼擅《涅槃经》《成实论》，其风格与慧暅一样属于传统"涅槃师"。而慧哲则开始接受三论宗的思想，成为最早结合三论宗教义讲说《涅槃经》的先行者之一。

一 《涅槃经》在隋朝传播概观

布施浩岳认为，从《涅槃经》传播的角度看，隋代佛教应该是从周武宗灭佛（574年）到玄奘西天取经回到长安（645年）的七十余年的时间段。这一时期《涅槃经》传播的显著特征是随着三论宗、地论宗、摄论宗、天台宗的兴起，《涅槃经》失去了作为学术话题中心的地位，被边缘化，在思想展开方面，进一步与三论宗、地论宗、天台宗思想相融合，成为这些宗派教理体系的一部分，与此同时，《涅槃经》的教理也在其他宗派思想的刺激下获得了新的发展方向。

隋朝的《涅槃经》传播也分为南地和北地，两地的情况有很大差异。在南地，《涅槃经》的传播中心是金陵、襄阳、江陵、江都、苏州、彭城等地，而传承《涅槃经》的法师则有慧隆、慧哲、慧璿、智聚、惠祥、昙瑎、慧弼、慧頵、慧乘等。慧乘从南地到北地，在长安遇到净影寺慧远，其《涅槃经》造诣得到慧远的赞赏。由于隋朝的文化中心重新回到北方，南方的《涅槃经》讲习和研究走向衰落。在江都、苏州虽然还有法师讲习《涅槃经》，但受到三论宗和天台宗的影响，法师们大多是兼习《涅槃经》，而不是专门研习《涅槃经》。《涅槃经》被宗派佛教吸收的趋势更为明显。

而在北地，虽然随着地论宗的兴起，《涅槃经》也有地论宗化的趋势，但在河东蒲州地区，僧妙、昙延、法总等的《涅槃经》传承一直到北周灭佛仍然传承不绝。到隋朝建立，在长安广恩坊形成《涅槃经》研究团体——延法师众，而在长安的海觉道场形成以法总为中心的"涅槃众"。这两个《涅槃经》弘扬中心可以说是北地《涅槃经》讲习的最后一个高潮。当时以慧远为中心的地论宗和以昙迁为中心的摄论宗已经在北地形成席卷之势，成为佛教界的主流。由于《十地经论》和《摄论》引进了唯识学，给了中国佛教界新鲜的刺激，《涅槃经》的讲习者转向地论宗和摄论宗有其必然性。如昙延的弟子慧诞、觉朗、玄琬、法常、道逊、道洪，以及法总的弟子等在传承《涅槃经》的同时，已经兼习《十地经论》和《摄论》。这种被其他新兴宗派吸收的命运，与《涅槃经》在南地的命运如出一辙。而随着玄奘带回的新唯识的勃兴，《涅槃经》的"悉有佛性"说，受到唯识宗的"五性各别"说的强烈冲击，《涅槃经》可以说彻底被边缘化。

二 《涅槃经》与地论宗

在隋朝影响最大的地论师是净影寺慧远（523—592 年），净影寺慧远是地论宗南道派的代表人物，也是整个南北朝佛教的集大成人物。其代表作

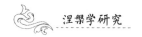

《大乘义章》是一部佛教辞典性质的著作，对大乘佛教的核心概念如佛性、缘起、心识等作了分门别类的讲解，代表了当时中国佛教界对大乘佛教的认知水平。他还著有《涅槃经义记》，所以也可以将其纳入涅槃宗的谱系之中。净影寺慧远早年曾在法上门下学习七年，后返回高都的清化寺。在周武灭佛的风暴中隐居汲郡的西山，诵《法华经》《维摩经》千遍。开皇七年（587），作为六高僧之一入住长安大兴善寺，座下学僧二百余人。后移居净影寺，四方来集的僧侣达七百余人。在其传记中特别值得一提的是，据《昙迁传》记载，昙迁在长安开坛讲《摄论》时，慧远曾亲自前往听讲。这一记载应该是历史事实，这可以从两个方面得到佐证：一是慧远本人的著作中可以看到《摄论》的影响，如地论宗本来只讲八识说，但在《大乘义章》中却出现了摄论宗的第九识——阿摩罗识的说法；二是慧远的弟子中多有学习摄论宗义者。在隋代，摄论宗和地论宗的思想交涉是一种时代潮流，慧远积极吸收新学说并力图对地论宗的思想进行改造，显示了大思想家的创造性的一面。

除了净影寺慧远，弘扬《涅槃经》的地论师还有很多。如从传记资料看，出身净影寺、师从慧远同时弘赞《涅槃经》者有灵璨（548—618 年）、净业、宝儒、慧畅、道嵩、明璨、宝安、善胄（550—620 年）、道颜、玄鉴、辩相、智岳、僧昕、慧迁、智徽等。除了慧远这些弟子，还有与慧远同辈的融智、智润等。

在慧远的众弟子中，灵璨、善胄、慧迁的地位比较特殊，他们都曾受敕担任某宗的"众主"，相当于某宗的理论权威和指导者。灵璨，河北瀛洲人，初学《大智度论》《涅槃经》，为逃避战乱，曾流亡吴越地区。隋朝初年回到北方，跟从慧远学习，曾撰写《涅槃经疏》。在慧远涅槃之后，奉旨担任"涅槃众主"。在慧远之后，担任净影寺"十地众主"的是善胄。当时，慧远在净影寺兼弘《十地经论》和《涅槃经》，从而在同一个寺院出现了两个修学群体——十地众和涅槃众，而且两个群体各有众主。这显示了隋朝地论宗和涅槃宗之间交涉互动的复杂状况。

据道宣《续高僧传》记载，慧迁也曾担任"十地众主"，但不是净影寺的"十地众主",而是整个隋朝地论宗的"十地众主"。①

慧迁（548—626 年），河北瀛洲人，初学《十地经论》，后入慧远门下，学习《涅槃经》《地持经》。在周武灭佛时，逃往陈朝。隋朝初年回到慧远身边。后到长安，住大兴善寺。隋开皇十七年（598），朝廷下诏设立"五众"，即涅槃众、地论众、大论（《大智度论》）众、讲律众、禅门众。每众设立一"众主"，由德才兼备的高僧担任。设立"五众"的目的，是提高僧人的知识水平和佛学修养。不过，慧迁是最后一任"十地众主"。据《续高僧传》记载，在慧迁之后，在长安就找不到精通《十地经论》的学僧，地论宗作为一个学派从此走入历史。

地论宗的衰落除了人才凋零之外，从隋代的佛教界动向看，与摄论宗的兴起不无关系。地论宗和摄论宗虽然都属于世亲系唯识学的范畴，但地论宗主张八识说而摄论宗主张九识说；地论宗属于染法缘起而摄论宗属净法缘起，两者在理论上有较大差异。净影寺慧远在《大乘义章》中力图会通八识和九识说，但并没有获得成功。地论宗的僧人大多接受了《摄论》的观点，融入摄论宗。

在隋代，伴随着《十地经论》的衰落，是《华严经》讲习的兴起。当时存在着由《十地经论》的"论学"，向《华严经》"经学"的转向。《十地经》相当于《华严经》的"十地品"，而《十地经论》则是针对《十地经》的解说。而且，《十地经论》是世亲菩萨从唯识的立场对《十地经》的解说，随着真谛三藏所译出的《摄论》在北方的传播，从《摄论》的唯识思想出发对整部《华严经》进行再解释就成为时代的课题之一。而在这一过程中，讲习《华严经》者也往往同时讲习《涅槃经》。

在从"论学"向"经学"过渡的过程中，后来被尊为华严宗第二祖的智俨是一个关键人物。智俨一生主要在终南山的至相寺活动，而至相寺的《华严经》讲习的传统可以追溯到静渊。静渊在至相寺活跃时期大体与地论宗的灵璨、慧迁在长安的时期相当。静渊的弟子智正（559—639 年）则与灵璨的弟子灵润的活动时期相重叠。与灵润从地论宗转向《摄论》，从而导致地论宗

① 《续高僧传》卷十二："开皇十七年，敕立五众，请迁为十地众主。处宝光寺，相续讲说，声类攸陈。……自迁之末后，《十地》一部，绝闻关壤。道由人弘，于斯验矣。"《大正藏》第50册，第520页下。

走向末路的同时，智正以终南山的至相寺为中心弘扬《华严经》。静渊—智正—智俨的系统源自勒那摩提—慧光—道凭—灵佑一系的地论宗。这一系统自道凭开始，在弘扬《十地经论》的同时，也兼弘《华严经》和《涅槃经》。智俨自唐武德年中，到长安的大禅定寺，跟从法常学习《摄论》，又遍访诸师，学习《四分律》《毗昙》《成实论》《十地经》《地持经》《涅槃经》等。之后，回到终南山至相寺，跟从智正学习《华严经》。在对慧光等人的《华严经》注释书进行批判考察的基础上，在唐贞观二年（628）撰写了《华严经搜玄记》。

三　摄论师与《涅槃经》

真谛三藏公元546年来华，在华二十三年（569年示寂）期间，正赶上梁陈之际的战乱，居无定所，辗转南海、金陵、富春、豫章、新吴、始兴、南康、临川、晋安、南越、梁安、广州等地。当时，梁武帝崇尚《大智度论》和《成实论》，而后来的陈武帝崇尚《大品般若》，尤好三论。所以真谛三藏的《摄论》等著作并没有在南朝传播开来。由于特殊的因缘，《摄论》反倒在隋朝获得了传播。其中的重要因素是北地的地论宗僧人为了逃避周武宗的灭佛而逃亡南地，并将《摄论》传播到了北地。

最早将《摄论》传入北地者，据文献记载，当属昙迁。昙迁早期跟从慧光的弟子昙遵学习《华严经》和《十地经》。在周武宗灭佛之际，南渡至金陵的道场寺，在南方滞留五年。在此期间，据说在桂州刺史蒋君之宅中读到真谛所译的《摄论》，解决了自己心中长久的疑惑，赞叹此经如"全如意珠"。隋统一北地之后（581年），昙迁和众弟子一道离开金陵，先到徐州彭城的慕圣寺，在此地滞留五年，宣扬摄论宗义，同时宣讲《楞伽经》《大乘起信论》《如实论》等。开皇七年（588），奉旨到长安大兴善寺讲《摄论》。正是在大兴善寺讲《摄论》期间，净影寺慧远亦曾亲临法会听讲。三年之后即开皇十年（591），真谛的弟子道尼亦奉旨到大兴善寺说法，其所讲应该也是《摄论》。

另一位活跃于隋朝的《摄论》僧人是靖嵩（537—617年）。靖嵩早年跟从大觉寺融智学习《涅槃经》《十地经论》，后学习律学和《成实论》等，在邺都已经声名远播。周武宗灭佛之际，与法贵、灵侃等三百余僧避难江南。得到陈宣帝的外护，住金陵郭大寺。在讲经之余，数年间，跟从法泰学习

《摄论》《俱舍论》《佛性论》《中边分别论》《唯识论》《异部宗论》等。① 之后，靖嵩欲宣讲《摄论》，但当时陈朝流行三论，《摄论》的讲授受到压制，故靖嵩讲《摄论》不是在白天而是在晚上。在隋统一南方，并在开皇十年（590）敕令度五十万僧尼时，靖嵩与灵侃等三百余僧回到江北，在彭城崇圣寺弘传《摄论》二十余载，并撰述了《摄论疏》六卷、《九识玄义》等。在隋朝，昙迁以大兴善寺为中心、靖嵩以崇圣寺为中心弘扬《摄论》，推动了摄论宗的繁荣，也对北地的地论宗、涅槃宗等产生了不可忽视的影响。

摄论宗对地论宗的冲击是毁灭性的，地论宗僧人大多摄论宗化，成为摄论宗的一部分。但《涅槃经》的情况则有所不同。首先，《摄论》所属的瑜伽行派与《涅槃经》所宣扬的如来藏有着天然的密切的理论关联，如《楞伽经》既是中期瑜伽行派的重要著作又是如来藏思想的主要经典。真谛所译出的《佛性论》也是如来藏思想的代表性经典之一。其次，《摄论》的作者世亲同时也奉持《涅槃经》，甚至有《本有今无论》一卷。这是对《涅槃经》"本有今无偈"的解说。真谛本人也对佛性说有强烈的理论兴趣，不仅翻译《佛性论》《本有今无论》《大乘起信论》，而且还曾为《大乘起信论》作疏。由此之故，《摄论》的传播不仅没有冲击涅槃宗，相反，在理论上刺激了涅槃学的发展。道宣在《续高僧传》中概括隋代佛教状况时云："当时诸部，虽复具扬，而《涅槃》《摄论》，最为繁富。"大体上反映了摄论宗兴起之后，隋代诸宗的势力消长的情景。

在这方面，本来属于地论宗系统的灵润（570—639 年）转向摄论宗可以说是一代表性实例。灵润原本跟从净影寺慧远的弟子灵璨学习《十地经论》《涅槃经》等，属于慧远的再传弟子，也是地论宗南道派的嫡传。但后来跟从昙迁的弟子道奘学习《摄论》。据《续高僧传》记载，灵润一生讲《涅槃经》最多，其次是讲《摄论》三十余遍，且撰述有《摄论义疏》和《大乘起信论疏》等著作。意外的是，灵润作为地论宗的嫡系传人，竟无讲《十地经论》的记载。这一方面说明《涅槃经》和《摄论》在当时的佛教界具有优势地位，另一方面也说明灵润本人彻底转向了摄论宗。

① 根据《续高僧传》的记载，法泰到金陵弘传《摄论》宗义是在陈太建三年（571），而靖嵩南渡在陈太建九年（577）之后。在 571 年到 577 年，法泰应该是在金陵非公开地传播《摄论》，所以才有《续高僧传》所说"泰虽广演，道俗无受"的情况。

第三章 《涅槃经》注释书的文献学考察

第一节 萧子良《杂义记》

以往，提到关于南北朝《涅槃经》的注释书，人们首先想到的是《涅槃经集解》。的确，作为得到朝廷支持而编纂的《涅槃经集解》收录了宋齐梁间关于《涅槃经》的代表性注释和解说，是一部内容丰富和翔实的文献。但《涅槃经》作为南北朝时期影响最大的经典，对其注疏活动一直持续到唐朝初年，而《涅槃经集解》收录的下限是 6 世纪初，所以不能反映其后的注疏情况。即使对于宋齐梁间的注疏和解说，《涅槃经集解》也是有选择地收录，不能反映南北朝早期《涅槃经》注疏的全貌。

弥补《涅槃经集解》这一缺憾的是敦煌文献《不知题佛经义记》的问世。2013 年，日本杏雨书屋所藏《敦煌秘笈》（全九册及目录册）由武田科学振兴财团陆续出版，其中的羽271 号文献《不知题佛经义记》① 即南朝学僧讨论佛教义理的重要文献。该文献首尾均欠，现存第一至五卷。其中卷一前部缺失，卷五后部缺失，卷二、三、四内容完整。

根据此文献中出现的天安寺（中兴寺）僧钟的卒年与庄严寺僧旻及中寺法安的事迹，本文献成立的上限与下限分别被推定为 483 年与 489 年。这一

---

① 该文献原为京都大学已故校长、东洋史学家羽田亨博士（1882—1955 年）所藏，故编号前加"羽"字以示之。该文献在《敦煌秘笈影片册四》的解说书志中拟题名为《不知题佛经义记》，但在《敦煌秘笈目录册》中拟题名为《不知题佛经〈义记〉注释书》。此处暂取《敦煌秘笈影片册四》解说书志所用题名。据张凯的研究，该文献系萧子良组织编写的《杂义记》（参见张凯《〈敦煌秘笈〉羽二七一〈不知题佛经义记〉的基础研究》，《世界宗教研究》2014 年第 6 期）。

时期恰逢南齐前期即武帝永明年间（483—493）竟陵文宣王萧子良作为佛教外护者而活跃的时期。在《义记》中出场的知名僧人中，僧柔、僧钟、法安、智顺、智秀、宝亮、智藏、僧旻、昙纤、僧表、僧最、法朗、惠珍等都受到过（文惠太子及）萧子良的知遇。在萧子良的藏书目录（《齐太宰竟陵文宣王法集录》）中著录有与本《义记》类似的名为《杂义记》（或《义记》）二十卷。这里所记载的《杂义记》（《义记》）二十卷为何种内容的著述一概不知，从与萧子良的关系和题名的类似情况来看，本《义记》很可能是此《杂义记》（《义记》）二十卷的残卷。①

《义记》所载三十一位僧人中，十八位僧人见于《高僧传》与《续高僧传》，更有九位僧人有本传，分别是僧柔、僧钟、法安、智顺、智秀、僧盛、宝亮、智藏②、僧旻。虽无本传，但僧传中亦有记载的僧人有僧表、昙纤、僧最、玄趣、法朗、惠生、惠珍、惠令、道明。此 18 位僧人皆出自《高僧传》及《续高僧传》的义解篇，为南朝宋、齐、梁间之义学名僧。综观僧传所载上述学僧，多研习《成实论》《涅槃经》《十地经论》《维摩经》等，而以《涅槃经》《成实论》为中心。比如，僧柔被看作南齐佛教义学第一人③，智藏、僧旻则同为梁代三大法师，此三人皆以精通《成实论》著称于世。

5 世纪末的中国佛教，代替译经活动的编撰活动开始活跃。其中，既有对已有大部头经典的摘编，也有对当时知识界所讨论问题的汇编。略繁为简地抄经主要是为了使人们对教理的学习更为简便。④ 而讲经或讨论经典思想的汇

---

① 参见张凯《〈敦煌秘笈〉羽二七一〈不知题佛经义记〉的基础研究》，《世界宗教研究》2014年第 6 期。值得注意的是，本文献通常的问答都是"某［寺］某僧问曰""某僧答曰"的形式，但也有六回问答没有出现此问者之名与寺名，而回答处皆记为"奉答曰"。这显示了发问者是受到特别尊敬的人物，或可推测发问者即萧子良本人。

② 传载智藏年轻时曾住天安寺，故《义记》中之"天安智藏"即"开善智藏"。

③ 《续高僧传》卷五："宋世贵道生，开顿悟以通经。齐时重僧柔，影毗昙以讲论。"《大正藏》第 50 册，第 462 页中。因此镰田茂雄说："僧柔是齐代最受尊重的僧人，可与宋代的道生媲美。"［日］镰田茂雄：《中国佛教通史》第三卷，台北：佛光出版社 1986 年版，第 173 页。有关僧柔的研究，参见［日］春日礼智『南斉上定林寺僧柔について』，『印度学佛教学研究』1976 年第 25 卷第1 号。

④ 参见［日］船山彻：《从六朝佛典的汉译与编辑看佛教中国化问题》，载方立天主编《宗教研究 2009》，宗教文化出版社 2012 年版，第 116—117 页。

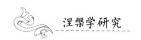

编则意味着中国佛教徒已经开始深度理解和消化印度经典的思想。《义记》的编辑就是在这种时代背景下出现的。

《义记》中的涅槃讨论集中在卷一《灵基昙纤法师解涅槃义》与《南涧道祭法师解涅槃义》两组论述。从内容上看，两组论述均由主讲法师的解释和主讲法师与提问者的往来问答两部分构成。关于昙纤法师，根据《高僧传》卷八《僧钟传》记载，是与僧钟同时代之义学名僧。① 关于南涧寺道祭，虽然史料不载，然亦可推知其与昙纤为同时代之僧。昙纤组的提问者有萧子良、天安僧钟、中寺法安、冶城智顺、道林僧宝，道祭组的提问者有南涧惠隆、天安僧钟、灵基昙纤、天安僧表、冶城智秀、冶城智顺。布施浩岳指出，法安、智秀、僧钟、昙纤、僧表、僧宝等人皆为萧齐间的涅槃宗学者。② 《涅槃集解》中亦录有智秀（经序、386 条注）、昙纤（17 条注）、法安（4 条注）三人的解释。③ 因此，他们之间的讨论一定程度上代表了当时佛教义学的最高水平。

第二节 《涅槃经集解》的基础研究

在《涅槃经》的注释史上，《涅槃经集解》（以下简称《集解》）居于特殊地位。如著作名所示，《集解》是一部关于《涅槃经》的集注，全书共七十二卷（现存七十一卷），据学术界考证，其成书年代当在梁天监年间（502—519）。在序言部分，收录了道生、僧亮、法瑶、宝亮、智秀、法智、法安、昙准等十人的序言。编者在对《涅槃经》的宗旨进行说明时，除了以上十人，还提到道慧、法智、明骏等人的见解。第二卷之后的内容则是对《涅槃经》的序品到惊陈如品的随文解释，其中涉及十九人的相关

---

① 《续高僧传》卷六，《大正藏》第 50 册，第 375 页下。另据《续高僧传》卷六《慧约传》："齐竟陵王作镇禹穴，闻约风德，雅相叹属。时有释智秀、昙纤、慧次等，并名重当锋，同集王坐。"《大正藏》第 50 册，第 468 页下。

② 参见［日］布施浩岳『涅槃宗之研究』（後篇），第 207—214 頁。

③ 关于『涅槃经集解』诸师注释条数的统计，参见［日］菅野博史「「大般涅槃经集解」の基礎的研究」，『東洋文化』1986 年通号 66；后收入氏著『南北朝・隋代の中国佛教思想研究』，東京：大藏出版 2012 年版。

注释。① 可以说，这部著作全景式地反映了南齐至梁之间《涅槃经》思想展开的全貌，是非常珍贵的佛教文献。由于南北朝时期的著作大多散佚，这部七十一卷的大部头著作能够流传下来，极为难得。它不仅对于研究南北朝时期的《涅槃经》传播有重要意义，而且对于研究整个南北朝佛教思想史都具有珍贵的文献价值。

《涅槃经集解》有诸多写本，其中，保存在日本神户市白鹤美术馆的《涅槃经集解》属于奈良写经中的逸品，具有很高的文献学价值。但由于属于国宝级文物，以往外界难以窥其原貌，除了个别语言学家曾利用这一文献研究平安时代的日语现象外，佛教界尚没有对此的专门研究。直到最近，得到创价大学菅野博史教授和白鹤美术馆的协助，我们才有机会看到此本的扫描版。菅野博史教授对此本作了初步研究，以下，结合《涅槃经集解》的研究史，对白鹤美术馆所藏《涅槃经集解》（以下简称"白鹤本"）的文献价值略作考察。

一　"白鹤本"与《涅槃经集解》诸本之间的关系

我们现在最容易看到的《涅槃经集解》版本是收录于《大正藏》第三十七卷的版本，这一版本的底本是《续藏经》本，即收录于《续藏》1—94—2—4的版本。而这一版本是大正大学图书馆所藏本（抄写于德川时代，以下简称"甲本"）与圣语藏本［抄写于唐代和天平十二年（740），以下简称"圣本"］的对较本。下面，依次考察"《续藏经》本""甲本"和"圣本"的情况。

（一）《续藏经》本

《续藏经》本所依据的是京都大学附属图书馆的藏教书院文库本。此本抄写于20世纪初，应该是为了收录于《续藏经》而抄写的。其原本则是西大寺

---

① 根据菅野博史在《〈大般涅槃经集解〉的基础研究》一文的统计，《集解》中共辑录了十九位注释者的注释，各注释者的注释数如下：道生（260）、僧亮（2130）、法瑶（267）、僧宗（1155）、宝亮（1081）、道慧（61）、智秀（387）、慧朗（80）、明骏（83）、敬遗（31）、昙济（28）、昙纤（17）、法莲（12）、昙爱（10）、慧诞（6）、法安（4）、法智（3）、慧令（1）、智藏（1）。参见［日］菅野博史『「大般涅槃経集解」の基礎の研究』，『東洋文化』1986年通号66。此文又收录于『南北朝・隋代の中国佛教思想研究』，東京：大藏出版2012年版，第351—428页。

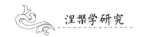

本，关于西大寺本与京都大学本之间的关系，中野慧达有一则跋文：

　　昔梁高僧宝亮等，奉武帝优诏，撰集此书。帝嘉其成而赐序。诚为旷世之盛仪，载详史乘焉。然流传久绝，无知之者矣。而南都西大寺所藏，已经一千有余年。系唐人书写。笔力勇健，墨痕丽伟，可谓希代国宝也。明治维新，百度皆革。佐伯弘澄长老，董寺务，深忧其散佚，秘而不出。辄近遭澄长老寂。摄津国御影富豪嘉纳治兵卫君，继其遗志，捐万余金，奉之自家，亲膺严护之任，将传龙华三会，其用心亦勤矣。君南都中村家出，笃敬三宝，善行彰着。幼入嘉纳家，长绍隆祖业，遂为我邦酿酒之巨擘。白鹤之名，高闻海外，实因君改善酿造之功。其贡献国家者不少矣。予痛此书之将坠，慨后学之不闻，聊记缘由，收之大日本续藏经，而寿不朽。冀扶律谈常之教盛行当今，排邪扶正之说，遍被末代。因之获续佛祖慧命，开四众迷蒙，则其益不亦大乎？

　　皆大正元年八月十九日 中野达慧谨识①

从这则写于 1912 年的题记可以看出，京都大学写本的原本是在明治维新之后，由西大寺当时的住持佐伯弘澄②转让给神户的酿酒业富豪嘉纳治兵卫。嘉纳治兵卫所酿造的"白鹤"牌日本酒驰名国内外，后来建有白鹤美术馆，收藏文物和美术作品。③ 西大寺版《涅槃经集解》就保存在白鹤美术馆。可惜的是，迄今为止，佛教学术界并没有对这一版本进行任何研究。④

---

① 《续藏经》1-94-4，368 右下至左上。
② 佐伯弘澄（1824—1906 年），曾担任东大寺真言院住持，明治七年（1874）担任西大寺住持，明治二十八年（1895）担任真言律宗初代管长。
③ 白鹤美术馆于 1934 年开馆，创办人为白鹤酿造第七代掌门人嘉纳治兵卫（号鹤翁，1862—1951 年）收藏作品 1450 余件，其中日本国宝两件。展品类型包括青铜器、陶瓷器、漆器、经卷古书、名家画作等。
④ 只有古日本语研究者曾利用白鹤美术馆藏『涅槃经集解』进行相关研究，如［日］築島裕『平安时代语新论』，东京：東京大学出版会 1969 年版，第 614—617 页；［日］大坪并治『白鹤美术馆藏大般涅槃经集解卷十一的训点』，『训点语与训点资料』1966 年第 32 辑。

不过，"《续藏经》本"所收《涅槃经集解》的原本并不是全本，在历史上曾经有过补充和再治。如卷五十之末的题记中有如下说明：

> 《涅槃经集解》七十一卷。去享保年中，获西大寺经藏古本，书写之焉。彼本黄卷赤轴，古代雅物。偶阙九轴，厥所阙者，自四十一，迄第五十，其中唯存第四十三。予叹其不全备，索之诸方。闻武府东睿山凌云院前大僧正实观秘藏之。其本又自第一至第十之十轴逸矣。尝戒坛院慧光赴东都之日，与实观相语，而欲令互寄补其阙，幸得实观本跋记。以延历寺本校阅云尔。不日缮写，情愿果遂。僧正亦补其阙焉。今年庚申，闲暇之间，欲补西大寺古本之阙。手自以粗纸调经卷，自三月二十日，迄五月二十三日。摩挲病眼，九轴写之，庄严既毕，纳于彼寺矣。不年而三本全备，不亦说乎。功德普及三界灵，种因遂感四德果。时元文第五岁次庚申六月下弦。东大寺真言新禅两院前兼住戒坛院前长官宝生院闲人成庆寓于北林精舍谨记。春秋五十六，夏腊通三十八，别二十八。①

从这段题记内容可以看出，"《续藏经》本"的祖本应该是"西大寺经藏古本"。但此本不是全本，缺卷四十一—四十二、四十四—五十九卷。抄写者成庆得到东睿山凌云院实观所藏本，补写了所缺的九卷，并将其奉纳于西大寺。成庆在抄写过程中，还与延历寺所藏本进行了校阅。从题记内容看，成庆得到西大寺本的时间是"享保年中"即公元1716年至1736年，而完成抄写是"元文五年"即1740年。

在"《续藏经》本"卷六十二末有题记云：

> 弘安八年乙酉三月十日，于西大寺宝塔院，为补缺，书写之毕。唐人诚心。②

① 《大正藏》第37册，第530页下。
② 《大正藏》第37册，第571页中。

这里讲到弘安八年（1285）唐人诚心为补西大寺藏《涅槃经集解》之缺，而在西大寺的宝塔院抄写了部分内容。这里没有明确抄写的具体内容，据近藤喜博的研究，诚心所补抄的是卷六十二—六十六、卷六十八—六十九七卷的内容。[①] 但诚心抄写的底本为何，尚不明确。诚心其人的来历不详，应该是中国到日本的一位僧人。

从以上题记内容以及现代人的研究结果看，"《续藏经》本"是以西大寺所藏本为基础底本经过补充和再治而收录于《续藏经》的。作为奈良时代写本的西大寺本《涅槃经集解》有五十五卷（第十一卷是奈良末年抄写，底本属于另外的系统）。之后，有诚心抄写的七卷、成庆抄写的九卷补充进来，形成我们现在所看到的七十一卷本《涅槃经集解》。这一全本《涅槃经集解》在大正年间被收录于《续藏经》，现保存于神户市的白鹤美术馆。

（二）甲本

从相关题记看，"甲本"的底本中，年代较近的是享保二年（1717）的抄写本。《大般涅槃经集解》卷五十七之末的题记云：

> 享保二年丁酉霜月二十六日，于南都东大寺真言院，以西大寺常住物御本，书写毕。沙门亮然重庆。生年六十，夏次四十二。[②]

由此可见，抄写者是奈良东大寺真言院的亮然重庆，其底本则是西大寺所藏本。但在享保年写本与西大寺所藏本之间，还存在另一个版本的抄本，因为《大正藏》的校订中提到有观应年间的"古本"。在《大般涅槃经集解》卷七之末的校订云：

> 此下甲本奥书曰：古本云，观应元年庚寅十月十六日，于大和州大御轮寺，点写之毕。为西大寺每年讲经御本而已。愿以点写力，上生兜

---

① 参见［日］近藤喜博『大般涅槃経集解——白鹤美術館所藏本について』,『MUSEUM』1964年第164号。

② 《大正藏》第37册，第561页。卷三十七末的题记云："享保二年丁酉六月下弦，于病床，书写此卷了。"《大正藏》第37册，第497页。

率天，愿共诸众生，奉见弥勒佛。大御轮寺圆宗，生年六十五，夏次四十五。①

由此题记可见，此"古本"是大和州大御轮寺的圆宗在观应元年（1350）所抄写的版本。而且，其底本同样是西大寺的版本。②

但无论是圆宗的抄写本还是重庆的抄写本都不是全本，而是残本。由于我们现在看不到"甲本"的原本，所以只能根据《大正藏》所收本的校订情况来推测。一般来说，如果卷末有"题记"或校异，说明此卷存在，而如果既无题记也无校异，此卷缺本的可能性就很高。而两者皆缺的部分包括卷一—四、四十一—四十二、四十四—五十、六十一—七十一。如上所述，"《续藏经》本"的原本缺卷四十一—四十二、四十四—五十九卷，既然，"甲本"与"《续藏经》本"一样以西大寺本为基础抄写，缺此九卷的可能性极高。同时，缺卷一—四、六十一—七十一的可能性也较高。

（三）圣本

《大正藏》在收录"甲本"时，与"圣本"进行了对较。我们现在通过宫内厅公布的相关资料，即《宫内厅正仓事务所所藏圣语藏经卷第一期隋唐经篇》（CD 编号 017/018）以及《宫内厅正仓事务所所藏圣语藏经卷第二期 太平十二年御愿经第三次配本》（CD 编号 067/068），可以看到此版本的原貌。此本也不是全本，缺卷一—十、十四—十五、十七、二十一—三十二、三十五、三十九、四十二—四十三、四十八、五十、六十一、六十四、六十九—七十等部分。此版本与西大寺本一样，都属于奈良写经，但不属于一个系统。

除了以上版本，在日本所藏的《涅槃经集解》版本还有被认定为"国宝"日光轮王寺本。此本缺卷一—十、六十九—七十一。这或许是上面提到的实观所藏写本和延历寺本的祖本。

---

① 《大正藏》第 37 册，第 410 页上。
② 在卷三十七之末的题记，接续上述内容又云："享保二年酉六月下弦，于病床，书写此卷了。"《大正藏》第 37 册，497 页上。

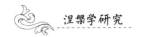

综上所述，"白鹤本"虽然是经过补写和再治的本子，但至少其中的五十五卷作为奈良时期的写本，是现存《涅槃经集解》最古老的写本之一。而且，《续藏经》和《大正藏》所收《涅槃经集解》的底本都以西大寺藏本为基础，和"白鹤本"属于同一系统。

二 "白鹤本"的文献价值

创价大学菅野博史教授和孙茂霞合作，曾对"白鹤本"《集解》的卷十八—二十的内容作了初步研究。① 这部分的内容属于对南本《涅槃经》"如来性品"的注释部分，集中讨论佛性问题，所以具有重要的理论意义。通过对《大正藏》所收版本与"白鹤本"的比较可以看出，在大多数篇幅，"白鹤本"的文字更为合理，但在少数篇幅，《大正藏》本的文字似乎更合理。例如，《涅槃经集解》卷一中两个版本的文字差异如下：

《大正藏》本	白鹤本
377a21 析	折
377a22 豢	象
377a22 日	目
377b03 负	贞
377b08 名	容
377c18 宗	宋
377c22 赡	瞻
377c22 论	纶
377c25 手	乎
377c29 放	方
378a15 明	缺
378a26 知	如

① 参见［日］菅野博史、孙茂霞『白鹤美術館所蔵「大般涅槃経集解」写本について——卷第1～3、18～20の校訂』，『東アジア佛教研究』2016 年第 14 号。

378b28　入　　八

378c07　修　　备

378c26　德　　余

378c29　嘱　　瞩

379b05　理　　理之

379b09　循　　修

380a14　合　　含

380c07　赡　　瞻

381a02　行　　行所

381a28　德　　像

381b24　修　　修

381c05　化　　代

381c06　暮　　薯

381c06　靶　　范

382a18　陀　　纯陀

382a27　也　　也即卅六问问分也

382a29　医　　医

382b06　有　　第

382b15　倒　　到

383a04　倒　　到

最初的三处差异出自《涅槃经义疏》序，即"反八邪而归一味，析世智之角，杜异人之口。导求珠之心，开观豢之日。救烧灼于火宅，拯沈溺于浪海"①。这里出现的"析""拳""日"，语义不通，而"白鹤本"则分别是"折""象""目"，从上下文看，显然"白鹤本"的文字更合理。而"判科段第八"介绍道慧之说云："第三流通说，从名字功德，讫四倒也。""四倒"是佛教的专有名词，而"白鹤本"则作"四到"，显然是抄写之误。

___

① 《大正藏》第 37 册，第 377 页上。

如果能够利用"白鹤本"与《大正藏》本、圣语藏本进行对较，可以得到一个较为理想的《涅槃经集解》的版本。

因为《涅槃经集解》辑录了自东晋道生到梁代僧亮、宝亮等注释家的相关注释，透过此书，我们可以窥知中国佛教早期注释书的某些特征。

在中国佛教早期经典注释中，存在着从"注"到"疏"的转变。"注"和"疏"的主要区别是，"注"需要将经典的全文标出，然后对经文分出段落，分别加以解说。由于需要标出原典的全文，所以一般是针对篇幅较短经典进行"注"，如《维摩经注》《心经注》等。而对篇幅较长的经典作"注"，将原文标出意味着艰苦的劳动，所以通常用"疏"或"义疏"的方式进行，即不标出原典全文，而只标出经文的起始和终结之处，如"从……讫……"。以往，菅野博史根据"《大正藏》本"和"《续藏经》本"《集解》，推测此书属于"疏"而非"注"，因为这两个版本都没有标出南本《涅槃经》的全文，而是用"从 A 至 B"的方式来标出要注释的段落。据此，菅野博史曾认为《集解》所辑录的各家注释应该是"疏"而非"注"。

但随着"白鹤本"的再发现，这种推断被证明是错误的。实际上，作为"《大正藏》本"对较本的"圣语藏本"《集解》是标出《涅槃经》全文的。"白鹤本"《集解》是首先将南本《涅槃经》要注释的部分全文标出，然后才给出诸家的注释。从这个意义上说，《集解》是"注"而非"疏"。至于为什么"《大正藏》本"和"《续藏经》本"都只注明原文"从 A 至 B"，或许是抄写者为了节省时间和体力。但西大寺的原抄本显然全文抄出，这说明《集解》的原始形态是将南本《涅槃经》的全文抄出的。

值得注意的是，在早期佛教经典的注释中，对大部头经典的"注"似乎不限于《涅槃经》。据传完成于 522 年的灵辨所著《华严经论》就是六十卷本《华严经》的注释书。而且，灵辨在对《华严经》进行注释时，首先抄录所要注释部分的全文，然后进行注释。由于《华严经》原文就有六十卷，所以《华严经论》加上注释达到了一百卷的规模。①

---

① 参见张文良《东亚佛教视野下的华严学研究》，国际文化交流出版社 2020 年版。

在南北朝早期出现对大部头经典如《涅槃经》和《华严经》的全文注释，或许与 5 世纪后半叶北方的战乱有关。由于战乱，佛教经典的翻译事业处于停滞状态，而已经翻译出来经典的流传也遇到很大障碍。为了适应佛教界的信仰需求，经典的注释者就不惮劳苦，在全文引述原典的同时，对经典进行注释。由于《华严经论》留下的只是残篇，而且以往的研究稀少，所以导致研究者对大部头经典的注释方式产生了错误认知。"白鹤本"的重新发现，和对《华严经论》的研究，纠正了这一错误认识。

三 《涅槃经集解》的作者

关于《集解》的作者，学术界曾提出了宝亮说、明骏说、建元寺法朗说。宝亮说的根据是《梁高僧传》卷八"宝亮传"有"天监八年初，敕亮撰《涅槃义疏》十余万言。上为之序曰……"①，而且，梁武帝为《集解》所作的序文中也有"以天监八年五月八日乃敕亮撰《大涅槃义疏》，以九月二十日讫"② 的说法。但宝亮受梁武帝的敕命而撰述的是《大涅槃经义疏》而非《集解》，而且在《集解》中，宝亮的注释被安排在诸家注释者的中间，并没有得到特殊对待，这似乎显示宝亮并非《集解》的作者。

持明骏说的学者包括佐佐木宪德、布施浩岳等。其理由包括：《东域传灯目录》中有"集解大涅槃经记一卷 释明驳"，这里的"明驳"应该是"明骏"之误，可见，明骏曾著《集解大涅槃经记》一卷，从著作名称可以推测，明骏应该是《集解》的编者；明骏的"注"几乎都出现在诸家注释之后，而且加"案"字，即以"明骏案"的形式出现，显示了明骏在诸家注释者中处于特殊地位。但历代高僧传中都没有收录明骏的传记，据汤用彤的推测，他应该是梁武帝时代的人物，与僧朗、宝唱共同编著了《涅槃经》集注。但由于没有确切的证据，此说仍然属于推测性质的结论。而且，明骏的名字不仅没有出现在僧传中，也没出现在对涅槃宗进行概括整理的吉藏和灌顶的著作

---

① 《大正藏》第 50 册，第 381 页下。
② 《大正藏》第 50 册，第 382 页上。

中，这是很不自然的现象。①

持法朗说的学者最多，如汤用彤、宇井伯寿、横超慧日、菅野博史等。其根据是《唐高僧传》"宝唱传"的如下说法曰："天监七年，帝以法海浩汗，浅识难寻，敕庄严僧旻，于定林上寺，缵《众经要抄》八十八卷。又敕开善智藏缵《众经理义》，号曰《义林》八十卷。又敕建元僧朗注《大般涅槃经》七十二卷。"② 这里明确提到建元寺僧朗奉敕命撰述《涅槃经》注，而且卷数是"七十二卷"。

但法朗说也存在三点疑问：（1）如果作者是僧朗，为什么《集解》中没有收录僧朗的注释；（2）这里提到天监七年僧朗作《注》，但《集解》中却出现完成于天监八年宝亮的《涅槃经义疏》的注疏；（3）这里提到僧朗的《注》是七十二卷，而现在看到的《集解》却是七十一卷。关于第一个疑问，横超慧日、汤用彤等认为，这里的"僧朗"应该是"法朗"之误写，而且，这里的"法朗"应该就是《集解》中出现的"慧朗"。关于第二个疑问，《历代三宝纪》只是提到法朗天监年间奉敕作《集注》，并没有说是"天监七年"，而且即使其在天监七年开始工作，其完成年代也不一定是天监七年，其间，收录完成于天监八年的宝亮的作品是完全可能的。关于第三个疑问，汤用彤认为《集解》除了七十一卷的正文之外原本还有总目一卷，后来散佚，所以我们看到的才是七十一卷。

第三节　敦煌文书中的《涅槃经》注释书

一　南北朝敦煌遗书《涅槃经》注释书概观

目前，已知的南北朝敦煌遗书《涅槃经》注疏文献有53件，其中两件已经得到整理和研究。一件存于上海图书馆，图版见《上海图书馆藏敦煌吐鲁

---

① 藤本贤一认为，明骏有可能是在《集解》完成之后，撰写了《集解大涅槃经记》，并对《集解》原本作了评点，所以才出现了"明骏案"的说法。参见［日］藤本贤一『「大般涅槃经集解」の编者について』，『天台学报』1971年第14号。

② 《大正藏》第50册，第426页下。

番文献》第 2 册①，编号为 064（812494）。方广锠将其整理为"昙鸾写《大般涅槃经疏》（拟）"，并发表于《藏外佛教文献》（总第 15 辑）②，注释范围是《涅槃经》中的"梵行品""婴儿行品""十功德品"；另一件为日本山本悌二郎所藏《大涅槃经义记卷第四》（539 年写讫），1932 年整理编入《大正新修大藏经》（以下简称《大正藏》）第 85 卷，编号 No. 2764B，注释范围是《涅槃经》的"迦叶菩萨品"和"憍陈如品"，此件遗书的图版未曾公开。

其他 51 件南北朝敦煌遗书《涅槃经》注疏的基本情况如下表所示。

表 3－1　　　　　南北朝敦煌遗书《涅槃经》注疏情况表

序号	T. 85	原本	总行数	在品	定名	推定年代③
①		杏雨430 号	603（正479＋背124）	梵行品、婴儿行品、十功德品	道咏写《大涅槃义记》	504 年写讫
②		杏雨725 号 A	108（正102＋背6）	圣行品、梵行品	明觉写《大般涅槃经疏》（拟）	义熙六年写讫
③		书道047 号	244	涅槃经序等	昙裔写《〈涅槃经序〉等》（拟）	570 年写讫
④		杏雨762 号	53	大般涅槃经序	灵裕撰《大般涅槃经序》	578 年结
⑤		伯2313 号	808	序品、纯陀品、哀叹品	《大般涅槃经义记》	5—6 世纪
⑥		斯00531 号	765	序品、纯陀品、哀叹品	《大般涅槃经义记》	6 世纪
⑦		斯08221 号 A	30	纯陀品	《大般涅槃经义记》	5—6 世纪
⑧		斯08221 号 B	29	纯陀品	《大般涅槃经义记》	5—6 世纪

---

① 参见上海图书馆、上海古籍出版社编《上海图书馆藏敦煌吐鲁番文献》，上海古籍出版社 1999 年版，第 2 册，第 152—160 页。

② 参见方广锠主编《藏外佛教文献》（总第 15 辑），中国人民大学出版社 2010 年版，第 3—31 页。

③ 无确切纪年者，则根据文献内容及方广锠的判断。

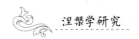
续表

序号	T. 85	原本	总行数	在品	定名	推定年代
⑨		斯08221 号 C	21	序品、纯陀品	《大般涅槃经义记》	5—6世纪
⑩		斯08221 号 D	18	序品	《大般涅槃经义记》	5—6世纪
⑪		斯08221 号 E	20	纯陀品	《大般涅槃经义记》	5—6世纪
⑫		斯08221 号 F	14	序品	《大般涅槃经义记》	5—6世纪
⑬		斯08221 号 G	4	纯陀品	《大般涅槃经义记》	5—6世纪
⑭		斯08221 号 H	3	纯陀品	《大般涅槃经义记》	5—6世纪
⑮		斯08221 号 I	9	纯陀品	《大般涅槃经义记》	5—6世纪
⑯		斯08221 号 J	6	序品	《大般涅槃经义记》	5—6世纪
⑰		斯02722 号	68	纯陀品	《大般涅槃经义记》	5—6世纪
⑱		斯10704 号	2	纯陀品	《大般涅槃经义记》	5—6世纪
⑲		北敦11459 号	14	纯陀品	《大般涅槃经义记》	5—6世纪
⑳		北敦10681 号	8	纯陀品	《大般涅槃经义记》	5—6世纪
㉑		伯3502 号	273	哀叹品、长寿品	《大般涅槃经义记》	6世纪
㉒		北敦02224 号	804	金刚身品、名字功德品、四相品、四依品、邪正品	《涅槃经疏》（拟）	6世纪

序号	T. 85	原本	总行数	在品	定名	推定年代
㉓		北敦02316号	260	邪正品、四谛品、四倒品、如来性品	《涅槃经疏》（拟）	6世纪
㉔		北敦02276号	280	如来性品、文字品、鸟喻品、月喻品、菩萨品	《涅槃经疏》（拟）	6世纪
㉕		北敦15639号	12	梵行品	《大般涅槃经疏》（拟）	6世纪
㉖		北敦15652号	15	梵行品	《大般涅槃经疏》（拟）	5—6世纪
㉗		残墨002号	11	梵行品	《大般涅槃经疏》（拟）	5—6世纪
㉘		残墨009号	4	梵行品	《大般涅槃经疏》（拟）	5—6世纪
㉙		书道006号	51	梵行品	《大般涅槃经疏》（拟）	5—6世纪
㉚		杏雨589号7	7	梵行品	《大般涅槃经疏》（拟）	5—6世纪
㉛		伯3119号	24	梵行品	《涅槃经疏》（拟）	5—6世纪
㉜	No. 2764A 280a13－294a09	斯02735号	897	梵行品	《涅槃经疏》（拟）	5—6世纪
㉝		北敦09732号	12	高贵德王菩萨品	《涅槃经疏》（拟）	5—6世纪
㉞		北敦02291号	113	师子吼菩萨品	《涅槃经疏》（拟）	5—6世纪
㉟		北敦07889号	47	师子吼菩萨品	《大般涅槃经疏》（拟）	5—6世纪
㊱		斯09436号	11（正9＋背2）	师子吼菩萨品	《大般涅槃经疏》（拟）	5—6世纪

续表

序号	T. 85	原本	总行数	在品	定名	推定年代
㊲		斯08079 号	24	师子吼菩萨品	《涅槃经义记》(拟)	5—6世纪
㊳		斯07885 号	24	师子吼菩萨品	《涅槃经义记》(拟)	5—6世纪
㊴		斯03742 号 B	17	师子吼菩萨品	《涅槃经义记》(拟)	5—6世纪
㊵		北敦05210 号	75	师子吼菩萨品、迦叶菩萨品	《涅槃经义记》(拟)	5—6世纪
㊶		斯03742 号 A	82	迦叶菩萨品	《涅槃经义记》(拟)	5—6世纪
㊷		斯08006 号	9	迦叶菩萨品	《涅槃经义记》(拟)	5—6世纪
㊸		北敦00093 号	369(正311+背58)	长寿品、金刚身品、名字功德品、如来性品	《大般涅槃经疏》(拟)	6世纪
㊹		斯06153 号	15	长寿品、金刚身品	《大般涅槃经疏》(拟)	6世纪
㊺		斯00269 号背	157	高贵德王菩萨品	《涅槃经疏》(拟)	6世纪
㊻		残墨005 号	8	迦叶菩萨品	《大般涅槃经疏》(拟)	6世纪
㊼		斯08241 号	16	梵行品	《大般涅槃经疏》(拟)	6世纪
㊽		北敦00260 号	392(正375+背17)	迦叶菩萨品	《大般涅槃经疏》(拟)	6世纪
㊾	No. 27653 04a10 – 3 05b07	斯02430 号背	70	迦叶菩萨品、憍陈如品	《大般涅槃经疏》(拟)	6世纪
㊿		伯2908 号	801	《涅槃经》等义记及问答	《涅槃经义记并论义》(拟)	6世纪

续表

序号	T. 85	原本	总行数	在品	定名	推定年代
(51)		伯 3291 号	179	《涅槃经》偈颂疏释及义记	《涅槃经疏并论义》（拟）	6 世纪

由上表可见，51 件南北朝敦煌遗书《涅槃经》注疏中，除斯 02735 号、斯 02430 号曾被整理收录于《大正藏》第 85 册外，其余皆为藏外佛教文献。关于这批文献的定名，原则上依据原本的首尾题命名，若无首尾题，有先行研究的合适拟题，则依从之；若不合适，则重新拟题，题目后标上"（拟）"。这批文献总计 7886 行，20 余万字，涉及《涅槃经》中除"大众所问品""现病品"之外的所有品目，体量较大，其具体内容则包括经序、随文疏释与教理论义等，内容丰富，是对南北朝藏内佛教文献的有力补充。①

二　敦煌文献《涅槃经疏》

中国的南北朝时期，《涅槃经》在大乘经论中是特别受到重视的一部经典，这是因为《涅槃经》的佛性义为诸多学派所共同关注。地论宗依据的经典虽然是《十地经论》，但也非常重视《涅槃经》，也有很多关于《涅槃经》的注疏。例如法上（495—580 年）的《涅槃经疏》以及净影寺慧远的《涅槃经义记》，即其中的例子。敦煌文献中也有被视为地论宗文献的《涅槃经》注疏，而地论宗对《涅槃经》的研究推进了北朝涅槃学的发展，成为南北朝时期涅槃学的重要组成部分。近年来，随着地论宗文献的发现和整理工作的推进，其佛性说不断得到阐明和彰显。以下就以地论宗南道派的《涅槃经疏》为中心，对其佛性说作一番考察。

（一）地论宗文献的属性

《涅槃经疏》是南本《涅槃经》的注释书，由北京图书馆所藏的 02224、02316 号和 02276 号这三部敦煌断简构成。但卷数和著者皆不明，历代《大藏

① 此部分内容参考史经鹏《敦煌文献涅槃经注释书研究》，博士后出站报告，上海师范大学，2014 年。

经》中未见收入，历代经录中也未见其名。02224、02316 号和 02276 号分别
有 804、260 行和 280 行，皆欠缺首尾部分。从字体来看，02224 号与 02276
号 212 行以后的字体相同，02316 号与 02276 号 212 二行以后的字体相同。三
部断简在内容上有极强的关联性，原本是对同一部《涅槃经》所作的注释，
但抄写者不是同一人，抄写日期也不相同，因此呈现出现在的形态。

从注释的内容看，02224 号是对《涅槃经》（南本）"金刚身品第五"
"名字功德品第六""四相品第七""四依品第八""邪正品第九"的注释，而
02316 号是对"邪正品第九""四谛品第十""四倒品第十一""如来性品第
十二"的注释。02276 号是对"如来性品第十二""文字品第十三""鸟喻品
第十四""月喻品第十五""菩萨品第十六"的注释。02224 号的末尾与
02316 号的开头之间有缺漏部分，因此内容上并不连续。但是 02316 号末尾与
02276 号开头之间两次出现"不成也，若自生者、结第二句自种因义"的文
字，可知二者在内容上是连续的。

日本学者青木隆认为此断简是属于地论宗南道派的文献，主要根据是其
中出现的判教说。虽然地论宗的判教说有多种观点，但以三乘别教（阿毗昙
系统）、通教（般若系统）、通宗教（如来藏系统）为代表的判教说最有特
色，其中通宗教以《涅槃经》《华严经》《大集经》为其代表性经典。此《涅
槃经疏》提出圆教、顿教和渐教的三教说，分别对应《大集经》《华严经》
和《涅槃经》。《涅槃经疏》的三教属于上文提到的通宗教，是对其进一步细
分化的结果。这里值得注意的是《涅槃经疏》以《大集经》为圆教这一点。
如日本学者石井公成所指出的，地论宗中存在重视《大集经》的一派。因此
以《大集经》为圆教的立场，可视为地论宗判教说的特征之一。在此含义上，
认定《涅槃经疏》为地论宗的著作应无不妥。

那么，进而认定《涅槃经疏》属于地论宗南道派文献的根据何在？首先
在于以第八真识为如来金刚心之境界这一点。第八识是真识还是妄识，是区
分地论宗南道派和北道派的一个分歧点。此《涅槃经疏》以第八识为真识，
可见是属于南道派的真识说。而另一处判定的根据在于是否以法性或真性为
诸法的本体。诸法的本体是染法的阿赖耶识还是净法的真如，是南道派和北
道派的又一个分歧点。此《涅槃经疏》以"无为缘集"的概念说真如佛性是

构成涅槃之因的净法缘起，可见站在南道派的立场上。

（二）判教说与佛性

《涅槃经疏》的佛性说是以其独特的判教说为中心展开的。因为对经典所作的判教界定各有不同，其佛性说也并不相同。对此，《涅槃经疏》有如下文字：

> 今略明经教不同。如似《大集》等经是圆教、《华严》等是顿教、《涅槃》是渐教。虽等大乘、显义不同。《大集》就自体因果以论真实。若就此宗，得言众生即是佛，万义皆具足，故名圆教。若举《华严》《涅槃》等，此言即外道也。《华严》就相违因以显真实，无别二乘也。习种发心即彻后际。其犹象儿，故名顿。若就此宗，昏识凡夫即有性用也。《涅槃》薰修因，以说妄想，资真实，成缘集之义。要是种性以上，方有佛性。从教量修入，故名为渐。是以二乘作菩萨也。若就此宗，得言先际无性、中际有也。①

如上所述，《涅槃经疏》将《大集经》界定为圆教。关于圆教的含义，《涅槃经疏》以"自体因果"这一特有的概念来解释。《涅槃经疏》在解释《涅槃经》"如来性品第十二"之五味（乳、酪、生酥、熟酥、醍醐）时，说佛性在自类因、自种因、相违因三因相互影响的结果上显现，亦即以因果说来说明佛性的显现。若与《涅槃经疏》其他的相关内容一同考虑，"自体因果"就是在体（真如）用（涅槃）一如基础上把握因与果的关系。一般来说，因果是在时间序列上的概念，通常是先际因和后际果，同时的因果显然是一对矛盾的概念。然而地论宗却基于其"融即论"的立场发展出"烦恼即菩提""生死即涅槃"的观点，超越了时间的先后，体现了一种近乎本觉思想的立场。依据《涅槃经疏》的解释，《大集经》完全是以"自体因果"来展开其佛性说的，就是说，众生并非经过历劫修行最后成佛，而是在现在这一时点

---

① ［日］青木隆、荒牧典俊、池田將則、金天鶴等编：『藏外地論宗文獻集成續集』，서울：도서출판씨아이알 2013 年版，第 514 頁。

上，当下就是佛，原本就具足一切功德。通常佛性又分为因位上的成佛可能性与果位上的佛之功德两种含义。一般来说，众生的佛性被认为指的是成佛的潜在能力，即因位佛性，而《大集经》中发展出的佛性，则兼备因位佛性和果位的佛之功德。在此含义上，《涅槃经疏》将《大集经》的立场界定为圆教。其圆教的定义是完全与佛性说相关联的，与后来天台学和华严学中的圆教含义不同。

《大集经》中的佛性说，因为与《涅槃经》等经典中的佛性说差距过大，曾被视为外道。而《涅槃经疏》是从《华严经》和《涅槃经》的立场来断言《大集经》的佛性说为外道的。那么《华严经》和《涅槃经》的佛性说又是怎样的内容？

《华严经》和《涅槃经》中的佛性皆是在配合修行主体的境地上来把握其佛性的显现，两者有顿、渐的区别。具体而言，《华严经》认为地前习种性的众生，在发菩提心之时，当下证入正觉，佛性顿时显现。在此含义上，《涅槃经疏》将《华严经》界定为"顿教"。后世的华严教学中将"顿教"对应于《维摩经》超言绝象的教义以及禅宗顿悟的教义，此两者皆与《涅槃经疏》中"顿教"的含义不同。原本凡夫众生只有经过各阶段的修行才能断烦恼、证入正觉，而在《华严经》中是在凡夫众生发菩提心之时已经证入正觉，因此众生不单具备真如之体，同时也具足真如之用。

相对于《大集经》的"圆教"和《华严经》的"顿教"，《涅槃经》则被界定为"渐教"。所谓"渐"，就是说佛性不是顿然显现，而是经过修行次第然后显现。《涅槃经疏》从两个角度说明"渐"的含义。首先第一点，主张众生在到达习种性、性种性以上的境地后才具有佛性。习种性和性种性是《仁王般若波罗蜜经》和《菩萨璎珞本业经》中的概念，在前者中，修行者在经过习种性、性种性、道种性后进入初地，然后再达到阿毗跋致正位。而在后者的《菩萨璎珞本业经》中，则认为习种性相当于十住，性种性相当于十行。可见无论何者，表示的都是十地以前的修行境地。就是说《涅槃经疏》主张众生原本并不具备佛性，是依据修行在到达十住、十行位阶后才开始具备佛性。与此相关联的第二个角度则是，《涅槃经疏》主张众生佛性的"中际"说。换言之，是说佛性不是众生原本就具备的，也不是在未来成佛之际所具有的，而是在修行途中拥有的。"渐教"的概念在各种判教说中的含义并不一致，但一般来讲体现的是佛陀根据众生的根机而次第说小乘教到大乘教，也就指的是佛说法的方式。而《涅槃经疏》中所说的"渐教"却是众生佛性显现的方式，这点与通常"渐教"的含义大不相同。

三 佛性是本有还是当有

《涅槃经》中佛性说的展开与因果这一概念有很深的关联，并通过各种比喻说明其存在状态，如"贫女宝藏喻"。但是众生佛性是原本具足还是后来经过修行才具足，《涅槃经》中并没有明确的提示，因此南北朝时期的《涅槃经》注释者们基于各自的立场围绕此问题展开多种议论。如南朝宝亮、梁武帝、法安主张佛性"本有"；BD02291 号《涅槃经疏》则提倡佛性"当有"；开善寺智藏、光宅寺法云提出"本有于当"的见解，旨在调和"本有"说和"当有"说。

被视为地论宗文献的《金刚仙论》则有从佛的立场来主张的"本有"和"始有"说。站在佛的立场，"本有"说意在强调法身佛的体性圆满，而并非依据修行得来。"始有"则是说报身佛依据修行因缘而佛性显现。这一观点与其他"本有"和"当有"说相比较，含义是有差异的。

从众生立场而言，凡夫在未来当见佛性之常理（"当见"），到初地的菩萨则当下能显现佛性之常理（"现见"）。唐玄奘曾以"当常"和"现常"的概念来概括地论宗南道和北道两派之间理论上的差异，但"当常"和"现常"的含义也并不十分清晰。《金刚仙论》中虽然没有提出"当常"和"现常"的概念，但事实上是存在这方面思想的。也就是说，相对于凡夫的佛性是"当常"，初地以上菩萨的佛性就是"现常"。

《涅槃经疏》在对《涅槃经》"众生佛性住五阴中，坏五阴名为杀生"的内容进行解释时，有如下内容：

> 今云住者，云何住不同五分邪住者？正以真性理融，无在不在。故经云"无有一法出于法性"。然此法性，非当非现。就众生而论，得言三

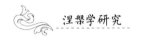

世，体非三世也。①

可见《涅槃经疏》是将佛性在真性、法性上来理解，从而强调其普遍性。普遍性就意味着超越了空间和时间。也就是说"真性"突破了空间的限制，遍一切处的同时也突破了时间的限制，遍过去、现在、未来三世。在此含义上，此"法性"非"现"亦非"当"。换言之，"法性"既不在现在，也不在未来。从众生的立场来看，虽有过去、现在、未来三世，但作为本体的"法性"却没有三世的区别。这里《涅槃经疏》以"法性"的普遍性否定了佛性的"现""当"任何一方。

在对《涅槃经》"恶比丘钞略是经，分作多分"进行解释时，《涅槃经疏》举出了"钞前著后"和"钞后著前"的解释示例。"钞前著后"是以"当常"为众生的正因佛性，"钞后著前"则主张众生现有佛性。前者相当于"当常"说，后者即"现常"说。《涅槃经疏》认为两者皆过分执着于经典的文字，未能正确理解其宗旨。

凡夫众生虽然原本就具备作为"法性"的佛性，但要将其"法性"之用显露出来，就必须经过修行。而其"用"指的是大乘佛教中最受重视的发菩提心，《涅槃经疏》在解释《涅槃经》"四恒以还，不解其意"时，有如下说法：

> 除一阐提，熙连以上，皆有发义。但发有多种。熙连发者，信中发也。习种发者，解中发也。性种发者，行中发也。解行发者，道中发也。初地发者，证中发也。言四恒不解者，未达行中发也。②

就是说，除了一阐提，熙连以上的众生皆可发菩提心，只不过随其修行境地不同，发心的方式也有不同。具体而言，熙连、习种性、性种性、初地菩萨

---

① ［日］青木隆、荒牧典俊、池田將則、金天鶴等编：『藏外地論宗文獻集成續集』，서울：도서출판씨아이알 2013 年版，第 495 页。

② ［日］青木隆、荒牧典俊、池田將則、金天鶴等编：『藏外地論宗文獻集成續集』，서울：도서출판씨아이알 2013 年版，第 509 页。

分别在信、解、行、证中发菩提心。"信、解、行、证"是众生依修行证入正觉的过程。配合其修行的进程，境地各有不同的众生，各发不同的菩提心。

由上可见，《涅槃经疏》主张的是佛性的"始有"说。即作为体的法性虽然"本有"，但要具备体用一如的佛性，还必须经过修行的累积。如上文所提到的，《金刚仙论》中也有"始有"说，但《金刚仙论》的"始有"是指报身佛的佛性，而《涅槃经疏》的"始有"指的却是修行者的佛性。报身佛的佛性是圆满的功德，但修行者的佛性因其境地而有差异。佛性并非已经完成的，而是依据修行来次第显露的，因此就是既无前际也无后际，而在"中际"。在这种意义上，《涅槃经疏》的"始有"可以说是"中有"。

综上所述，从判教说和第八真识说来判断，《涅槃经疏》属于地论宗南道派的文献并无不妥。其佛性说是与判教论相关联而展开的。在判教论中，《涅槃经》处于"渐教"的地位，但"渐教"的含义指的是众生到十住、十行位后才具有佛性。这一点与众生到"解""行"境地才发菩提心的《涅槃经疏》的解释是一致的。在这种意义上，《涅槃经疏》主张佛性"始有"，但与《金刚仙论》等经典中说的报身佛的佛性"始有"又不同，这里说的是习种佛性和性种佛性的"始有"。《涅槃经疏》的佛性说超越了传统的"当常""现常"，以及"本有"和"始有"的对立，力图从修行主体的立场出发去动态地把握佛性，即将佛性的当常问题与不同的修行进程结合起来考察。这种立场后来被净影寺慧远继承从而开出佛性的"当现二常"观点。

第四章　判教体系中的《涅槃经》

判教说是中国佛教的一大特色。虽然在印度佛教中也有大乘小乘的判教说，但无论从判教说的理论出发点还是从判教说的理论功能来说，中国佛教的判教说都更为独特。在印度佛教中，佛教经历了原始佛教、部派佛教、大乘佛教的发展历程，佛教经典的属性无论属于大乘经典还是小乘经典，由于与经典出现的时代属性密切相关，所以相对容易判别。但佛教经典传入中国并不是按照这些经典在印度出现的顺序，而是随着传入者与翻译者的个人偏好而实现，所以就造成不同时代、不同属性的佛教经典无序地叠加在一起传入中国的情况。如早期安世高翻译的经典属于小乘禅类的经典，而昙无谶的翻译则属于大乘经典。如此一来，中国佛教思想家在研读和讲说经典时就需要说明特定经典的历史定位和思想定位，即判断经典是佛陀在什么时间段所说，以及其思想特征是什么。这种对佛教经典的秩序化处理和思想属性的判别活动就是中国佛教的判教。在中国佛教宗派成立之际，判教还有一项功能就是确立某一特定经典在佛教经典中属于教义最圆满、最高的经典，如天台宗将《法华经》判为最高的经典，华严宗则将《华严经》判为最高的经典等。这样，判教由于与中国佛教的宗派意识结合在一起，遂成为中国佛教诸宗派思想体系中的重要组成部分。

第一节　《涅槃经》与南北朝判教说的展开

从东晋末年到刘宋初年，道生与慧观虽然围绕顿悟和渐悟的是非展开激烈的争论，但这种顿渐之争尚不具有判教的意义。因为道生坚持顿悟说，就将一切佛教经典视为顿悟的经典，不承认渐悟经典的存在；同样，慧观坚持渐悟说，将一切经典视为渐悟的经典，也不承认所谓顿悟经典的存在。而判教说则建立在对经典性质多样性的认知基础之上，也就是说首先要同时承认有顿悟和渐悟，接受有些经典属于顿悟有些经典属于渐悟的事实，才能有判教说的展开。

在刘宋后期，已经出现了同时接受顿悟说和渐悟说的倾向。如道生系统的法瑶、昙斌，慧观系统的法瑷等都脱离了极端的顿悟说或渐悟说，而倾向同时接纳两种学说。这主要是因为当时佛教界的形势发生了变化。特别是随着《华严经》《胜鬘经》《楞伽经》的译出，人们可以从另外的视角重新思考《涅槃经》的内涵和历史定位，从而跳出从《涅槃经》的单一视角看待《涅槃经》的窠臼。如昙斌在继承法瑶的《涅槃经》观的同时，后来跟从南林的法业学习《华严经》。《华严经》讲到此经是佛陀在获得觉悟之后不久所讲的经典，那么，它与佛陀在临入涅槃时所说的《涅槃经》是什么关系？从佛陀获得觉悟之后很快就说《华严经》来看，"顿"不仅与"悟"联系在一起，也可以与"教"联系在一起。人们意识到单纯运用顿和渐的范畴已经不足以概括所有佛经的内涵。这种问题意识遂成为激发人们重新思考《涅槃经》定位的重要契机。

据净影寺慧远的《大乘义章》记载，最早提出顿教、渐教二教判的是诞公，此诞公很可能就是《涅槃经集解》中出现的梁代慧诞。① 慧诞所说的"顿教"就是《华严经》，而"渐教"则是佛陀在其后的五十年中所说的其他所有经典。值得注意的是，慧诞虽然提出了"顿教"和"渐教"的判教，但这并没有影响他对《涅槃经》的定位，因为他认为只有佛陀在双林树下所讲《涅槃经》才是"了义"，而在此之前所说经典都是"不了义"。可见，最初的判教说主要针对《华严经》提出，确定其"顿教"的地位。但在慧诞这里，《华严经》的"顿教"地位并没有影响《涅槃经》的"了义"教的地位。

在诞公的前后提出顿渐二教判的是刘虬。刘虬是武都山的隐士，他将佛

---

① 《大乘义章》卷一："又诞公云，佛教有二，一顿二渐。顿教同前。但就渐中，不可彼五时定，但知昔说悉是不了，双林一唱是其了教。"《大正藏》第 44 册，第 465 页上。

陀一代时教分为顿教和渐教，顿教就是《华严经》，其他经典则属于渐教。这与诞公的说法完全一致。不同之处是，刘虬进一步把渐教分为五时七阶。这里的"五时"，按照后来通行的说法，就是华严时、阿含时、方等时、般若时、涅槃时。在这种判教体系中，《涅槃经》与《法华经》都被视为佛陀在灭度前所说的经典，但这种说法只是说明了一个事实，至于《涅槃经》在思想上具有什么特殊的意义，并没有得到彰显。

而到齐梁年间的"成实师"那里①，"五时"或"四时"的说法就具有了特殊的内涵。按照吉藏在《大乘玄论》中的说法：

> 成论师，或言四时，或言五时。引《涅槃经》云，从牛出乳，从乳出酪，从酪出生酥，从生酥出熟酥，从熟酥出醍醐。又从佛出十二部经，从十二部经出修多罗，从修多罗出方等经，从方等经出波若波罗蜜，从般若波罗蜜出大涅槃。成论师五味相生配五时教。②

可见，在成实师这里，"五时"不再单纯是一个时间概念，而是与《涅槃经》"五味"的教义结合在一起，成为对经典思想价值和思想定位的判断标准。正如《涅槃经》所说，从牛出乳，从乳出酪，从酪出生酥，从生酥出熟酥，从熟酥出醍醐一样，从十二部经到修多罗、方等经、般若经，再到《涅槃经》是一个渐次递进的过程，后面的经典在理论的成熟度上高于前面的经典，《涅槃经》相当于最纯熟的"醍醐味"的经典。在刘虬那里，"五时"只是一种事实判断，而在成实师这里，"五时"既是一种事实判断也是一种价值判断。通过"五时"的判教凸显了《涅槃经》作为最高经典的地位。这种说法与慧诞的"了义教"与"不了义教"的判析是一致的。

在齐梁时期，除了"五时"判教说大流行之外，还有从教理角度来判别经典的"三教三时"说。根据《法华玄义》的记载，南北朝时期的判教说计

---

① 这里的成实师是指齐梁时期兼习《成实论》和《涅槃经》的名僧。如被称为梁代三法师的僧旻、法云、智藏皆兼弘《成实论》和《涅槃经》。其他如宝亮、僧柔、慧次等虽然是《涅槃经》的讲习者，但同时精通《成实论》。
② 《大乘玄论》卷五，《大正藏》第45册，第63页中。

有"南三北七"，而排在"南三"之首的就是笈法师的"三教三时"说。[①]
"三教"即顿教（《华严经》）、不定教（《胜鬘经》《金光明经》）、渐教。渐
教又分为"三时"，即佛陀最初十二年间所说的三藏经、十二年后至法华时所
说的经典、最后在双林树下所说的《涅槃经》。从内容上说，第一时是"有相
教"（见"有"得道）、第二时是"无相教"（见"空"得道）、第三时是
"常住教"（一切众生悉有佛性、阐提成佛）。这种判教说的重点显然也在于
从思想层面确立《涅槃经》作为"常住教"的地位。与"五时"判教只是从
譬喻的角度判定《涅槃经》属于纯熟的"醍醐味"不同，"三时"判教则结
合《涅槃经》的主题和内容，将其定位于"常住教"，进一步凸显了《涅槃
经》在全部经典中的殊胜地位。

　　笈法师之所以在南北朝流行的"五时"判教之外另立"三时"教，或许
与梁末陈初佛教界的新动向有关。这种新动向就是三论宗和摄论宗的兴起。
三论宗的宗旨是中观中道思想，强调体认万物空性本质，这与《涅槃经》所
说的"如来常住"主题直接相冲突。而《摄论》则关注心与万法之间的关
系，通过对心法的分析，说明万法唯心之理，其主题与《涅槃经》也有很大
不同。而且，三论宗有"三种法轮"（根本法轮、枝末法轮、摄末归本法轮）
的判教说，摄论宗也有"三种法轮"（转法轮、照法轮、持法轮）的判教说，
在这两种判教说中，《涅槃经》都属于第二种法轮，而不是最高的法轮。有一
种可能，即为了与上述两种判教说相拮抗，笈法师改造了"五时"判教，提
出了新的"三时"判教，以此彰显《涅槃经》的特殊地位。

　　除了以上的"五时"判教和"三时"判教，三论宗和天台宗的著作中各
记载南北朝时期的两种"四时"判教。吉藏在《大品经游意》中所提到的
"四时教"为：初教（《阿含经》）、第二教（《般若经》《维摩经》《思益经》
《法鼓经》《楞伽经》）、第三教（《法华经》）、第四教（《涅槃经》）。持这一
立场的代表性人物是庄严寺僧旻、慧诞等。天台的《维摩经玄疏》所提到的
"四时教"为：有相教（十二年前三藏经）、无相教（十二年后、法华以前）、

---

　　①　笈法师的生平，《高僧传》或《续高僧传》中都没有记载。从其主张的"三时"说是在"三
教""五时"说基础上形成的事实看，他应该活跃于梁代三大法师的同时或稍后。布施浩岳推测他活
跃于梁末到陈初。参见［日］布施浩岳『涅槃宗の研究』（後篇），第285—286頁。

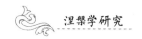

同归教（《法华经》）、常住教（《涅槃经》）。值得注意的是，无论是三论宗所传的"四时教"还是天台宗所传的"四时教"都将《涅槃经》置于《法华经》之上，由此可以看出，在南北朝时期，《涅槃经》的地位确实高于《法华经》。这种状况直到天台宗创立之后才有所改变。在天台宗的判教中，"五时"的最后是"法华涅槃时"，将《法华经》与《涅槃经》并列，而且认为两经都是"醍醐味"，即最高的经典。

第二节 "诞法师"与顿渐二教判

佛教历史文献中作为顿渐二教判倡导者的"诞法师"，一般认为是生活于南齐时代的慧诞。慧诞曾作《涅槃经疏》，故在《涅槃经集解》的编辑过程中，也与道生、宝亮等其他十八位《涅槃经》注释家一样，其见解被收录其中。但其知名度不能与道生、宝亮等人相比，故《高僧传》《续高僧传》中都没有出现慧诞的传记。本来慧诞会与同样出现于《涅槃经集解》中的不知名法师一样湮没于历史的尘烟中，但由于其顿渐二教判说受到隋代的净影寺慧远和智者大师以及唐代的圆测、法藏等的关注，故其思想与后代的判教说持续发生关联，甚至成为后代判教说展开的契机。

一 "诞法师"其人

关于"诞法师"其人其说，对后代影响最大的说法是净影寺慧远、天台智者大师和华严宗法藏的说法。如上所述，慧远《大乘义章》卷一谈到刘虬的二教判。智者大师在《法华玄义》卷十（下）中也曾提及"诞公"，即"诞公"认为只有《涅槃经》才是"了义教"，而包括《法华经》在内的大乘经典都是"不了义教"。智者大师所说的"诞公"应该与净影寺慧远所说的"诞公"是同一人。

法藏在《五教章》中云"依诞法师等，依《楞伽》等经，立顿渐二教……远法师等后代大德，多同此说"①。这里提到的"远法师"显然是净影

---

① 《大正藏》45 册，第 480 页中。

寺慧远法师。也就是说，法藏是在参考了净影寺慧远在《大乘义章》中的说法的基础上展开顿渐二教说的，法藏所说的"诞法师"应该是就是慧远和智者大师所提到的"诞公"。

此外，圆测《解深密经疏》一卷也提到"诞法师"等提倡顿渐二教，可见，在隋唐时代的佛教思想家那里，普遍将顿渐二教说与"诞公"或"诞法师"联系在一起。只是由于这些思想家各自的立场不同，所以在提到顿渐二教判说的评价也不同。如智者大师尊崇《法华经》，所以不认同"诞公"将《法华经》视为"不了义教"的见解。圆测和法藏分别站在唯识和华严的立场，并不涉及《法华经》与《涅槃经》孰优孰劣的问题，所以圆测和法藏提到"诞法师"的见解时更为客观中立。

从《大乘义章》《法华玄义》《解深密经疏》《五教章》等文献的引用看，"诞法师"或"诞公"确实是历史上曾经活跃的一位法师，其顿渐二教判引起后来佛教界的关注。布施浩岳在《涅槃宗之研究》中推测"诞公"或许就是《涅槃经集解》中出现的涅槃师慧诞[①]，坂本幸男对此作了进一步的考证，认为慧诞是生活于南齐或梁初的涅槃宗僧人。[②] 不过由于《涅槃经集解》中出现的慧诞的《涅槃经》注释（共三条）都不涉及判教问题，所以，并没有直接的文献资料证明上述文献中提及的"诞法师"或"诞公"就是《涅槃经集解》中的慧诞。

这个问题本来有了相对明确的结论，但在后世的文献记载中，关于"诞法师"的身份却出现了种种新说，从而让这一问题变得复杂起来。

首先是法藏的弟子慧苑在《刊定记》卷一云"隋朝诞法师等，立顿渐二教"，即将顿渐二教的倡导者归于隋代的"诞法师"。隋代的"诞法师"即《续高僧传》中的"慧诞"法师，慧诞是昙延的弟子，曾著《涅槃经义疏》，每每代替昙延登坛说法。如果隋代慧诞也主张顿渐二教说，关于顿渐二教就牵涉不同时代的两个慧诞。坂本幸男认为，慧苑将法藏在《五教章》中提及的"诞法师"误认为隋代的慧诞。之所以说是对法藏的误读，是因为法藏

---

① 参见［日］布施浩岳『涅槃宗の研究』（後篇），第250、277页。
② 参见［日］坂本幸男『教判史上の诞法师』，『印度学仏教学研究』1953年通号2，第338—346页。

明确地指出"诞法师"生活在净影寺慧远之前，慧远只是祖述慧诞之二教判。而隋代的慧诞，据《续高僧传》记载"贞观初年卒于本寺，七十余矣"，据此推测，慧诞的生卒年月大约在公元557年至627年前后。即隋代慧诞比净影寺慧远晚三十年左右，显然隋代慧诞不可能成为慧远在思想上祖述的对象。

坂本幸男的分析有一定道理，不能否定慧苑张冠李戴，将法藏所说的南齐慧诞误认为隋代慧诞。不过，慧苑作为法藏的上首弟子，在"诞法师"是谁这样的具体历史事实认定上出现这样的误读，还是难以想象的。让这一问题变得更为复杂的是，法藏自身说法的变化。在晚年所著的《探玄记》中出现"陈朝真谛三藏等，立顿渐二教"，将顿渐二教的倡导者归于真谛三藏。在真谛三藏的翻译和注疏经论中，似乎看不到顿渐二教判的痕迹，法藏说法的依据何在不得而知，一种可能是真谛三藏翻译的经论传到北地之后，北地僧人宣扬顿渐二教说，法藏遂将此说归到真谛三藏名下。如学术界曾提到过《大乘起信论》在北地形成而后世将其归入真谛三藏名下一样。

可以强化这一推测的是被尊为华严宗四祖的澄观在《华严经疏》和《演义钞》中的说法。《华严经疏》云"隋远法师立顿渐二教"①，《演义钞》亦云"不同远公大小相望成顿渐也"②。如果按照《大正藏》的版本，澄观在这里所说的"远公"显然指隋代净影寺慧远。不过，下面我们将提到，净影寺慧远虽然提到慧诞的顿渐二教判，但却是从批判的立场来引述慧诞之说的，净影寺慧远自身并不认同慧诞之说。所以，这里的"远法师"应该不是指净影寺慧远。

假如这里的"远法师"不是净影寺慧远，那么这"隋远法师"有可能是谁呢？在《大正藏》版《华严经疏》注释中的"甲本"和"乙本"中，"远"皆作"延"。《华严玄谈会玄记》不仅将"远法师"作"延法师"，而且指出此处的"延法师"就是"昙延"法师。根据《续高僧传》卷八的"昙延传"的记载，昙延从僧妙学习《涅槃经》，曾著《涅槃经义疏》十五卷。

---

① 《华严经疏》卷一，《大正藏》第35册，第508页中。
② 《演义钞》卷六，《大正藏》第36册，第44页中。

另外，值得注意的是，昙延曾撰写《涅槃经义疏》而没有撰写有关《法华经》的注疏。这与《大乘义章》所引述的顿渐二教将《涅槃经》视为"了义"，而将《法华经》视为"不了义"的立场似乎可以兼容。但由于昙延流传下来的著作只有《起信论疏》上卷，而可能谈及教判说的《涅槃经义疏》并没有流传下来，所以没有确切的资料证明昙延主张顿渐二教说。

以上法藏的真谛三藏说、慧苑的隋代慧诞说、澄观的"延法师"说，虽然都没有确切的证据表明真谛三藏、隋代慧诞或昙延持顿渐二教说，但至少这种可能性不能被否认。而且从华严宗人对顿渐二教说的引用看，其内容与净影寺慧远和智者大师对慧诞之说的侧重点明显不同，由此推测，或许存在两种顿渐二教说，即南齐慧诞的二教判和隋代慧诞等人的二教判。

二　二教判的内涵

关于中国佛教史上的顿渐二教判，一般追溯到刘虬。刘虬（438—495年）是活跃于刘宋南齐时代的佛教思想家，曾和众僧合注《法华经》，并著《无量义经疏》。关于其顿渐二教判，净影寺慧远在《大乘义章》中引述云：

> 晋武都山隐士刘虬说言，如来一化所说，无出顿渐。《华严》等经，是其顿教，余名为渐。渐中有其五时七阶。言五时者，一佛初成道，为提谓等说五戒十善人天教门；二佛成道已，十二年中，宣说三乘差别教门。求声闻者，为说四谛。求缘觉者，为说因缘。求大乘者，为说六度。及制戒律，未说空理。三佛成道已，三十年中，宣说《大品》《空宗》《般若》《维摩》《思益》，三乘同观；未说一乘，破三归一，又未宣说众生有佛性。四佛成道已，四十年后，于八年中，说《法华经》，辨明一乘，破三归一，未说众生同有佛性，但彰如来前过恒沙未来倍数，不明佛常，是不了教。五佛临灭度，一日一夜，说《大涅槃》。明诸众生悉有佛性，法身常住，是其义。此是五时。言七阶者，第二时中，三乘之别，通余说七（此是一说）①

---

① 《大乘义章》卷一，《大正藏》第44册，第465页上。

如果净影寺慧远的引述是正确的话，刘虬的顿渐二教判说包含两重内涵。一是顿教和渐教之分。根据《华严经》自身的说法，《华严经》是佛成道后第二个七日最先所说经典，是为最上等的顿机众生所说，故称"顿教"。而根据《涅槃经》的"五味"说，刘虬提出，佛陀在成道后的不同时段分别演说了《提谓经》《阿含经》《般若经》《法华经》《涅槃经》等经，而第二时中又有三乘的分别，所以"五时"也可以细分为"七阶"。无论是"五时""七阶"都表达众生经由小乘到达大乘才获得觉悟，所以称为"渐教"。

刘虬二教判的另一重内涵是"了义教"和"不了教"之分。刘虬划分二教的标准为是否说众生佛性悉有和佛陀法身常住。按照这一标准，《法华经》虽然言及声闻亦可成佛，但却未说众生皆有佛性；虽然言及佛身寿量过恒河沙数，但并没有法身常住。从这个意义上讲，《法华经》的教义属于"不了义"。而《涅槃经》则既言明众生皆有佛性，亦言佛法身常住，故《涅槃经》为"了义"。

如上所述，慧诞的教判说与刘虬之说联系在一起。净影寺慧远在引述了刘虬之说之后，又云：

> 又诞公云，佛教有二：一顿二渐。顿教同前。但就渐中，不可彼五时为定。但知昔说悉是不了，双林一唱，是其了教。①

由净影寺慧远的引述可以看出，慧诞的教判说与刘虬之说大同小异。共同之处是慧诞也将佛陀一代经论判为"顿""渐"二教，而且慧诞也将《华严经》视为"顿教"，将其他经论视为"渐教"。但不同之处在于，慧诞不认同刘虬对"五时"的判定，同时慧诞强调包括《法华经》在内的经论都是"不了义教"，只有佛陀在临涅槃时在双林树下所说的《涅槃经》才是"了义教"。也就是说，相对于刘虬之说，慧诞相对淡化了顿教和渐教之别，而强化了"了义教"和"不了义教"之别。

而华严宗思想家所引述的二教判的内涵又是什么呢？法藏在《五教

---

① 《大乘义章》卷一，《大正藏》第44册，第465页上。

章》云:

> 依诞法师等,依《楞伽》等经,立渐顿二教。谓以先习小乘,后趣大乘。大由小起,故名为渐。亦大小俱陈故,即《涅槃》等教是也。如直往菩萨等,大不由小,故名为顿。亦以无小故,即《华严》是也。远法师等后代诸德多同此说。①

依照法藏的转述,顿教和渐教都与大小乘之间的关系有关联。由于净影寺慧远在言及诞法师的二教判时,"大从小入,名为渐教;大不从小,名为顿教"。可见,法藏在《五教章》中所引用"诞法师"之说就是《大乘义章》的"诞公"之说。但在《探玄记》中,关于顿渐二教,法藏则云:

> 二陈朝真谛三藏等立渐顿二教。谓约渐悟机,大由小起,所设具有三乘之教,故名为渐,即《涅槃》等经;若约直往顿机,大不由小,所设唯是菩萨乘教,故名为顿,即《华严》等经。后大远法师等亦同此说。②

这里提到的"大远"法师,应该就是净影寺慧远法师。按照法藏在《探玄记》中的说法,净影寺慧远法师的顿渐二教说法,不是转述南齐慧诞的判教说,而是转述真谛三藏的判教说。而且从内容上说,这里的顿渐二教,除了"大由小起"和"大不由小"之外,还增加了"渐机"和"顿机"之说。即《涅槃经》等渐教是针对"渐机"的众生而说的,而《华严经》等顿教则针对"直往顿机"而说。顿教和渐教的判定标准,在刘虬、慧诞那里主要是经论本身的属性,而在《探玄记》中则转换为主体的顿机和渐机之别。

再看慧苑《刊定记》关于二教判的说法:

---

① 《五教章》卷一,《大正藏》第45册,第480页中。
② 《探玄记》卷一,《大正藏》第35册,第110页下。

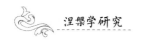

隋朝诞法师等，亦立顿渐二教。与前稍异，谓约直往顿悟机，大不由小，所设唯是菩萨教，则名为顿；若约渐悟机，大由小起，所设具有三乘之教，则名为渐。①

慧苑所引述的顿渐二教说的内容，与法藏在《探玄记》中所引述的内容几乎完全相同，只是此说的首倡者不是真谛三藏而换成了隋朝的慧诞。

澄观在《华严经疏》中则云：

隋远（延）法师，立顿渐二教，谓约渐悟机，大由小起，所设具有三乘，故名为渐。若约顿机，直往于大，大不由小，名之为顿。此虽约机说有顿渐，而所法不出半满。②

澄观所引述延法师之说也与法藏、慧苑所引之说在内容上大同小异。在华严学的思想传承方面，慧苑虽然是法藏的上首弟子，但对法藏持批判态度，如在判教说方面，慧苑用"四教"说取代法藏的"五教"说等。而澄观对慧苑也持强烈的批判态度，认为慧苑违背师说，属于大逆不道。由于澄观对慧苑的激烈批判，在宋代形成的华严宗的传承谱系中，慧苑被排除在祖师谱之外。不过，尽管三位华严思想家之间在华严学方面存在分歧，但在转述前人的顿渐二教判方面却有着惊人的一致性。

如上所述，慧诞的顿渐二教判由两部分组成，即顿与渐的区分和"了义教"和"不了义教"的区分。法藏、慧苑、澄观所引述的二教判皆聚焦于顿教和渐教的区分，没有提及"了义教"和"不了义教"。刘虬和南齐慧诞的二教判是根据《华严经》《涅槃经》《法华经》等经典自身的属性而判别顿和渐与了义和不了义，而法藏、慧苑、澄观所引述的判教则强调众生的顿机和渐机的不同。虽然法藏等人所转述的判教说的提倡者不同，但其内容大同小异，从思想史的角度看，可以视为同一种类型的顿渐判教说。

---

① 《刊定记》卷一，《续藏经》第 3 册，第 577 页中。
② 《华严经疏》卷一，《大正藏》第 35 册，第 508 页中。

值得注意的是，澄观在《华严经疏》中论述顿渐二教判时，除了转述"远（延）法师"的说法之外，还提到了南齐刘虬之说：

> 四齐朝隐士刘虬，亦立渐顿二教。谓《华严经》名为顿教，余皆名渐。始自鹿苑，终于双林，从小之大故。然此《经》如日初出，先照高山，即是顿义。慈龙降雨，以证渐义，于理可然，渐约五时，次下当辩。①

澄观对刘虬的引述与净影寺慧远的引述如出一辙，这说明澄观对净影寺慧远关于顿渐二教判的引述是可以信赖的。既然如此，澄观在刘虬的顿渐二教说之外，没有提到慧诞的顿渐二教，而是提到"远"（延）法师的顿渐二教，似乎从侧面表明"远"（延）法师之说不同于刘虬、慧诞之说。

三　顿渐观念的嬗变

关于"顿教"的内涵，根据净影寺慧远和智者大师等所引述的刘虬和慧诞之说，是指《华严经》无疑。这种关于"顿教"的理解可以说贯穿整个南北朝佛教。关于这一点，三论宗的吉藏在《三论玄义》和智者大师在《法华玄义》中对道场寺慧观的顿渐"五时"判教的引述中也得到证实。但问题是"顿教"的观念和提法到底是源自刘虬和慧诞，还是源自道场寺慧观？

根据僧传资料的记载，在刘宋、南齐时代，《法华经》和《涅槃经》是佛教界关注的重点，《华严经》似乎还没有进入佛教界的主流。如《高僧传》"玄畅传"记载，玄畅在元嘉二十二年（445）从平城到达扬州时，《华严经》的弘扬还没有展开。②《六十华严》虽然在东晋元熙二年（420）就已经译出，但对《华严经》的弘传是刘宋中期之后的事情。在这种情势下，道场寺慧观根据《华严经》之说而提出"顿教"说的可能性并不高。可以佐证这一点的是，无论是与慧观同时代的道生，还是稍晚于慧观的僧亮、僧宗等在判教说

---

① 《华严经疏》卷一，《大正藏》第35册，第508页下。

② 《高僧传》卷八："初，《华严》大部，文旨浩博，终古以来，未有宣释。畅乃竭思研寻，提章比句。传讲迄今，畅其始也。"《大正藏》第50册，第377页上。

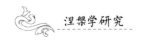

中都没有将《华严经》纳入其中。活跃于南齐时代的刘虬和慧诞最早提出"顿教"说，似乎更符合《华严经》的传播史。①

而到隋代，出现了对"顿渐"二教判的质疑。如关于刘虬之说，净影寺慧远在《大乘义章》中批判云：

> 刘虬所云，佛教无出顿渐二门。是言不尽。如佛所说四《阿含经》、五部戒律，当知非是顿渐所摄。所以而然，彼说被小，不得言顿。说通始终，终时所说，不为入大，不得言渐。又设余时所为，众生闻小取证，竟不入大，云何言渐？是故顿渐摄教不尽。②

净影寺慧远认为用"顿教"和"渐教"来概括佛教所有经论是行不通的，如《阿含经》和部派佛教的五部戒律属于"顿教"还是属于"渐教"就难以判定。因为这些经典和律典针对的是声闻乘的众生，所以不能说是"顿教"；同时，声闻乘众生也不是通过听闻这些经典和律典而走向大乘，所以也不能把它们归入"渐教"的范畴。按照净影寺慧远的说法，顿渐二教的说法只适合于"菩萨藏"而不适用于"声闻藏"。关于"诞公"的顿渐二教判，净影寺慧远云：

> 诞公所言顿渐之言，义同前破。然佛一化，随诸众生。应入大者，即便为说。随所宣说，门别虽异，无不究竟，何独《涅槃》偏是了义？③

也就是说，关于顿渐二教判的判教框架，净影寺慧远只是指出其局限性，并没有根本上否定这一框架。但对慧诞将《涅槃经》视为"了义教"而将《法华经》等视为"不了义教"的做法则持完全否定的态度。按照净影寺慧远的说法，佛陀随众生根机所宜而说法，一切法皆是究竟教义，没有所谓"了义"和"不了义"的区分。

---

① 参见张文良《观师与南北朝涅槃学》，《世界宗教文化》2022 年第 6 期。
② 《大乘义章》卷一，《大正藏》第 44 册，第 465 页中。
③ 《大乘义章》卷一，《大正藏》第 44 册，第 466 页下。

　　刘虬和慧诞的判教说实际上涉及《华严经》《法华经》和《涅槃经》三部大乘经典的定位问题。在刘宋和南齐时期，《涅槃经》相对于《华严经》《法华经》地位更为突出，故刘虬和慧诞皆判《涅槃经》为"了义教"，而《法华经》则为"不了义教"。《华严经》虽然被判为"顿教"，但《华严经》作为"顿教"的理由仅仅是《华严经》自身的说法，如果不承认《华严经》的权威性，这种定位就难以成立。

　　如吉藏在《三论玄义》中就对《华严经》的"顿教"定位提出疑问：

　　　　经师皆言《华严》是顿教，唯初成道说之，故化时短也。后从鹿苑至双林皆是渐教，故渐教时长。

　　　　今请难之。华严七处八会，初一会可言初成道说之，七会六处，云何亦是初成道说耶？又第八会《入法界品》在祇洹说之。初成道时，未有祇洹，亦无声闻，云何第八会在祇洹说之，又列五百声闻耶？①

在吉藏看来，《华严经》之所以被定位于"顿教"，是基于经文中所谓佛陀在获得觉悟的第二个七日讲此经的说法。②吉藏也用《华严经》本身的说法来反驳这种说法，即《华严经》包括说法主在七处八会说法的内容，虽然第一会"寂灭道场会"确实是在佛成道处的菩提树下所说，但后面的部分并不都是在菩提树下所说。如第八会的《入法界品》就是在祇洹所说，所以在时间上，不可能是佛陀觉悟的第二个七日所说。

　　吉藏对《华严经》"顿教"说的解构，对智者大师重新构筑天台宗的"顿教"说应该是有启发的，即"顿教"和"渐教"，不应该是从佛陀说法的时间段来区分，而应该视之为佛陀不同的教化方式，属于"化仪"的范畴。这实际上解构了《华严经》作为"顿教"的地位。

　　如上所述，刘虬和慧诞都认为在"渐教"中，《涅槃经》作为宣扬常住

---

　　① 《法华玄论》卷九，《大正藏》第34册，第437页下。
　　② 《十地经》卷一："如是我闻，一时，薄伽梵成道未久，第二七日，住于他化自在天中，自在天王宫摩尼宝藏殿，与大菩萨无量众俱。……"《大正藏》第10册，第535页中。

教义的经典高于《法华经》。对此，吉藏也表达了不同的立场。吉藏认为《涅槃经》所讲的佛性说和佛身常住说，实际上并不是《涅槃经》独有的教义，《法华经》同样有类似的教义。在《法华玄论》中甚至有这样的问答：既然《法华经》已经讲了佛性和常住，那么佛陀为什么还要说《涅槃经》呢？吉藏直接回答，如果听闻《法华经》就已经了悟佛性之义，就不需要听闻《涅槃经》。①

吉藏对于《法华经》和《涅槃经》的这种定位，与智者大师的相关思想有契合之处。智者大师在《法华玄义》卷十之下谈到"诞公"之说时云：

> 法无优劣，于中明果皆是佛果，明因皆是地行，明理皆是法性，所为皆是菩萨，指归不当有异，人何为强作优劣？若尔，诞公云：双树已前，指《法华经》悉不了，岂非诬謧也？②

可见智者大师认为佛陀所说法皆是真理，众生的修行都是菩萨行，不应该把同为大乘佛教经典的《法华经》和《涅槃经》强分优劣，认为《法华经》是不了义教，只有《涅槃经》才是了义教。这实际上反映了宗派意识对天台宗判教说的影响。

在南齐的顿渐二教判中，《涅槃经》被视为"了义教"而处于中心地位，相对而言，《华严经》和《法华经》都被视为"不了义教"，尚没有受到足够的重视。而吉藏从中观空性的立场出发，对这种判教说进行了批判，解构了《华严经》和《涅槃经》的神圣性，将大乘经典视为价值上平等的经典，为隋唐宗派佛教的判教说的出现作了理论准备。智者大师在吉藏的批判基础上，改造了传统的"五时"说，将《法华经》和《涅槃经》视为"法华涅槃时"，又将《法华经》视为"圆教"，因此《法华经》的地位得到高扬。

---

① 《法华玄论》卷一："问：若此经已明佛性，《涅槃》何须复说？答：若已了悟，不须《涅槃》也。"《大正藏》第 34 册，第 367 页上—中。
② 《法华玄义》卷十，《大正藏》第 33 册，第 813 页中。

第三节 《涅槃经集解》中的判教思想

根据僧祐的《经录》，在 5 世纪中叶，《华严经》、阿含部诸经、大小品《般若经》《维摩经》《思益经》《胜鬘经》《法华经》《涅槃经》等皆已经翻译出来。随着大小乘经论的大量翻译和研习，中国佛教思想家开始思考这些经论在整个佛教思想体系中的位置，并力图将它们纳入一定的秩序之中，这就是判教思想的发端。这种判教思想的源头，实际上可以追溯到大乘经典，如《涅槃经》"圣行品"中的"五味"说，就是以牛乳、酪、生酥、熟酥、醍醐五味譬喻成熟度不同的佛教思想，并将《涅槃经》定位于最成熟的"醍醐"。这种说法启发了中国佛教思想家。我们在庐山慧远的《大乘大义章》中就可以看到，他将《法华经》置于《般若经》之后、《涅槃经》之前，并力图从教理上说明佛陀这种说法顺序的必然性。① 这说明在庐山慧远的僧团中已经有了对诸经的教相进行判释的努力。在这种思想背景下，作为慧远和鸠摩罗什弟子的道生和慧观自然也关注这一思想史课题。《涅槃经集解》在所设的十项目中，"明经宗"和"敷教义"虽然没有出现"判教"的字眼，但都有判教的意味。因为要判定《涅槃经》的宗旨，需要说明《涅槃经》与其他大小乘经典宗旨的不同，这就涉及判教的问题。而阐释《涅槃经》的教义，也涉及与其他大小乘教义的比较问题，这同样属于判教问题。以下，以《涅槃经集解》中关于道生、僧亮、僧宗的相关文献为基础，考察早期中国佛教的判教思想。

一 道生的判教

道生的判教思想集中在《法华经疏》的开头部分：

---

① 《大乘大义章》卷上："又佛说般若波罗蜜时，未说《法华经》，是诸佛欲入涅槃时，最后于清净众中，演说秘藏。"《大正藏》第45册，第134页上。《大乘大义章》卷下："又如说《法华经》毕竟空，设有退转，究竟皆当作佛。佛说退者，意欲令菩萨当得直道，始终无退，如《般若波罗蜜》不退品中说。又须菩提言，世尊，菩萨退以何法退？色阴退也？受想行识退也？佛言不也。离五阴有退也？佛言不也。须菩提言，若不尔者，云何有退？佛为须菩提，渐以明《法华经》义。"《大正藏》第45册，第141页上。

夫至像无形，至音无声，希微绝朕思之境，岂有形言者哉？所以殊经异唱者，理岂然乎？实由苍生机感不一，启悟万端。是以大圣示有分流之疏，显以参差之教。始于道树，终于泥洹。凡说四种法轮：一者善净法轮，谓始说一善，乃至四空，令去三涂之秽，故谓之净；二者方便法轮，谓以无漏道品，得二涅槃，谓之方便；三者真实法轮，谓破三之伪，成一之美，谓之真实；四者无余法轮，斯则会归之谈，乃说常住妙旨，谓无余也。①

道生将佛陀一代经教分为四种法轮：善净法轮，即小乘中的人天乘；方便法轮，即声闻乘和缘觉乘；真实法轮，即破三乘之伪、成一乘之美的《法华经》；无余法轮，即宣说常住教义的《涅槃经》。这里的四种法轮说主要是从教理教义的角度所作的区分，但也有时间的要素在其中，如"始于道树，终于泥洹"就是将"善净法轮"和"无余法轮"分别视为佛陀说法的起点和终点。从这个意义上说，四种法轮说也可以说是"四时"判教。

关于《法华经疏》的成书过程，道生曾在该书开头部分云："聊于讲日，疏录所闻，述记先言，其犹鼓生。又以元嘉九年春之三月，于庐山东林精舍，又治定之。加采访众本，具成一卷。"② 从此可见，道生是在鸠摩罗什座下求学时着手撰写《法华经疏》的。但鸠摩罗什在世时，大本《涅槃经》尚未译出，所以，其判教说中不可能出现"无余法轮"的说法。合理的推测是，"四种法轮"说是道生在庐山东林精舍对《法华经疏》进行改定时完成的。在此期间，佛教界发生了很多大事，道生本人也经历了因为主张"一阐提亦可成佛"而被摈出建康的屈辱，等大本《涅槃经》译出，道生声誉鹊起，故在《法华经疏》中提出"四种法轮"说，对《法华经》和《涅槃经》等作了定位。这种判教说应该是道生晚年比较成熟的思想。

在《涅槃经集解》中所收录的注释家的判教说中，二教判的说法很普遍。如把《涅槃经》视为"今教"而把之前的经论皆视为"昔教"。这种说法似

---

① 《法华经疏》卷一，《续藏经》第 27 册，第 1 页中。
② 《法华经疏》卷一，《续藏经》第 27 册，第 1 页中。

乎只是一种时间划分，尚没有很明显的价值判断在其中，而后面提到的僧亮、僧宗等的"偏教""圆教"说则带有明显的价值判断，即将《涅槃经》视为最究竟的教义，而将之前的大小乘经论皆视为有所偏执的非圆满的教义。道生也有二教判的说法。如在注释《涅槃经》"母乃洗乳唤子与之"云："今说常我，判二教之分明也。"显然，这里的二教分别指《涅槃经》和之前的经论。二教之间的最大区别就是一个宣说"无常"教义，一个宣说"常我"教义。道生虽然没有用"偏""圆""权""实"等相对的概念来概括二教，但其基本立场都是将《涅槃经》视为最高经典，所以与僧亮、僧宗等人之二教说一脉相承。

《涅槃经》"长寿品"第四讲到一个盗贼盗窃长者牛乳的故事①，这些盗贼虽然盗窃了牛乳，但由于不知道正确的制造乳酪和醍醐的方法，所以向牛乳中注入过量的水，造成乳酪醍醐皆败坏。关于"以水多故，乳酪、醍醐一切俱失"，道生注释云：

> 又谓经得常住胜解，而不识之，更说种种邪常之法。常邪既增，坏本常味，五时俱失。②

道生认为这一譬喻是说《涅槃经》本来是讲"常住"的教义，但以往的众生不能正确理解《涅槃经》的殊胜教义，而用种种邪常之法来错解《涅槃经》的"常住"教义，从而造成《涅槃经》的殊胜教义受到曲解和破坏。这就像牛乳和醍醐本来所具有的美好味道受到破坏一样。

问题是如何理解这里的"五时俱失"一句中的"五时"一词的内涵。如在《法华经疏》中所看到的，道生已经有了从时间序列的角度看待佛教一切

---

① 《涅槃经》卷三："佛告迦叶：'譬如长者多有诸牛，色虽种种，同共一群，付放牧人令逐水草，唯求醍醐，不求奶酪。彼牧牛构已自食。长者命终，所有诸牛悉为群贼之所抄掠。贼得牛已，无有妇女，即自构捋得已而食。'尔时，群贼各相谓言：'彼大长者畜养此牛，不期奶酪，唯为醍醐。我等今者当设何方而得之耶？夫醍醐者，名为世间第一上味。我等无器，设使得乳无安置处。'复共相谓：'唯有皮囊可以盛之。'虽有盛处，不知攒摇，浆犹难得，况复生酥？尔时，诸贼以醍醐故加之以水。以水多故，奶酪、醍醐一切俱失。"《大正藏》第 12 册，第 621 页下。
② 《大般涅槃经集解》卷九，《大正藏》第 37 册，第 419 页上。

经教的立场，但如果把这里的"五时"理解为后来的"五时"教判似乎有些勉强。因为首先，后来的"五时"判教是在顿教、渐教、不定教的三教框架中展开的，是其中的"渐教"进一步细分而成"五时"，而从现有材料看，道生显然并没有把作为顿教的《华严经》和作为不定教的《胜鬘经》等纳入考虑的范围。也就是说，道生所说的"五时"即使是一种判教说，也与后来的"五时"判教有根本的区别。其次，后来的"五时"都是与特定的经典联系在一起的，如《阿含经》《般若经》《维摩经》《法华经》《涅槃经》，而道生在提到"五时"时，完全没有将其与具体的经典联系在一起。这里的"五时"或许理解成牛乳的加工过程，即从牛乳到酪、生酥、熟酥、醍醐的时间展开。也就是说，"五时"是指从牛乳到醍醐的五个时间段。道生在这里强调的不是五个时间段中的"五味"的不同，而是强调它们都是从牛乳提炼出来的产品。如果注入多量的水，五个时间段的五味全失。

尽管道生所说的"五时"还不是后来成熟的"五时"说，但它毕竟与《涅槃经》的"五味"说相对应，而且是从时间的角度看待佛教的一切经教。所以不能排除以下的可能性，即后来的《涅槃经》注释家受到道生的"五时"说的启发而将具体的经典与"五时"相匹配，从而有了阿含时、方等时、般若时、法华时、涅槃时等说法。从这个角度说，道生的"五时"说可以看成后来"五时"判教的萌芽形态。

二　僧亮的判教

在《涅槃经集解》中出现的十九名《涅槃经》注释者中，道生资历最深，活跃于东晋和刘宋之交。资历次之者，就是僧亮。根据布施浩岳的考证，僧亮就是《高僧传》卷七所载、居于京师北多宝寺的"释道亮"[①]，其入寂当在460年前后。《集解》将南本《涅槃经》全文分为2864个小节，用诸家的注释分别加以注释。其中，在2130个小节中用了僧亮的注释。在十九名注释者中，僧亮注被采用的分量最大。

僧亮在诠释《涅槃经》的"涅槃"义时，认为此涅槃具有三相，即般

① 参见［日］布施浩岳『涅槃宗の研究』（後篇），第233頁。

若、法身、解脱。但此涅槃义并不是佛陀一生所说的唯一的涅槃义，实际上，佛陀一生随机说法，至少有三种涅槃义：

> 如来始自道场，终于双树，凡三说涅槃。二是方便，一真实也。初开三究竟，是一方便。但说解脱是涅槃，而身智是有为也；二方便中，说《法华》，破三究竟，而身智故，是有为耳。今双树之说，身智即涅槃，谓究竟无余之说也。①

僧亮在这里从"涅槃"这一独特视角对佛陀一代时教作了判释。从方便和真实的基准看，只有佛陀最后所说的《涅槃经》中所说的"涅槃"才是"真实"，而《涅槃经》之前所说的"涅槃"皆非究竟真实之法，而是一种方便善巧。"真实"和"方便"的判定标准是《涅槃经》之前的"涅槃"说只说"解脱"，而不说"法身"和"般若"，只有《涅槃经》才同时说"解脱""法身""般若"。所以，只有《涅槃经》的"涅槃"说才是最究竟之说。

值得注意的是，僧亮在方便教中特意将《法华经》的地位凸显出来。他认为《法华经》所说的佛身和佛智虽然也是有为法，没有表达佛陀涅槃所达到的最究竟境地，但由于它将声闻、缘觉、菩萨三乘皆归入一佛乘，所以其所表达的"涅槃"义高于三乘所说的"涅槃"。关于这一点，僧亮在注释《涅槃经》中的医生以金錍为盲人治病的譬喻②时云：

> 金錍譬诸经教。一指譬三乘诸经，说三涅槃，实欲显一常住涅槃，文隐义微，譬一指也；二譬《法华》破二涅槃。一乘虽显，常我未明，譬二指也；三指者，譬今日佛性常乐之说。③

---

① 《大般涅槃经集解》卷一，《大正藏》第 37 册，第 377 页下。
② 《涅槃经》（南本）卷八，"善男子！如百盲人，为治目故，造诣良医。是时良医，即以金錍，决其眼膜。以一指示，问言：'见不？'盲人答言：'我犹未见。'复以二指、三指示之，乃言：'少见。'"《大正藏》第 12 册，第 411 页下。
③ 《大般涅槃经集解》卷二十，《大正藏》第 37 册，第 462 页下。

在这里僧亮表达了和上述"三涅槃"义类似的思想。与上述说法略有不同的是，僧亮认为《涅槃经》之外的诸经实际上也是要表达三种涅槃，特别是要表达"常住涅槃"，只是说法隐晦，一般人难以理解而已。《法华经》的涅槃说虽然超越了声闻乘的涅槃、缘觉乘的涅槃，但由于没有确立常住不变的"我"，所以仍然不是究竟的"涅槃"。只有《涅槃经》的"涅槃"义，因为结合佛性说，明确了涅槃的常住和自在的属性，所以属于究竟之说。

在印度佛教经论，如《萨婆多毗尼毗婆沙经》《寂调音所问经》《大毗婆沙论》《大智度论》《大乘庄严经论》《摄大乘论释》等中，声闻乘、缘觉乘、菩萨乘三乘实际上是一种判教说，因为这种划分具有价值判断的色彩，它们分别被视为下乘、中乘、上乘或小乘、中乘、大乘，佛陀说法，有从小到大、从下到上的顺序。而僧亮显然跳出了三乘判教的范式，力图以是否讲法身常住对佛教经论的价值和地位进行重新评估。将《涅槃经》视为最究竟的经典显然是《涅槃经》注释者的普遍立场，而将《法华经》视为仅次于《涅槃经》的大乘经典，也显示出《法华经》在当时佛教界的突出地位。

如上节关于道生判教说所述，"五时"的概念在道生那里就出现了，但在道生和慧观的时代是否有完整的"五时"判教存在很大疑问。而在僧亮这里则出现了初级形态的"五时"判教说。在注释《涅槃经》的"圣行品"的"五味"的譬喻①时，僧亮云：

> 佛教从小起。牛譬佛也，乳譬三藏，酪譬三乘杂说也。生苏譬方等，熟苏譬说空般若，醍醐譬涅槃经法也。②

在这里，僧亮将《涅槃经》的"五味"分别与"三藏""三乘杂说""方等""空般若""涅槃经法"相匹配，显示出"五时"说的雏形。这里虽然没有出

---

① 《大般涅槃经》第十三："善男子！譬如从牛出乳、从乳出酪、从酪出生酥、从生酥出熟酥、从熟酥出醍醐。醍醐最上，若有服者众病皆除，所有诸药悉入其中。善男子！佛亦如是，从佛出生十二部经、从十二部经出修多罗、从修多罗出方等经、从方等经出般若波罗蜜、从般若波罗蜜出大涅槃，犹如醍醐。"《大正藏》第12册，第690页下—691页上。

② 《大般涅槃经集解》卷三十五，《大正藏》第37册，第493页上。

现"五时"的字眼，但"佛教从小起"，表达了这里出现的五种教法是按照时间顺序而展开的。类似的说法，还有"初说小后说大，似如有隐"① 等。可见，僧亮已经有了"五时"的观念，即佛陀在五个不同的时间段讲说五种不同的教法。

但僧亮的"五时"说作为一种教判还是不清晰、不完整的。如"三藏"一般是经律论的总说，代指佛教的一切经典。但这里的三藏则特指小乘佛教的经典："谓三藏经，是小乘法藏，真是佛说，无此我相。"② 而"三乘杂说"指佛陀根据众生根机不同，随宜宣说的大小乘教，相当于僧宗所说的"三乘通教"。③ 僧亮对诸教的表达显然还比较随意，缺乏后来的"五时"说的规范性。

另外，僧亮的"五时"判教中，竟然没有《法华经》的位置，这令人难以理解。在僧亮的"三涅槃"义中，《法华经》处于承上启下的关键位置，是仅次于《涅槃经》的最高经典。按理说，在"五时"说中也应该出现《法华经》才符合逻辑。这说明僧亮的"五时"说还没有考虑成熟，还处于思考和酝酿阶段。其判教说，从总体上说不是"五时"判教，而是以"偏教"和"圆教"划分的二教判。

"圆教"的概念在隋唐宗派佛教中出现的频率很高，在宗派佛教的思想体系中占有重要地位。但印度佛教中并没有"圆教"的概念。"圆"是一个纯粹的中文词汇，"圆满""周全"之意。"圆教"作为一个组合词，其源头之一就是僧亮的判教说。

僧亮将《涅槃经》的宗旨定为"常住"④，而《涅槃经》之前的经典都只是讲"无常"。当然，"无常"是佛教教义题中应有之义，讲"无常"有其积极意义⑤，但如果只讲"无常"，不讲"常住"，则只是"偏教"而非圆教。

---

① 《大正藏》第 37 册，第 433 页中。

② 《大正藏》第 37 册，第 463 页下。

③ 《大般涅槃经集解》卷三十一："如来一道，随大小乘根，广略为别耳。从一至九，是三乘杂说。"《大正藏》第 37 册，第 485 页下。

④ 《大般涅槃经集解》卷二："诸经所不论者，其旨有三。何者？一曰'常住'，二曰'一体三宝'，三曰'众生悉有佛性'。然常住是经之正宗，余二为常故说耳。"《大正藏》第 37 册，第 383 页中。

⑤ 《大般涅槃经集解》卷六："闻今伊字之譬，解佛昔说一切无常，是方便也。而此方便，能断三界实结，何快如之？"《大正藏》第 37 册，第 402 页上。

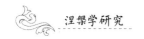

僧亮在注释《涅槃经》的"跃进者，示人天魔道"云：

> 昔日偏教，说佛无常，密筌于常。惑者失旨，慧命不生，是为魔道。今圆教既开，能生圆解，终成大觉，是为天道也。①

在僧亮看来，昔日的"偏教"讲佛陀无常，但并不排斥"常住"，只是其"常住"的教义秘而不宣而已。但慧根不够的众生不理解佛陀的深奥教义，偏执于"无常"，所以堕入魔道。而《涅槃经》既讲"无常"也讲"常住"，众生听闻《涅槃经》能得到圆满的智慧，成就圆满的觉悟，所以属于天道。

在后期宗派佛教中，"圆教"或者与《法华经》相联系（如天台宗），或者与《华严经》相联系（如华严宗），其内涵各不相同。而在"圆教"概念的萌芽期，这一概念是与《涅槃经》联系在一起的。其内涵与《涅槃经》的"常住"教义密不可分，即只讲"无常"不讲"常住"是"偏教"，只有既讲"无常"又讲"常住"才是"圆教"。而且，在僧亮看来，"偏教"和"圆教"还具有修行论意义，执着于"偏教"会堕入魔道，只有修行"圆教"，才是天道。

三 僧宗的判教

僧宗（438—496 年），据《高僧传》卷八"释僧宗传"的记载②，是宋齐朝的高僧，善讲《涅槃经》《胜鬘经》《维摩经》，同时得到魏文帝（467—499 年）和齐太祖（427—482 年）的赏识，晚年在太昌寺讲经说法。在《涅槃经集解》的 2864 小节经文的注释中，有 1155 节采用了僧宗的注释，其所占分量仅次于僧亮，由此可见他在当时佛教界特别是在《涅槃经》诠释方面

---

① 《大般涅槃经集解》卷八，《大正藏》第 37 册，第 414 页中—下。

② 《高僧传》卷八："释僧宗，姓严，本雍州凭翊人。晋氏丧乱，其先四世祖移居秦郡。年九岁，为瑗公弟子，咨承慧业。晚又受道于斌、济二法师。善《涅槃》及《胜鬘》《维摩》等。每至讲说，听者将近千余。妙辩不穷，应变无尽，而任性放荡，亟越仪法，得意便行，不以为碍。守检专节者，咸有是非之论。文惠太子将欲以罪摈徒，遂通梦有感，于是改意归焉。魏元宏遥挹主风德，屡致书并请开讲。齐太祖不许外出。宗讲《涅槃》《维摩》《胜鬘》等近盈百遍。以从来信施，造太昌寺以居之。建武三年，卒于所住，春秋五十有九。"《大正藏》第 50 册，第 379 页下—380 页上。

的地位和影响。

关于判教的思想，僧宗也是在注释《涅槃经》以"五味"譬喻一切经教的经文时表达的。如上所述，《涅槃经》以牛乳、酪、生酥、熟酥、醍醐"五味"譬喻大小乘一切经论。对此，僧宗解释云：

> 如从牛出乳者，佛说小乘四谛法轮，此是成佛十二年中说也；从乳出酪者，谓十二年后，说三乘通教，大品经是也；酪出生苏者，如《思益》《维摩》，抑挫二乘，称扬菩萨也；从生苏出熟苏者，说《法花》，破无三因果也；今此经明佛性常住，穷理尽性，如醍醐也。①

由此可见，僧宗所理解的五教分别为"四谛法轮"、"三乘通教"（《大品般若经》）、《维摩经》等"抑挫二乘，称扬菩萨"之教、《法华经》之"破无三因果"之教、《涅槃经》之"明佛性常住，穷理尽性"之教。② 而且，僧宗明确指出，小乘四谛法轮是佛陀成佛之后十二年中所说，十二年后说出了《大品般若经》等。也就是，上述"五教"是与佛陀说法的不同时段联系在一起的。在时间序列中将佛陀的教说加以整合和排序，是"五时"判教说最重要的特征之一。

与僧亮的"五时"说相比较，僧宗的"五时"说更为成熟。一是明确了"四谛法轮""三乘通教"的时间特征。虽然还没有确定后面三教的时间属性，但其方向性已经明确。二是出现了"三乘通教"的概念，而"抑挫二乘，称扬菩萨"之教的说法也已经接近后来的"抑扬教"的说法。与僧亮的五教说的粗糙相比，僧宗的说法已经变得更为细腻准确，尽管仍然不够完善。

如上所述，僧亮已经用"偏教""圆教"的概念来概括《涅槃经》及此经之外的经论，这可以说是"偏圆二教判"的雏形。而在僧宗这里，"偏教""圆教"的使用频率更高。僧亮主要从如何处理"无常"和"常住"辩证关系的角度区分"偏教"和"圆教"，而僧宗所说的"偏教"和"圆教"至少

---

① 《大般涅槃经集解》卷三十五，《大正藏》第 37 册，第 493 页上—中。
② 《大般涅槃经集解》卷三十五，《大正藏》第 37 册，第 493 页中。

有以下几层内涵。（1）但求解脱与备具诸德。在解释《涅槃经》中出现的"金刚宝藏无缺"时云，"金刚宝藏无缺者，此圆教所明圆果涅槃，备一切德，不同孤灭解脱，犹如宝器藏也。将辨异昔偏教"①。（2）对治"常"病与对治"断"病。"若常病者，为说偏教；若断病者，为说圆教。"② 一切佛教教义，都是佛陀应机说法、对病施药的智慧凝集，对那些执着于万法皆是"常"法、不了解一切皆是"无常"者，佛陀宣说"无常"以破除众生的迷执，这就是小乘教；而众生听闻般若"空"而不了解其深意，堕入"断灭空"，将"空"误解为一切法皆是虚无、虚空。为了对治这部分众生的"断"病，佛陀在《涅槃经》中宣讲法身常住之义。（3）两种"灭"义。"偏教以三心灭处为灭，圆教以常住之体绝众相为灭也。"③ 虽然"偏教"和"圆教"都讲"灭"，但其内涵是不同的。具体而言，偏教所说的"灭"指的是现象层面的消除、消失，即经过如法修行的过程，达到苦受、乐受、不苦不乐受的消失；而圆教所说的"灭"则是本质层面的超越之意，即作为常住之体的法身不生不灭，超越一切现象界的特征。

第四节　梁代三大士的"四时""五时"判教

如上所述，智者大师在提到慧观的"五时"判教时，讲到定林寺的僧柔、慧次也持同样的立场，且这一立场被开善寺智藏、光宅寺法云继承。而吉藏在言及慧观的"五时"说时，也提到其说被梁三大法师（开善寺智藏、光宅寺法云、庄严寺僧旻）沿用。那么，梁三大法师的判教说又如何呢？

首先考察庄严寺僧旻（467—527年）的判教说。僧旻所在的庄严寺是南朝重要的义学重镇，除了僧旻，玄畅、法云等也曾在此学习或弘法。据《续高僧传》本传记载，僧旻七岁出家，十三岁到京城，先住白马寺，后住庄严寺，在宝亮、僧宗的指导下学习《涅槃经》等。僧旻受到文惠太子及文宣王萧子良的尊崇，南齐武帝永明七年（489），僧柔和慧次受萧子良的邀请共同

---

① 《大般涅槃经集解》卷十，《大正藏》第37册，第425页中。
② 《大般涅槃经集解》卷二十，《大正藏》第37册，第459页下。
③ 《大般涅槃经集解》卷二十八，《大正藏》第37册，第480页上。

宣讲《成实论》时，僧旻虽居于末席而以锐利的论难应酬而名声大噪。①

关于僧旻的判教说，根据《维摩经玄疏》的说法："若是庄严四时明义，此经犹属般若无相得道，亦未明会三归一、佛性常住。"即在僧旻"四时"判教的框架中，《维摩经》属于"无相教"的范畴。而在《法华玄义》中，智者大师云：

> 二者、宗爱法师，顿与不定同前，就渐更判四时教，即庄严旻师所用。三时不异前，更于无相后、常住之前，指《法华》会三归一，万善悉向菩提，名同归教也。②

根据智者大师的转述，在判教的立场上，庄严寺僧旻应该持"四时"说，"四时"即初时（有相教，《阿含经》）、二时（无相教，方等部诸经）、三时（同归教，《法华经》）、四时（常住教，《涅槃经》）。值得注意的是，僧旻虽然曾受教于当时知名的涅槃师僧宗，但似乎没有接受僧宗的"五时"判教，而是独创了"四时"说。③或许说独创并不准确，因为"四时"说在道生的"四种法轮"说中就已经有了雏形，僧旻的"四时"说可以理解为在吸收改造道生的"四种法轮"说的基础上而成立。

光宅寺法云（467—529 年）长期在庄严寺学法、弘法，是僧成、玄趣、宝亮的弟子，与僧宗、僧柔等也有交集。法云曾著《法华经义记》（非法云亲撰，是弟子笔录），被认为是整个刘宋朝《法华经》注释的代表作。智者大师在《法华玄义》中，在言及关于"妙法"的解释时，称赞法云，"今古诸释，世以光宅为长"④，给法云以极高的评价。关于其判教说，吉藏在《法华玄论》卷二云：

---

① 《续高僧传》卷五："齐文惠帝、竟陵王子良，深相贵敬，请遗连接……文宣尝请柔次二法师，于普弘寺共讲《成实》。大致通胜，冠盖成阴。旻于末席论议，词旨清新，致言宏邈，往复神应，听者倾属。……次公动容，顾四坐曰，后生可畏，斯言信矣。"《大正藏》第 50 册，第 462 页上。

② 《妙法莲华经玄义》卷十，《大正藏》第 33 册，第 801 页中。

③ 僧宗似乎也有"四时"判教说，如敬遗所记僧宗的说法中有"自鹿苑至灵鹫，四时次第"。《大般涅槃经集解》卷四，《大正藏》第 37 册，第 391 页中。

④ 《大正藏》第 33 册，第 691 页下。

　　问：此言妙者，佛果为是常故言妙？为未是常故言妙？

　　答：光宅云公言，犹是无常。所以然者，教有五时，唯第五涅槃是
常住教，四时皆无常。《法华》是第四时教，是故佛身犹是无常。①

根据吉藏的引述，法云在教判的立场上显然秉持"五时"说，"五时"即初
时"有相教"、二时"大品般若"、三时《维摩经》、四时《法华经》、五时
"常住教"（《涅槃经》）。从佛身是"常住"还是"无常"的角度看，只有
《涅槃经》作为"常住教"主张佛身常住，包括《法华经》在内的其他"四
时"教都主张佛身无常。从这个意义上说，法云虽然以《法华经》研究而知
名，但在判教方面，法云仍然是以《涅槃经》为中心构筑其"五时"说的。
这与智者大师将第五时定位于"法华涅槃时"的立场有很大区别。可以说，
虽然在形式上法云的"五时"说与智者大师的"五时"说似乎有相似之处，
但其立足点和核心内容皆不相同。

　　开善寺智藏在梁代三大法师中最年长，比僧旻和法云皆年长十岁。布施
浩岳将法安、智秀、昙纤、僧表、僧最、宝亮、僧旻、智藏、智顺等人皆列
为南朝齐梁时代弘传涅槃学的重要人物。② 据僧传记载，智藏十六岁出家，曾
从上定林寺僧达、僧祐和天安寺弘宗学习，后从僧柔、慧次学习经论。曾受
敕命讲《成实论》《金刚般若经》《涅槃经》等，曾为《涅槃经》《般若经》
《法华经》《十地经》《金光明经》《成实论》《百论》《阿毗昙心论》等作疏。
这种治学经历，让他不仅容易接受僧宗、僧亮等人的"五时"说，而且通过
对《十地经》的注疏而关注到《华严经》的判教，即提出"顿教"的问题。

　　虽然没有直接的证据，但布施浩岳推测，被后世归于慧观名下的"三教"
"五时"判教实际上出自智藏。由于慧观的《涅槃经疏》和智藏的《涅槃经
疏》都已经不存，所以这种推测没有直接的文献根据，只有一些背景根据。
实际上，这种推测有一定的可信度。一个是智藏对《十地经》的关注，意味
着《华严经》进入判教的视野，"顿教"概念的出现变得水到渠成。而僧宗

---

　　① 《法华玄论》卷二，《大正藏》第 34 册，第 372 页上。
　　② 参见［日］布施浩岳『涅槃宗の研究』（後篇），第 207—252 頁。

那里，除了"五时"说的雏形，已经有了"别方便教"（《胜鬘经》）的说法。在僧宗等人已有的"五时"说的基础上，再增加"顿教""不定教"，对智藏来说似乎是可以想象得到的。至于智藏为什么假名慧观而提出"三教""五时"，布施浩岳认为是智藏出于和当时的法云、僧旻进行对抗的动机。因为法云以《法华经义记》而奠定了《法华经》注释家的地位，并主张"五时"说，而僧旻则私淑道生，主张"四时"说。智藏在判教说方面要与法云、僧旻相区隔，除了增加"三教"的要素，还需要增强自己学说的传承性和权威性。假名于慧观，对于智藏来说应该是一个合理的选择。① 对于布施浩岳此说，笔者持否定态度。实际上，智藏的教判说不是托名慧观，而很可能出自梁陈时代的"观师"。关于此点，将在本书第五章第三节详细讨论。

---

① 参见［日］布施浩岳『涅槃宗の研究』（後篇），第132—133頁。

第五章 《涅槃经》注释家的理论建构

第一节 《涅槃经集解》中的道生《关中疏》

道生是中国佛教思想史上占有重要地位的思想家，特别是在《涅槃经》传播史和《涅槃经》注释史上占有特殊地位。唐道暹《大般涅槃经玄义文句》还曾提到道生曾为《涅槃经》作疏，后世称之为《关中疏》。① 此疏可以说是中国僧人对于《涅槃经》最早的注释书之一，是一部开创性著作，但由于此疏已经失传，所以我们无由了解其整体面目。所幸《涅槃经集解》一书收录了道生对《涅槃经》的 260 条注释，这些注释，据学界判断出自《关中疏》。所以我们虽然不能把握道生《涅槃经》注释的全貌，但仍然可以透过《涅槃经集解》一窥道生《涅槃经》注释的理论特色。

在整个南北朝时期，《涅槃经》可以说是最受重视的一部大乘经典，当时的一流佛教思想家几乎都研习过《涅槃经》，讲说和注释《涅槃经》成为当时思想家表达自己佛学思想的重要途径。从这个意义上说，《涅槃经》注释书是南北朝佛教思想史建构的最重要途径之一。道生的《关中疏》作为《涅槃经》最早的注释书之一，对我们理解中国涅槃思想家的诠释特色，以及把握整个南北朝佛教思想史的特质和走向都具有重要的文献学和思想史价值。

---

① 道暹《大般涅槃经玄义文句》卷下："宋主惊叹，发使迎生。旋至都城，披经本，略叙疏义，五十余纸。其义宏深，其文精邃，唯释盘根错节难解之文，于此经大宗，开奥藏。自后讲者，称为《关中疏》。"《续藏经》第 36 册，第 40 页中。

一　关于《关中疏》的撰述背景

在 5 世纪上半叶初，中国佛教有三个重要的弘法中心，即前期由鸠摩罗什住锡的长安草堂寺、庐山慧远住锡的庐山东林寺，以及后期道生住锡的建康龙光寺和慧观的道场寺。

鸠摩罗什与弟子在弘始三年（401）至十一年（409），译出《大品般若》《法华经》《维摩诘经》《阿弥陀经》等经和《中论》《百论》《十二门论》《大智度论》《成实论》等论，将印度佛教的中观学派系统地介绍到中国，并经由其门下如僧肇等的阐扬而使大乘空宗的般若教义被中国佛教界熟知，极大地深化了中国人对万物本体的哲学思考。而庐山慧远系一代名僧道安的弟子，在道安座下研习《放光般若》等，除了擅长般若学，还精于阿毗昙、戒律、禅法等。为避战乱而南下，381 年之后庐山慧远在庐山龙泉寺、东林寺等地集众讲法，遂使庐山成为另一个中国佛教的中心。庐山慧远和鸠摩罗什之间还通过书信往来探讨大乘教理，这些内容汇编成《大乘大义章》三卷。无论是鸠摩罗什和还是庐山慧远，其佛学思想的核心都是大乘中观学说，即阐发万法皆空之理。

但在鸠摩罗什和庐山慧远先后示寂之后，中国佛教在思想上发生了一次显著的转向，即由宣扬万法皆空的般若学转向宣扬一切众生皆有佛性的涅槃学。发生这次思想转向的一个重要契机是宣扬佛性说的《涅槃经》的传入。东晋义熙十四年（418），觉贤和宝云合作，将法显从印度带回的六卷本《泥洹经》翻译成汉文，这标志着《涅槃经》正式进入中国佛教的系统。实际上，法显于 413 年从印度回到山东青州之后是准备到长安的，但在听说鸠摩罗什示寂而觉贤在建康之后，携带梵文经本到了建康，委托觉贤翻译《泥洹经》。这是一个标志性事件，它标志着当时佛教的传播和研习中心从长安和庐山转移到了建康。与其相伴随的，则是《涅槃经》研习风潮的兴起和涅槃学的流行。

在中国佛教思想发展史影响巨大的这次思想转向中，道生是一位处于中心地位的人物之一。如上所述，在鸠摩罗什僧团和庐山慧远僧团之间存在着密切的思想交流，与此同时，两个僧团之间也存在着人员交流。道生原本是庐山慧远的弟子,与慧叡等被称为莲社十八贤。但在鸠摩罗什到达长安之后(401年),道生等庐山慧远的弟子陆续前往长安投奔鸠摩罗什。鸠摩罗什虽然以传播般若学为中心,但对涅槃学并不排斥。实际上,我们在《大乘大义章》中可以看到庐山慧远与鸠摩罗什之间关于"法身"问题的讨论,据其弟子慧叡《疑喻》的说法,鸠摩罗什曾把《般若经》《法华经》《涅槃经》视为"大化三门"。① 可见,在慧叡看来鸠摩罗什会对《涅槃经》评价很高。在鸠摩罗什示寂之后,道生等转向涅槃学并不是突如其来,而是有迹可循的。

在鸠摩罗什故去之后,道生离开长安到建康,得到南方佛教界和刘宋皇室的推崇,在青园寺弘法。据《出三藏记集》卷十"道生法师传"记载,在六卷本《泥洹经》传到建康,道生在研究此经的佛性说时,大胆地提出一阐提也能成佛的说法。由于六卷本《泥洹经》主张一阐提没有佛性、不能成佛,道生之说直接与经典的说法相矛盾,故遭到建康僧团的攻击,认为他背离经典,宣传邪说,因而被逐出建康。等到四十卷本《涅槃经》在宋元嘉七年(430)传到建康,其中果然有一阐提能成佛的说法,道生一时声誉鹊起。

据道宣《大唐内典录》卷四和卷十的记载,道生曾著《善不受报论》《顿悟成佛论》《佛无净土论》《应有缘论》《佛性当有论》《法身无色论》《二谛论》等。也就是说,在大本《涅槃经》传到建康之前,道生就根据自己对《涅槃经》的独特理解,对佛性、法身、顿悟等问题进行了深入的思考。而且,在方法论上,道生反对拘泥于经典文字,而主张得意妄言、忘筌取鱼,即从佛教的根本宗旨出发理解经典的内涵。正因为有这样的方法论自觉,道生才能够孤明先发,提出一阐提也能成佛的见解。另外,值得注意的是,得到庐山慧远的许可而离开庐山赴长安跟从鸠摩罗什学习的道生、慧观、慧严、慧叡四人,在鸠摩罗什去世后都到了建康,而且不约而同地转向涅槃学,成为弘扬《涅槃经》的中心人物。这一方面说明涅槃学已经成为当时佛教的主流,代表了时代的风尚,任何关注佛教动向者都不能置身事外;另一方面,也说明这些人在庐山慧远和鸠摩罗什处所学的般若学不仅不是他们接受涅槃

---

① 慧叡《疑喻》:"此三经者,如什公所言,是大化三门,无极真体,皆有神验。"《出三藏记集》卷五,《大正藏》第55册,第42页上。

学的障碍，相反，这种般若学的研习成为他们创造性地诠释《涅槃经》的重要理论积淀和理论准备。

道生被迫离开建康后，先是到苏州虎丘山，聚众说法，据说有五十余硕学名僧跟从道生到虎丘山。宋元嘉七年（430），道生回到庐山，在此讲习《涅槃经》。[①] 是年，在北凉由昙无谶翻译的四十卷本《涅槃经》传到建康，由于其中有一阐提能成佛之说，道生得到"平反"。宋文帝派遣使者迎请道生回到建康，并撰写《涅槃经义疏》。[②] 这就是后世所说的《关中疏》。

这里需要说明的是，在南朝流传的《涅槃经》有北本（四十卷）和南本（三十六卷）之别。北本即由北凉传入的昙无谶译本，此本传入南朝之后，在东安寺慧严、道场寺慧观和谢灵运的主持下，对其进行了再治，经过重新编排，形成三十六卷本。一般认为南本约完成于元嘉十三年（436），而道生则于元嘉十一年（434）去世，可见，道生的《涅槃经义疏》应该是针对北本《涅槃经》的注疏。

根据僧祐《出三藏记集》的说法，道生曾撰写《维摩经》《法华经》《泥洹经》《小品般若经》等义疏。[③] 这里的《泥洹经义疏》，仅从书名看，似乎是对六卷本《泥洹经》所作的义疏。[④] 由于道生曾针对《泥洹经》而宣扬一阐提亦能成佛，这说明道生曾对《泥洹经》作过深入研究。曾在当时引起很大纷争的"阐提成佛"说或许就出自《泥洹经义疏》。但《涅槃经集解》中所辑录的《涅槃经义疏》是道生关于四十卷本《涅槃经》的注疏。因为六卷

---

① 《高僧传》卷七："生既获斯经，寻即讲说，以宋元嘉十一年（434）冬十一月庚子，于庐山精舍，升于法座，神色开朗，德音俊发，论议数番，穷理尽妙。观听之众，莫不悟悦。"《大正藏》第50册，第367页上。

② 道暹《大般涅槃经玄义文句》卷下："已逢大经从彼北凉流入，咸奏幸得见闻，如贫获宝，遂罄衣钵，缮写此经，赍往江东，志在传化。宋朝道俗，众共寻，乃云众生悉有佛性，咸叹生公妙释幽旨，善会圆宗。即以表陈，请生通锡。宋主惊叹，发使迎生。旋至都城，披览经本，略叙疏义，五十余纸。其义宏深，其文精邃，唯释盘根错节难解之文，于此经大宗，开奥藏。自后讲者，称为《关中疏》。"《续藏经》第36册，第40页上—中。

③ 《出三藏记集》下卷"道生传"："关中沙门僧肇。始注维摩世咸玩味。及生更发深旨显畅新异。讲学之匠咸宪章其所述。维摩法华泥洹小品诸经义疏。世皆宝焉。"《大正藏》第55册，第111页中。

④ 汤用彤在《汉魏两晋南北朝佛教史》中亦云："此应为六卷本之疏。查《涅槃经集解》中录有道生之言，则生公另有大本之注疏。"见汤用彤《汉魏两晋南北朝佛教史》（增订本），北京大学出版社2011年版，第343页。

本《泥洹经》的内容只相当于四十卷本《涅槃经》"大众所问品第五"之前的内容，而《集解》中出现的道生《义疏》的内容则涉及对四十卷本《涅槃经》"师子吼品第十一（南本第二十三）"的注释。所以，它不可能是《泥洹经义疏》的内容。也就是说，即使曾经存在《泥洹经义疏》，也早已散佚，我们无从窥其面目。

《涅槃经集解》中辑录的道生的资料，除了道生《涅槃经义疏》的序言，还包括在"随文解释"部分提到的道生的注释。在《涅槃经》各品注释中出现的道生注的分布如下（括号内为出现频次）：（1）寿命品（97）；（2）金刚身品（1）；（3）名字功德品（0）；（4）如来性品（61）；（5）一切大众所问品（0）；（6）现病品（0）；（7）圣行品（23）；（8）梵行品（0）；（9）婴儿行品（0）；（10）光明遍照高贵德王菩萨品（33）；（11）师子吼菩萨品（45）；（12）迦叶菩萨品（0）；（13）侨陈如品（0）。《涅槃经》"寿命品"讲佛陀的法身寿命无量，是不生不灭的存在，而"如来性品"则讲佛性问题。《集解》的编者在这两部分的注释中选用道生的注释最多，显示出编者对道生关于法身和佛性的见解比较重视。

二　关于"涅槃"的诠释

"涅槃"，是梵文 Nirvāna 的音译，原意为火的熄灭、止灭或吹灭之意。早在佛陀出世前，印度就已经有这个词，后来逐渐成为佛教用语，表达经过修行而灭除贪、嗔、痴等烦恼之火。在佛教的教义体系中，世间的凡俗众生都被这三毒之火烤灼，无刹那之安息。而修行者则能永断贪、嗔、痴等根本烦恼，超离生死，安住永恒快乐的境界。

在佛教思想发展过程中，"涅槃"的内涵也在发生变化。如原始佛教把"涅槃"解释为"灰身灭智，捐形绝虑"，意为身心俱灭，是与生死轮回相对的一种寂静状态。后来的部派佛教把涅槃分成两种，即有余涅槃与无余涅槃。有余涅槃是指众生烦恼已断，欲望皆消，精神已经进入超脱境界，但仍有形体存在，肉体尚未死亡；无余涅槃则指众生的精神与肉体皆已死亡，彻底超脱了生死轮回。

大乘佛教部分地接受有余涅槃和无余涅槃的说法，但又基于大乘佛教的理念对涅槃说进行了改造，故其涅槃说与小乘涅槃说不尽相同。如大乘中观派主张"诸法性空"，涅槃也是假名，并非真实的存在。鸠摩罗什的门下僧肇所著《涅槃无名论》就是从般若学的立场主张涅槃的本质是性空。而佛性、如来藏系的经论则认为，"涅槃"是解脱、法身、般若的三位一体，而其中的"法身"义标志着大乘佛教的"涅槃"不是灰身灭智，而是如"法身"一样常住。如此一来，大乘的"涅槃"说就不仅仅是修行者个体的一种修行境界，而且是阐释大乘教理教义的重要概念载体。

由于《涅槃经》本身以"涅槃"为主题，所以《涅槃经》的注释者无例外地要对什么是"涅槃"作出说明。《集解》的编者特别设立了"释名"一节，将当时代表性的观点作了概述。其中，一种观点是从迷—悟关系入手，将涅槃理解为"无累""解脱"。"累"是烦恼系缚之意，涅槃即修行者摆脱烦恼系缚而进入自在的境界，这种观点以昙纤、僧宗为代表；另一种观点则是从生死—自在的角度，将涅槃理解为"灭度""无为"，即超脱生死，进入寂静安乐之彼岸。这种见解最早由僧肇提出，慧基、智藏、法云等也持类似的立场。值得注意的是，在"释名"段，《集解》的编者引用了道生的见解：

> 正名云灭，取其义训，自复多方。今此经明常，使伏其迷。其迷永伏，然后得悟。悟则众迷斯灭，以之归名，其唯常说乎。又菩萨住斯经者，则已伏灭诸累。虽未造极，便能示般泥洹。众示无妙泥洹，复以无不示为大也。更用兹称经，盖是重美尽善矣。①

可见，道生主要是从迷—悟关系入手诠释涅槃，即伏灭一切烦恼（迷），获得觉悟，就意味着涅槃。从这个意义上说，涅槃可称为"灭"。道生也把一切烦恼称为"诸累"，这与昙纤、僧宗以"无累"诠释涅槃的做法有相通之处。但道生似乎没有从生死—自在的关系入手诠释涅槃，即不像僧肇那样以"灭度""无为"来定义涅槃。

---

① 《大般涅槃经集解》卷一，《大正藏》第 37 册，第 377 页中。

但道生没有停留在"灭无"的意义上理解涅槃，而是通过《涅槃经》的"涅槃"与其他经典中的"涅槃"义的比较，彰显大乘佛教"涅槃"的内涵。《涅槃经》中的"涅槃"从否定的意义上说是灭除一切烦恼，而从肯定的意义上说，则是"常住"，即佛法身的常住和佛性的不生不灭。也就是说，单纯的"灭无"不是"妙泥洹"，只有肯定"常住"的《涅槃经》的"涅槃"才是真正的"妙泥洹"。这也是为什么《涅槃经》中的"涅槃"称为"大涅槃"，而其他经典中的"涅槃"则不称为"大"。这是道生结合《涅槃经》的宗旨而对"涅槃"所作的诠释。

道生将"涅槃"理解为觉悟，那么，觉悟的内涵是什么呢？《集解》所引道生《关中疏》序的开头即云："夫真理自然，悟亦冥符。真则无差，悟其容易。"① 可见，在道生看来，觉悟的内涵是真理，而且，由于真理是自然而非人为的存在，所以，觉悟也是自然的；由于真理是无差别的，所以觉悟也是没有次第的。这种观点与道生所主张的"大顿悟"说是一脉相承的。由于觉悟的对象——真理是圆满无差别的，所以觉悟的过程不是分步骤、分阶段的，而是刹那间完成的。这里的"冥符"就表达了这种立场。

"真理"也称为"法性"。在诠释《涅槃经》长寿品之文"涅槃义者，即是诸佛之法性也"时，道生云："法者，无复非法之义也；性者，真极无变之义也。即真而无变，岂有灭也。"法性概念在佛教经典中有诸多内涵，在后来的中国佛教天台宗和华严宗中，法性和佛性是一是二的问题曾是一个重要的理论问题。但在道生这里，"法性"与"真理"一样，是指万法不生不灭的本体，也是觉悟的对象或者就是觉悟本身。关于"理"与涅槃之间的关系，道生云"理无二实，而有二名。如其相有，不应设二"②。即虽然在名相上有"真理"和"涅槃"的区别，但实际上，二者是一体两面的关系。从客体的角度看，万法的本质被称为"真理"；而从主体的角度看，它就是悟得真理的境界。

---

① 《大般涅槃经集解》卷一，《大正藏》第 37 册，第 377 页中。
② 《大般涅槃经集解》卷三十二，《大正藏》第 37 册，第 487 页上。

"理"在中国传统思想中是一个重要的概念，原本指木材或石头的纹理，后来引申为事物的规律、道理等。大约在魏晋时期，"理"具有了哲学内涵，表达事相背后的实体、本质等。道生所讲的"真理"显然就是在这个意义上使用这一概念。只是与中国传统思想将其视为客观之"理"、外在之"理"不同，道生将其与主体的觉悟联系起来，具有了主体体验、主体境界的内涵。这可以说是"理"概念发展史上的一次重要的理论飞跃。

关于涅槃的内涵，后世的《涅槃经》注释家大多从法身、般若、解脱三个方面来说明，此即所谓"涅槃三德"说。其源头在《涅槃经》的"哀叹品"中关于"伊"字三点的譬喻。① 关于这段经文，道生解释云：

> 夫照极自然，居宗在上。上不可并，故横必非矣。所除累近（尽）则解脱。于下无不应，兼则色身是俱，非先后故。纵亦非也。三无离理故，别之尤非。是以湛然弗差，犹如伊字。既云常矣，岂有今灭。今灭非实，色身则存也。一言蔽诸，伊字之喻也。②

《涅槃经》原文是表达解脱、法身、般若三者单独都不能称为"涅槃"，三者相互联系、相互交涉才共同构成"涅槃"的内涵。"伊"字，最早在阿育王的石碑上作"∴"，《涅槃经》以此表达"涅槃三德"之间不即不离、相互照应的关系。

值得注意的是，"伊"字总共仅在三十六卷本《涅槃经》中出现了三次，甚至在专门讲述梵文字母的《涅槃经·文字品》中，"短伊"与"长伊"的解释也与三点以及"涅槃三德"毫无关系。可以说，将"伊"字与《涅槃经》的主题直接联系在一起是中国南北朝时期《涅槃经》注释家们的功劳。《涅槃经集解》中提到的南北朝时期的注释家中，僧亮、法瑶、昙济、僧宗、宝亮、智秀、法智、法安、昙准等皆以"伊字三点"所代表的"涅槃三德"

---

① 《大般涅槃经》卷二："解脱之法，亦非涅槃；如来之身，亦非涅槃；摩诃般若，亦非涅槃；三法各异，亦非涅槃。我今安住如是三法，为众生故，名入涅槃，如世伊字。"《大正藏》第12册，第616页中。

② 《大般涅槃经集解》卷六，《大正藏》第37册，第401页下。

概括《涅槃经》的主题。①

但对于"涅槃三德"的诠释,道生的说法很有特点。虽然他也提到"伊字三点",但它似乎主要不是指"涅槃三德"之间的关系,而是指"三德"各自的属性。如"不横"是指"般若"是超越的智慧,"居宗在上",其他世间的智慧不能与之相提并论;"不纵"则是指"法身"与色身不一不二,非先非后。只有三点之间的"不别"才是指般若、解脱、法身皆以"理"为内涵,在本质上没有差别。从道生的独特解释中,我们可以看到中国注释家对"涅槃三德"和"伊字三点"诠释的早期形态。值得注意的是,道生也将"常"视为《涅槃经》的主题,而不是如僧亮等大多数注释家那样将"涅槃三德"视为《涅槃经》的主题,这同样显示出中国思想家对《涅槃经》主题理解的演变轨迹。

三 关于"佛性"的诠释

《涅槃经》是以法身常住为主题的经典,而此法身不仅是佛的法身,也是众生的法身,而众生位的法身就是佛性。所以《涅槃经》的另一个主题就是佛性问题。实际上,从《涅槃经》在中国的诠释史来看,中国佛经注释家几乎都重视从佛性的角度来诠释《涅槃经》。《涅槃经》既是中国佛性思想的重要源头,也是中国佛性思想展开的文本基础。正是通过历代注释家的阐释,《涅槃经》佛性的内涵不断得到丰富,并构成中国佛性思想的重要组成部分。

从《涅槃经集解》的引用看,道生对《涅槃经》佛性思想的诠释,主要从以下几个方面展开。

---

① 如僧亮"略说三相,以标神道。一般若、二法身、三解脱"。法瑶"是以涅槃至号,其义赡博,折而辨之,则弥论无穷,岂唯般若等三,以极其致?但略而举其要者,是以径此三名,入于涅槃,伊字之譬,不亦宜手(手字误,应为乎)?然则此三,名殊而实同,非体异者也"。昙济"涅槃者,敢无学地诸功德,尽为涅槃体也。略举三事,以称遂焉。三事者,般若、法身、解脱"。僧宗"今略举有三,可以贯众。一法身、二般若、三解脱也"。宝亮"夫涅槃无体,为众德所成,故取况宝城,喻于斯旨"。智秀"斯盖圆极至德之总名也。……即圆极之体,有可轨之义,名为法身;有静照之功,号为般若;有无累之德,称之解脱"。法智"然方应欲显其果体圆满具足,故为之置名,是则万德之义,无非涅槃义也。故始开伊字,便寄三德,以明涅槃,表异昔说也"。法安"将以汲物,乃寄言三德。以其唯法为体,号曰法身;惑累斯亡,称为解脱;所照靡遗,谓之般若"。《大般涅槃经集解》序,《大正藏》第37册,第377页中—380页上。

（一）作为"真我"的佛性

在《涅槃经》中，佛性也被视为"真我"。本来，在原始佛教的基本教义中，"我"作为固定的实体是被否定的存在。所谓"法无我"和"人无我"，是指一切客体和主体皆依因缘而生，相互依存，无实体性。这种理论构成原始佛教一切理论和实践体系的基础。但《涅槃经》译出之后，"涅槃"的根本属性被规定为"常乐我净"，"我"重新得到肯定。由于《涅槃经》的"常乐我净"说，与原始佛教的"无常、苦、空、无我"说看起来相对立，所以在昙无谶译出六卷本《泥洹经》之际，"道俗数百人，疑难纵横"。那么，道生是如何看待作为佛性的"真我"呢？

> 经文：迦叶白佛言，世尊！二十五有，有我不耶？
> 案。道生曰："前云佛法中我，即是佛性。是则二十五有，应有真我，而交不见，犹似无我。教理未显，故有此问也。"①
> 经文：有人闻香，即知其地当有是药。
> 案。道生曰："菩萨说无我之教，表如来真我，譬闻香也。"②
> 经文：母乃洗乳唤子与之。
> 案。道生曰："今说常我，判二教之分明也。"③

按照原始佛教的说法，众生的存在样态可以分为二十五种，之所以有这种区别，是由众生的行为决定的。即众生的存在样态遵循因果律，有如是因就有如是果，因果不亡，故称"有"。④ 在《涅槃经》中，迦叶问佛陀"在二十五

---

① 《大般涅槃经集解》卷十八，《大正藏》第 37 册，第 448 页上。
② 《大般涅槃经集解》卷十九，《大正藏》第 37 册，第 453 页中。
③ 《大般涅槃经集解》卷十八，《大正藏》第 37 册，第 450 页中。
④ 关于二十五种有，根据《涅槃经》卷十四的说法，即（一）地狱有，（二）畜生有，（三）饿鬼有，（四）阿修罗有，（五）弗婆提有，（六）瞿耶尼有，（七）郁单越有，（八）阎浮提有，（九）四天处有，（十）三十三天处有，（十一）炎摩天有，（十二）兜率天有，（十三）化乐天有，（十四）他化自在天有，（十五）初禅有，（十六）大梵天有，（十七）二禅有，（十八）三禅有，（十九）四禅有，（二十）无想有，（二十一）净居阿那含有，（二十二）空处有，（二十三）识处有，（二十四）不用处有，（二十五）非想非非想处有。破此二十五有者，可以得二十五种三昧。

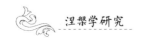

种有"中,是否有"我"? 道生在解释这段经文时,认为迦叶所问的"我"应该是"真我"即佛性。而大多数人不明白"真我"的道理,将"我"理解为佛教所否定的、执着的"我",所以迦叶才有上述疑问。

显然,道生意识到《涅槃经》的"真我"说与原始佛教的"无我"教义之间的理论张力,并力图消解这种张力。道生所采取的方法有两个。其一是认为佛陀所说的"无我"教义和"真我"教义并不矛盾,只是佛陀所用的表述方法不同,所以说法不同。一个是"遮诠"的方法,即从否定的角度来说明什么不是"真我",各种"无我"说,都是为了说明什么不是真正的"我";另一个是"表诠"的方法,即正面说明什么是"真我"。《涅槃经》的"真我"说就是佛陀用"表诠"法直接说明"真我"就是佛性。这就是"菩萨说无我之教,表如来真我"。

道生调和"无我"说和"真我"说的另一个方法,就是运用判教说对佛陀不同的说法加以区隔,将其置于不同的话语体系之中,从而消除其表面的矛盾。在《法华经疏》中,道生把释迦牟尼一生说法分为"四种法轮":善净法轮、方便法轮、真实法轮与无余法轮,分别对应《阿含经》《般若经》《法华经》与《涅槃经》,把《涅槃经》放在最高的位置上。而从是否说"常住"教义的角度看,佛教又可以分"二教"①,即"偏教"和"圆教",或"权教"和"实教"。当时的《涅槃经》注释家有时也笼统地将《涅槃经》视为"今教",而将《涅槃经》之前的大小乘经论视为"昔教"。在这种判教框架下,"无我"说是一种方便说,是佛陀为了破除众生的执着获得解脱而说的方便教义;而"真我"说则是佛陀为了劝勉众生修行成佛而说的究竟教义。道生所谓"判二教之分明",就是指"无我"和"真我"分别属于"昔教"和"今教",其宗旨不同,所以并不矛盾。

(二) 作为"观智"的佛性

《涅槃经》"师子吼菩萨品"中,关于佛性、空、智慧之间的关系,有一

---

① 《大般涅槃经集解》卷七:"僧宗曰,能以二教为证,疑心所以断也。今释二教,则无执昔之迷。权实苟分,疑累断也。明骏案:此下一品之中,第五段会通也。所言会通者,明昔所以不说常,今日所以说耳。非谓以昔无常偏教,会今圆教也。"《大正藏》第37册,第407页中。

段著名的经文："佛性者名第一义空，第一义空名为智慧。所言空者，不见空与不空。智者见空及与不空、常与无常、苦之与乐、我与无我。"这里，将佛性与第一义空、智慧相等同。关于这一段经文如何解释，后世的佛教思想家之间存在争论。① 一般认为，空的思想是《般若经》的核心思想，而佛性思想相对于《般若经》对万法皆"空"的强调，更强调众生佛性的"有"。而《涅槃经》这段经文显然是想调和万法皆"空"与悉"有"佛性之间的矛盾。即从客体的角度看，万法的本质属性是"空"，而这种本质属性的主体化就是智慧，就是佛性。只是这种智慧不是世俗意义上的后得智，而是根本智，即不是建立在主体客体相分离基础上的智慧，而是主客体尚未分离之际的先天本有的智慧。

道生在《关中疏》中，关于"智慧"与佛性的关联，有如下说法：

> 经文：见一切空，不见不空，不名中道；乃至见一切无我，不见我者，不名中道。
> 道生注：不偏见者，佛性体也。②

"见一切空……不名中道"一段经文，正是上述"师子吼菩萨品"中"佛性者名第一义空……"一段经文后出现的经文，是从反面说明只有同时见到"空"与"不空""我"与"无我"，才能称为"中道"，才是佛性。而道生在注释这段经文时，认为"不偏见"，即同时见到"空"与"不空"、"我"与"无我"的智慧是佛性之体。这里的"见"不是世俗谛意义上的"见"，即不是主体对客体的一种认知或关照；而是圣义谛意义上的"见"，即众生本具的先天智慧。

此外，关于《涅槃经》中的"十二因缘，名为智慧"，道生注云：

> 经文：善男子！是观十二因缘智慧，即是阿耨多罗三藐三菩提种子。

---

① 如唐初法宝和唐代华严思想家澄观围绕这段经文的解释就有显著差异。参见张文良《东亚佛教视野中的华严学研究》，国际文化出版公司2018年版。
② 《大般涅槃经集解》卷五十四，《大正藏》第37册，第544页下。

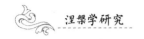

以是义故，十二因缘，名为佛性。

道生注：向明十二因缘观智，该取因时，名为佛性。①

十二因缘或说十二支缘起，是佛教重要的基础理论之一，指从"无明"到"老死"这一过程的十二个环节，因果相随，三世相续而无间断，使人流转于生死轮回大海而不得解脱。据说释迦牟尼就是觉悟到这一真理而成佛的。后来出现的"缘觉"概念，也是指在无佛住世的时代，有一批人可以通过自修自证十二因缘的道理而获得觉悟。《涅槃经》的经文是说，观十二因缘的智慧就是无上正等正觉的种子，从这个意义上说，十二因缘名为佛性。可见，不是十二因缘这一真理本身是佛性，而是关照十二因缘的智慧作为一切众生觉悟的种子，被称为佛性。

这里的"种子"一词具有重要意义。"种子"意味着潜在的、未成熟、未展开之意。在佛教的语境下，它往往与尚未获得觉悟的因位众生联系在一起。道生的注释显然注意到"种子"一词的意义，所以，他把"十二因缘观智"限定于"因时"，即众生位的智慧。这种众生所具有的潜在的、有待展开的智慧就是佛性。在《涅槃经》中，佛性有时指佛的德性，如佛的十智、十力、三十二种相，八十种好等。但大多数场合是指众生成佛的可能性。作为"观智"的佛性，显然是指众生的成佛潜能。

（三）作为"佛藏"的佛性

提到佛性就不能不提到与此密切相关的另一个概念——如来藏。佛性和如来藏，从梵文词源上讲有所交叉，但一般认为佛性的原词是"budhha-dhātu"，而如来藏的原词是"tathāgatagarbha"或"tathāgatadhātu"。《涅槃经》的主题是佛身常住，但作为常住的佛身不是色身而是法身，而法身则不仅存在于佛而且存在于众生，存在于众生的法身则是"在缠如来藏"。可见，相对于"佛性"概念既包含果位的佛性也包括因位的佛性，"如来藏"概念则仅限于众生，即被烦恼遮蔽、覆盖的"佛性"。《涅槃经》的"如来性品"之前的内容在涉及"如来藏"概念时，多依据《如来藏经》的说法，而在

---

① 《大般涅槃经集解》卷五十四，《大正藏》第37册，第547页中。

"如来性品"之后则主要依据《涅槃经》自身的逻辑而展开其"佛性"思想。《涅槃经》多用"佛性"概念，"如来藏"出现的频率并不高。

关于《涅槃经》中的"如来藏"概念，道生注云：

> 经文：善男子！我者即是如来藏义。一切众生悉有佛性，即是我义。如是我义，从本已来，常为无量烦恼所覆，是故众生不能得见。
>
> 道生注：佛性必生于诸佛，向云我即佛藏，今云佛性即我，互其辞耳。①

"如来藏"中的如来有"能藏"和"所藏"的区别，即如来作为"能藏"，可以涵摄、容纳一切众生；如来作为"所藏"，即作为"在缠法身"而被隐藏在众生之中。道生在注释中认为"我即佛藏"与"佛性即我"的说法所表达的内涵是一致的，只是从不同视角论述同一个主题，即"如来藏＝佛性＝我"。可见，道生也倾向于将"如来藏"与"佛性"概念等同。这也可以说是南北朝时期中国佛教思想家比较普遍的立场。但这并不意味着道生对"如来藏"概念的独特性没有认知。实际上，道生也注意到"如来藏"或"佛藏"之"藏"的特殊含义：

> 经文：善男子！如贫女人，多有真金之藏。
>
> 道生注：本有佛性，即是慈念众生也。藏者，常乐之理，隐伏未发也。②

道生认为，正如《涅槃经》经文中所说，贫女中多有真金而不自知，众生虽然本具"常乐之理"但此理处于隐藏状态，众生自己并未意识到自己所具有的佛性。本来，"如来藏"的"藏"在梵文原词中为"garbha"，即"胎儿""容器"之意。但中国佛教思想家在诠释"如来藏"之"藏"时，往往释为

---

① 《大般涅槃经集解》卷十八，《大正藏》第37册，第448页中。
② 《大般涅槃经集解》卷十八，《大正藏》第37册，第448页下。

"隐藏""隐伏"等，即把梵文的名词解释为动词。或许"胎儿"的形象作为具象的存在，容易让人们将"如来藏"误解为实体性的存在，所以中国注释者才将其抽象化，表达"所藏"或"能藏"之意。

（四）佛性当有

在道生关于佛性的思想中，"佛性当有"说也是值得注意的一种见解。关于众生皆有佛性的命题，自四十卷本《涅槃经》译出之后，被中国佛教界普遍接受，成为一种共识。但佛性是众生先天就具有的呢？还是需要通过修行而最终获得的呢？换言之，佛性是一种完成状态还是一种未完成的潜在状态的问题。前者就是"佛性本有"说，而后者就是"佛性当有"说。后来的地论宗讨论的"现常""当常"问题实际上也是"本有""当有"问题的一种延伸说法。

道生曾著有《佛性当有论》，其立场应该主张佛性当有。可惜其文已佚，其理论展开的详情不得而知。但唐代的均正所撰《大乘四论玄义》卷七载："道生法师执云'当有为佛性体'。法师意：一切众生即云无有佛性，而当必净悟，悟时离四句百非，非三世摄。而约未悟众生望四句百非为当果也。"① 又云："白马爱（昙爱）法师执生公义云'当果为正因'，则简异木石无当果义。"② 从《大乘四论玄义》的转述看，道生所理解的"当有"与"当果"同义，强调一切众生有当来成就佛果的潜能，只要断坏烦恼，皆得成佛。

道生的这种"当有佛性"说实际上与"本有佛性"说并不矛盾。如道生在解释《法华经》"方便品"中的"开佛知见"时云："良由众生本有佛知见分，但为垢障不现耳。佛为开除，则得成之。"③ 由此可见，道生也承认众生"本有佛知见分"。那么，道生是怎样把"本有"说和"当有"说统一起来的呢？实际上，"当有"之佛性和"本有"之佛性并不是同一个概念。前者是指当来佛果，是在时间序列中有待实现的存在，而后者则是当下本具的一种成佛的潜能。一个着眼于未来，一个着眼于当下。

---

① 《大乘四论玄义》卷七，《续藏经》第46册，第601页上。
② 《大乘四论玄义》卷七，《续藏经》第46册，第601页中。
③ 《法华经疏》卷一，《续藏经》第27册，第5页上。

如上所述，道生在四十卷本《涅槃经》传来之前就孤明先发，倡言"一阐提亦有佛性"。按照《高僧传》的转述，"禀气二仪者，皆是涅槃正因。三界受生，盖唯惑界。阐提是含生之类，何得独无佛性？盖此经度未尽耳"。注释可见，道生的一阐提有佛性说中的佛性是指"正因佛性"，即一切有意识有烦恼的众生都具有的"佛知见分"。就一般众生而言，佛性属于"当有"，因为需要用修行的过程作为中介才能获得；而对一阐提众生来说，佛性属于"本有"，即使一阐提也有正因佛性。

四 关于道生的"大顿悟"说

关于觉悟佛教真理的方式是一次性完成还是渐次完成的问题，也就是所谓"顿悟"还是"渐悟"的问题，在中国佛教史上曾有两次影响深远的争论，就是发生在晋末和刘宋之际的道生与慧观之争，以及唐代禅宗的南宗与北宗之争。当然，这两次理论之争虽然都围绕"顿""渐"展开，但其发生的背景和争论的内涵都有很大差别。晋宋之际的顿渐之争，虽然代表人物是道生和慧观，但僧肇、支道林、道安、庐山慧远、法瑶等当时一流的佛教思想家皆直接或间接牵涉其中。争论所涉及的问题也超越了"顿"和"渐"，而关涉修行的次第、觉悟的本质、佛的内涵等佛教理论和实践问题，也关涉如何对待印度佛教的方法论问题，即到底是忠实地遵循印度经典的说法，还是结合中国传统思想对印度佛教进行创造性诠释的问题。在某种意义上说，这是一场影响中国佛教思想发展走向的大争论。

但遗憾的是，关于这场争论的第一手资料付之阙如，我们只能从后人的转述和引用以及《集解》的少量引用中找到一些不完整的线索，从而部分复原这场争论的面貌。

与这场争论相关的理论问题集中在两点。一是原则性问题，即佛教的觉悟是否有次第的问题。在这个问题上，道生和慧观的立场直接对立。道生主张悟则顿悟，没有次第；慧观则认为觉悟是一个渐进的过程。[1] 二是如果有次

---

① 刘虬《无量义经序》："立渐者，以万事之成，莫不有渐。坚冰基于履霜，九仞成于累土。学人之入空也，虽未圆符；譬如斩木，去寸无寸，去尺无尺，三空稍登，宁非渐耶？"《大正藏》第9册，第383页下。

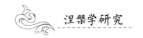

第，那么觉悟发生在修行的哪一个阶段或节点的问题。当时大多数中国佛教思想家主张觉悟是有次第的，但具体在哪个阶段获得觉悟则立场各异。这种主张在某个特定节点获得觉悟的思想被称为"小顿悟"①，这一立场与道生所主张的、否认一切修行次第的"大顿悟"有区别。

如《大涅槃经集解》卷一载："道生曰：'夫真理自然，悟亦冥符。真则无差，悟岂容易？不易之礼，湛然常照，但从迷乖之事，未在我耳。'"② 又陈代慧达《肇论疏》卷上载："竺道生法师大顿悟云：'夫称顿者，明理不可分。'悟谓照极，以不二之悟，符不分之理，理智悉称，谓之顿悟。"③ 也就是说，道生的"大顿悟"是建立在所悟之"理"本身不可分的基础之上的。因为觉悟的对象"理"是一个整体，不可分割，所以觉悟的过程也必然是一悟则全悟，不可能是分阶段、分步骤的觉悟。

但这顿悟的极慧又必须到佛地金刚心后成就法身才有，如隋硕法师《三论游意义》载："竺道生师用大顿悟义也，金刚以还，皆是大梦。金刚以后，皆是大觉也。"④ 又隋吉藏《二谛义》引道生观点说："果报是变谢之场，生死是大梦之境。从生死至金刚心皆是梦，金刚后心豁然大悟，无复所见也。"⑤ 如果这种记载属实的话，那么道生的"顿悟"说只是一种理论上的逻辑结论，即基于"理"的全一性的结论。而从修行实践看，道生仍然承认渐修渐悟。因为只有到佛地才能获得最高的智慧，成就法身，那么，反过来说，在获得佛地金刚心之前都是渐修渐悟。

道生的顿悟义，在刘宋风行一时，根据《高僧传》卷七"道生传"的记载，在道生生前和寂后，祖述其"顿悟"说者不在少数。如"宋太祖尝述生

---

① 慧达《肇论疏》云："第二小顿悟者，支道琳师云'七地始见无生'；弥天释道安师云'大乘初无漏惠称摩诃波若，即是七地'；远师云'二乘未得无有，始于七地方能得也'；瑶法师云'三界诸结，七地初得无生，一时顿断，为菩萨见谛也'。肇法师亦同小顿悟义。何者？即二谛是用，无二为体，二谛是筌，不二之中。而六地以还有无不并无二之理，心未全一，故未悟理也。若七地以上有无双涉，始名理悟。"《续藏经》第 54 册，第 55 页下。在这里，慧达提到持"小顿悟"说者有支道林、道安、慧远、僧肇、法瑶等。

② 《大般涅槃经集解》卷一，《大正藏》第 37 册，第 377 页中。

③ 《肇论疏》卷一，《续藏经》第 54 册，第 55 页中。

④ 《三论游意义》卷一，《大正藏》第 45 册，第 122 页中。

⑤ 《二谛义》卷三，《大正藏》第 45 册，第 111 页中。

顿悟义，沙门僧弼等皆设巨难。帝曰：若使逝者可兴，岂为诸君所屈？"① 又如当时著名的佛教居士刘虬和谢灵运都认同"顿悟"说。② 但慧观的渐悟义似乎有更大的市场。从沙门僧弼等可以直接反对宋太祖的"顿悟"义的做法，可以看出，渐悟义至少与顿悟义相并行。

顿悟和渐悟的争论在印度的部派佛教中就已经出现。玄奘所译的《异部宗轮论》记载，说一切有部主张四圣谛渐现观，而大众部、一说部、说出世部、鸡胤部四个部派则主张一刹那遍知四谛（化地部主张四圣谛一时现观）。③ 说一切有部的渐观说类似于后来慧观的渐悟说，而大众部等部派的刹那遍知说和化地部的现观说则类似于道生的顿悟说。但部派佛教的学说都是 7 世纪初玄奘译出相关经典之后才介绍到中国，所以它们并不是道生和慧观争论的直接来源。其直接的理论来源应该是 4 世纪末和 5 世纪初传到中国的有部系统的论书。

在晋代末年，僧伽跋澄、昙摩难提、僧伽提婆相继到中国，译出了《阿毗昙八犍度论》（383 年）、《毗婆沙论》（383 年）、《阿毗昙心论》（391 年）。在这些论书翻译出来之后，在中国就出现了研习之风，从而促成了毗昙学的兴起。如竺僧度著有《毗昙旨归》，道安曾为《阿毗昙八犍度论》（383 年）、《毗婆沙论》（383 年）撰写序文，而道安的弟子庐山慧远在《大乘大义章》中也显示出毗昙学的学养。

在毗昙论书中，渐悟的说法随处可见，最典型的如《大毗婆沙论》中引用契经的话云："佛言，大王！我忆往昔曾作是语。去来今世，无有沙门婆罗门，等于一切法，顿得知见。若言有者，必无是处。决定经于三无量劫，修习百千难行苦行，积渐具六波罗蜜多，然后乃能于一切法，具实知见。"④ 毗

---

① 《高僧传》卷七，《大正藏》第 50 册，第 367 页上。

② 谢灵运《辨宗论》载僧维问曰："承新论法师以宗极微妙，不容阶级。"谢灵运答曰："但阶级教愚之谈，一悟得意之论矣。"《广弘明集》卷十八，《大正藏》第 52 册，第 225 页中。

③ 《异部宗轮论》卷一："谓一切有部诸是有者，皆二所摄。一名二色，过去未来亦实有，一切法处皆是所知。亦是所识及所通达。生老住无常相，心不相应行蕴所摄。有为事有三种，无为事亦有三种。三有为相别有实体，三谛是有为，一谛是无为，四圣谛渐现观。"《大正藏》第 49 册，第 16 页上。关于大众部则记载："一切菩萨不起欲想恚想害想，菩萨为欲饶益有情，愿生恶趣，随意能往。以一刹那，现观边智，遍知四谛诸相差别。"《大正藏》第 49 册，第 15 页下。

④ 《大毗婆沙论》卷六十三，《大正藏》第 27 册，第 327 页下。

昙的这种立场深刻地影响了中国佛教思想家。如庐山慧远在《大乘大义章》中云："渐渐具足六波罗蜜，教化众生，净佛国土，乃至道场舍烦恼结，然后成佛。"① "非若是者，必为功报转积，渐造于极，以至一生。"② 这里的说法与《大毗婆沙论》的说法如出一辙。

慧观的渐悟论显然继承了毗昙学的传统，以渐断一切烦恼，渐证菩提涅槃为宗旨。与此相对，顿悟说建立在对毗昙学批判的基础之上。这一点，在鸠摩罗什的思想中表现得最充分。鸠摩罗什从中观学的立场出发，对毗昙学持激烈的批判态度。批判的核心问题之一就是毗昙学的渐悟之说。道生作为鸠摩罗什的弟子，继承了鸠摩罗什的立场，成为顿悟说的代表性人物。

总之，道生的《关中疏》作为留存到现在的、《涅槃经》最古老的注释书，可以说开创了中国"涅槃学"的新范式，是晋宋之际"般若学"向"涅槃学"转变的标志性文献。透过这一文献，我们不仅可以窥知《涅槃经》早期注释书的样态，而且可以发现南北朝佛教思想展开的轨迹和内在逻辑。

第二节 《不知题佛经义记》中南齐僧人的"涅槃"诠释

晋宋之际，随着大乘涅槃经典的译出与传播，中国佛教界在南北朝时期兴起了一股研习涅槃学的理论热潮。从刘宋初年"涅槃圣"竺道生的"孤明先发"，到萧梁时代《大般涅槃经集解》的奉敕编撰，中国学僧对涅槃学说的讨论逐渐展开，愈见丰富细致。

一 "涅槃"的界定

关于《涅槃经》的主题"涅槃"（梵语 nirvāna），根据《义记》中的记载，昙纤云：

---

① 《大乘大义章》卷上，《大正藏》第 45 册，第 124 页上。
② 《大乘大义章》卷上，《大正藏》第 45 册，第 126 页中。

　　夫结为生源，生为苦本。如来既杜生源，又绝苦本，故体圆德备，常乐我净，胡音谓之般涅槃那。般涅槃那者，盖是灭累之称也。若翻译彼音，般涅应言不，亦言无。槃那应言生灭，亦言去来。谓此备德之体，永离生死，无复五道来去也。①

道祭云：

　　夫生以流动为苦，反本以寂灭为乐，乐由解招，苦由惑感。是以止惑息苦，其唯解极。解极惑尽，湛然神凝。神凝之体，称为般涅槃。般涅槃者，西域美总之称。称美则名号无以加，名总故众德斯备。谈经文备释，应云不生不灭，常乐我净也。②

昙纤指出"般涅槃那"的意译是"灭累"、③"无生灭（去来）"，即"永离生死，无复五道来去"，道祭也认为"不生之义即涅槃义"。④ 可见，昙纤和道祭都从超越生死的角度来理解涅槃。生死意味着五道轮回，而涅槃则意味着不再轮回。轮回是古代印度自古以来就有的观念，轮回被认为是人的宿命。普通人能够做到的只是此生通过敬神作善在来世获得好的去处。也就是说，佛教徒以外的人都只能把希望寄托于来世，对于现世的命运只能忍受。佛教徒则通过"涅槃"理念而找到在现世解脱的途径。此即通过佛教的修行，克服烦恼而获得自在的境界，如道祭所说"解极惑尽，湛然神凝"的境界就是涅槃。⑤

　　值得注意的是，当时对涅槃的释名有"无翻家"与"有翻家"之别。⑥

---

　　① 《敦煌秘笈》羽271《不知题佛经义记》第4页，第4—6行。
　　② 《敦煌秘笈》羽271《不知题佛经义记》第5页，第7—10行。
　　③ 《大般涅槃经集解》卷一："慧朗述法瑶曰'此言寂灭，谓即心识不可得之名也'，又述昙纤曰'此言无累。'"《大正藏》第37册，第380页中。
　　④ 《敦煌秘笈》羽271《不知题佛经义记》第6页，第6行。
　　⑤ 庐山慧远将"冥神绝境"的状态称为涅槃，将涅槃理解为生灭神冥、形尽神存的境界。详见慧远《沙门不敬王者论》。
　　⑥ 详见［日］布施浩岳『涅槃宗の研究』（後篇），第322—326页。

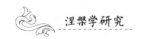

昙纤因将涅槃翻译成"灭累""无生灭"故可被归入"有翻家"之列。道祭虽以"不生之义"为涅槃,但强调涅槃乃"西域美总之称"("称美则名号无以加,名总故众德斯备"),故更倾向于"无翻家"。道生、僧肇作为鸠摩罗什的弟子,运用般若中观的思想,强调涅槃与生死不异的涅槃观。《义记》中的昙纤和道祭虽将涅槃解释为不生不灭的状态,但未就涅槃与生死的不二关系进行探讨,显示了与僧肇、道生看待涅槃的不同视角。

昙纤与道祭皆申述了涅槃所含众德中最重要的三项,即般若、解脱、法身所谓的"涅槃三德"。昙纤云:

> 三点妙体者,谓智同万法,谓之般若;累无不尽,谓之解脱;应被六道,谓之法身。①

道祭云:

> 然德号虽众,举要唯三:取其惑尽无累,称为解脱;应感无方,谓之法身;照穷法相,名曰般若。西域一名,总备众名。此境无言以译,故存彼胡音般涅槃那也。②

两人对"涅槃三德"的定义大体相同,即般若意味着主体和客体在真理层面上的契合一致,具体而言,人有能关照真理的智慧,而此智慧并不是外在于人的客体,而是人所本具;解脱意味着克服一切烦恼,进入自在无惑的境界;法身则与应身之义相融合,意味着悟道后化导一切众生。法身原本是只有佛才具有的智慧之身,而在《涅槃经》中则主要作为众生位的佛性概念出现,表达众生具有成佛的潜质和可能性。而昙纤和道祭则强调法身是佛的特质,体现佛度化众生的利他精神。

《集解》诸师对般若、解脱的解释与《义记》基本一致,但对法身的解

---

① 《敦煌秘笈》羽271《不知题佛经义记》第4页,第8行。
② 《敦煌秘笈》羽271《不知题佛经义记》第5页,第10—12行。

释则较《义记》更为多元。如僧亮、宝亮与《义记》的诸师一样，主要从法身与化身一体的角度强调大乘菩萨道精神，而僧宗、法智、法安则侧重从本体的层面论说法身超越生灭变化的特质，智秀、昙准则兼顾法身所具有的本体与现实功能两个层面。①

二 小涅槃与大涅槃

如上所述，《涅槃经》分为小乘《涅槃经》和大乘《涅槃经》。与此相对，"涅槃"观念也分为小乘涅槃和大乘涅槃。关于小乘涅槃和大乘涅槃之间的区别，在道生那里尚未得到充分认知，而在《义记》中，昙纤在解说"涅槃三德"时则对大小涅槃之间的区别作了如下说明：

> 涅槃之教，有权有实。权者，佛之涅槃，身智妙存，而言灭尽，空同无物，此权教也。实者，今伊字所譬三点妙体，此实教也。……昔涅槃不谈身智，故谓为小。今之妙体，具此三德，所以言大，故《经》云"摩诃般涅槃"也。②

昙纤从权实的角度来定位昔日涅槃（小乘涅槃）与今日涅槃（大乘涅槃），"权"意味着权宜方便，而"实"意味着究竟真实。小乘涅槃虽然也有法身和般若智慧之意，但是隐而未彰，故为权教；而大乘涅槃同时彰显涅槃三德（法身、般若、解脱），故为实教。突出般若与法身的解脱境界是大乘区别于小乘涅槃思想的显著特征。《集解》诸师如僧宗、宝亮、智秀、法智等人在论述涅槃三德时也对大小涅槃进行了区分，整体而言，诸师皆认为小乘以法身、般若是有为法，涅槃须灭身智，故不言法身、般若而只言解脱，此为小乘"有余无德"之涅槃，解脱亦是"孤解脱"。大乘涅槃"即身智而为解脱"，解脱亦有法身、般若，以显众德佛果，故称为"大涅槃"。③ 由此可见，《义

---

① 详见张凯《〈大般涅槃经集解〉诸师的法身观》，载学愚主编《佛学思想与佛教文化研究》上册，社会科学文献出版社 2017 年版。
② 《敦煌秘笈》羽271《不知题佛经义记》第 4 页，第 6—9 行。
③ 《敦煌秘笈》羽271《不知题佛经义记》第 4 页，第 6—9 行。

记》与《集解》皆从身智的角度来区别大小涅槃，但因《义记》较《集解》加入了权实的维度，故两者又存在诠释上的差异：《义记》认为小乘涅槃是隐身智，《集解》则认为是灭身智。

由于昙纤在解说中对大小涅槃进行了区分，尔后诸僧的问难多就大涅槃的"大"义展开。僧钟提问云，《大般涅槃经》既说"大"是"常"义，何故取般若、法身、解脱三事"众德之胜"来解释"大"？昙纤解释说，"常"是"义"而非"体"，三德不以"常"为体，而是各自为体，故在论述大涅槃时仅提及三德而未提及常义。实际上，《涅槃经》的主题既可以概括为法身常住，也可以概括为般若、法身、解脱三德。两者是从不同角度诠释涅槃内涵的。昙纤从"体"和"义"的角度区分三德和"常"并不符合《涅槃经》自身的逻辑。但"体""义"范畴一个侧重本体一个侧重本体的显现，而法身常住相比于抽象的三德更具有具象的特征，因此将二者加以区分，又显示出昙纤思考的哲学化倾向。这种区分，一方面有助于统合"常"和"三德"两个概念，另一方面也深化了中国佛教徒对"体""义"这对范畴的认识。

《涅槃经》本身主要以涅槃四德、八味具足区分小乘涅槃与大乘涅槃。如《涅槃经》云："二乘所得非大涅槃，何以故？无常、乐、我、净故，常、乐、我、净乃得名为大涅槃也。"① 又云："善男子，譬如甜酥，八味具足。大般涅槃亦复如是，八味具足。云何为八？一者常，二者恒，三者安，四者清凉，五者不老，六者不死，七者无垢，八者快乐，是为八味。具足八味，是故名为大般涅槃。"② 道生、僧亮亦皆倾向以"常"释"大"。③ 昙纤在《义记》中舍"常"而改用"身智"来重点论说大涅槃，可见其时学僧重视涅槃三德的思想倾向，这与《集解》诸师对涅槃三德的重视是一脉相通的。方立天先生指出："印度佛教的涅槃学说传入中国以后，在中国传统思想的强大制约和影响下，其侧重点和内涵都发生了深刻的变化。"④ 其时学僧突出涅槃三德，

① 《大般涅槃经》卷二十一，《大正藏》第12册，第746页上。
② 《大般涅槃经》卷三，《大正藏》第12册，第625页上。
③ 道生说："既云大矣，所以为常。"（《大般涅槃经集解》卷一，《大正藏》第37册，第377页中）僧亮说："大者明其常故，亦以大我大乐大净故。"（《大般涅槃经集解》卷一，《大正藏》第37册，第377页下）
④ 方立天：《中国佛教哲学要义》上卷，中国人民大学出版社2002年版，第154页。

将般若与法身纳入解释大涅槃的主流框架中，与中国佛教思想自身的理论发展密切相关，也为中国人辨明大小乘佛教的理论区别提供了重要的思想资源，起到了有效的推动作用。

三　体一义异

与昙纤相比，道祭对涅槃的解说重点是"涅槃三德"自身的性质而较少涉及大小涅槃的区分，因此其后诸僧的问难多就"涅槃三德"的体义展开讨论。针对惠隆三德体义的问难，道祭指出三德"体一义异"，也可以说是"体一义三"。① 关于何者为体的问题，道祭认为"亦是谓般若是体，亦可谓法身、解脱是体"②。主张三德皆可为体。值得注意的是，《集解》诸师对涅槃体义的问题亦有探讨。就涅槃之体而言，宝亮认为"涅槃无体，为众德所成"③，与僧宗皆主张涅槃无体说，其他诸师则多主张涅槃有体说。就涅槃三德的体义而言，僧宗在论及涅槃三德的关系时说："此三德者，体一而义异。一体之上，义目有三。"④ 此外，法瑶、宝亮、智秀、法智诸师亦皆主张三德一体，这与道祭的理解完全一致。关于何者为三德之体的问题，智秀主张三德互为其体，宝亮主张三德总为其体，法安则主张法身为体，般若、解脱为德。⑤ 僧亮虽无何者为三德之体的明确论述，但主张般若在法身、解脱之上。⑥ 由此可见，道祭主张涅槃有体说，认为三德皆可为体，与智秀的主张存在某种程度上的相似性。布施浩岳指出，主张涅槃无体者多是涅槃有翻家（多将"涅槃"译为"灭度""无累"），倾向从三德中的解脱入手来论述涅槃之体；主张涅槃有体者多是涅槃无翻家，倾向从三德中的法身入手来论述涅

---

① 道祭说："既此一体，有彼三义，三即是一，一即是三。三以目义，一以语体。"（【羽271—5】[15] — [16]）

② 《敦煌秘笈》羽271《不知题佛经义记》第5页，第14—15行。

③ 《大般涅槃经集解》卷一，《大正藏》第37册，第378页下。

④ 《大般涅槃经集解》卷一，《大正藏》第37册，第377页下。

⑤ 详见张凯《〈大般涅槃经集解〉诸师的法身观》，载学愚主编《佛学思想与佛教文化研究》上册，社会科学文献出版社2017年版。

⑥ 《大般涅槃经集解》卷六："面上三目者，般若居上，身及解脱，二无胜故，并列在下。"《大正藏》第37册，第401页下。

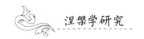

槃之体。虽入径不同，但最终归向皆是三德一体的涅槃状态。①

综上所述，昙纤对涅槃的阐述侧重于以涅槃三德彰显大小乘涅槃的区别，道祭对涅槃的阐述则倾向于对涅槃三德自身性质的探讨。在对"涅槃"的界定中，涅槃三德是其重要内涵；在大小乘涅槃的区分上，涅槃三德的彰显与否成为重要标志；涅槃三德的体义问题也是诸僧重点讨论的对象。可以说，《义记》关于涅槃义的讨论，其中心议题皆围绕"涅槃三德"展开。从对涅槃三德的重视来看，《义记》与《集解》中的涅槃论述具有高度的一致性，反映出南朝齐梁时代涅槃学的一贯立场。涅槃三德之所以较涅槃四德更为中国佛教界所重视，主要因为四德中的"常""乐""我"的思想与原始佛教的"无常""苦空""无我"教义至少在表面上直接矛盾，一般学僧理解困难，而三德说融合了般若性空和涅槃妙有，同时强调修行解脱的重要性，在逻辑上更为自洽，在理论上更有说服力。

当然，从《义记》所透露的当时的辩论看，当时的中国佛教徒关于三德同体还是三德异体问题还存在争论，这说明当时佛教界对三德之间的圆融互摄关系的认知还有待强化。而梁代特别是到隋代，涅槃三德互具的思想成为思想界的共识，三德的相互交涉、相互圆成的思想成为一种思维模式，成为天台宗把握大乘佛教思想的重要思维工具。如智𫖮《金光明经玄义》和灌顶《大般涅槃经玄义》都对三德互具的思想进行了深化。灌顶更提出"新伊三点"以超越"旧伊三点"，力图结合天台宗教义，对涅槃三德思想作出新的诠释。

值得注意的是，《义记》中的"涅槃义"没有涉及佛性层面的讨论，可见《义记》未将涅槃与佛性作一关联思考。《大般涅槃经》甫出，道生等关注到《涅槃经》的佛性普遍性问题，即一阐提是否有佛性问题。但其后人们的关注焦点在不断变化，如觉悟的顿渐问题、法身与色身的关系问题等。而《义记》所讨论的三德之间的体义问题是一种更深层次的哲学问题。这种纯粹思辨性的思考深化了中国哲学原有的体用观念，为后来出现的"体相用"概念的提出奠定了思想基础。

---

① 参见［日］布施浩岳『涅槃宗の研究』（後篇），第329、333—334页。

第三节 梁陈"观师"的涅槃思想

提到南北朝佛教史上的慧观，我们首先想到的是刘宋道场寺的慧观。根据《高僧传》"慧观传"的记载，道场寺慧观活跃于刘宋元嘉年间（424—453），曾参与《胜鬘经》、四卷本《楞伽经》的翻译，和谢灵运、慧严等编纂三十六卷本《涅槃经》。在佛教思想方面，主张渐悟说，与道生的顿悟说相抗拮。在中国早期《涅槃经》和如来藏系经论的传播方面厥功至伟。如在中国判教思想史上占有重要地位的"五时"判教说，根据吉藏、智者大师的记载似乎出自道场寺慧观。但综合各方面的资料看，"五时"判教说的创说者并不是道场寺慧观，而是另有其人。此人被后世称为"观师"，只是其活跃的年代不是刘宋而是梁代或陈代，所以姑且称之为梁陈"观师"。此"观师"与刘宋慧观活跃的年代相差近百年，其思想倾向和思想史地位各异。如果不对两位法师加以辨析，就会造成思想史研究的混乱。关于梁陈"观师"，《高僧传》和《续高僧传》皆无记载，其生平不可考。幸乎隋代硕法师《三论游意义》和唐代灌顶《涅槃经疏》有关于"观师"的大量引用，从而提供了关于梁陈"观师"生平和思想的若干线索。以下，以这两种文献为中心，对梁陈"观师"的思想加以考察。

一 "五时"判教说非出自道场寺慧观

智者大师在《法华玄义》中，在总结南北朝时期南地和北地的判教说时，认为在道场寺慧观那里就出现了三教五时的判教说，"三教"即顿教、渐教、不定教，而"五时"则是渐教再细分为有相教、无相教、褒贬抑扬教、同归教、常住教。智者大师还补充说明，南齐时代的定林寺的僧柔、慧次也持同样的立场，而且此说被梁代的开善寺僧旻和光宅寺的法云继承。① 显然，智者大师将道场寺慧观的说法视为"五时"说的源头。

---

① 《法华经玄义》卷十上："三者、定林柔、次二师及道场观法师，明顿与不定同前，更判渐为五时教，即开善光宅所用也。"《大正藏》第33册，第801页上一中。

关于慧观的"五时"说，与智者大师的简略说法相比，嘉祥吉藏的说法就更为具体。根据吉藏在《三论玄义》和《法华玄论》中的说法，道场寺慧观确实有"五时"的说法①，但与智者大师所转述的慧观"五时"说相比较，有两点明显的区别。一是《法华玄义》中的"五时"与顿教、渐教、不定教等"三教"相联系，而依据吉藏所说，慧观的"五时"与顿教、渐教"二教"相联系，"不定教"不是慧观所说，而是后人增加的。二是两种文献对慧观"五时"的内涵记述不同。在《法华玄义》中，"五时"是有相教、无相教、褒贬抑扬教、同归教、常住教，而在《法华玄论》中，"五时"则是三乘别教、三乘通教、抑扬教、同归教、常住教。后面三种教大体相同，而前两种教的名字和内涵则有差异。如"有相教"是指宣扬小乘佛法的经典，而"无相教"则是宣扬般若教义的大乘经典。而"三乘别教"则既包含小乘教法也包含大乘教法。

假定智者大师和嘉祥吉藏在著作中所提到的慧观就是刘宋道场寺的慧观，那么就会有诸多不可解之处。其一，《法华玄义》中的"定林柔、次二师，及道场观法师"的说法怪异。因为道场寺慧观活跃于刘宋时期，是南齐时代的僧柔、慧次的先辈，在行文中应该是慧观→僧柔→慧次的次序，而不应该是僧柔→慧次→慧观。前代的人物放在后代人物之后，是极不自然的。最大的可能是慧观本来就生活在僧柔、慧次之后的年代。

其二，吉藏在《三论玄义》中不仅明确指出慧观有"五时"说，而且明确此说出自慧观的《涅槃经序》中。但道场寺慧观是否撰写过《涅槃经序》值得怀疑。尽管慧观曾会通谢灵运、慧严等参与了南本《涅槃经》的编辑，讲说、注疏《涅槃经》的可能性不能否认，但《高僧传》"慧观传"并没有提到慧观注疏《涅槃经》，而且《涅槃经集解》中也没有收录哪怕一条慧观

---

① 《三论玄义》卷一："言五时者，昔《涅槃》初度江左，宋道场寺沙门慧观仍制《经序》，略判佛教，凡有二科：一者顿教，即《华严》之流，但为菩萨，具足显理；二者始从鹿苑，终竟鹄林，自浅至深，谓之渐教。于渐教内，开为五时。一者三乘别教。为声闻人，说于四谛。为辟支佛，演说十二因缘。为大乘人，明于六度。行因各别，得果不同，谓三乘别教；二者《般若》，通化三机，谓三乘通教；三者《净名》《思益》，赞扬菩萨，抑挫声闻，谓抑扬教；四者《法华》会彼三乘，同归一极，谓同归教；五者《涅槃》，名常住教。自五时已后，虽复改易，属在其间。"《大正藏》第45册，第5页中。

的注解。如果慧观真有《涅槃经序》（或《涅槃经疏》）的存在，考虑到慧观在当时佛教界的地位，单单忽视慧观的注疏是不可思议的。

其三，根据僧传资料的记载，在刘宋、南齐时代，《法华经》和《涅槃经》是佛教界关注的重点，《华严经》还没有进入佛教界的主流。如《高僧传》卷八"玄畅传"记载："初，《华严》大部，文旨浩博，终古以来，未有宣释。畅乃竭思研寻，提章比句。传讲迄今，畅其始也。"① 玄畅是在元嘉二十二年（445）从平城到达扬州的。如果这里所叙述的是事实，那么，在刘宋时期，《华严经》的讲习还没有开展。虽然《六十华严》在东晋元熙二年（420）就已经译出，但慧观根据《华严经》之说提出"顿教"说的可能性并不高。可以佐证这一点的是，无论是与慧观同时代的道生，还是稍晚于慧观的僧亮、僧宗等在判教说中，都没有将《华严经》纳入其中。如此一来，不仅智者大师所传的慧观的"三教"说值得质疑，而且吉藏所传的慧观的"二教"说也值得怀疑。

其四，比慧观稍晚的僧亮和僧宗那里出现了"五时"说的雏形。如僧亮将《涅槃经》的"五味"分别与"三藏""三乘杂说""方等""空般若""涅槃经法"相匹配。② 而僧宗认为，《涅槃经》中的牛乳、酪、生酥、熟酥、醍醐"五味"，分别代表"四谛法轮""三乘通教"（《大品般若经》）、《维摩经》等"抑挫二乘，称扬菩萨"之教、《法华经》之"破无三因果"之教、《涅槃经》之"明佛性常住，穷理尽性"。③ 但无论是僧亮之说还是僧宗之说虽然具有了"五时"说的雏形，但与"五教"所对应的经教还没有定型，还处于酝酿和构思中。如果慧观已经有如《法华玄义》或《法华玄论》中所述的"五时"说，在慧观之后的僧亮和僧宗不会完全无视其说，另起炉灶。从"五时"所对应的经教的规范度看，"五时"说出现在僧亮和僧宗之后更为合理。

总之，虽然吉藏和智者大师都明确地说刘宋道场寺慧观主张"五时"说，但从思想史的背景分析，刘宋道场寺的慧观显然不是"五时"说的创倡者，

---

① 《高僧传》卷八，《大正藏》第50册，第377页上。
② 《大般涅槃经集解》卷三十五，《大藏经》第37册，第493页上。
③ 《大般涅槃经集解》卷三十五，《大正藏》第37册，第493页中。

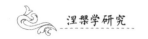

"五时"的创倡者应该另有其人。

二 灌顶《涅槃经疏》中的"观师"

唐代灌顶在《涅槃经疏》中多处引用了"观师"的《涅槃经》注释，从灌顶的相关引用看，"观师"是活跃于梁陈时代的另一位涅槃师。而吉藏和智者大师所提到的、主张"五时"判教说的慧观不是刘宋道场寺的慧观，而很可能是梁陈时代的"观师"。①

由于灌顶关于"观师"《涅槃经》注释的引用内容很丰富，涉及《涅槃经》诸多品的内容，所以合理推论，"观师"应该有《涅槃经疏》，而梁陈"观师"的《涅槃经疏》没有留传下来，其中的"五时"说，除了吉藏和智者大师的引用之外，我们没有其他直接的证据，但在灌顶的《涅槃经疏》中出现了"观师"的相关说法。

《涅槃经》"圣行品"有一段经文，释尊在回答住无垢藏王所问时，举出从乳生酪、由酪生生酥、由生酥生熟酥、由熟酥生醍醐的譬喻，认为这与佛生十二部经、十二部经生修多罗、由修多罗生方等经、从方等经生般若波罗蜜，从般若波罗蜜生大涅槃是一样的。②

关于这段经文，灌顶首先举出开善寺智藏、招提寺慧集、兴皇寺法朗的解释。其中，开善寺智藏认为这段经文包括牛乳到醍醐的譬喻，是说明"五时"判教。其中，十二部经是"初教"，修多罗是"般若时"，"方等时"指《净名经》《思益经》，接下来是"法华时"和"涅槃时"。但智藏不仅认为修多罗是"般若时"，而且《法华经》也属于"般若时"，因为《法华经》所讲是"平等大慧"，而平等大慧就是般若。招提寺慧集认为，乳、酪、生酥代表"三教"即小乘藏、杂藏、菩萨藏；熟酥、醍醐代表"二理"即般若因、涅槃果。兴皇寺法朗也将这一譬喻理解为十二部经—修多罗—方等经—般若经—涅槃经的说时顺序。③灌顶在介绍了三位注释家的说法之后，关于慧观之

---

① 当然，智者大师仅仅提到"道场慧观"，并没有像吉藏那样强调"刘宋道场慧观"，所以不能排除他所指的是梁陈时代道场寺慧观的可能性。

② 《涅槃经》卷十四，《大正藏》第 12 册，第 449 页上。

③ 参见《涅槃经疏》卷十六，《大正藏》第 38 册，第 135 页中—下。

说云:

> 观师云, 此并从多之少, 从广至略。初叹十二部, 十二部通于小大,
> 此则是总, 更别叹修多罗。修多罗又通, 更别叹方等。方等未为希有,
> 复别叹《般若》。于《般若》中, 更别叹《涅槃》。一句佛性, 如从牛出
> 乳, 乃至醍醐, 则涅槃为最。义皆不然。何者? 十二部经通于大小, 岂
> 独是小乘? 又十二部谓是初者, 小非初说, 故不可用。复何故以修多罗
> 为《般若》? 余经岂无长行耶? 复何故以"般若"为《法华》? 名不相
> 应, 义云何会? 假使以《般若》邻于《涅槃》,《般若》则是第四时教,
> 复违尔五时次第。①

这里值得注意的有两点。其一, 此"观师"可以肯定不是宋道场寺的慧观。
据布施浩岳的考证, 刘宋慧观约圆寂于刘宋元嘉二十年 (443) 至二十五年
(448)②, 而此处的"观师"对智藏、慧集、法朗等的见解皆提出批评, 而
在灌顶《涅槃经疏》的相关引用中, 我们还可以看到"观师"对法云、智
旻等的批评, 可见,"观师"是与这些批评对象同时代或稍晚于这些人的
僧人。

其二, 关于慧观"五时"判教, 灌顶并没有正面引述, 但从以上"观
师"对智藏等人"五时"说的批判来看, 其立场与吉藏在《三论玄义》中所
引用的慧观的"五时"说并不矛盾, 甚至可以说可以相互印证。如慧观"十
二部经, 通于大小"的说法, 与吉藏所转述的"三乘别教"的说法相契合。
"三乘别教"是从修行果位而言的, 修习十二部经, 既可以得到声闻果也可以
得到菩萨果, 这意味着十二部经既包括大乘教义也包括小乘教义, 这种说法
只出现于慧观的"五时"判教说中。此外, 否认十二部经是"初教"的说
法, 实际上与"观师"的"顿教"观联系在一起。因为按照《华严经》的说
法, 释尊在获得开悟之后的第二个七日讲了《华严经》, 所以,《华严经》才

---

① 《涅槃经疏》卷十六,《大正藏》第 38 册, 第 135 页下。
② 参见 [日] 布施浩岳『涅槃宗の研究』(後篇), 第 15 頁。

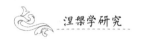

是"初教"。在"观师"的"五时"判教体系中,《华严经》既是"顿教"也是"初教"。"观师"正是从这一立场反对将"十二部经"视为"初教"。

基于以上理由,我们可以合理推断,灌顶在《涅槃经疏》中所提到的"观师"就是吉藏在《三论玄义》和《法华玄论》中所提到的撰述《涅槃经序》的慧观,只是此慧观是生活在梁陈时代的慧观,而非刘宋时期道场寺的慧观。那么,"观师"是否有可能是"道观""智观""僧观"之类的简称呢?检索《高僧传》和《续高僧传》,在南北朝时期的高僧中,除了"慧观",没有其他有"观"字的高僧名字。而吉藏之所以将梁代的慧观误认为是宋代道场寺的慧观,或许与两个慧观皆与《涅槃经》有渊源有关。宋道场寺慧观参与了南本《涅槃经》的编辑,写出《涅槃经疏》这样的著作也是顺理成章的事情。或许在吉藏的时代,佛教界已经将《涅槃经疏》误认为是刘宋道场寺慧观的著作。

关于梁陈时代的"观师",还有出自三论宗硕法师《三论游意义》的如下记载:

> 又用五时师,慧观开善等,如常闻也。而慧观师云,从第二《大品》为常教。何以知之?《仁王经》云,超度世谛,第一义谛,湛然常住。又偈云,"一转妙觉常湛然"也。开善云,前四时皆是无常教也。①

硕法师一般被认为是吉藏的门下,活跃于隋代。从硕法师的转述看,慧观对"常住教"的理解与开善寺智藏等不同。智藏认为只有《涅槃经》是"常住教",而慧观则认为《大品般若》已经是"常住教"。为了说明这一点,慧观引用了《仁王经》的说法。《仁王经》据说有竺法护、鸠摩罗什、真谛所翻译的三个译本。但《僧祐录》所载鸠摩罗什翻译经论中并没有《仁王经》。在梁代此经就被认为是疑伪经。如果按照学术界的推测,此经出现于南齐时代,则刘宋慧观就不可能引用《仁王经》。也就是说,引用《仁王经》论证"常住教"的,只可能是梁陈时代的"观师"。

---

① 《大正藏》第45册,第122页上。

更重要的是，硕法师在《三论游意义》的同一段落中，还同时提到刘宋道场寺慧观：

> 后东安寺慧严师、道场寺慧观师、谢令郡作《三十六卷》。其来所以，如《传》云也。又竺道生师，涅槃未至汉地时，看六卷《泥洹》一阐提成佛。尔时，国中诸大德云，《泥洹》无言阐提成佛故，而生师独言阐提成佛。是故诸大德摈生师虎山五百里也。晋末初宋，元嘉七年，《涅槃》至阳州。尔时里山慧观师，令唤生法师讲此经也。①

硕法师根据《高僧传》的资料，简述了慧严、道场寺慧观和谢灵运编纂三十六卷本《涅槃经》的事实，回顾了竺道生因为提倡一阐提可以成佛而被摈出建康，后来四十卷本《涅槃经》译出而得到"平反"的过程。中间又提到里山慧观邀请道生讲四十卷本《涅槃经》。硕法师在同一段落中提到两个慧观，说明硕法师是认识到两个慧观不是同一个人。一个是刘宋时代与道生过从甚密的道场寺慧观，一个是梁代与开善寺智藏有交涉的慧观。如上所述，吉藏将两位慧观弄混淆了，但其弟子硕法师将两者作了区分。

那么，"观师"是何许人呢？由于《高僧传》和《续高僧传》皆看不到关于此人生平的任何线索②，所以我们无从得知其生平的细节。《高僧传》的作者慧皎（497—554 年）本身就是涅槃师，所以，在《高僧传》收录的南齐"涅槃师"数量最多，资料也最详尽，如僧柔、慧次等。但由于《高僧传》收录的下限是梁武帝天监十八年（519），而且《高僧传》不收录在世僧人的事迹。所以在梁陈代活跃的涅槃师"观师"不见于《高僧传》是正常现象。而《续高僧传》的作者道宣是律宗祖师，对《涅槃经》没有特别的兴趣，故收录的"涅槃师"的数量与《高僧传》不成比例。而涅槃学的鼎盛时期恰恰

---

① 《大正藏》第 45 册，第 122 页中。
② 《隋书·经籍志》"子"部记载"梁有《老子义疏》一卷，释慧观撰，亡"。在梁代，《老子》的注疏很多，梁武帝有《老子讲疏》六卷，戴逵有《老子音》一卷，梁简文帝有《老子私记》十卷。灌顶《涅槃经疏》中所引"观师"的注疏中也有"少欲知足""无得""无成"等带有道家色彩的文字，但难以断定《老子义疏》的作者慧观就是《涅槃经疏》的作者慧观。

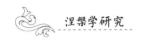

是梁代和陈代。这一时期活跃的"涅槃师"最多,《续高僧传》虽然收录了智藏、僧旻、法云等兼习《涅槃经》的名僧,却将"观师"这样重要的"涅槃师"遗漏,这不能不说是一大遗憾。

从智者大师在《法华玄义》中将慧观放在僧柔、慧次之后来看,"观师"应该生活在两位南齐名僧之后,而从他在《涅槃经疏》对梁代著名僧人僧旻、智藏、法云乃至梁武帝等的批评看,他的《涅槃经疏》应该撰述于6世纪20年代至40年代。从智者大师和嘉祥吉藏都将其误认为刘宋道场寺的慧观看,他与这两位高僧应该没有交集。据此推测,其生活的年代应该是公元480年至公元550年。

三 "观师"的《涅槃经》观

如上所述,吉藏和智者大师都提及慧观的"五时"说,但两者的转述有微妙的差异。如智者大师所说是"三教五时",而吉藏所说则是"二教五时";智者大师所说的前两时是"有相教"和"无相教",而吉藏所说则是"三乘别教"和"三乘通教"。吉藏在《大品游意》中,结合"成实师"之说谈到慧观之说时,明确"五时"说在顿教、不定教、渐教三教的框架中展开,"五时"是渐教的"五时"。这意味着"观师"的判教体系,如智者大师所说,应该是"三教五时"。而根据《大品游意》的转述,"无相教"又称"三乘通教",而十二部经又称"三乘别教"。"三乘别教"的说法似乎是"观师"独有的提法。从这个意义上说,吉藏以"三乘别教、三乘通教、抑扬教、同归教、常住教"概括慧观的"五时"说,似乎更接近"观师"之说的实态。

《大品游意》还提到慧观引用了两家的"五时"说:一是阿含经、禅经、般若维摩法鼓、法华、涅槃;二是阿含、维摩思益法鼓、法华、般若、涅槃。慧观在对两家"五时"说进行批判的基础上,确立了自己的阿含、般若、维摩思益、法华、涅槃的"五时"说。

关于《涅槃经》的核心概念涅槃,灌顶《涅槃经疏》有三处引用了"观师"之说。其一是关于解脱与涅槃之间关系的论述。关于解脱与涅槃是同是异,灵味慧令和开善寺智藏都认为二者相异,如智藏认为涅槃是"灭度"之意，而解脱是"无累"之意。从《涅槃经集解》的记载看，关于涅槃有两个诠释模式：一是从主体的迷—悟角度，将涅槃理解为对烦恼的超越，所以称为"无累"；二是从主体的生死—自在的角度，将涅槃理解为对生死轮回的超越，所以称为"灭度"。智藏的观点就代表了这两种不同的诠释方向。而"观师"则云："涅槃与解脱同是断德。因灭烦恼，故得解脱。得解脱故，得大涅槃。即是不异。"① 可见，"观师"认为涅槃和解脱都以断除烦恼为根本内涵，断除烦恼既是对烦恼的超越，也是对生死的超越，所以二者没有差异。应该说这种诠释符合《涅槃经》的涅槃三德之意，也是南北朝时期中国佛教思想家的主流见解。

另一处引用则是关于涅槃与"我"的关系的论述。《涅槃经》所说的涅槃三德之一是法身，此法身又称为"真我"，而涅槃四德（常乐我净）中也有"我"义。那么，《涅槃经》的"我"与原始佛教的根本教义之一的"无我"说如何统合就是一个理论难题。《涅槃经》的经文中，既有"有大我故，名大涅槃"的说法，又有"涅槃无我"的说法。对此，灌顶介绍了两种见解。一是认为涅槃无我是因为从真谛的立场看，涅槃超言绝相、无以名状故"无我"；而涅槃有我，则是因为站在俗谛的立场需要对涅槃进行界定故假立"我"名。二是两种"我"的内涵不同，涅槃"无我"意味着涅槃无生死之我、虚妄之我，涅槃"有我"则意味着涅槃有常乐之我。"观师"对第一种说法持批判态度。认为涅槃之有"我"和无"我"并不是主体的认知问题，而是涅槃本身的属性。如果涅槃"无我"是站在真谛立场所得出的结论，那么以同样的逻辑，也可以说涅槃"无常"，但《涅槃经》明确讲涅槃是常住之法，不是"无常"。所以从真谛的角度说涅槃"无我"不成立。从《涅槃经集解》的记载看，中国《涅槃经》注释者大多从"真我"和"妄我"相区分的角度来理解涅槃有"我"和"无我"。也就是说，原始佛教的"无我"说是否定自性的"我"、实体性的"我"，而《涅槃经》所说的涅槃有"我"则是指与般若、解脱联系在一起的自在的"我"，是一种主体性的表达。"观师"对涅槃之"我"的解说属于南北朝涅槃学的主流见解。

---

① 《大般涅槃经疏》卷二十四，《大正藏》第 38 册，第 180 页下。

还有一处则是关于涅槃中的法身义的阐释。关于法身的讨论，我们在鸠摩罗什和庐山慧远的通信集《大乘大义章》中就可以看到。从庐山慧远的相关论述看，关于法身与色身的关系曾是长期困扰中国佛教思想家的理论问题。法身与真如、实际、法性等概念一样，属至圣义谛的范畴，是超言绝相、不生不灭的。但"身"则是一个具象的存在。庐山慧远就难以理解为什么作为抽象概念的法身一定与"身"联结起来。兴皇寺法朗从中观的立场出发，认为法身和色身分别属于两个系统，法身超越于世俗的言说体系，不能对其作出肯定和否定的判断，指出它是什么或不是什么。只有对色身，我们才能对其作出是与非的判断。从这个意义上说，法身不是"身"。① 与法朗的说法不同，"观师"一方面指出法身与色身有本质的区别，法身非"身"，但另一方面法身又可以借因缘而成为"身"。"观师"在这里实际上表达了法身缘起的思想。关于法身缘起的思想，一般认为始于净影寺慧远，但"观师"这里至少出现了法身缘起的思想雏形。②

众所周知，《涅槃经》的主题之一是佛性和如来藏问题，这部分内容主要集中于"寿命品""如来性品"等。后世注释者无不关注《涅槃经》的佛性说，对《涅槃经》的阐释构成中国佛性思想的主体部分，而《涅槃经》也成为中国佛教佛性思想的主要经典依据。

《涅槃经》中关于佛性的说法很多，最典型的是结合因果而谈佛性，如正因佛性—了因佛性、正因佛性—缘因佛性的二佛性说，以及因性、因因性、果性、果果性、非因非果性的"五佛性"说，等等。按照《涅槃经》的说法，正因是众生，缘因是六度。庄严寺僧旻则认为正因佛性是假名。"观师"反对僧旻之说，认为众生明明由五蕴和合而成，有心识神明，如何能称其假名？而缘因则不仅包括六度，也包括十二因缘之理、三十七道品。一般认为十二因缘属于原始佛教的教义，而三十七道品则是部派佛教时期完善起来的

---

① 《涅槃经疏》卷八："兴皇云：法身不为是之与非，是所不能是，非所不能非，绝百非，非百是，无是无非，能是能非，故言是身非身。观师云：是身非身，因缘相成，法身非身，不妨是身，终日是身而复非身，终日非身而复是身。"《大正藏》第38册，第83页上。
② 慧观在解释三乘与一乘的关系时云："释此为二：一者当体，二者为缘。当体即法身本地，故无差别；约缘故有三乘之异，差别不同。"《大正藏》第38册，第117页中。

修学体系。由此可以看出其佛性思想建立在大小乘思想融合的基础之上。①

关于《涅槃经》的"五佛性"说,"观师"将"因因性"即六度万行等大乘菩萨道视为"了因",此"了因"相对于十二因缘之理(因、境界性)是"果",而相对于菩提,它又是"因"。②非因非果,宝亮将其理解为超越性的真理,与真如、法性、无相、无为等同义。"观师"将其称为"正性"。灌顶特别提到,"兴皇但名正法正性,不许称为正因"。而"观师"也称之为"正性"。那么,是"观师"影响了兴皇寺法朗,还是兴皇寺法朗影响了"观师"?从灌顶《涅槃经疏》的引文看,"观师"对同时代的著名僧人如智藏、僧旻、法云等皆持批评态度,但却不见对兴皇寺法朗的直接批评,这似乎暗示"观师"生活在兴皇寺法朗之前。

关于佛性的另一个争论较多的问题是佛性当有还是现有的问题。据传,道生就曾著《佛性当有论》,阐述佛性是当有而非现有。关于《涅槃经》中所说的众生悉有佛性命题中的"有"的性质,佛教界有诸种见解。如灌顶就举出两种代表性见解:一是主张佛性当有而非现有,如一阐提的佛性就不是现有而是未来才可能具有的;二是地论师的见解,认为真神佛性如敝帛裹黄金,众生虽然有佛性,但被烦恼遮蔽,消除烦恼,可见佛性。慧观对这两种见解皆不认同,认为若执着于"当有""或""现有",便是偏见,徒增戏论。从"理佛性"的角度看,众生的佛性就是"现有";而从行佛性的角度看,众生的佛性需要依靠六度万行的缘因才能显现,所以是"当有"。③

四 "观师"在中国佛教史上的地位

由于"观师"没有出现在《高僧传》和《续高僧传》中,致使这样一位

---

① 《涅槃经疏》卷二十五:"佛答亦具二因。正谓众生,缘谓六度。庄严家据此文,明假名是正因佛性。观师不用。云缘因不但唯有六度,复有境界及道品等,皆是缘因。正因何得但是假名?亦有五阴及心神等。"《大正藏》第38册,第183页中。

② 《涅槃经疏》卷二十四:"若一切众生下,观师亦作五性:是因非果即境界性,是果非因即果果性,是因是果即了因性及菩提性。言了因者,以望境界为果,望菩提是因。若尔,菩提性亦应两望:望了因是果,望果果是因。非因非果即正性。兴皇但名正法正性,不许称为正因。"《大正藏》第38册,第177页上。

③ 《涅槃经疏》卷二十四,《大正藏》第38册,第179页上。

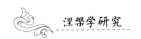

重要的《涅槃经》注释家被遗忘在历史的尘烟中，没有受到佛教思想史家的关注。无论是汤用彤的《汉魏两晋南北朝佛教史》还是布施浩岳的《涅槃宗之研究》都没有只言片语提到这个人物。这当然不能苛责前代的学者，因为早在隋代，嘉祥吉藏已经将"观师"的思想错误地安置在刘宋慧观的头上。可见由于某种特殊的原因，"观师"从隋代开始就与百年前的慧观重叠在一起，成为一个影子式的存在。所幸，硕法师和灌顶在著作中对其《涅槃经疏》有大量引用，才使得这样一位涅槃师没有被彻底遗忘。

从南北朝佛教思想发展的脉络看，有两大主线贯穿其中。一条主线是大乘和小乘相区别的问题。从南北朝后期大量冠以"大乘"字眼的著作（《大乘义章》等）问世可以看出，关于大小乘之间的异同是当时思想家普遍关注的问题。一方面中国佛教思想家力图明确大乘佛教的思想特质，确立大乘佛教的主体性地位；另一方面，又要力图容摄小乘佛教的思想和修行体系，从而构筑一个具有圆融特色的"圆教"系统。另一条主线则是中观学和涅槃学的融合问题。自晋宋之际中国佛教开始自般若学向涅槃学转向，涅槃学成为时代的主流思潮，但这并不意味着般若学的消失。实际上，般若学和涅槃学之间的张力一直存在。无论是三论宗提出中道佛性的概念来融摄空与佛性，还是涅槃宗结合"空如来藏""不空如来藏"说来消解佛性的实体性，我们都可以看到两种思潮的冲突激荡。可以说，两者之间的紧张关系构成南北朝思想发展的内在动力之一。

在这种时代的思想大潮中，"观师"的涅槃思想又处于何种地位呢？《涅槃经》"德王品"有偈云："如来证涅槃，永断于生死，若有至心听，常得无量乐。"[①] 关于这段偈文，"观师"认为其含义极其丰富，他从十个方面来阐释其意：三宝、四谛、三德、四德、生不生等四句、本有今无偈、雪山偈、四悉昙意、中论偈、四种佛性。从这段诠释看，他力图以涅槃概念为轴心，将大小乘的教义、中观和佛性的教义统合起来的意图相当明显。可以说，其涅槃思想属于南北朝佛教的主流。

"观师"还是一个具有批判精神的思想家。对同时代的思想家如被称为梁

---

① 《涅槃经疏》卷二十二，《大正藏》第38册，第497页中。

代三大士的智藏、僧旻、法云的观点,"观师"唯理是据,不留情面地痛加批判。显示出"依法不依人""依了义不依不了义"的求道精神。南北朝时期,自刘宋的竺道生以来,《涅槃经》注释者代不乏人;自《关中疏》已降,《涅槃经》注释书汗牛充栋。以往,由于资料的阙如,我们对南北朝涅槃学的认知,停留在《涅槃经集解》所收录的资料范围。而6世纪20年代至50年代涅槃学的状况,我们的了解有限。而透过"观师"对当时涅槃学代表人物的批判可以看出,"观师"可以说是南北朝涅槃学的集大成者,代表了当时涅槃学的最高峰。隋代的净影寺慧远虽然也有《涅槃经义记》的著作存世,但他是站在地论宗的立场注释《涅槃经》,已经不是涅槃学的主流。

"观师"不仅富有批判精神,而且富有理论创新精神。从其倡导的"五时"判教说、法身缘起说、本有当有融合说等来看,他在批判继承前人思想的基础上,力图建构自己的佛教思想体系。其独创性的思想深刻地影响了三论宗的嘉祥吉藏、天台宗的智者大师以及后来的灌顶等。对"观师"思想的复原不仅有助于重新认识南北朝涅槃学,也有助于推进整个南北朝佛教思想的研究。

第六章 《涅槃经》概念的诠释与重构

第一节 伊字三点与涅槃观念的嬗变

《涅槃经》，顾名思义，即关于解说什么是"涅槃"的经典，其主题自然是"涅槃"。但具体如何理解"涅槃"的内涵，历代注释家有不同的看法。在《涅槃经集解》中，我们看到有诸多注释家从法身、般若、解脱三个视角来把握"涅槃"的内涵，而且认为这三个概念之间是一种不分先后、没有高下、相即不离的关系。为了说明这种三个概念之间的相互交涉关系，这些注释家不约而同地注意到《涅槃经》中提到的"伊字三点"，用"三点"之间不纵不横、等距相对的关系来形象地表达法身、般若、解脱之间的关系。那么，"伊"字在《涅槃经》中的原意是什么？中国佛经注释家是如何将其与"涅槃"义结合在一起的？这种结合对"涅槃"义的中国化有什么影响？以下，以《涅槃经集解》和天台宗的相关文献为中心，对上述问题略作考察。

一 《涅槃经》中的"伊"字与《涅槃经》主题

自《涅槃经》被翻译出来之后，中国的《涅槃经》注释家即"涅槃师"们就开始思考《涅槃经》的主题问题。从《涅槃经》的注释史看，人们对《涅槃经》主题的认识经过了一个过程。一开始，人们关注的是《涅槃经》中所讨论的佛性问题，即一切众生包括一阐提是否皆有佛性。晋宋之际，正是中国佛教从般若学向涅槃学转变的时期，佛性问题成为佛教界关注的热点问题。道生根据六卷本《涅槃经》的内容断言一阐提亦有佛性，在当时佛教界引起轩然大波。这说明在晋宋之际，人们更多地从佛性的角度看待《涅槃经》的主题。在道生之后，《涅槃经》注释者才更多地从"常住"的角度理解《涅槃经》的主题。如僧亮①在论述《涅槃经》的主旨时云：

> 诸经所不论者，其旨有三。何者？一曰常住，二曰一体三宝，三曰众生悉有佛性。然常住是经之正宗，余二为常故说耳。今以寿命表常，略经之大体也。②

可见，僧亮也认为常住佛身乃《涅槃经》之"正宗"，而其余两说即"一体三宝"和"悉有佛性"都是常住思想之延伸。

值得注意的是，道生在对《涅槃经》进行注释时，就有了以"伊"字来表达涅槃内涵的说法。"既闻涅槃如世伊字，始悟昔说无常之旨，止于三界，而远表于常也。"③ 即原始佛教所说的"无常"教义仅止于三界的现象，如人的色身等；而《涅槃经》的"涅槃"则表达法身的常住。

从《涅槃经集解》的记载看，后来的僧亮、法瑶、昙济、僧宗、宝亮、智秀、法智、法安、昙准等《涅槃经》的注释者，都不约而同地结合"伊字三点"来说明"涅槃三德"，并将"涅槃三德"视为《涅槃经》的宗要所在。

实际上，"伊"字在《涅槃经》中出现的频率并不高，主要出现在卷二、四，用来形容"秘密之藏"，即涅槃三法之间的关系。如卷二云：

> 何等名为秘密之藏？犹如伊字三点，若并则不成伊，纵亦不成；如摩醯首罗面上三目，乃得成伊三点，若别亦不得成。我亦如是，解脱之法亦非涅槃，如来之身亦非涅槃，摩诃般若亦非涅槃，三法各异亦非涅槃。我今安住如是三法，为众生故，名入涅槃，如世伊字。④

---

① 日本学者布施浩岳经过考证认为，僧亮即《高僧传》卷七所载（《大正藏》第50册，第372页中）的"释道亮"。参见［日］布施浩岳『涅槃宗の研究』（後篇），第232—234頁。
② 《大般涅槃经集解》卷一，《大正藏》第37册，第383页中。
③ 《大般涅槃经集解》卷六，《大正藏》第37册，第402页上。
④ 《涅槃经》卷二，《大正藏》第12册，第376页下。

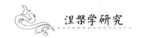

这里的"伊字三点"既是形容"秘密之藏",也是形容涅槃三法(法身、般若、解脱),经文似乎是把"秘密之藏"等同于涅槃三法。但在卷四中,经文似乎又把"秘密之藏"和涅槃三法合称为"四事":

> 因缘义者,声闻、缘觉不解如是甚深之义,不闻伊字三点而成解脱、涅槃、摩诃般若,成秘密藏。我今于此,阐扬分别,为诸声闻,开发慧眼。假使有人作如是言:"如是四事,云何为一?非虚妄耶?"即应反质:"是虚空无所有,不动无碍。如是四事有何等异,是岂得名为虚妄乎?"①

这里的"秘密藏"应该是指法身、般若、解脱三位一体的关系,因为这种关系不可思议,超出一般人的理解范围,所以称为"秘密藏"。这四个概念本质上都是"虚空无所有",都不是有为法,所以是一体的。不仅仅是三位一体,而且是四位一体。但从《涅槃经集解》中的注释以及后来天台宗的诠释看,"伊字三点"主要还是譬喻法身、般若、解脱三法之间的关系。"秘密藏"通常并不与三法相并列。"四事"与"三点"至少在形式上也并不匹配。

"伊"字是梵文中的一个发音,也有相对应的字形。按照唐代智广《悉昙字记》所载,伊字的相关解释为:"短伊字𑖂(上声声近于翼,反别体作𑖃)。"② 可知《大般涅槃经》中所要表达的"伊"字可以理解为符号"∵"。如果三个点并为一排,不成"伊"字;纵成一列,亦不成"伊"字,只有形成"∴",这种不纵不横的排列,才能成为"伊"字。

此外,经文中还提到了"如摩醯首罗面上三目"。摩醯首罗,梵文 Mahēvera,是印度教中"大自在天"的音译,佛教视之为色界顶色究竟天之主。关于其内涵和形象,《大智度论》卷二云:"摩醯首罗天,秦言大自在。八臂三眼,骑白牛。"除两眼外,额头上尚有纵开的一眼,三目的形状与"伊

---

① 《涅槃经》卷四,《大正藏》第 12 册,第 387 页中。
② 《悉昙字记》卷一,《大正藏》第 54 册,第 1187 页下。

字三点"相类似。①

一般而言，梵字重字音、字义而不重字形，有别于汉字注重字形、字义而相对忽略语音的特点。虽然《涅槃经》借用"伊字三点"之字形进行解读，似乎与印度不重字形之传统不符，不过随后与之并列的还有摩醯首罗面上"三目"，在经文中，二者都只是一个较为普通的譬喻，"伊"字总共在三十六卷本《涅槃经》中仅出现了三次，甚至在专门讲述梵文字母的《涅槃经·文字品》中，"短伊"与"长伊"的解释也与三点以及涅槃三德毫无关系。南北朝时期，随着悉昙学的流行，"伊"字被特别地予以诠释，使其从一个并不起眼的比喻，摇身一变成为整本《涅槃经》乃至全体佛教的宗旨。

"伊字三点"的譬喻在《涅槃经》自身并没有特殊的意义，在印度流传婆薮槃豆（天亲）所著的《涅槃经论》《涅槃经本有今无偈论》都没有提到"伊字三点"，更没有提到它与涅槃三德之间的联系。可见，赋予"伊字三点"特殊意义，完全是中国《涅槃经》注释家的一种思想独创。

二 "伊字三点"与"涅槃三德"说流行的思想背景

虽然南北朝时期的涅槃师大多以涅槃三德概括《涅槃经》的主旨，但仔细分析这些涅槃师的相关论述可以发现，在南北朝的注释家中，关于涅槃三德的理解存在着很多差异，而这些差异，恰恰彰显了中国佛教界对《涅槃经》受容的复杂思想史背景。

晋宋之际，随着《涅槃经》等以佛性、佛身为主题的经典翻译及流传，中国佛教经历了从般若学向涅槃学的转变。在这种转变过程中，鸠摩罗什的弟子群发挥了重要作用。如在鸠摩罗什的弟子中被称为"解空第一"的僧肇虽然主要贡献是对般若空观的诠释，如在《不真空论》《物不迁论》《般若无知论》中对"空"、般若的精深解说，但也曾著《涅槃无名论》，论述"涅槃"既无生灭，亦无名相，绝非名言所能表述。虽然他对"涅槃"的理解仍然站在般若空的立场，但毕竟已经关注到"涅槃"的内涵问题。

---

① 在《悉昙字记》所言伊字三点的排列上，二点在上，一点居下，而三目反之。但二者的区分并不严格，在《大般涅槃经》日本宫内省图书寮本（旧宋本）、元代大普宁寺藏、明代方册藏等经藏中，伊字都记作"∴"。

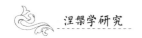

与僧肇相比，道生曾著《涅槃经疏》，属于南北朝时期最早的涅槃师之一。道生将涅槃三德视为《涅槃经》的宗旨，并将三德与"伊字三点"联系起来：

> 道生曰：夫照极自然，居宗在上，上不可并，故横必非矣。所除累，近则解脱，于下无不应，兼则色身是俱，非先后故，纵亦非也。三无离理故，别之尤非，是以湛然弗差，犹如伊字。既云常矣，岂有今灭？今灭非实，色身则存也。一言蔽诸，伊字之喻也。①

这里虽然没有出现"般若""法身"的概念，但"照极自然"实际上就相当于后来所说的"般若"，而"色身是俱"，作为常住不灭的佛身，显然就是"法身"。道生虽然以"伊"字譬喻般若、法身、解脱不可分离，但认为"般若"在三法之中居于特殊地位，高于法身和解脱。由此可以看出道生作为鸠摩罗什的弟子，深受般若学的熏陶，仍然倾向于从般若学的立场来看待"涅槃"。

在涅槃三德中，特别重视"般若"的倾向在僧亮的注释中也可以看到：

> 僧亮曰：若并者，身能发智，智用满故，三法俱常，智功既胜，故不并也。纵亦不成者，身智之灭，无优劣故也。面上三目者，般若居上，身及解脱，二无胜故，并列在下。②

在僧亮看来，虽然法身、般若、解脱都是不生不灭法，但"般若"最为殊胜，在价值上高于法身和解脱，所以不与法身和解脱相并列。借用摩醯首罗面上三目的譬喻，般若相当于三目中最上面的一目，法身和解脱相当于下面的二目。这种独尊"般若"的立场，显然是受到般若学的影响。

这种倾向到宝亮那里才发生改变，即般若、法身、解脱在价值上获得平

---

① 《大般涅槃经集解》卷六，《大正藏》第37册，第401页下。
② 《大般涅槃经集解》卷六，《大正藏》第37册，第401页下。

等的地位：

> 于今，谓万德之上，总明涅槃也。三点若别者，谓三德之上，一一偏取，亦不得也。下句云，法身亦非等也，三法各异亦非者，谓各有别体也。①

涅槃三德之所以获得平等的地位，主要原因应该是"法身"观念的强化所致。"法身"是佛身论的一个重要内涵。"佛身"，顾名思义，是指佛的身体。佛在世时，佛身仅指释迦牟尼佛本身；而佛陀去世后，佛身同时也指佛在世时所说的佛法，因为见法即见佛，这就是所谓的"法身"。随着信徒们对佛的不断神圣化，部派佛教及大乘佛教不断将"法身"的内涵加以扩展和分化，最终形成了佛的"法身"、"化身"（"应身"）、"报身"的三身理论。

根据《大乘大义章》的记载，庐山慧远和鸠摩罗什之间围绕"法身"是否实有的问题曾展开争论。鸠摩罗什从般若性空的立场出发否认"法身"的实体性，认为"法身"只是适应不同根机者的需求而提出的方便施设。"皆从因缘生，无有自性，毕竟空寂，如梦如化。"② "法身可以假名说，不可以取相求。"③ 但如果"法身"是空的，生死轮回的主体是什么？修行证得涅槃时的佛身又是什么？

庐山慧远将"法身"的内涵分为三类：一是法身实相无去无来，无生无灭；二是法身同于化身，二者的关系如日月之于江河中的光影；三是法性生身，妙行所成。从庐山慧远对"法身"的理解看，他还没有充分意识到"法身""应身""报身"之间的区别，对"法身"的理解还存在模糊之处。虽然庐山慧远对"法身"的理解存在矛盾之处，但他和鸠摩罗什之间围绕"法身"的讨论启发了中国佛教界对"法身"问题的思考，特别有助于《涅槃经》注释者对"法身""般若""解脱"之间关系的思考。

---

① 《大般涅槃经集解》卷六，《大正藏》第37册，第402页上。
② 《鸠摩罗什法师大义》卷中，《大正藏》第45册，第134页下。
③ 《鸠摩罗什法师大义》卷上，《大正藏》第45册，第127页上。

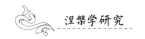

如僧亮关于涅槃三德解释云：

> 此释三德相缘，得常之所由也。若别者，不相因也。身得智，不由智得灭，是则俱无也。具此三法，所以谓安住也。名入涅槃者，谓常法无灭，为物故灭也。①

由此可见，僧亮所理解的"涅槃"主要是从"常法无灭"的角度来理解的。而这里的"常法"是指佛身的常住，色身有灭，而"法身"保持不灭。由此可以看出，对"法身"不灭的思考，是涅槃三德思想发展的重要契机。

涅槃三德说提出的另一个背景是《涅槃经》注释者对小乘涅槃和大乘涅槃之间差异的思考。如上所述，关于涅槃的经典分为小乘《涅槃经》和大乘《涅槃经》。小乘《涅槃经》如《佛遗教经》，简称《遗教经》，又名《佛垂涅槃略说教诫经》（一卷，鸠摩罗什译），是佛陀释迦牟尼一生弘法言教的概括总结，记述了佛将入涅槃前对众弟子的教诲。小乘佛教所说的"涅槃"是灭度、死亡的隐晦说法，指佛陀的肉身离开这个世界。而大乘佛教的"涅槃"则强调佛身常住，即使佛陀的肉身不在了，佛陀的教法、佛陀的精神作为"法身"依然存在。这可以说解决了佛陀肉身死亡之后，如何让信徒长久保持对佛教信仰这一问题。所以"法身"概念的出现是佛教发展史上的必然。而将"法身"概念与"涅槃"概念联系起来，是大乘涅槃观发展的一个重要环节。

此外，相比于部派佛教多侧重于解脱，大乘佛教更为注重以般若智慧为核心的修行目标和修学方法。在部派佛教看来，究竟的涅槃是无余涅槃，即不仅精神上达到解脱的境界，而且肉体上也走向寂灭。而大乘佛教所理解的涅槃与肉体的寂灭没有直接关系，更强调它是一种精神境界，即佛菩萨虽然超越了烦恼，获得了般若智慧，但为了救度众生而不入涅槃，这就是所谓"不住涅槃"的境界。

也就是说，不单单从"解脱"的视角，而且同时从"法身"和"般若"

---

① 《大般涅槃经集解》卷六，《大正藏》第 37 册，第 402 页上。

的视角把握"涅槃"是大乘佛教"涅槃"区别于小乘佛教"涅槃"的重要所在。① 宝亮关于涅槃三德云：

> 宝亮曰：并者，以一时俱有，以为譬也。何者？昔以事断无为为涅槃，而此无为，与身智并故，非今日伊字也。纵者，以前后为目，亦譬昔日无余涅槃也，谓先有身，次有智，后有灭，故言非也。如三目者，上以二句非昔，此句正是。②

宝亮在这里分析了小乘涅槃和大乘涅槃之间的区别。即小乘涅槃的内涵是"事断无为"，即灰身灭智，一切断灭。而《涅槃经》所说的"涅槃"则虽然属于无为法，但由于与"法身"和"般若"相结合，所以与小乘涅槃不同。而从时间的纵轴来看，小乘佛教所讲的"无余涅槃"是先有肉身的存在，然后有般若的存在，最后才有入灭，涅槃是从生到灭的过程。而大乘佛教的"涅槃"如三目的譬喻所示，并不是时间性的存在，不是一个由生到灭的过程，而是共时性的存在，即超越时空，三德共在。

涅槃三德还与中国佛教界思维方式的改变有关。在中国传统哲学中，以体用范畴为代表的二元思维居于主流地位，关于涅槃内涵的思考，也是倾向于从体用的角度去思考。当然，关于什么是涅槃之体，什么是涅槃之用，《涅槃经》注释家之间看法并不一致。如智秀认为，三德互为其体，三德之外，更别无体。而法智则认为，三德一体，三德之体即涅槃法。法安则认为法身是涅槃之体，般若、解脱是体之"胜德"。这些看法虽然不同，但皆从体用二元的角度看待涅槃三德。

与以上注释家不同，关于涅槃三德之间的关系，僧宗表达了如下看法：

---

① 例如僧宗就明确指出，大乘的涅槃义与小乘的涅槃义的区别不在"解脱"，而在"法身"和"般若"二义。因为大乘佛教不仅讲"解脱"而且讲"法身"和"般若"，所以《涅槃经》所讲"涅槃"义是"因果圆极之法"。《大般涅槃经集解》卷十："僧宗曰：此答第四问也。经之宗要，其唯因果圆极之法，三德为体，但解脱名义，不异昔日，异在二德耳。"《大正藏》第37册，第424页下。

② 《大般涅槃经集解》卷六，《大正藏》第37册，第402页上。

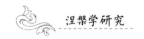

僧宗曰：并不成者，明功用不同；纵不成者，明义无胜负也；别不成者，明无异体也。解脱亦非者，此总合前两句。若言解脱功用即法身功用者，非也。三法各异者，合第三若别句也。言解脱亦非有，唯主灭累一义，不收圆德，文句隐略。得意者，应云解脱，非涅槃所成圆体已。何者？以三德成秘密藏，此收佛地，功德斯尽。向者三德，各收一义，是为捉别，云何收尽？故言非涅槃也。①

僧宗对于涅槃三德之间的"并""纵""别"的关系，分别从体（无异体也）、宗（义无胜负）、用（功用不同）的角度进行了解读。体和用的角度是当时惯用的解读方式，而僧宗用了体、宗、用，其中的"宗"表达的是涅槃三德各自的规定性。"宗"的这一含义与《大乘起信论》中"体、相、用"概念组合中的"相"有相通之处。《大乘起信论》将"相"规定为如来藏（真如）所具有的殊胜功德。"体—用"构造与"体—相—用"构造，看起来多了"相"的要素，但实质上是一种从二元思维到三元思维的转换。如果说"体—用"构造代表本体及功用的关系，"体—相—用"构造则表达一种本体、德性、功用的关系。"德性"表达一种静态的结构，而"功用"则是动态的功能。动态的功能要得以表达，除了本体的存在之外，还需要本体所具有的否定自身并通过自我否定而展开自身的内在机制的存在。"宗"概念的引入，丰富了中国佛教徒对本体的认知，达成了对本体和现象相互依存、相互转换的内在机制的认知。为《大乘起信论》提出"体—相—用"的本质构造和认知模式提供了思想基础。

三　隋代三大士关于"伊字三点"的诠释

隋代的吉藏虽然是三论宗的理论集大成者，但对《涅槃经》亦有研究。当然，他主要是从三论宗的般若空观的立场来诠释《涅槃经》。如在《三论玄义》中云"若论涅槃，体绝百非，理超四句"②。将"涅槃"与"空""真

---

① 《大般涅槃经集解》卷六，《大正藏》第 37 册，第 402 页上。
② 《三论玄义》，《大正藏》第 45 册，第 6 页上。

如"等概念视为同一层次的概念，都是我们通常的思维认知所不能把握的。
在《涅槃经游意》中，吉藏在论及"涅槃"的具足万德时，提到"三点圆伊"：

> 问：涅槃是人名，是法称？为具足名，为不具名耶？
>
> 答云：涅槃是法名，既称云涅槃，涅槃是至极之名，穷原尽性之说，
> 所以是具足也。今明涅槃非有为非无为，则非具足、非不具足、非人、
> 非法，亦具足、亦不具足、亦人名、亦法称。何者？三点圆伊，金刚宝
> 瓶，满足无缺，故是具足；而涅槃是果果，断德故不具足。①

吉藏首先讨论了"涅槃"是关于主体（人）的一个概念还是关于客体（法）
的概念的问题，吉藏明确地将其定义为关于客体的一个概念。即涅槃是"穷
原尽性之说"，即关于宇宙本质的一个概念。如此一来，吉藏就将大乘的"涅
槃"与小乘的"涅槃"即佛陀的死亡区隔开来，承认"涅槃"在大乘佛教中
所代表的宇宙真理、万物法则等内涵。在谈到"涅槃"这个概念在《涅槃
经》中的含义时，吉藏讨论了"涅槃"在不同语境下的内涵差异。如《涅槃
经》在以"伊字三点"譬喻涅槃三德时，涅槃的内涵是圆满具足的，因为
《涅槃经》在这里提到了涅槃所具有的法身、般若、解脱，并且认为三德缺一
不可。而在另外的语境，即将"涅槃"规定为"果果"时，由于这里只强调
了"涅槃"断除烦恼的"断德"，所以其内涵并不具足。只强调涅槃的"断
德"意味着只是从"解脱"的角度把握涅槃，没有同时强调其"法身"和
"般若"的属性。

> 今明：直是教门不同，故偏具。为昔日不堪具说，方便偏说一解脱。
> 今大心发故，说三德圆伊涅槃。兴皇师云：无感不应，故云法身；无境
> 不照，名为般若；无累不尽，故云解脱。又，明三德为开如来三密，故
> 迦叶问愿，佛开微密，广为众生说也。如此三密并《四相品》是也。亦
> 是对凡夫三业，凡夫三业不密故。又，为对生死三障，明涅槃三德：对

---

① 《涅槃经游意》，《大正藏》第 38 册，第 235 页中。

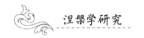

报障明法身；对业障明解脱；对烦恼障明般若。生死只三障，故涅槃唯有三德也。①

在这里，吉藏引用兴皇寺法朗之说，说明大乘涅槃因为三德具足而与小乘涅槃的含义不同。净影寺慧远是地论宗南道派的代表性人物，在思想上，是南北朝佛教思想的集大成人物。其《大乘义章》属于佛教百科全书性质的著作，对南北朝的佛性、涅槃、般若等思想进行了全方位的总结和概括。如慧远在《大乘义章》中结合小乘涅槃与大乘涅槃之间的差异，而谈到"伊字三点"的问题：

> 四、并不并相对分别。小乘三事，心心数法，同时别体。别体并故，不成涅槃。大乘三事，同时同体，同一真心，随义以分。以同体故，不名为并。以不并故，得成涅槃。故《涅槃》云，如世伊字三点，若并则不得成，不并乃成，涅槃如是。
>
> 五、纵不纵相对分别。小乘三事，性虽同时，用有先后，名之为纵。别体而纵，不成涅槃。大乘三事，同体同时，用无先后，所以非纵。以非纵故，得成涅槃。故《涅槃》云，如世伊字三点，若纵则不得成，非纵乃成。②

如上所述，在小乘佛教和大乘佛教中，涅槃的内涵有很大差异。净影寺慧远以《涅槃经》中的"伊字三点"来说明它们之间的差异。首先是般若、解脱、法身三法之间的涅槃义中，三法之体同体，只是因为从不同侧面去表达它，所以才有名相之别。正如"伊字三点"，如果是三点并列则不成"伊"字。

其次是三法之用是否有先后的问题。小乘佛教所说的涅槃，其般若、解脱和法身在功能上有时间上的前后次序，慧远认为这不是真正的涅槃；而大乘佛教所说的涅槃，三法在功能上没有时间上的先后之别，也就是说，三法

---

① 《涅槃经游意》，《大正藏》第 38 册，第 237 页上。
② 《大乘义章》卷十八，《大正藏》第 44 册，第 821 页下。

不仅在本质上是同一的，而且在功能面上也是浑然一体的。正如"伊字三点"，如果三点纵向叠加也不成"伊"字。

净影寺慧远通过"伊字三点"的不并不纵，说明大乘佛教的涅槃三德无论在"体"的层面还是在"用"的层面都是圆融一体的，是超时空的存在。而小乘佛教的涅槃则是一种时间性的存在，尚有生灭变化之相。

即使是大乘佛教的涅槃义，在净影寺慧远看来也是可以进一步加以区分的，其内涵至少可以从三个方面考察：

> 一、就真应相对分别，应化三事，无常生灭，不成涅槃，以不成故，今须灭之；真德三事，方成涅槃，以真成故，今入其中。二、约性净方便分别。方便三事，菩提门收，不成涅槃；性净三事，方成涅槃，此经偏明，性净之果，为涅槃故。三、就性净总别分别。别分不成，总摄则成。如彼三点，别不成伊，总摄则成。①

净影寺慧远在这里将般若、解脱、法身"三事"分为应化三事、真德三事、方便三事与性净三事。诸种三事皆可分为三德兼具与三德别立。即使同为大乘佛教的涅槃三德，由于语境不同，其内涵也有微妙差别。如菩萨以应身化度众生时所示现的般若、解脱、法身，就现象形态而言，与小乘佛教的涅槃之相类似，即示现为无常相，有生灭变化。而佛菩萨的真身安住般若、解脱、法身时，才是真正的涅槃。又如，《涅槃经》曾云，如来之身，亦非涅槃；解脱之法，亦非涅槃；摩诃般若，亦非涅槃。其意就是三德单独都不能涵盖涅槃之意，只有三德圆融，才能构成完整的涅槃之意。净影寺慧远对小乘涅槃和大乘涅槃结构的深度分析，可以说是对南北朝时期《涅槃经》注释家关于涅槃三德诠释的一种总结。通过这种总结，不仅明确了小乘涅槃与大乘涅槃之间的差异，而且对大乘佛教涅槃义的内部结构进行了深入分析，使大乘佛教涅槃义变得更为立体、更为明晰。

如果说净影寺慧远对涅槃的诠释是一种总结，那么，中国天台宗的创始

---

① 《大般涅槃经义记》卷二，《大正藏》第37册，第644页。

人智顗对涅槃义的诠释则是一种更具创造性的理论建构。一般认为，智顗的代表性著作是天台三大部，其核心思想是建构天台宗的一念三千、圆融三谛、止观双运的思想和修行体系，并不在于佛性和涅槃义理的阐释。尽管如此，在"天台三大部"中，仍然可以看到关于涅槃三德与伊字三点的内容。如在《妙法莲华经玄义》中，智顗就"妙行"云：

> 此之妙行，与前境、智，一而论三，三而论一。前境说如法相，法相亦具三，名秘密藏。前智是如法相解，解亦具三，如面上三目。今行是所行，如所说行，亦具三，名伊字三点。若三若一，皆无缺减，故称妙行耳。①

关于《妙法莲华经》中的"妙行"的含义，智顗有深刻的阐述。如关于大乘佛教的修行，布施、持戒、禅定、忍辱、精进、般若，一般人将其理解为彼此独立的修行科目，而智顗所理解的"妙行"则是"一行一切行"，即每一个修行科目都同时蕴含了其他一切修行科目的全部内容。关于修行、真理、智慧三者的关系，智顗也依用《涅槃经》的"伊字三点"的说法，表达三者之间一而三、三而一的关系。因为一切修行都具有般若智慧，又体现出真理，所以一行即一切行，这就是"妙行"的真意所在。可见，智顗对"伊字三点"的认知，超越它只是表达涅槃三德关系的譬喻，而是将其视为一种具有普遍性的思维工具，可以运用这一工具描述一切三种要素之间的相互关联、相互渗透、相互贯通的关系。

智顗的"三轨"说，即真性轨、观照轨、资成轨，与"伊字三点"也联系在一起。智顗将成佛的内涵分为十妙，即属于自行成佛范畴的境妙、智妙、行妙、位妙、三法妙，以及属于化他范畴的感应妙、神通妙、说法妙、眷属妙、功德妙、利益妙。三轨属于"三法妙"，是自行成佛的最重要的内容。诸佛轨之而得成佛，故称三轨。在《法华玄义》中，智顗云：

---

① 《妙法莲华经玄义》卷三下，《大正藏》第 33 册，第 715 页中。

总明三轨者：一、真性轨。二、观照轨。三、资成轨。名虽有三，只是一大乘法也。经曰："十方谛求，更无余乘，唯一佛乘"。一佛乘即具三法，亦名第一义谛，亦名第一义空，亦名如来藏。此三不定三，三而论一。一不定一，一而论三，不可思议，不并不别，伊字、天目。①

按照智顗在《法华玄义》中的说法，真性轨即众生本具的真如本性、如来藏；观照轨即破除烦恼、彰显真性的智慧；资成轨即助成获得观照智慧的万善功德。不仅三轨之间是三而一、一而三的关系，不并不别，如伊字三点，亦如首醯罗天之三目，而且三轨各配于十种三法。也就是说，三轨说作为一种规范可以分析诸法，如三道（惑、业、苦）、三识（庵摩罗识、阿赖耶识、阿陀那识）、三佛性（正因、了因、缘因）、三般若（实相、观照、文字）、三菩提（实相、实智、方便）、三大乘（理、随、得）、三身（法、报、应）、三涅槃（性净、圆净、方便净）、三宝（佛、法、僧）、三德（法身、般若、解脱）等。如就三轨说与涅槃三德的对应关系而言，法身配真性轨、般若配观照轨、解脱配资成轨。由于任何三法都与三轨说一样，是三而一、一而三的关系，所以诸种三法名异而义同。

智顗已经把"伊字三点"的譬喻抽象为一种方法论，除了如南北朝时期的《涅槃经》注释家那样，以此来表达涅槃三德之间的圆融关系之外，还将这种方法提升为表达佛教中以三为单位的诸法之间的关系。这种三元一体的思维方式帮助智顗在真俗二谛之外，构筑起空、假、中三谛，并以三谛圆融的逻辑框架构筑起"圆教"的思想体系和修行体系。

四 灌顶《涅槃经疏》中的"新伊三点"

虽然智顗在其著作中大量引用《涅槃经》的说法，但没有留下关于《涅槃经》的注释书，而其弟子章安大师灌顶则留下了《涅槃经疏》二十卷和《涅槃经玄义》二卷。在对《涅槃经》的"伊字三点"的诠释中，灌顶从天台宗的圆融立场出发，提出了所谓"新伊三点"以区别于"旧伊三点"，使

---

① 《妙法莲华经玄义》卷五下，《大正藏》第33册，第741页中。

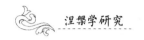

得"伊字三点"说别开生面，具有了崭新的教理内涵。①

首先，灌顶对"伊"字本身进一步作了区分，即将其分为"旧伊"和"新伊"，并将其分别与所谓"昔教"和"今教"相对应：

> 旧伊可譬昔教三德。法身本有，般若修成，入无余已，方是解脱，无复身智，如竖点水，纵而相离。又约身、约智分得有余解脱，横一时有，三法各异，如横列火，各不相关。
>
> 新伊字者，譬今教三德。法身即照，亦即自在，名一为三，三无别体，故是不横。非前非后，故是非纵。一即三如大点。三即一如细画。而三而一，而一而三，不可一三说，不可一三思，故名不可思议。②

灌顶所说的"旧伊"，即三点之间相互独立、互不关联，如汉字的"竖点水"（下图6-1）或代表火的"四点底"（下图6-2）。而"新伊"即三点之间无论在纵向还是横向都连贯一体，不可分离，则汉字之"大点"（下图6-3）或者如"细画"（下图6-4）。

图6-1　　图6-2　　图6-3　　图6-4

灌顶所说的"昔教"是指《涅槃经》之前的诸大小乘的经典，而"今教"不言而喻是指《涅槃经》。按照天台宗的"五时"判教，《涅槃经》与《法华经》都属于佛陀最后所说的"法华涅槃时"的经典，而在此之前则有华严时、阿含时、方等时、般若时，那么，"昔教"大概就是《涅槃经》和《法华经》之外的一切经典。不过其他经典归入"昔教"问题不大，但作为"顿教"的《华严经》是否能包括在"昔教"的范畴是个问题。因为智𫖮在《法华玄义》中提出"尔前之圆"的说法，认为《华严经》兼说"别教"和

---

① 此处参考汪康的论文《章安灌顶"新伊极圆"思想研究——基于灌顶〈大般涅槃经〉注释的诠释》，硕士学位论文，北京大学，2019年。
② 《涅槃经疏》卷六，《大正藏》第38册，第69页中。

"圆教"。虽然《华严经》是佛陀在《法华经》之前所说(佛陀获得觉悟之后第二个七日),但由于它兼说"圆教",所以把《华严经》归入"昔教"似乎有些勉强。

"昔教"和"今教"在"涅槃三德"问题上最大的差异,就是承认不承认在时间和空间两个维度上"解脱""般若""法身"三德之间是互入交涉、三位一体的。特别是"昔教"从时间的维度把握三德,只承认"法身"本有,而"般若"则是经过修行的过程才能获得,而"解脱"也只有进入无余涅槃才能达到。也就是说,三德之间一直存在着"本有"和"修得"之间的张力。而在《涅槃经》中,三德之间没有时间的隔断,法身与般若、解脱是同时具有的,三者都是"本有",也可以说三者都是"修成"。

这种关于"本有"与"修成"的理解,已经超出《涅槃经》本身的教理范围,实际上是灌顶站在天台教义的立场对《涅槃经》的再诠释。在《涅槃经玄义》中,关于《涅槃经》的宗旨,灌顶有如下说明:

> 今经是最后之说,喻彼醍醐。一切诸药,悉入其中,叹于横广;在四味之上,叹其竖高。故此经处处叹教不可思议,只是叹于上妙之乳,常住二字,最后新伊,极圆之教,醍醐妙味耳。①

可见,灌顶借用《涅槃经》的"五味"说,将《涅槃经》定位于四味之上的"醍醐妙味"。关于《涅槃经》在判教中的定位,智𫖮认为《涅槃经》和《法华经》都属于"圆教",同属于"醍醐味"。《涅槃经》是佛陀说给那些漏听《法华经》或当时机根未成熟众生的。所以后来湛然将《涅槃经》定位于"捃拾教"。灌顶的《涅槃经》观的特色是将其定位于最后的"新伊""极圆"之教。即用"新伊三点"的概念,表达《涅槃经》既超绝牛乳、酪、生酥、熟酥之"四味",又同时包含前之"四味"的圆融特色。应该说,灌顶对《涅槃经》的定位,在天台宗诸祖师中是最高的。

---

① 《大般涅槃经玄义》卷下,《大正藏》第38册,第14页上。

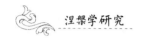

第二节 从《涅槃经》的"五佛性"到 天台宗的"三佛性"

《涅槃经》以法身常住为主题，而众生的"法身"是一种隐藏状态的"法身"，或者说是在缠的"法身"，是被烦恼覆盖、缠绕的"法身"。这种"法身"实际上就是如来藏或佛性，是众生成佛的一种潜能、一种可能性，也是众生修行成佛的动力因。当然，在《涅槃经》中，"佛性"既有在因位或众生位意义上的成佛可能性之意，也有在果位或佛位意义上的佛的殊胜功德之意。后一种意义上的"佛性"是成佛的现实态，是佛所具有的三十二相、八十种好、十力、十无畏等种种德相。由于《涅槃经》本身是由诸多单行品逐次增广而成的，各品关于佛性的说法也不尽一致，这就造成《涅槃经》出现关于"佛性"的种种规定和界说。这种不同说法就为后世的《涅槃经》注释家留下了巨大的解释空间。当然，这种多样化的解释丰富了中国的佛性思想，成为中国佛性思想体系建构的重要素材。

一 《涅槃经》中的佛性说

《涅槃经》中的佛性说，往往结合因果概念展开。佛性因为包括众生位成佛的可能态也包括佛位的现实态，所以从逻辑上说，佛性包括成佛之因也包括成佛之果。《涅槃经》的佛性说，从类型上可以分为三种"二佛性"说和"五佛性"说。它们出现于《涅槃经》的不同品目，所代表的意涵也有相当大的差异。

《涅槃经》经文中，多处讲到两种佛性，如"师子吼菩萨品"中云：

> 善男子！因有二种：一者生因，二者了因。能生法者，是名生因；灯能了物，故名了因。烦恼诸结，是名生因；众生父母，是名了因。如谷子等是名生因；地水粪等是名了因。复有生因，谓六波罗蜜、阿耨多罗三藐三菩提。复有了因，谓佛性、阿耨多罗三藐三菩提。复有了因，谓六波罗蜜、佛性。复有生因，谓首楞严三昧、阿耨多罗三藐三菩提。

> 复有了因，谓八正道、阿耨多罗三藐三菩提。复有生因，所谓信心、六
> 波罗蜜。①

这里提到的两种因，即"生因"和"了因"。"生因"和"了因"有两种内涵。一是普遍性的哲学内涵，在这种语境下，"生因"相当于事物发生变化的内在原因；"了因"相当于事物发生变化的外在原因。二是佛教修行论的特殊内涵，在这种语境下，"生因"指六种波罗蜜、首楞严三昧、信心等大乘菩萨的修行，"了因"指佛性、八正道。在这种框架中，佛性似乎成为第二性的、辅助性的存在，与《涅槃经》中的其他地方的说法不同。这里提到的"了因"后来成为天台智者大师的"正因佛性""缘因佛性""了因佛性"的理论源头之一，但在智者大师那里，其内涵发生了变化，与《涅槃经》的"了因"相比，"了因佛性"有了崭新的内涵。

在"师子吼菩萨品"中还提到"正因—缘因"的二佛性说：

> 善男子！众生佛性亦二种因：一者正因，二者缘因。正因者谓诸众
> 生，缘因者谓六波罗蜜。②
>
> 师子吼菩萨言："世尊！以有性故，故须缘因。何以故？欲明见故，
> 缘因者即是了因。世尊！譬如暗中先有诸物，为欲见故，以灯照了。若
> 本无者，灯何所照？如泥中有瓶，故须人、水、轮、绳、杖等而为了因。
> 如尼拘陀子，须地、水、粪而作了因。乳中醪暖，亦复如是，须作了因。
> 是故虽先有性，要假了因，然后得见，以是义故，定知乳中先有酪性。"③

这里所说的"正因"是指佛教修行的主体即众生，而"缘因"则是大乘佛教最核心的六种波罗蜜。但这里的"缘因"除了佛教修行论的内涵，还具有一般意义上的哲学内涵，即事物形成的辅助性要素。如制作泥瓶时，人工、水、轮、绳、杖等就是"缘因"。此外，这里的"缘因"还有特殊的含义，即具

---

① 《涅槃经》卷二十八，《大正藏》第 12 册，第 530 页上。
② 《涅槃经》卷二十八，《大正藏》第 12 册，第 530 页下。
③ 《涅槃经》卷二十八，《大正藏》第 12 册，第 531 页中。

有"照了"功能的"了因"之意。这种"了因"在后世思想家那里被扩展为般若智慧。如果说六种波罗蜜是广义的"缘因",那么,作为"了因"的"缘因"则是狭义的"缘因"。

《涅槃经》中还提到"正因"和"缘因"的另一种内涵:

> 善男子!以是义故,我说二因:正因、缘因。正因者,名为佛性;缘因者,发菩提心。以二因缘得阿耨多罗三藐三菩提,如石出金。①

这里所说的"正因"指佛性,"缘因"指菩提心。在大乘佛教中,发菩提心是一切修行的出发点和首要条件。这里的"发菩提心"实际上也包括六种波罗蜜等大乘佛教一切修行。这种"正因—缘因"说剔除了关于因果的哲学内涵,专门就佛教修行成佛而讨论佛性。这种修行论意义上的"正因—缘因"说对后来的三论宗、地论宗、天台宗的佛性说都产生了影响。

"五佛性"说出现于《涅槃经》"师子吼菩萨品"。在说明"是观十二因缘智慧,即是阿耨多罗三藐三菩提种子,以是义故,十二因缘名为佛性"② 之后,提到佛性有"因""因因""果""果果""非因非果":

> 善男子!佛性者,有因有因因,有果有果果。有因者即十二因缘,因因者即是智慧,有果者即是阿耨多罗三藐三菩提,果果者即是无上大般涅槃。……善男子!是因非果如佛性,是果非因如大涅槃。是因是果,如十二因缘所生之法。非因非果名为佛性。非因果故,常恒无变。③

佛性之"因"即十二因缘;"因因"即智慧;"果"即阿耨多罗三藐三菩提;"果果"即无上大般涅槃;"非因非果"即佛性。如果仅限于这段经文来看,有许多令人费解之处,如这里既提到"是因非果"是佛性,同时又说"非因非果"为佛性,那么,佛性到底是"因"还是"非因非果"?《涅槃经》关于

---

① 《涅槃经》卷二十六,《大正藏》第 12 册,第 778 页上。
② 《涅槃经》卷二十七,《大正藏》第 12 册,第 524 页上。
③ 《涅槃经》卷二十七,《大正藏》第 12 册,第 524 页上。

佛性的这种多角度、多侧面的描述，为后世《涅槃经》注释家留下了巨大的解释空间。南北朝时期的《涅槃经》注释家几乎都注意到"五佛性"说，并从自己的立场进行诠释。而到隋代，地论宗的净影寺慧远、三论宗的嘉祥吉藏、天台宗的智者大师等也莫不关注《涅槃经》的"五佛性"说，并在继承此说的基础上别出新解。

二 《涅槃经集解》中的二因佛性观

除了"师子吼菩萨品"中出现了"生因"和"了因"概念外，在"迦叶菩萨品"中，《涅槃经》也曾就世间法和出世间法中的"生因"和"了因"作出说明。① 关于这段经文，《涅槃经集解》中收录了僧亮和宝亮的注释：

> 案。僧亮曰：有为法生因有二种：一以业生名生因；二以近为生因也。了因亦二种：一以果不生名了；二以远为了。有为法起，因有所生名生因。而生因有近有远，远则名了也。出世亦如是者，出世无为，无为无起因，无所生，名了因。有近远，近则名生因。生因者，烦恼不生即涅槃。身口意净，皆断烦恼。三脱是近，名生因。亦为涅槃而作了因者，三十七品亦有近远，远名了因。了了见于涅槃，说无有生因。答上问也。见涅槃是果，无生因故，得称常。
>
> 宝亮曰：明涅槃是了因之果，非生因所生。②

在这里，僧亮区分了世间法的生因和了因和出世间法的生因和了因。世间法的生因和了因，也就是说作为哲学意义的内在原因和外在原因，或者借用僧亮的话说就是"近因"和"远因"。而出世间法的生因和了因，就是作为佛教范畴的涅槃果之因。这里的"了因"是佛教所说的智慧，依靠这种智慧体证到涅槃是不生不灭法。而这里的"生因"有两个内涵。一是否定意义上的、

---

① 《涅槃经》卷三十六："善男子！如世间法，或说生因、或说了因；出世之法亦复如是，亦说生因、亦说了因。善男子！三解脱门、三十七品，能为一切烦恼作不生生因，亦为涅槃而作了因。善男子！远离烦恼，则得了了见于涅槃，是故涅槃唯有了因，无有生因。"《大正藏》第 12 册，第 579 页下。
② 《大般涅槃经集解》卷六十八，《大正藏》第 37 册，第 597 页中。

形成论的原因，涅槃作为出世间法是不生不灭的，所以不存在生出涅槃的"生因"。这也就是宝亮所说的"涅槃是了因之果，非生因所生"之意。二是修行论意义上的"生因"，就是让众生达到涅槃境界的诸种修行，如三十道品和三解脱（空、无相、无愿）等。这种修行是众生走向涅槃的直接原因，在这个意义上本来应该称为"生因"，但由于一般人看到"生因"容易联系到生成论意义上的"生因"，而涅槃没有"生因"，所以称其为"了因"更合适。

从僧亮和宝亮对于"生因"和"了因"的诠释看，中国佛教思想家很早就意识到这两个概念在世间法和出世间法中的区别，特别是"生因"概念在出世间法中的局限性问题。因为在考察涅槃等佛教的概念时，人们很容易从世间法的角度去看待涅槃，将其视为一种实体性的存在，将修行和涅槃之间的关系误解为种子和花果之间的关系，即把修行视为涅槃的"生因"，这是对佛教涅槃义的最大误解。修行即意味着断除烦恼，或者明了烦恼的空性本质，这本身就是涅槃。修行和涅槃之间不是生成和被生成的关系。所以，从涅槃的特殊性来看，直接用世俗法的"生因"来表达涅槃的原因并不合适。涅槃可以说是被智慧之"了因"所了，不能说为"生因"所生。在后世思想家如智者大师关于佛性与因果之间关系的思考中，"生因"一词被淘汰，而"了因"被继承下来，并被赋予了重要的思想内涵，不能不说与僧亮和宝亮的相关思想有关。

在关于《涅槃经》的如来性品的佛性义的注释中，法瑶对《涅槃经》的"正因—缘因"作了如下诠释：

> 今明善业所由生者，即佛性。佛性是生善之理。理若无者，善何由生？是则佛性是作善业之根本也。佛性是正因，善业是缘因也。①

法瑶在这里明确将"正因"定义为佛性，将"缘因"定义为善业。这种说法与《涅槃经》中的说法接近。这里的佛性被理解为"生善之理"，即众生成

---

① 《大般涅槃经集解》卷十八，《大正藏》第37册，第447页下。

就一切善业的原动力。没有这种为善的根本动机，也就不可能有一切善行。而在《涅槃经》中，"正因"除了佛性之意，还指众生。

宝亮对于"正因—缘因"两种佛性的内涵及其相互关系，结合《胜鬘经》的"自性清净心"说，作了更详细的分析：

> 缘正两因，并是神虑之道。夫避苦求安，愚智同尔。但逐要用，义分为二。取始终常解，无兴废之用，录为正因。未有一刹那中，无此解用，唯至佛则不动也。故知避苦求乐，此之解用，非是善恶因之所感也。以《胜鬘经》云"自性清净心"也；"师子吼品"云"一种之中道"也。而此用者，不乖大理，岂非正耶？缘因者，以万善为体，自一念善以上，皆资生胜果。以藉缘而发，名为缘因也。然此解者，在虑而不恒，始生而不灭，则异于正因也。若无此缘助，则守性而不迁。是故二因，必相须相带也。若缘因之用既足，正因之义亦满。二用俱圆，生死尽矣。①

首先，关于"正因"，宝亮引用《胜鬘经》的"自性清净心"来说明其内涵。《胜鬘经》中的"自性清净心"是"如来藏"的同义词，但与"如来藏"概念相比，它与心识概念的关联度更高。如《胜鬘经》云："此自性清净如来藏而客尘烦恼，上烦恼所染，不思议如来境界。何以故？刹那善心，非烦恼所染；刹那不善心，亦非烦恼所染。烦恼不触心，心不触烦恼。"② 《胜鬘经》的"自性清净心"（prakṛti-pariśuddha-citta）概念源自原始佛教的"心性本净，客尘烦恼染"的思想。《胜鬘经》中的"自性清净如来藏"（自性清净心）与众生的分别意识即烦恼心是不同性质的存在。两者虽然纠缠在一起，但本质上不相关涉（不触）。《胜鬘经》又云："世尊！若无如来藏者，不得厌苦，乐求涅槃。何以故？于此六识及心法智，此七法刹那不住，不种众苦，不得厌苦乐求涅槃。"③ 也就是说，众生之所以厌离烦恼之苦而追求涅槃之乐，根本的动因不在于刹那生灭的分别意识，而在于众生本具的如来藏。

---

① 《大般涅槃经集解》卷十八，《大正藏》第 37 册，第 447 页下。
② 《大正藏》第 12 册，第 222 页中。
③ 《大正藏》第 12 册，第 222 页中。

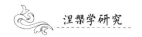

宝亮将《涅槃经》的"正因"比拟为《胜鬘经》中的"自性清净心"或"如来藏",认为"正因"为众生"避苦求安"或"避苦求乐"的原动力,而且这种原动力是本源性的,并不是后天的善行所生发的。这种理解可以说比《涅槃经》将"众生"或"佛性"视为"正因"的说法,在理论上更具合理性。而宝亮所理解的"缘因"则是众生后天的一切善行善念。与"正因"不生不灭的超越性不同,善行善念则有生而无灭。"无灭"是指其功用会带来涅槃等殊胜的果报。

宝亮的"正因—缘因"观的最大特色是对两者关系的辩证思考。两者虽然性质不同,但"并是神虑之道",即无论"正因"还是"缘因"在本源上都是超越性的"理""中道"的表现方式。换言之,在"体"的层面两者是一体的,只是在"用"的层面两者一分为二。"正因"借外缘而生发善行善念则为"缘因",离开"正因"这一根源性的原动力,就没有"缘因"。反过来说,没有善行善念,"正因"只是停留在抽象的层面,其作为中道的属性得不到彰显。只有"正因"和"缘因"相互配合、相互成就,众生才能超越生死,获得涅槃自在。

三 《涅槃经集解》中的"五佛性"说

关于《涅槃经》中的"佛性者,有因、有因因、有果、有果果"一句经文,南北朝时期的注释家从道生开始,皆表达出强烈关注,并从不同立场对此进行了诠释。

关于佛性之"因",《涅槃经》明确其为十二因缘。道生"智解十二因缘,是因佛性也"[①],僧亮曰:"十二因缘,能生观智慧,故名因也。"可见,十二因缘之所以被称为佛性之"因",是因为它是智慧所观照的对象,基于这一十二因缘之理才有众生的智慧,所以被称为因佛性。但宝亮则认为"有因者,正因也。论理应以正因为因因,以正是因缘之因故也。今但正因性,至佛不改,当因位而言因也"[②]。

---

① 《大正藏》第 37 册,第 547 页下。
② 《大正藏》第 37 册,第 547 页下。

关于佛性之"因因",《涅槃经》明确将其界定为"智慧"。但智慧在什么意义上称为"因因"实际上意义并不明确,可以有多种解释。如道生就认为十二因缘之理需要由智慧才能得以彰显,从这个意义上说,智慧是十二因缘之因。因为前面说了十二因缘是"因",所以智慧是因之因,简称"因因"。① 而僧宗则认为,智慧是菩提之因,而菩提又是涅槃之因,所以智慧相对涅槃而言是因之因。② 两种解释似乎都可以自圆其说,关键是如何定义这里的智慧。如果把这种智慧理解为众生本具的根本智,那么,在根源性的理—智耦合的构造中,智慧是"理"得以彰显的内在原因,如果把"理"视为"因",智慧自然是"因因"。道生的理解就是最符合《涅槃经》原意的解释。但如果把智慧理解为后得智,即通过万行万修而获得的智慧,那么这种智慧是菩提之因,同时也是涅槃之因。在这个意义上,称其为"因因"也符合《涅槃经》本身的逻辑。

关于"因"和"因因",宝亮提出另一种解释,即"因"和"因因"的说法只是《涅槃经》一种方便善巧的说法而已,并不是有固定内涵的范畴。本来,十二因缘之理作为十二因缘之因,应该称为"因因",因为此"理"是十二因缘的"正因"。《涅槃经》之所以把十二因缘视为"因",主要是因为此"因"从众生到佛不增不减、不曾改易,从众生(因位)的角度称其为"因"。而"因因"就是六度万行等《涅槃经》所说的"缘因"。之所以称其为"因因",不仅因为它是众生位的存在,而且因为它"移动不定",是有生有灭的存在。"因因"中的后一个"因"不是名词,而是一个形容词。这显然是一种很哲学也很新颖的解释。

关于"果"和"果果",《涅槃经》的注释家之间没有太大异议,皆认为"果"即菩提,而"果果"则是涅槃。如僧亮云:"菩提于观智为果也。涅槃是菩提之果。望观智而言是果果义也。"③ 即在观智与菩提的关系中,观智是

---

① 《大般涅槃经集解》卷五十四《师子吼品23》:"道生曰,智解十二因缘,是因佛性也。今分为二,以理由解得,从理故成佛果,理为佛因也。解既得理,解为理因,是谓因之因也。"《大正藏》第37册,第547页下。
② 《大般涅槃经集解》卷五十四《师子吼品23》:"因因者,即是智慧。此智为菩提作因,菩提为涅槃作因,是为因家之因,故言因因也。"《大正藏》第37册,第547页中。
③ 《大正藏》第37册,第547页下。

"因"而菩提是"果";在菩提和涅槃的关系中,菩提是"因"而涅槃是"果"。相对于观智而言,涅槃就是"果之果"。当然,这里实际上还包含一个重要问题即菩提和涅槃之间的关系。本来,菩提是相对烦恼而言的,意味着通过观照烦恼的空性本质而获得智慧,所以体现"智德";而涅槃是相对于生死而言的,意味着通过智慧而得解脱,从而超脱生死轮回,所以体现"断德"。在天台教义中,声闻、缘觉、藏教、通教、别教的菩提都是有漏菩提,即使证得菩提,还需要修证涅槃。涅槃为菩提之果是就这一意义上而言的。

关于"非因非果",宝亮的见解最具代表性。即《涅槃经》原本结合因果概念而谈佛性,在这种言说体系中,万善万行是因,涅槃是果。但凡夫众生不能理解佛教所说的因果的本质,将出世间法的因果误解为世间法的因果,即所谓生因生果。实际上,佛教所说的通过修行而证得涅槃,并不是如种子生出花果那样的时间序列中的因果,而是超越时空的一种因果。这种因果中的"因"不是生成论意义上的"生因",而涅槃也不是"生因"之果。①

《涅槃经》在讲到"非因非果,名为佛性"之后,又强调"非因果故,恒常不变"。显然把佛性理解为超越生灭变化的存在。这种意义上的佛性相当于"理"即正因佛性,而不是修行所得的缘因佛性。《涅槃经》在这段经文中,一方面将佛性规定为"是因非果";另一方面又将其规定为"非因非果"。表面看起来经文自相矛盾,但实际上两处出现的"佛性"是不同的内涵。作为"因"的佛性是六度万行等修行实践,它作为"缘因"是成就菩提和涅槃的助缘和增上缘;而"非因非果"的佛性则是超越性的真理,宝亮将其界定为真如、法性、无相、无为。② 如果说前面所说的"因""因因""果""果果"是以十二因缘为起点、以证得涅槃为终点的逻辑演进过程,那么,非因非果则是十二因缘自身的体相。

---

① 《大般涅槃经集解》卷五十四:"非因非果者,还遣向言涅槃名果,万行是因。物情执言,谓是生因生果。今遣言,涅槃之体,百非所不得。非生因之因,复非生因之果。无名无相,岂是因是果耶。"《大正藏》第37册,第548页中。
② 《大般涅槃经集解》卷五十四:"上明因果性,不离十二因缘,今次出其体相,明十二因缘。正用此真如法性无相无为为体,若如昔教一向谈空,恐圣旨不在,若一向是空,何须赞叹?因缘甚深,故知为显今教也。"《大正藏》第37册,第548页上。

四　从"五佛性"说到"三佛性"说

《涅槃经集解》（约成书于 509 年）之后，关于《涅槃经》的注释和解说仍然在继续。不仅专门弘扬《涅槃经》的涅槃师，而且在三论师、法华师、成实师中也出现兼习《涅槃经》者，他们也从不同的立场出发对《涅槃经》的佛性说进行诠释，从而进一步丰富和发展了佛性说。到三论宗的嘉祥吉藏和天台宗的智者大师那里，《涅槃经》的"五佛性"说结构被打破，出现了"三佛性"说。

（一）"三佛性"说的雏形

唐代的灌顶在《涅槃经疏》中，提到梁代代表性佛教思想家开善寺智藏、庄严寺僧旻，以及"观师"的佛性说。其中，智藏主张五佛性：境界性、果果性（涅槃）、了因、菩提果、正性。僧旻主张四佛性：正因、菩提、了因、涅槃。"观师"主张五佛性：境界性、果果性、了因、菩提性、正性。智藏和"观师"的说法几乎完全一致，而僧旻的说法略有不同，因为他主张"非因非果"不属于"性"的范畴，不应该列入五佛性之中。① 可见，梁代佛教思想家已经不满足于祖述《涅槃经》之说，而是具有了批判精神和创新意识，力图在批判地继承《涅槃经》佛性说的基础上，提出更为精致的佛性说。

此外，唐代均正在《四论玄义》中提到三论宗的道朗以及庄严寺僧旻、开善寺智藏等的佛性说。其中，道朗、壹法师立四种佛性：正因、缘因、果性、果果性。庄严寺僧旻也持此说。这里关于僧旻的记载与灌顶《涅槃经疏》的记载略有出入，但两种文献都提到僧旻主张四佛性说。冶城索法师亦立四种佛性，但其说法不同，是指四因一果，即正因、缘因、了因、境界因，一果即涅槃果。开善寺智藏则提出四因四果说，"四因"即正因、缘因、了因、

---

① 《涅槃经疏》卷二十四："开善作五性，是因非果即境界性，是果非因即果果性，是因即了因，是果即菩提果。非因非果即正性，而彼家用众生为正性，与非因非果义不相应。庄严作四性，是因即了因，是果即涅槃，是因即正因，是果即菩提，非因非果非复是性。但非前义，观师亦作五性，是因非果即境界性，是果非因即果果性。是因是果即了因性，及菩提性。言了因者，以望境界为果，望菩提是因。若尔菩提性亦应两望，望了因是果，望果果是因，非因非果即正性。"《大正藏》第 38 册，第 177 页上。

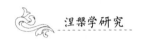

境界因；四果即三菩提、涅槃、第一义空、智慧。① 这里的记载与灌顶的《涅槃经疏》也有出入，或许智藏的佛性说不止一种。

值得注意的是，道朗等已经把《涅槃经》的"正因—缘因"说与"五佛性"说结合起来，力图构筑一种新的关于佛性的言说模式。而更值得注意的是，作为梁代三大士之一的开善寺智藏跳出《涅槃经》的"二佛性"和"五佛性"的框架，在新的"四因—四果"说的框架中，提出了"正因—缘因—了因"的"三佛性"说。这种"三佛性"说还处于"四因"说的框架中，尚未成型，但此说与后来的吉藏和智者大师的"三佛性"说之间的关系仍然值得关注。在某种意义上说，智旻之说构成了后来的"三佛性"说的理论雏形。

（二）吉藏的"三佛性"说

吉藏在《大乘玄论》中论述正因佛性时，继承了《涅槃经》的"五佛性"说，但对"五佛性"说作了新的解释，如将"因"和"因因"对应于"境"和"智"；将"果""果果"对应于"智"和"断"。最重要的是，吉藏对《涅槃经》的"非因非果"之性作了新的诠释，认为"非因非果"所指称的就是"正因佛性"或者"中道"。② 吉藏又引用《涅槃经》的"佛性即三菩提中道种子也"的经文，来佐证正因佛性即中道种子。吉藏的基本立场是三论宗的中道观，非空非有的中道是一切真理的核心。超越现实因果的正因佛性，不同于现实因果中的缘因和了因，它属于更高层次的存在。如果说缘因和了因属于时间序列中的存在，正因则是超越时空的。正因为如此，吉藏在《大乘玄论》中，反对将缘因、了因与正因并称，认为"正因"一词中虽然有"因"字，但却是超因果的存在。

吉藏站在中道的立场，认为"正因佛性"是佛性的核心内涵，力图将般

---

① 《大乘四论玄义》卷七："古来河西朗法师壹法师云：立四种，一正目、二缘因、三果性、四果果性。庄严法师等又同此说也。二治城索法师，亦立四种性，而兴前异，谓三因一果。三因者，一正因、二缘因、三境界因也。一果者，即是三因所得一果也。……开善云：广论因果，共有四名也。共有四名者，一因、二因因、三果、四果果也。各有四名者，因四者，一正因、二缘因、三了因、四境界因也。果四者，一三菩提、二涅槃、三第一义空、四智慧也。"《续藏经》第46册，第606页上一中。

② 《大乘玄论》卷三："开境智故有二因，谓因与因因也。不果而果，开智断故有二果。谓果与果果，至论正因，岂是因果？故非因非果，即是中道名为正因，故以中道为正因佛性。"《大正藏》第22册，第38页上。

若学的中道思想与涅槃学的佛性说统一起来。但在论述"正因"概念时，提到了"正因—缘因—了因"这样一组概念。这可以说是中国佛教史上首次提出"三因佛性"之说。

这种"三因佛性"说的提出，与吉藏接受《佛性论》《摄大乘论释》《法华经论》中的"三佛性"说相关联。吉藏在《法华玄论》中提到《摄大乘论》的"乘之因""乘之缘""乘之得"，认为三者分别相当于真如佛性、六度万行、菩提涅槃。《法华经论》则有"乘之体""乘之得""乘之缘"，三者分别对应于佛性、佛果、了因。吉藏还进一步发挥，乘之体即"因佛性"；乘之得即"果佛性"；乘之缘即"引出佛性"。这里的"引出佛性"，是真谛三藏翻译（一说真谛撰述）的《摄大乘论释》和《佛性论》中出现的"三种佛性"之一。①

吉藏所说的三佛性与《佛性论》或《法华经论》中的三种佛性的说法之间最大的差异是，后者的三种佛性不仅包括因位的佛性还包括果位的佛性，而吉藏所说的三佛性则不包括果位的佛性。显然，从佛性概念发展和佛性概念内涵确立的角度看，吉藏的"三佛性"说更为合理。但《佛性论》和《法华经论》关于佛性三元结构的构想对吉藏应该是有启发的。因为《大乘玄论》关于佛性的思考原本基于《涅槃经》的"五佛性"说，超越这种五佛性的思维框架需要其他经论的思想刺激，《佛性论》和《法华经论》的说法成为从《涅槃经》"五佛性"说向《大乘玄论》"三佛性"说过渡的重要理论中介。

（三）智者大师的"三因佛性"说

智者大师虽然没有留下关于《涅槃经》的注释书，但在其著作中多处引用《涅槃经》的经文，通过引用，或者佐证自己的见解或者借题发挥，阐释自己的思想。关于《涅槃经》的"五佛性"说，智者大师也有诠释。在《法华文句》中，对常不轻菩萨的内涵进行诠释时，提到五佛性：

　　　　不轻之解者，《法华论》云"此菩萨知众生有佛性不敢轻之"。佛性

---

　　① 《佛性论》卷二："三种佛性者，应得因中具有三性：一住自性性、二引出性、三至得性。记曰：住自性者，谓道前凡夫位。引出性者，从发心以上，穷有学圣位。至得性者，无学圣位。"《大正藏》第31册，第794页上。

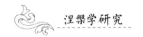

有五，正因佛性，通亘本当；缘了佛性，种子本有，非适今也。果性果果性，定当得之，决不虚也。是名不轻之解。①

这里的"五佛性"说显然受到《涅槃经》的"五佛性"说的影响，但与《涅槃经》的内容相比，智者大师的"五佛性"说的内涵发生了重大变化。"果性"和"果果性"仍然指菩提和涅槃，内涵没有变化。变化在于两个方面。其一，将《涅槃经》中的"因""因因""非因非果"，置换成了缘因佛性、了因佛性和正因佛性。其二，导入了"本有""当有"的概念，认为正因佛性既是本有也是当有；缘因佛性、了因佛性属于种子本有；菩提涅槃则是当有。本有和当有的说法，是南北朝时期关于佛性问题讨论的一个重要方面。特别在地论宗中，这一问题的讨论最为充分。智者大师意识到单纯对佛性进行分类还不够，还需要对其内在属性进行界定。

智者大师"五佛性"说的重点在于"三佛性"说，即正因佛性、缘因佛性、了因佛性。关于其内涵，智者大师云：

> 随喜一切法，悉有安乐性，皆一实相。随喜一切人，皆有三佛性。读诵经典，即了因性；皆行菩萨道，即缘因性；不敢轻慢而复深敬者，即正因性。②

这种关于三佛性的规定，显然受到《法华论》关于常不轻菩萨相关解说的影响，即从菩萨实践的角度对三佛性作出界定。不轻慢一切众生而且对一切众生表示深深的敬意，即在内心深处把一切众生视为佛菩萨，这就是"正因佛性"；施行六度万行等菩萨道，就是"缘因佛性"；读诵经典，熏习智慧，就是"了因佛性"。这种"三因佛性"说不仅与《涅槃经》主要从因果的角度抽象地讨论佛性的做法不同，而且与吉藏的"三因佛性"说也有极大差异。特别是关于"正因佛性"，吉藏从中观的立场出发，将其规定为空性，使得佛性概念走向了哲学化的方向。智者大师将"正因佛性"规定为常不轻菩萨的

---

① 《法华文句》卷十上，《大正藏》第34册，第140页下。
② 《法华文句》卷十上，《大正藏》第34册，第141页上。

大乘菩萨道，强化了佛性概念的实践性色彩。

关于智者大师的三因佛性的来源问题，除了形式上（名称上）受到吉藏的影响、内容上受到《法华经论》的影响之外，道邃《天台法华疏记义决》还提到菩提流支的《法界性论》的影响。按照道邃的说法：

> 佛性有五者，菩提留支《法界性论》云，收束经论，明佛性义，略有五种：一者正因佛性，无始本有，常然不变性；二者缘因性；三者了因性，此亦本有，在性非修；四者果性，谓修得了因，以当显故，望果立名，即菩提性；五者果果性，谓修得缘因，此亦望果立称。①

关于菩提留支的《法界性论》，虽然在《众经目录》中没有记载，但智者大师和湛然在著作中都有关于此论的引用。② 至少智者大师看到过此书，或者说在隋代还有此书的流传。但无论是在智者大师的著作还是在湛然的著作中，都看不到对三因佛性的相关引用。而从常理来说，如果《法界性论》有"三因佛性"说，无论是智者大师还是湛然都会加以引用，哪怕是批判性引用。这似乎说明道邃的《天台法华疏记义决》的引用存在问题，很可能《法界性论》根本就没有"三因佛性"说，道邃为了增强此说的权威性而虚构了这段文字。这里出现的"本有"概念和"性""修"的概念，都是智者大师常用的概念，不可能出现在菩提留支的著作中。③

第三节　佛性与如来藏

佛性与如来藏是包括《涅槃经》在内的大乘佛教经典中出现频率很高的

---

① 《大日本佛教全书》第 16 卷，第 163 页上。
② 关于《法界性论》，出现于智者大师《法华玄义》（《大正藏》第 33 册，第 745 页中）、《维摩经文疏》（《续藏经》第 18 册第 583 页中—下）、湛然《法华玄义释签》（《大正藏》第 33 册，第 871 页中、894 页中、902 页上）、《法华文句记》（《大正藏》第 34 册，第 232 页中）、《摩诃止观辅行传弘决》（《大正藏》第 46 册，第 268 页上）等。
③ 关于《天台法华疏记义决》的作者道邃，日本学者花野充道、大久保良峻等认为不是湛然门下的兴道道邃，而是日本天台宗正觉坊道邃（1107—1157 年）。参见［日］花野充道『「三十四箇事书」の撰者と思想について（三）』，『東洋学術研究』1976 年第 152 号；［日］大久保良峻『三大部要决をめぐる一、二の問題』，『天台学報』1991 年第 33 号。

概念，而且皆在中国佛教思想的概念体系中占有举足轻重的地位。佛性是中国佛教心性论的核心概念之一，而如来藏思想深刻影响到中国的禅宗、华严宗、天台宗等佛教宗派的思想走向。长期以来，这两个概念皆被视为同义词，无论是中国学术界还是海外学术界皆是如此。但随着对印度佛教如来藏系经论研究的深入，特别是中国佛性和如来藏思想研究的拓展，两个概念的异同变得更为清晰。两个概念有其共同属性，被视为同义词也渊源有自；但两者在印度佛教经论中已经存在微妙差异，而传到中国佛教之后，在中国佛教的语境中，由于中国佛教思想家的诠释，两个概念在沿着各自思想轨迹发展的同时，其内涵又有交叉，从而形成既相互独立又相互交涉的佛性思想和如来藏思想。厘清两者的异同，不仅有助于我们正确把握两个核心概念的内涵，而且有助于我们更准确地把握中国佛教思想史的发展脉络，更准确地理解佛教中国化的理论机制。

一 印度佛教经论中的佛性与如来藏

说起如来藏系经典，一般将其范围限定为三经一论，即《如来藏经》《不增不减经》《胜鬘经》和《宝性论》。实际上，《涅槃经》虽然不是以如来藏为主题的经典，而是以佛身常住为主题，但佛身常住的逻辑归结点仍然是如来藏思想，并且在内容上与如来藏系经论有密切的关联，所以应该将其视为如来藏系经典。此外，《大法鼓经》《大萨遮尼乾子所说经》《大云经》《大乘十法经》等经典的主题也或多或少与如来藏思想有关联，是我们考察印度佛教经论中的佛性与如来藏概念时不能忽视的文献。

一般认为，如来藏思想的原点是《如来藏经》。① 《如来藏经》，顾名思义，即以如来藏为主题的经典，此经以九种譬喻说明一切众生都有如来藏，即众生都有成佛的潜质和可能性。《如来藏经》的九个譬喻的内容概括起来包括如下几点：烦恼众生内部都有如来，藏身其中；众生内部的法性（真如）

---

① 关于如来藏思想史研究的最新成果之一，是迈克尔·拉迪奇（Radich, Michael）对"如来藏"概念起源的研究。他通过对汉译《涅槃经》中"如来秘密之藏""如来密藏""如来微密藏"的梵文对应词汇的分析，认为其对应的梵文大多为"Tathāgataguhya"，某些梵文残片则是"tathāgata-gar-bha"。关于"如来藏"这一概念最早出现于《涅槃经》还是《如来藏经》，学术界有不同观点，拉迪奇则主张《涅槃经》起源说。Radich, Michael, *The Mahāparinirvāṇa-mahāsūtra and the Emergence of Tathāgatagarbha Doctrine*, Hamburg: Hamburg University Press, 2015.

与如来的法性没有差别；众生烦恼消除，如来的功德就可以得以彰显。按照《宝性论》的说法，《如来藏经》的"如来藏"说包含三个关键词，这就是"法身"（dharmakāya）、"真如"（tathatā）、"种性"（gotra），即如来藏不离"法身"，如来藏与"真如"不可分，如来藏的自性是成佛的种性。

如来藏概念实际上是解决佛与众生之间的连续性和断裂性的问题。一切众生皆有如来藏，是指在法性的意义上，众生与佛没有差别，这表现出佛与众生之间连续性的一面。但在现实的层面上，"众生皆有如来藏"是佛陀用慧眼观察到的结论，而不是凡夫众生所能够理解的境界。如来出于慈悲的情怀而为众生说出这一重要的事实，是为了让众生生起成佛的信心。众生要做的是，绝对相信佛陀说出的这一真理。可见，"一切众生有如来藏"这一命题是站在佛的立场看待众生时得出的结论，并不是凡夫众生能够体验到或理解到的一种状态。所以，这一命题并没有消除佛与众生之间的断裂性，只是增强了众生修行成佛的信心而已。

《如来藏经》中的"如来藏"概念对后世如来藏思想影响最大之处是"garbha"的观念。此词的词根是"√grabh"意为"孕育"，"garbha"则指"胎"或"胎儿"，相当于汉语的"胎""怀胎"两个含义。"tathāgatagarbha"显然是脱胎于"garbha"的概念，如第八譬喻所示，贫女虽然怀了未来做转轮圣王的王子，但她本人并不自知。同样，众生虽然皆有成佛的本性，但自己却不觉知。

《不增不减经》虽然篇幅很短，但在如来藏系经典中起着承前启后的重要作用。简言之，在《如来藏经》中，"如来藏"是"有财释"，即"一切众生有如来藏"，而在《不增不减经》中，已经完全看不到"有如来藏"的表述，而是改为"一切众生是如来藏"。这意味着"如来藏"概念的实体性减弱、抽象性增强。与此相对应，《不增不减经》导入了"dhātu"的概念，将"如来藏"界定为"众生界（sattvadhātu）"。如此一来，《如来藏经》作为"被贪嗔痴等烦恼缠绕的、作为胎儿的如来法性"，就变为"为无边烦恼所缠的法身"。即由一种具象的"胎儿"变为抽象的"法身"，由内在的某物变为众生内在的本性。这是"如来藏"概念与"佛性"概念趋同的关键一环。

但如来藏与佛性的趋同不是直线式的，因为在《不增不减经》和《涅槃经》之间出现的《胜鬘经》中只出现了"如来藏",完全没有出现"佛性"的概念。《胜鬘经》对"如来藏"概念的内涵作了新的开拓,将如来藏本质上与烦恼的不相应性规定为"空如来藏";而将如来藏具有一切善功德规定为"不空如来藏",并提出了如来藏既是涅槃的基础也是生死的根据的说法,即所谓"染净依持"说。这种从生成论的角度来界定的"如来藏",与纯粹作为修行论、成佛论概念的"佛性"大异其趣,这个意义上的如来藏概念也成为在中国佛教中所展开的"如来藏缘起"说的重要契机。

佛性和如来藏同时出现于《涅槃经》中。由于《涅槃经》本身并不是一开始就作为一部完整的经典问世,而是不断增广而形成的,所以其不同部分的思想并不完全一致。根据下田正弘的研究,《涅槃经》的"如来性品"之前的内容在涉及"如来藏"概念时,多依据《如来藏经》的说法,而在"如来性品"之后则主要依据《涅槃经》自身的逻辑而展开其"佛性"的思想。① 《涅槃经》的主题是佛身常住,但作为常住的佛身不是色身而是法身,而法身则不仅存在于佛而且存在于众生,存在于众生的法身则是在缠"如来藏"。这种理解显然继承了《如来藏经》的"如来藏"概念。但《涅槃经》的"佛性"概念包含两重内涵:因位(众生)的"佛性",即成佛的"可能态";果位(佛)的"佛性",即成佛的"现实态"。由于"如来藏"概念的内涵限定在众生位的法身,即被烦恼缠缚的法身,所以它与因位的"佛性"在内涵上相重叠。但由于"佛性"同时具有佛的属性、佛的功德之意,所以,它与"如来藏"概念又有区别。《涅槃经》在谈到"佛性"时,常用佛所具有的三十二相、八十种好、十力、四无畏等解释其内涵。这种果位的功德意义上的"佛性"与"如来藏"概念在内涵上就没有交叉。

《涅槃经》中的如来藏概念的特色强化了《不增不减经》中出现的"性(dhātu)"的属性,将"如来藏"规定为"buddhadhātu"或"tathāgatadhātu"。最明显的例子,是"四倒品"的以下内容:"复有比丘,广说《如来藏经》,言一切众生皆有佛性。"② 这里引用《如来藏经》的说法,证明一切众生皆有

---

① 参见[日]下田正弘『「涅槃経」の研究——大乗経典の研究方法試論』(東京:春秋社1997年版)第三章"大乗涅槃経思想の変遷"。
② 《大般泥洹经》卷四,《大正藏》第12册,第881页下。

佛性。这里的"一切众生皆有佛性"的梵文，据高崎直道从《涅槃经》的藏译推定，应该是"asti buddhadhātuḥ sarvasattveṣu"，而根据《宝性论》对《如来藏经》的引用，其梵文应该为"sarvasattvas tathāgatagarbhāḥ"。[①] 可见，其最大的改变就是将"tathāgatagarbha"（如来藏）改换成了"buddhadhātu"（佛性）。如果说前者尚具有"胎""胎儿"等具象性的色彩，后者则更具有本质、根本属性等抽象性的色彩。

《宝性论》形式上是对《如来藏经》的注释书，但由于它大量引用《不增不减经》和《胜鬘经》之说，所以此论可以说是如来藏思想的集大成之作。此论的主题是"一切众生有如来藏"，这一主题通过三个命题而展开：（1）佛之法身遍满一切众生；（2）如来之真如平等无差别；（3）一切众生悉有佛性。"法身"表达如来藏的普遍性；"真如"表达如来藏的平等性；"佛性"则表达如来藏的未来性。这里的"佛性"包括无始以来的自性清净和无上道的修行，与《佛性论》中的自性住佛性和引出佛性相当，具有强烈的修行论的色彩，与《涅槃经》中的"正因佛性""缘因佛性"亦接近。从《宝性论》对"如来藏"的定义看，"如来藏"概念涵盖了"佛性"概念，但其内涵比"佛性"概念更丰富。除了"佛性"的内涵，还包括了从佛身论立场所展开的"法身"，以及从存在论立场所展开的"真如"。特别是"真如＝如来藏"说，在真谛所翻译的《佛性论》和《大乘起信论》中与阿赖耶识说相结合，成为"如来藏缘起"说的重要逻辑环节。

综上所述，在印度佛教经论中，佛性和如来藏作为成佛"可能态"的概念，在表达众生和佛之间的连续性方面有共同之处，从早期的《如来藏经》到后期的《不增不减经》《涅槃经》《宝性论》等，"如来藏"概念存在着弱化其具象如"胎儿""胎藏"的特征、强化其抽象"性""法身"特征的趋势，这种趋势也可以说是"如来藏"向"佛性"概念的趋同。但如《涅槃经》中的"佛性"概念所表明的那样，它既可以表达成佛的"可能态"也可以表达成佛的"现实态"，同时还可以表达修行的过程，如"缘因佛性"概念。相比较而言，"如来藏"的内涵局限于烦恼中的法身，即成佛

---

① 参见 ［日］高崎直道『如来藏思想の形成』，東京：春秋社1974年版，第127頁。

的"可能态",并不具备"佛性"概念的其他内涵。而且,正如我们在《胜鬘经》中所看到的,"如来藏"概念不仅与"空""不空"概念相连接,而且被认为是生死和涅槃之所依,这成为后来在中国佛教中所展开的如来藏缘起说的源头。所以,佛性和如来藏两个概念虽然有趋同的趋势,但"如来藏"概念并没有被"佛性"概念吸收、消解,仍然沿着自己独特的轨迹发展。

二 如来藏系经论翻译中的"如来藏"与"佛性"

如来藏系经论的翻译,有两次高潮和一个尾声。两次高潮指东晋和北魏时期、南朝的梁陈之际,而尾声则是唐代译出《大乘法界无差别论》。

最早的《如来藏经》是东晋僧人佛陀跋陀罗所译(420 年,道场寺),之后北魏时期的菩提流支译出《不增不减经》(520 年)、刘宋时期的求那跋陀罗译出《胜鬘经》(436 年)、《宝性论》(511 年至 515 年)[①]。至此,如来藏思想的代表性经典"三经一论"就被全部介绍到中国。但比之宣扬"佛性"说的《涅槃经》,如来藏系经论显然受到中国佛教思想家的冷落。南北朝时期,关于《涅槃经》的注释书汗牛充栋,而关于如来藏系经论的注释书则很少。特别是作为如来藏思想集大成的《宝性论》,甚至没有一部专门的注释书留下来。这是值得注意的现象。但《胜鬘经》的注释书相对较多,其在中国佛教思想史上的影响也较大。

第二次翻译高潮是真谛三藏的一系列翻译。真谛译出《无上依经》《佛性论》《摄论世亲释》。这三部经论虽然从名字看似乎与如来藏思想没有关系,但考察其内容可知,它们都与《宝性论》密切相关。如《无上依经》将《宝性论》中所引用的其他经典的说法作为背景而使用;《佛性论》的内容许多是对《宝性论》内容的一种改动或重新组合;《摄论世亲释》真谛译本的增广部分(玄奘译本缺)全是关于如来藏的内容。由此,高崎直道推测,真谛三藏熟悉《宝性论》的内容,在翻译《无上依经》和《佛性论》和《摄论世亲

---

① 根据宇井伯寿的研究,勒那摩提在洛阳译出《宝性论》的时间在 511 年至 515 年,僧朗和觉意担任笔受。由于僧朗和觉意曾参与菩提流支的翻译事业,担任笔受,所以勒那摩提和菩提流支的翻译用语有一致之处。参见 [日] 宇井伯寿『宝性论研究』,東京:岩波書店 1959 年版,第 4 頁。

释》时，出于某种动机而将《宝性论》的内容插入其中。① 从这个意义上说，以上三部经论并不是严格意义上的翻译经论。真谛的相关翻译对隋唐佛教影响很大，特别是对隋代净影寺慧远，以及华严宗二祖智俨和三祖法藏的思想形成影响更为明显。

本来如来藏系经论的翻译在真谛三藏那里就基本结束了，但到唐代，提云般若又译出了一部《大乘法界无差别论》的著作。这部著作又译为《如来藏论》，其内容与如来藏思想有关，但其对"如来藏"的理解与之前译出的如来藏系经论的理解皆不相同。由于法藏在参与这部论的翻译之后，随即撰述了《大乘法界无差别论疏》，对其如来藏概念进行了阐发，所以在中国如来藏思想发展史上，虽然这部论书在中国出现较晚，其影响仍然不可忽视。

学术界早就注意到，中国佛经翻译家在翻译梵文 tathāgatagarb 一词时，在很多场合都避免使用"如来藏"而使用"佛性"。从佛陀跋陀罗译、不空译、藏译的内容看，《如来藏经》的"如来藏"概念，又被称为"如来""如来身""如来智""如来知见""如来法性""如来性""如来种性"等，这说明这一概念传到中国之初，翻译家及其周边的佛教思想家对这一概念的独特内涵尚未完全理解，这一概念尚未在中国佛教思想体系中得以确立。正因为如此，"如来性"和"如来种性"等概念，在后来的如来藏系经论中常被翻译成"佛性"。这种状况，一方面说明"如来藏"概念从一开始就与"佛性"概念有着千丝万缕的关系；但另一方面，这种翻译遮蔽了"如来藏"概念区别于"佛性"概念的独特属性。

根据《如来藏经》的说法，众生成佛的本性如同在胎儿状态的如来。这虽然是一种譬喻的说法，但因为胎儿是具象的存在，所以作为抽象存在的如来藏很容易被误认为具象的实体。这也是中国佛经翻译家在翻译"tathāgatagarbha"时，不愿意用"如来藏"而多用"佛性"的原因所在。从中国的思想传统看，早在春秋战国时期，诸子百家就开始讨论"人性""本性"问题，人性是善是恶还是非善非恶的问题曾在伦理和哲学的层面得到充

---

① 参见［日］高崎直道『如来藏思想・佛性论 II』，『高崎直道著作集』第七卷，東京：春秋社2010 年版，第 173 頁。

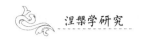

分讨论。由于在中国文化中有比较成熟的关于"人性"的思考，所以中国人更容易接受"佛性"的概念。

此外，与如来藏相对应的梵文词还有"tathāgatagotra"，"gotra"是种性之意，所以"tathāgatagotra"直译应为"如来种"或"如来种性"。这一概念的出现与印度社会源远流长的种姓制度有密切关系，"如来种性"意味着众生皆是如来的直系后裔，是正宗传人。这种观念，与儒家的人人可以为尧舜的观念有相近之处，但对奉行出家制度、超脱世俗家族制度的佛教徒来说就显得榫卯不合。最能说明这一点的是勒那摩提在翻译《宝性论》时，将其翻译为"自性""佛性"等。如"etad eva viśuddhigotraṃ tathāgatadhātum abhisaṃdhāyoktam"（RG，6）（关于作为两种清净种性的如来性，经中如是说），勒那摩提译为"依此自性清净如来性故，经中偈言"。即将"种性"译为"自性"。①

如上所述，《宝性论》用三个概念来说明"如来藏"，即"tathāgatadharmakāya"（如来法身）、"tathāgatatathatā"（如来真如）、"tathāgatagotra"（如来种性）。但汉译则将"种性"译为"真如佛性"。这样，三个概念就变成"法身""真如""真如佛性"。对照梵文原文"tathāgatagotra"，"真如佛性"的译语有些怪异，但也不是无迹可寻。关于"真如"，《宝性论》将其分为清净真如和有垢真如，"真如佛性"中的"真如"应该与"有垢真如"相对应，强调其与烦恼之间的关系，与如来藏的原始含义相一致。而"佛性"的翻译显然受到昙无谶《涅槃经》的"佛性"译语的影响。一般认为，梵文本《宝性论》几乎看不到《涅槃经》的影响，《宝性论》的"如来藏"说原本与《涅槃经》的"佛性"说没有交涉，但在《宝性论》传到中国之后，《宝性论》的汉译则受到汉译《涅槃经》的影响，《宝性论》的"如来藏"说在翻译过程中被改造成了"佛性"说。

这种将"种性"概念置换为"佛性"概念的做法，我们在真谛所译的《佛性论》中也可以看到。《佛性论》提出三种佛性说，即住自性佛性、引出

---

① 正因为如此，净影寺慧远在《大乘义章》中，对"种性"概念作了解构，认为"种性"是"种子"义，这里的"种子"不是唯识学所说的作为种子识的种子，而是"因"义。通过这种再解释，原本与印度的种姓制度有密切关系的作为"种性"的如来藏，去掉了社会性色彩，成为一个抽象的、作为修行动力因的概念。

佛性、至得佛性。学界的研究表明，《佛性论》的"住自性佛性"和"引出佛性"与《地持经》的"性种性""习种性"，以及《瑜伽师地论》的"本性住种性""习所成种性"具有对应关系。① 虽然《佛性论》的梵本不存在，我们不能还原"佛性"一词的梵文，但从思想脉络看，真谛用"佛性"取代"种性"概念的态度是明显的。

　　如上所述，《宝性论》凸显了"如来藏"概念作为"真如"的属性。强调一切众生在"真如"的层面是平等无差别的。值得注意的是，勒那摩提在翻译这一段梵文时，增加了梵文中所没有的"自性清净心"概念，将"真如"与"自性清净心"联系起来。这也成为后来的中国佛教从"自性清净心"角度诠释"如来藏"之滥觞。

　　《大乘法界无差别论》与《宝性论》《无上依经》《佛性论》应该属于同一个经典群，这几部经论除了主题都是"如来藏"之外，分别讲到菩提心十二义、如来藏十义、菩提十义、佛性十义，从法数的角度分析概括"如来藏"内涵的做法也很相似。关于此论与《宝性论》的出现孰前孰后的问题，学术界尚无定论，但可以确定的是它们几乎是同一时期的著作。不过这部论书为什么迟至8世纪才被翻译到中国，确实令人费解。一种可能的解释是，此论的许多说法皆与周边的经论迥然不同，有些怪异。如本论将"如来藏"规定为菩提心；依据原始佛教的"四谛"说展开其"如来藏"说；认为菩提心的圆满形态是阿罗汉等。这些小乘佛教与大乘佛教杂糅的内容，可能是它长期被忽略、未能早日被翻译出来的原因。

　　在《涅槃经》的佛性说中，佛性分为"正因佛性""缘因佛性""了因佛性"等，菩提心作为菩萨修行的起点，与布施、持戒等修行德目一样，属于"缘因佛性"的范畴，与作为"正因佛性"的佛性、如来藏概念是不同的。《大乘法界无差别论》将如来藏规定为"菩提心"，虽然与传统的"如来藏"说相背离，但它吸收了佛性说中的"缘因佛性"的内涵，强化了"如来藏"概念的修行论色彩。自隋代净影寺慧远提出"佛性缘起"说、唐代法藏提出

---

　　①　参见李子捷『「究竟一乘宝性论」と東アジア佛教—五—七世紀の如来藏・真如・種性説の研究』，東京：国書刊行会2020年版。

"如来藏缘起"说，佛性和如来藏似乎成为缘起的主体，其作为成佛根据、成佛起点的内涵被稀释和淡化。《大乘法界无差别论》强调"如来藏"的修行论意义，具有在理论上回归"如来藏"原点的意义。

三 《涅槃经集解》中的如来藏

"如来藏"概念虽然出现于《涅槃经》中，但出现的频率不像"佛性"那么高，而是仅有数例（北本和南本分别各有 4 个用例）。虽然在印度佛教中，需要到《如来藏经》《不增不减经》《胜鬘经》《宝性论》等所谓如来藏系经论中寻找如来藏思想的源头，但在中国佛教中，除了以上经论以外，《楞伽经》和《涅槃经》也是如来藏思想的重要来源。特别是，由于《涅槃经》注释书众多，其"如来藏"思想经过中国思想家的阐释而得到极大展开，成为南北朝时期佛性论的重要侧面。

（一）如来藏与佛性的同异

如上所述，在《涅槃经》中，如来藏（tathāgatagarbha）与佛性（buddh-adhātu）几乎是同义语，意思大体相同。在中国注释者中，也有基于《涅槃经》原意，主张二者是同一概念。比如，僧亮在对《涅槃经》之"我者即是如来藏义，一切众生悉有"进行解释时，曰，"夫如来藏，我及佛性，体一而义异"①，即如来藏和我和佛性，本质相同，只是言说的方式不同而已。由此可见，南北朝时期的中国僧侣，忠实地继承了《涅槃经》的立场，倾向于将如来藏和佛性视为同一。然而，无论是昙无谶的《涅槃经》译本，还是法显的译本，比之"如来藏"这个译名，皆更喜欢"佛性"这个译名，在多数场合中，梵语的"tathāgatagarbha"大多被译为了"佛性"或"如来性"。推测原因可能是，中国人认为本义为"如来的胎儿"的"如来藏"实体化色彩较浓，而与之相比，"佛性"作为现象世界之本质的意味更强烈，更容易被中国佛教人士接受吧。另外，中国从春秋战国时期以来，围绕人之本性或善或恶或不定而展开了激烈的讨论，自那之后，"性"对中国思想家而言，已是耳熟能详的概念。正因有此思想背景，《涅槃经》的翻译者们在翻译"tathāgatagarbha"

---

① 《大般涅槃经集解》卷十八，《大正藏》第 37 册，第 448 页上。

时，尽可能避开"如来藏"这个译名，而使用"佛性"这个译名。

观《涅槃经》翻译之经纬即知，在翻译《涅槃经》之时，中国佛教人士已经意识到了"如来藏"和"佛性"之间细微的差别。同样在《涅槃经集解》中，诸家在对这两个概念进行解释之际，显然也意识到了这种差异。

例如，僧宗在解释《涅槃经》的"如来寿命无量"时，引用《胜鬘经》之说云："又《胜鬘经》言，如来藏即是佛性，在因为藏，在果为佛，非始非终，隐显为异耳"[1]，强调如来藏就是佛性，如来藏是因位，佛性是果位，不是开始也不是结束，它们之间的差异仅仅是隐与显的差别。根据僧宗的说法，虽然如来藏和佛性在本质上相同，但它们存在的样式不同。归根结底，如来藏是因位的存在，与此相对，佛性是果位的存在。僧亮在解释《涅槃经》的"一切悉有"时，将佛性的内容规定为"八自在"和"常乐我净"。也就是说，一方面，果位上的佛性，作为佛的"现实状态"，具备三十二相、八十种好、十力、四无畏等功德。另一方面，如来藏在众生中为烦恼所覆，在现实中并不显现。僧宗和僧亮皆认为，如来藏、佛性与觉悟的"可能状态""现实状态"相对应，虽承认二者本质上为同一，它们之间的差异亦很明显。

在《涅槃经》中，虽然如来藏与佛性都表现出了强烈的佛果因素，但这主要局限在昙无谶的增广部分。仅就《涅槃经》三个译本中共同的印度成立部分而言，如来藏和佛性都应该被理解为成佛的可能性。总之，如来藏和佛性，大体上指称根据持守戒律等实践而实现的成佛的"可能状态"。宝亮在论述《涅槃经》中"一阐提"的佛性时，主张众生虽有佛性，却并不具备一切种智。众生中存在的佛性仅仅是正因佛性，通过修行去除无明，佛性方可显现。宝亮所说的佛性很显然是成佛的"可能状态"。可以说，他的解释与《涅槃经》原意是一致的。宝亮的"佛性"说是对《涅槃经》学说的忠实反映，僧宗对如来藏的解释却包含了思想上的新的展开。

与僧宗见解相似的说法亦可见于大致同一时期的《胜鬘经》的注释者中。例如，约6世纪成立的被认为是慧掌蕴的《胜鬘经义记》中，有"众生佛性"和"如来佛性"的说法。"众生佛性"是"在缠如来藏"，而"如来佛性"被

---

[1] 《大般涅槃经集解》卷九，《大正藏》第37册，第417页上。

认为是得到"空智"的如来之佛性。"众生佛性"是作为佛性种子存在的如来藏，与此相对，"如来佛性"被认为是正觉、如来藏的果实之类的东西。①

如来藏这个概念，一方面，经过南北朝时期思想家的解释，内容变得极为丰富，唐朝时，终于发展出了华严宗"如来藏缘起"这样崭新的学说；另一方面，佛性这个概念也被细分为"理佛性""行佛性"和"法性""佛性"等，其内容也与各宗派的教义一同展开。

（二）如来藏的"隐"与"显"

如来藏（tathāgatagarbha）是如来（tathāgatha）和藏（garbha）的复合语。其中，garbha 虽被译为"藏"，但如果直译的话，应当被译为"容器""胎儿"。然而，中国人在对《涅槃经》进行注释之际，并没有取用"胎儿"的含义，大多数都以"隐藏"来解释。例如，僧宗在解释《涅槃经》中的《善开微密藏》一文时曰，"佛性为烦恼所覆称藏，去惑得见佛性，故称开"②，即佛性被烦恼覆盖，被称为"藏"，去除烦恼，便可使佛性显现，因此被称为"开"。这里的"藏"和"开"，与上述"隐"和"显"一样，都表达如来藏和佛性不同的存在方式。

"隐"和"显"这对概念，在南北朝时期，被不少佛教人士接受用以解释如来藏。例如，吉藏在《胜鬘宝窟》中论述了"江南师"对于"空如来藏"和"不空如来藏"的解释。根据吉藏的引用，如来藏被烦恼隐藏的状态为"不空如来藏"，从烦恼中脱离、法身显现的状态是"空如来藏"。③ 隋朝的净影寺慧远在《胜鬘义记》中，言"藏"的意思为隐藏，如来藏从烦恼中脱离，法身便显现。④

吉藏在《胜鬘宝窟》中亦用这对概念解释如来藏。认为"约法身显藏，显时法身，本为烦恼所藏，名如来藏"⑤，即法身和如来藏是就法身的隐显而言的，法身显现即法身，法身被烦恼隐藏的状态被称为如来藏。

---

① 参见《胜鬘经义记》，《大正藏》第 37 册，第 259 页中。
② 《大般涅槃经集解》卷十九，《大正藏》第 37 册，第 457 页下。
③ 参见《胜鬘宝窟》，《大正藏》第 37 册，第 74 页上。
④ 参见《胜鬘经义记》，《续藏经》第 19 册，第 888 页中至 889 页中。
⑤ 《胜鬘宝窟》，《大正藏》第 37 册，第 72 页下。

然而，在用"隐"和"显"来理解如来藏时，在汉语语境下，容易将如来藏误认为一实体之物。经典中宣扬的"贫女宝藏"或"暗室瓶瓮"的譬喻，说的是如来藏并非"始有"而是"本有"，如来藏绝非"宝藏"或"瓶瓮"这样的实体之物。吉藏批判了地论师将如来藏实体化的学说，主张"隐"和"显"并非特定之物的隐藏与显现，而是关系到众生的"迷"与"悟"。总之，众生若悟，就被称为"显"或"法身"；如若不悟，则被称为"隐"或"藏"。

（三）与《胜鬘经》"如来藏"说的关联

《涅槃经》是在吸收《如来藏经》的思想基础上而成立的，就如来藏思想而言，《涅槃经》受到《如来藏经》的影响很大。在《涅槃经》"如来性品"之前的诸品中，关于如来藏的内容，基本上引用《如来藏经》之说，或者以《如来藏经》的说法作为根据。但在"如来性品"之后，如来藏思想呈现出不同的面貌，开始作为《涅槃经》内生主张而出现。如将如来藏与"我"的概念联系在一起而展开论述等。

值得注意的是，《涅槃经集解》中，注释者在对《涅槃经》的如来藏进行解释时，依据的是《胜鬘经》而非《如来藏经》。例如，僧宗立足于《胜鬘经》中《如来藏是佛性》一文，对《涅槃经》的"如来寿命无量"进行解释；宝亮根据《胜鬘经》中《依如来藏而有生死》一文，对《涅槃经》的"佛性非是作法"进行解释。①

一般认为，《胜鬘经》是在吸收《涅槃经》"常乐我净"说和"如来藏"说的基础上而形成的经典，但两部经典在思想上还是有明显的区别。如《涅槃经》中既出现了"如来藏"概念也出现了"佛性"概念，而《胜鬘经》则只出现了"如来藏"，完全没有出现"佛性"概念。就如来藏而言，《涅槃经》的特点是通过"如来藏＝ātman（神我）"这种形式说明众生与佛之间的连续性，而《胜鬘经》用其他原理说明了众生与佛之间的连续性，此即"作为染净依持的如来藏"这个概念。《胜鬘经》所说如来藏既为"法身之所依"亦为"轮回之所依"。《涅槃经》中，如来藏被规定为"佛性""佛的本质"，而在《胜鬘

---

① 参见《涅槃经集解》，《大正藏》第 37 册，第 462 页上一中。

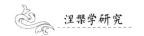

经》中，如来藏是佛与众生一同成立的"场"，是比法身位阶更高的概念。

中国注释家们在注释《涅槃经》时，结合《胜鬘经》"如来藏"说对《涅槃经》的"如来藏"说进行拓展。例如，法瑶在解释"如来性品"中的"善业之因"时云："今明善业所由生者，即佛性，佛性是生善之理，理若无者，善何由生？是则佛性是作善业之根本也。"① 法瑶明确了善业的出生之所依为佛性，佛性是出生善业之理。如果没有理的话，善业通过什么来出生呢？佛性是作善业的根本。在这里，虽然法瑶没有给出经证，并不能直接肯定其受到了《胜鬘经》的影响，但在《胜鬘经》中的确存在与之相似的观点。例如，《胜鬘经》"一乘章"云："摩诃衍者，出生一切声闻、缘觉、世间、出世间善法。"② 这里的"摩诃衍"并非普通"大乘"的含义，而是出生一切善法的根源性的存在，是佛性和如来藏的同义语。在被认为成立于6世纪中叶的《大乘起信论》中，"真如"（如来藏）的"用大"被解释为"能生一切世间、出世间善因果"③，这可以被看作《胜鬘经》观点的延续发展。

如来藏是净法（善业）的依持，这很好理解，但要说如来藏同时也是染法（生死）的依持，这就难以理解了。《胜鬘经》云："有二法难可了知，谓自性清净心，难可了知，彼心为烦恼所染，亦难了知。"④ 即自性清净心是纯粹清净的存在，怎会为烦恼所染？这个问题并非仅仅《胜鬘经》自身的问题，也是后来《胜鬘经》注释者们都要面对的难题。

《胜鬘经》中染与净的问题，是与如来藏和生死的关系问题联系在一起的。宝亮在解释《涅槃经》的"见佛性，成无上道"时，引用了《胜鬘经》的《生死者依如来藏》一文来论述佛性与生死的关系。宝亮的见解，可概括为三点：（1）佛性并非作为正因佛性的"作法"，也就是说，佛性非因缘法、生灭法；（2）佛性是人们的神明之本质，而神明并非依靠业因缘而生，而是依靠佛性而存在；（3）依如来藏而有生死，而绝非依生死而有如来藏。⑤ 按

---

① 《大般涅槃经》卷十八，《大正藏》第37册，第477页下。
② 《胜鬘经》卷一，《大正藏》第12册，第219页中。
③ 《大乘起信论》卷一，《大正藏》第32册，第575页下。
④ 《胜鬘经》卷一，《大正藏》第12册，第222页下。
⑤ 参见《涅槃经集解》，《大正藏》第37册，第462页上—中。

照宝亮的说法，生死作为有生有灭的存在与如来藏是异质的存在，两者之间的联系是一种抽象的、偶然的联系，而不是一种必然的联系。生死依据如来藏而存在，是指在本体论层面，如来藏是一切法存在的根据，而不是指如来藏直接生出生死。

宝亮虽然主张依如来藏而有生死，却没能说明如来藏与生死联系在一起的内在机制问题。这一课题，后来由《大乘起信论》的"真妄合和识"等得到说明。

四 《大乘义章》中的如来藏与佛性

在中国佛教中，对于佛性、如来藏之间关系的认识有三个关键节点，即《涅槃经集解》《大乘义章》《大乘起信论义记》，从时间上看，分别代表东晋至萧梁、隋代、唐代中国佛教界的佛性、如来藏观。透过以上文献，可以看出佛性、如来藏概念在中国佛教思想史上的嬗变轨迹。

透过《涅槃经集解》的内容，我们可以发现，当时的佛教思想家已经意识到佛性与如来藏两个概念的微妙差异。具体而言，佛性是就果位诸佛的德性而言的；如来藏是就因位凡夫的成佛可能性而言的。一个是佛的"现实态"（显），一个是佛的"可能态"（隐）。从"可能态"到"现实态"，需要凡夫众生持戒等修行实践作为中介。

这样的解释，不仅见于《涅槃经》的注释家，也见于同时期《胜鬘经》的注释家。如被认为成立于6世纪初期慧掌蕴的《胜鬘经义记》就将佛性分为"众生佛性""如来佛性"，"众生佛性"就是"在缠如来藏"，"如来佛性"即获得"空智"的佛的殊胜德相，如三十二相、八十种好等。

净影寺慧远是南北朝佛教的集大成者，其代表作《大乘义章》是一部佛教百科全书式的著作，以法数类聚的方式对佛教的核心概念作出解释。关于"佛性"的解释即"佛性义"一章出现于《大乘义章》"义法聚"之首，彰显慧远对"佛性"概念的重视。关于"佛性"与"如来藏"之间的关系，慧远在《大般涅槃经义记》中云，"如来藏者，佛性异名"，把二者视为同一概念。在解释"法佛性"和"报佛性"的关系时云，"体无增减，唯有隐显、净秽"的差异而已。这种说法，可以说与上述僧宗、僧亮等的立场相一致。但在辨佛性之"体"的部分，慧远将佛性之"体"分为"佛因自体"和"佛

果自体"。"佛因自体"就是《胜鬘经》中所说的"不空如来藏",而"佛果自体"就是在佛身上所显现的法身。这种说法与慧掌蕴在《胜鬘经义记》中所说的"众生佛性""如来佛性"意义相近。

净影寺慧远的佛性、如来藏观,受到其地论宗思想立场的影响,表现出新的理论特色。此即是将佛性、如来藏与"识"说结合起来。地论宗的一大特色就是从"识"的角度诠释生死和涅槃的本质,由于对"识"是"妄识"和"真识"的不同解释,地论宗分为南道派和北道派。慧远作为地论宗南道派的代表人物,主张"真识"说。在《大般涅槃经义记》中云,"如来藏者,佛性异名,是真识心"①。这里的"真识"被认为是"阿赖耶识"的八个异名之一,但它并不是唯识学中作为"种子识"的阿赖耶识,而是具有恒沙佛法的"不空如来藏"。"识"(特别是阿赖耶识)说与佛性、"如来藏"说的结合为后来出现的"佛性缘起"说和"如来藏缘起"说奠定了基础。

第四节 《涅槃经》与南北朝佛教中的
"法身"观念

"法身"概念与般若、解脱被视为涅槃三德,随着《涅槃经》注释学的展开,这一概念的内涵不断得到丰富,成为贯穿整个南北朝佛教的核心概念之一。法身与法性、法身与感应、法身与色身等的关系成为当时佛教讨论的重要主题,对中国佛教的本体论、修行论都产生了深刻的影响。在《十地经论》出现之后,法身与报身、应身构成佛身论的三大支柱,并成为后世佛身论的主流学说。以下,结合《涅槃经》的阐释史,对涅槃学视域中的"法身"概念的嬗变进行考察。

一 《大乘大义章》中的"法身"

《大乘大义章》是东晋僧人庐山慧远与活跃于长安的大翻译家、佛学家鸠摩罗什之间的书信集。书信以慧远问而鸠摩罗什答的方式,围绕如何正确理解

---

① 《大乘义章》卷九,《大正藏》第44册,第651页下。

《般若经》内容展开深入的讨论。全书内容被整理者分为十八章，内容涉及：（1）佛菩萨法身的性格；（2）处于修行过程中的菩萨与佛的关系；（3）关于色法构成的教义；（4）真如及对真如的觉悟；（5）关于修行方法的诸问题，等等。其中，庐山慧远反复追问，而鸠摩罗什耐心回答的最重要的问题就是佛菩萨的法身问题。这一问题对道生、慧观以及南北朝时期的其他思想家都产生了深刻的影响，可以说，鸠摩罗什是中国佛教在"法身"概念理解方面的最重要的启蒙者，也是构筑中国佛教"法身"说体系的重要逻辑起点。

庐山慧远为什么如此关注"法身"问题呢？除了在《般若经》中"法身"是一个核心概念之一，慧远要究明《般若经》的道理必然关注这一问题之外，慧远意识到印度佛教与中国文化观念的差异也是重要原因。中国传统文化中没有将圣人与超人格的存在相提并论的传统，如孔子和老子虽然被后世视为神圣的存在，但都是历史上存在的人物，不是超时空的、超人格的存在。大乘佛教的佛陀则兼具两种身份：一是作为历史人物的佛陀，另一是超历史的、作为真理化身的佛陀。而且两种性质不同的存在都被称为佛陀。本来，法身概念的出现是在历史上的佛陀涅槃之后，经过佛陀的神圣化和非人格化的过程才出现的，对于浸染在印度佛教中、了解印度佛教历史的鸠摩罗什来说，法身概念或许并不难理解。而慧远并不了解法身概念的形成历史，骤然看到色身佛陀和法身佛陀同时出现在同一部经典中，自然会倍感困惑。

如庐山慧远在《大乘大义章》第一章中就表达了这种困惑。佛经上说，佛以法身说法，而法身菩萨则见佛说法。一般认为，无论是说法者还是闻法者都必须有见闻觉知的能力，而这种能力必然以四大五根的存在为前提。也就是说，只有色身的存在才能说法也才能闻法。而根据经典的说法，法身没有去来生灭，属于无为法的范畴，作为无为法的法身如何有讲说和闻听的功能呢？这不是自相矛盾吗？

针对庐山慧远的疑问，鸠摩罗什认为，不能把佛教中的说法和闻法仅仅理解为世俗谛意义上的见闻觉知，法身说法也可以说是说而未说，而法身菩萨则是听而未听，他们都不是如世俗人所理解的、用口来说用耳来听。而且，法身分为两种：真法身和伪法身。获得无生法忍的菩萨舍弃了肉身，获得清净行身，这种行身就是"妙行法性生身"，即真法身。这种真法身遍满虚空，

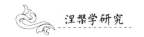

其光明遍照十方世界。此法身的说法，只有十地修行圆满的菩萨才能闻听。与此相对，"伪法身"则是"真法身"方便化现出来的化佛。此化佛也无边无量，随众生品类不同，其光明和色相也不相同。

真法身和伪法身之间是体用本末的关系，如果说"真法身"是太阳，那么，"伪法身"就是太阳之光。法身的二分法对后世影响很大，后来的法身和化身说与此一脉相连。庐山慧远之所以产生疑惑，就是不了解法身有两类，而且两者是不一不异的关系。说法者诚然是作为有为法的化佛即"伪法身"，但此化佛从真法身的立场来看也是作为无为法的实相。从化佛不离真法身的角度看，化佛的说法也可以说是法身说法。

实际上，庐山慧远之所以对法身概念产生困惑，还与对"法身"中的"身"这一汉语词汇的误解有关。在汉语语境中，"身"总是让人联想到肉身、色身即具象的身体。而按照鸠摩罗什的说法，"法身"的"身"是"体相"之意，即诸法实相，是法性的同义词。它与四大五蕴没有任何关联，是一种抽象的存在，所以常住不坏、无漏无为。此外，菩萨证得无生法忍之后所获得的"妙行法性生身"也与色身有质的区别。它不是由四大五蕴形成，而是由法性所生，得首楞严三昧、获得自在的神力。

通过与鸠摩罗什的反复讨论，包括庐山慧远在内的中国佛教思想家对法身概念的认识水平有了很大的提升。这集中表现在慧远晚年所作的《佛影铭》中。义熙八年（412），慧远命人在庐山建造龛室，绘画佛的"光相"。次年九月，著此文刻于石上，并作序。在此文中，慧远认识到佛身有作为历史人物的佛陀，有化现于十方世界的化佛，从世俗谛的立场看，二者是不同的；而从"法身"的立场看，这两者是不一不异的关系。可见，庐山慧远经由与鸠摩罗什的讨论，已经从"法性"的角度理解"法身"，而且理解了法身与化身之间即体即用的关系。[①] 但庐山慧远没有接受鸠摩罗什的真法身、伪法身的概念。"真""伪"的概念在中文语境下带有价值判断的色彩，人们难以接

[①] 《佛影铭》："是故如来或晦先迹以崇基，或显生涂而定体，或独发于莫寻之境，或相待于既有之场。独发类乎形，相待类乎影。推夫冥寄为有待耶？为无待耶？自我而观，则有间于无间矣。求之法身，原无二统，形影之分，孰际之哉。而今之闻道者，咸摹圣体于旷代之外，不悟灵应之在兹。徒知圆化之非形，而动止方其迹，岂不诬哉。"《广弘明集》卷十五，《大正藏》第52册，第198页上。

受将"法身"与"伪"联系在一起。

与庐山慧远交际颇深的宗炳著有《明佛论》，其中也提到"法身"的概念。宗炳所理解的"法身"是"无生而有神"，即没有四大五蕴构成的形相，但却有各种妙用。法身的妙用就是"感妙众而化见。照神功以朗物"，即与众生相感应，可以化度众生。宗炳还从儒释道三教一致的角度把握法身的内涵，认为法身虽然无形无相但能够普应万物，与道家所说的"无为而无不为"是一样的道理。① 慧远和宗炳的法身观对道生、慧观等人的法身观有直接的影响，对齐梁时代的法身观也有间接的影响。

二 《不知题佛经义记》中的"法身"

《大乘大义章》所见的庐山慧远与鸠摩罗什关于法身的讨论，可以说奠定了中国佛教关于法身思想的理论基调。齐梁时代关于法身的思想，以往学术界都是基于《涅槃经集解》的材料进行考察。《涅槃经》的主题是法身常住思想，《涅槃经集解》作为《涅槃经》注释书的汇集本，自然有丰富的法身论资料。但法身的概念发展并不局限于《涅槃经》一部经典，在其他大乘佛教经典如《般若经》《华严经》等经典中也多有论述。那么，在齐梁时代，不与《涅槃经》直接相关联的法身思想是如何展开的呢？以往由于资料的阙如，我们只能凭借片段的资料进行推测。而随着《敦煌秘笈》中《不知题佛经义记》（以下简称《义记》）的问世，给我们提供了了解南齐和梁朝早期佛教思想动态的珍贵资料。②

《义记》中关于"法身"的讨论主要集中于"天安僧钟法师解法身义""上定林寺僧柔法师解法身义"，讨论的形式是首先由僧钟法师和僧柔法师讲解"法身"的内涵，然后由众法师提问，两位法师再回答。僧钟是南齐名僧，精通《涅槃经》《十地经》和《成实论》《中论》《百论》《十二门论》等，

---

① 《明佛论》："欲情唯神独也。……夫以法身之极灵。感妙众而化见。照神功以朗物。复何奇不肆何变可限。岂直仰陵九天龙行九泉吸风绝粒而已哉。……且凡称无为而无不为者。与夫法身无形普入一切者。岂不同致哉。"《弘明集》卷二，《大正藏》第 52 册，第 10 页下—12 页上。

② 据张凯考证，《不知题佛经义记》应该是史料所载南齐萧子良编辑的《杂义记》，成书年代在公元 482—489 年。参见张凯《〈敦煌秘笈〉羽二七一〈不知题佛经义记〉的基础研究》，《世界宗教研究》2014 年第 6 期。

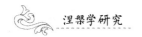

当时的文慧太子和竟陵文宣王皆向其求教。僧柔更被尊为南齐佛教界的第一
人，精通《成实论》，后来驰名梁代佛教界的"三大士"——智藏、僧旻、
法云等皆出自其门下。参与关于法身主题讨论的天安寺僧表，中寺法安，灵
味寺宝亮，冶城寺智秀、智顺，庄严寺玄趣、法朗、惠澜，道林寺僧宝等都
是一时之选。可以说，在这些僧人中所展开的讨论，代表了当时佛教界关于
法身思考的最高水平。①

（一）关于"法身"的定义

萧子良召集的论义，首先需要讲主"破题"，即就当下讨论的论题的内涵进
行阐发，然后再围绕此论题展开讨论。关于"法身"的内涵，僧钟开宗明义云：

> 夫至寂虚凝，体绝名相。由栖托无生，故能虑精其照。虑静累表，
> 所以道居物外。虽复道超物外，必感通为用。苍生能树德行善，故至圣
> 便俯入六趣。形无不应，化周十方。②

关于"法身"，僧柔云：

> 夫法身虚寂，与法性冥符，既宗极法相，故妙绝形名。但应感相涉，
> 则筌寄乃兴。何者？以体备物轨，谓之为法。圆应万形，故称之曰身。
> 皆约迹明本，谓之法身也。③

显然，僧钟和僧柔都是从"体"和"用"或"本"和"迹"的二元视角来把
握"法身"的内涵。从"体"或"本"的立场看，法身寂然不动、超绝名
相，不能用世俗谛的语言文字来表述；而从"用"或"迹"的视角看，法身
则具有与众生相感通的功能，能够化为众形而度化众生。僧钟和僧柔对法身

---

① 关于『不知题佛经义记』中的法身思想，本节内容参考了张凯『中国南朝の法身思想に关する一考察——特に「敦煌秘籍」羽二七一「不知题佛经义记」をめぐって』，『武藏野大学人间科学研究所年报』2013 年总第 3 期。
② 《敦煌秘笈》羽271《不知题佛经义记》第 1 页，第 8—11 行。
③ 《敦煌秘笈》羽271《不知题佛经义记》第 2 页，第 12—13 行。

的诠释与鸠摩罗什、庐山慧远、宗炳、道生等的法身观之间有着继承关系。当然，如果深入细节层面，两者之间还是有微妙差异。如鸠摩罗什将菩萨证得无生法忍之后所获得的"妙行法性生身"也视为法身，这显然受到《大智度论》的佛身分为"生身"和"法身"思想的影响，只是鸠摩罗什对"生身"重新作了解释，并力图将"生身"的内涵也纳入"法身"概念，从而建立法身的一元论。而僧钟和僧柔没有纠缠于"生身"和"法身"的异同，而是借用中国传统思想的"体用""本迹"等概念，对法身进行重新定义。在《大智度论》中，生身和法身是两种异质的存在，而在僧钟和僧柔这里，作为"法性"的法身与其感应身并不是两种存在，而是一体不二的关系。如僧柔所说，"圆应万形，故称之为身"，从感应的角度重新定义"身"的内涵，克服了从色身肉体理解"身"所带来的困扰，标志着中国佛教思想家已经力图从哲学思辨的层面趋近"法身"概念。

（二）法身与法性的异同

僧柔在阐释"法身"的内涵时，将其与"法性"概念联系起来，认为法身与法性在本质层面上是一体的，此即所谓"冥符"。关于这一点，灵味寺宝亮提出如下疑问：

> 灵味宝亮问曰：云法身与至理冥符，为当即是故冥？异而冥也？
>
> 答曰：既云冥符，不容即是。
>
> 又问：如其有异，则彼此之殊，同旨安寄？
>
> 答曰：为约迹语本，则义惟有异。若废迹而言，则无可辨异，故云冥也。①

既然两者本质上是契合一致的，那两者是同是异？换言之，两者是不是可以互换的同义词？僧柔否定二者完全相同。宝亮又追问，如果两者不是全同，其差异又何在？僧柔仍然从两个不同角度分析其异同：从"本"即本质的层面上讲，法身等同于法性；而从"迹"即现象的层面讲，法身有"体"有

---

① 《敦煌秘笈》羽271《不知题佛经义记》第2页，第14—17行。

"用"，而法性则只有"体"而没有"用"。

关于法身和法性之间的关系，《放光般若经》基本上将二者视为同义词。① 在《般若经》传到中国之后，对《大品般若经》有过精深研究的道安和其弟子庐山慧远都关注到两个概念的关系，道安基本上将其视为同义的概念。而庐山慧远因为受到小乘阿毗昙的影响，认为法身中有色身，而色身是由有漏的四大五根所生成的。那么，有漏的法身如何从无漏的法性中生出就是一大理论难题。慧远之所以向鸠摩罗什请教法身的内涵，主要是要解决内心的这种疑惑。僧柔对两个概念的辨析，一方面继承了《般若经》的立场，强调二者本质上的一致性；另一方面又强调"法身"概念所独具的感应功能，用中国传统哲学的体用概念，从逻辑上说明了法身与法性两概念的异同。法身概念虽然在般若类经典和涅槃类的经典中都是重要的范畴，但其内涵是不一样的。在般若类经典中，法身与法性、真如、空性等概念同义，皆表达诸法实相，用中国传统思想的概念表达则属于"体"的范畴。而在涅槃类经典中，法身与涅槃、佛性、如来藏概念相连接，在具有"法性"概念同样内涵的同时，与感应、智慧、解脱等修行论的概念产生关联，不再局限于"体"的范畴，而是兼具"体""用"的概念。僧钟、僧柔的法身观，一方面是他们自身出于对经论的钻研而得出的个人化理解，另一方面则是当时佛教界从般若学向涅槃学转向风潮的体现。这种立场的转变，我们在《涅槃经集解》所收录的诸注释家的注释中都可以看到。

（三）法身与感应

感应的思想最早是指两种存在之间交涉互动、相互影响的关系。《周易》"咸卦·象传"中载："咸，感也；柔上而刚下，二气感应以相与。止而说，男下女，是以亨，利贞，取女吉也。天地感而万物化生，圣人感人心而天下和平。"②《庄子·刻意》篇中载："圣人之行也天行，其死也物化。……感而后应，迫而后动。"③强调达到无为自然境地的圣人虽然超越世俗，但仍然可

---

① 《放光般若经》卷九："般若波罗蜜，亦不持无为法有所与，亦不弃有为法。何以故？有佛无佛，法性住如故。法性者则是法身，亦不以忘住，亦不以损住。"《大正藏》第 8 册，第 67 页下。

② （清）阮元校刻：《十三经注疏清嘉庆刊本》，中华书局 2009 年版，第 95 页。

③ （清）王先谦撰，沈啸寰、王星贤校：《庄子集解》，中华书局 1987 年版，第 133 页。

以自然地应对外部世界。早在支遁（314—366年）那里即有"万物感圣，圣亦寂以应之"的说法，即将中国传统思想的感应思想引入佛教思想体系中，以表达圣人与众生之间救度与被救度的关系。道生结合众生之"机"来论"感应"，认为众生的根机不同，佛菩萨的感应方式也不同。如在《法华经疏》中解释"一时"云："时者，物机感圣，圣能垂应。凡圣道交，不失良机，谓之一时。"① 也是从佛菩萨与众生的互动交涉中来理解"感应"。

从《义记》的内容看，南齐的思想家在思考"法身"概念时同样关注了感应问题，只是这种感应不限于佛菩萨与众生的交涉，而是与"法身"的"体"与"用"联系在一起。如智秀与僧柔之间有如下问答：

> 治城智秀问曰：如宜旨以二义称绝名：一，以第一义无名相，既冥此无相，故止其照功；二，以与理冥会，暗惑已尽，则无复生灭之相故，所以绝冥源。世谛参差，则有万象之别，既鉴此殊相，便应有功。其功既有，则有相可名也。②

"法身"在本质层面与"法性"同义，是不生不灭、超言绝相的。但当"法身"发起功用，鉴照外界的森罗万象时，不是就能够用概念名相去把握它了吗？智秀在这里要表达的是"法身"在"体"上无相与在"用"上有相之间的矛盾。

对此，僧柔回答：

> 万有无不空，空则通于万有。万有虽殊，空性唯一。冥此空性，万相不能隐。万相不能隐，故言无法而不照。岂实有功之可名哉？……随万有而有功，正以万有不能隐，故云照万有，何得责有实功也？③

僧柔在回答智秀的问题时，对"鉴照"和"功用"都作了重新的解释。鉴照是圣义谛的"照"，是法身本具智慧的显现，不同于世俗谛的主体对客体的鉴

---

① 《法华经疏》卷一，《续藏经》第27册，第2页上。
② 《敦煌秘笈》羽271《不知题佛经义记》第2页，第20—23行。
③ 《敦煌秘笈》羽271《不知题佛经义记》第2页，第23—24、26—27行。

照。同样，"功用"不是法身主动地施作用于万物，而是在一切万有不离法身的意义上说法身有"功"。如果把"法身"的体和用视为两截，一个圣义谛，一个世俗谛，自然就会发生法身"无相"和"有相"的矛盾。如果把体和用视为一体，体用相即、体用不二，那么，无相即有相，无功即有功。两者之间并没有矛盾。关于这一点，僧柔又云：

> 实功得显，在于学地，由照功未足。照足则无功，无功称大功，功名所以绝。……就迹以寻本，既赴感未曾差，则无机而不察。无机而不察义，称为大知。①

如上所述，鸠摩罗什在《大乘大义章》中就结合菩萨修行十地说来界定"法身"的内涵，即将菩萨在第七地证得无生法忍之后获得的"法性生身"视为法身。这种思路也影响到南齐的思想家。僧柔就认为，只有在菩萨修行途中才能显现出"实功"，即有"相"有"功"。这里所指，应该是菩萨根据众生的不同根机而示现不同的形象，或者说根据众生不同的领悟能力而说不同的法。而菩萨修行到达十地，就能够达到自在地度化一切众生而不做度众生想。到达这一境地，就是"无功称大功"、无知而"大知"。《老子》第三十七章关于"道'有'无为而无不为"的说法，《庄子·天下》篇有"无用之用，乃为大用"的说法，僧肇在《般若无知论》中有般若"无知'而为'大知"的说法。这些都是表达超越性的存在与现象存在之体用无间的关系。

南齐思想家除了从法身的体用关系的角度分析感应之外，对于佛菩萨与众生之间实际发生的感应关系，也有论述。如法朗与僧柔之间有如下问答：

> 庄严法朗问曰：法身垂应，出自善感。未识善何以义故感也？答曰：法身虚寂，体冥法性，斯盖是至极之善也。夫一毫之善，必冥感果。以同性相感，故法身俯应。引彼长途，有极趣之义，譬铜山崩而铃铜应。②

---

① 《敦煌秘笈》羽271《不知题佛经义记》第3页，第3—4、5—6行。
② 《敦煌秘笈》羽271《不知题佛经义记》第3页，第16—19行。

如果说前面对"感应"的说法还偏于哲学抽象层面，那么，这里的问答则回归到现实救度论的层面，即直接探讨众生通过何种中介而与法身发生感应。僧柔给出的答案就是众生的"善"。因为法身是一种纯粹的、最高的善，根据同性相吸的原理，法身之善只能与众生之善相感应。众生哪怕只有微细的小善，也能够与法身相应。这显然是从佛教修行实践的角度对"感应"的解说。

三 《涅槃经集解》中的"法身"

《涅槃经集解》收录了自东晋到梁初的十九位注释者对《涅槃经》的注释，大体反映了这一时期中国佛教思想家对《涅槃经》的理解。由于"法身"概念在《涅槃经》中的重要地位，这些注释者几乎无例外地讨论到这一概念。由于出现于《涅槃经集解》中的人物与《义记》中的人物有交叉，结合这两种文献，大体上可以看到齐梁时代"法身"观的演变轨迹。

（一）法身、般若、解脱

《涅槃经集解》中所表述的"法身"观最大的特色，就是指明了法身与般若、解脱之间具有三位一体的关系。这种全新的解释源自《涅槃经》的"伊字三点"说，即"寿命品"讲到涅槃的内涵包括法身、般若、解脱三义，三者的关系如伊字三点"∴"，彼此独立而又相互关联，共同构成涅槃的完整含义。

关于法身与般若、解脱以及涅槃之间的关系，法智的说法最有代表性：

> 存三德者，显三德一体，为涅槃法。法皆有德，为涅槃义也。三德体为涅槃法者，经言法名自体故，以体为法也。三德为涅槃义者，以三德在法，则法有三义，故三德义皆为涅槃义也。言法身为涅槃义者，法以法则为用，身是体之异名。良以其体可法，故名为法身。今常住涅槃既有体可法，故以法身义为涅槃义也。般若义为涅槃义者，般若以鉴解为功，常住涅槃既言有体，则无知而无不知，即是般若，故以般若义为涅槃义也。解脱义为涅槃义者，解脱以脱缚为义，常住涅槃其体虽在。然因缚果缚，二俱解脱，故以解脱义为涅槃义也。①

---

① 《大般涅槃经集解》卷一，《大正藏》第37册，第379页下。

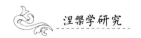

法智所理解的"法身"主要是就"体"而立名，它既是万法之体，亦是涅槃之体。从这个意义上，涅槃就是法身。这是说涅槃不是小乘所理解的灰身灭智，不是色身的入灭，本质上是一种不生不灭的境地。

僧宗、宝亮、智秀、法智等皆认为小乘佛教和大乘佛教虽然都讲涅槃，但两者的内涵是不同的。小乘佛教以法身、般若为有为法，涅槃须灰身灭智，故不言法身，般若而只言解脱，而大乘佛教所说的涅槃则是三德备具，也就是说，不仅讲解脱，而且同时讲法身、般若，故大乘佛教的涅槃称为"大涅槃"。而且，按照智秀的说法，《涅槃经》的"法身"说不仅与小乘佛教的"色身"说不同，而且也与同为大乘佛教的《法华经》的说法不同。《法华经》"如来寿量品"说如来在前世行菩萨道，在百千万亿那由他劫前已经成佛，而佛的寿命更是长远，比百千万亿那由他劫还要长一倍。尽管如此，智秀认为，《法华经》所说的如来寿命还是有限的，是有生有灭的无常法，而《涅槃经》的法身则是常住的，是不生不灭的。《法华经》的成佛说"但说寿量长远，复倍上数，未明正觉虚凝，湛焉不灭"[1]。可见，以往的大乘经典由于没有从"法身"的角度来理解如来的本质，所以即使把如来的寿命无限延长，仍然不能很好地说明佛身常住的道理。

(二) 两种法身

如上所述，鸠摩罗什就提到果法身的分类问题，但他提出的真法身和伪法身说并没有被后人继承。后来的道生、僧肇、慧严等都从法身和化身的角度来论说佛身。僧亮、法瑶、僧宗等的佛身观也继承了道生等人的二身说模式。如僧亮在在解释《涅槃经》的"如来之身非身是身"时，僧亮云：

> 身以生灭聚积为义，而有真有应也。真身非生灭积聚，故非身也。应身无生不生，无形不形，故是身也。[2]

---

① 《大般涅槃经集解》卷一："如来化始鹿园，旨穷鹫岳，唯明道极灰尽，善必菩提。未辨含情抱气，悉成无等。但说寿量长远，复倍上数。未明正觉虚凝，湛焉不灭。今此经者，以至极妙有为指南，常住佛性为宗致。明阐提，则正因无改，辨法身，则圆果岿然。所谓无余之至教，究竟之极说也。"《大正藏》第 37 册，第 379 页上—中。

② 《大般涅槃经集解》卷十，《大正藏》第 37 册，第 421 页中。

在解释《涅槃经》的如来"常住无有变异"时，僧亮云：

> 佛之真身是实，涅槃说实，见实则生死尽也。应身非实，契经以之为实，不见实故，生死不尽也。①

在解释《涅槃经》的"如来毕竟涅槃，不毕竟涅槃"时云：

> 法身有真有应。真身是常，应身无常。或者见应灭，谓真亦灭，闻真身常，谓应身亦常，所以起争也。②

可见僧亮认为法身有"真身"和"应身"，真身之身是"非生灭"义，而应身之身是"聚积"义。换言之，真身就是不生不灭的法性、本体，而应身则是法身在现象界中显现。真身超越生死，而应身则有生死。真身是常住的存在，应身则是无常的存在。

在解释《涅槃经》的"不应请佛久住于世（至）诸行性相亦复如是"时，僧宗云：

> 丈六是法身之迹，还是神极所知，故言境界也。应于所应，岂得留耶？诸行性相者，上举境界，明应同所应。今举性相，明所应同应也。性语其内，即以迁流潜谢为质。相语其外，取其百年终灭为义也。③

"丈六身"的概念属于化身，在庐山慧远那里就已经与法身对举而使用。僧宗将佛身分为"法身"和"丈六身"，与僧亮的真身、应身的分法相似。僧宗的特色是用"性相"概念描述应身的特征，即"性"指生灭无常的性质，"相"指百年终灭的形态。这种"性相"说是比较特异的说法，与唯识学和华严学的说法都不相同。值得注意的是，《集解》诸师所理解的法身虽然大体

---

① 《大般涅槃经集解》卷二十三，《大正藏》第 37 册，第 470 页下。
② 《大般涅槃经集解》卷六十四，《大正藏》第 37 册，第 576 页下。
③ 《大般涅槃经集解》卷五，《大正藏》第 37 册，第 394 页下。

一致，但对化身的理解则并不一致。如上所述，有人认为法身中包含真身与应身两种，应身是法身的题中应有之义，有人认为应身与丈六身同义。直到《十地经论》被翻译出来，法身、报身、应身作为一组概念才逐渐定型。

（三）法身与报身

除了法身和化身，《涅槃经集解》中也出现了"报身"的概念。僧宗在注释《涅槃经》的"德王品"中二乘人"转二果"时云：

> 转二果者，言无三界结业，而报身犹存，正是有余涅槃，要舍报身，得于无余。①

可见，僧宗结合有余涅槃和无余涅槃来谈"报身"。在小乘佛教中，断三界烦恼而绝未来生死之因者，尚余今生之果报身体，谓之有余涅槃；作为今生之果报的身体归于寂灭，谓之无余涅槃。如上所述，鸠摩罗什在《大乘大义章》中提到"妙行法性生身"时，认为菩萨证得无生法忍时，已经脱离了三界烦恼，不再受肉身束缚，但还残存三界外的烦恼，克服这种三界外的烦恼，经由八、九、十地的修行，最终达到佛的境地。这种由无漏功德所生身，鸠摩罗什称之为菩萨法身。僧宗所说"报身"虽然也如"法身"一样克服了三界烦恼，但似乎并没有如菩萨法身一样由法性所生，而是由四大五蕴所生之身。

在注释《涅槃经》"圣行品"的"善男子菩萨摩诃萨（至）所有功德而当可说"时，僧宗云：

> 此言渐进，向八地也。向七地已，不畏恶道果报，而未免二十五有者。就七地，自有余报身者。今八地以上，一向法身，故言二十五有也。三昧非慧，因定生慧，共相资成也。所以知八地者，言具二十五三昧，能为种种神通。寻神通之用，非近行所为也。②

---

① 《大般涅槃经集解》卷五十一，《大正藏》第37册，第529页上。
② 《大般涅槃经集解》卷三十四，《大正藏》第37册，第492页下。

在这里，僧宗结合大乘佛教的教义特别是菩萨十地说解说"报身"和"法身"。在第七地，菩萨尚有余"报身"，未舍二十五有。到菩萨第八地，菩萨唯有"法身"，具有二十五种三昧，能为种种神通。这里的"法身"与鸠摩罗什在《大乘大义章》中所说的"妙行法性所生身"相似。可见，僧宗所理解的"报身"到底是作为有余涅槃主体的业报身，还是八地以上菩萨的法性身，并没有确定下来。

在净影寺慧远的《涅槃经义记》中关于"法身""报身"的概念云：

> 诸佛法身是法性身，种种方便是佛报身。报德差别，故云种种；方便修生，故名方便。亦可法身是佛真身，种种方便是佛应身。皆不可思。①

一般意义上说，法身是超言绝相的法性身，是没有形质的存在，而报身则是功德之身，是菩萨修行所得到的果报身。如僧宗所理解的菩萨修行到第八地具有种种三昧、种种神通。但净影寺慧远同时认为这种报身也可以称为"应身"，即佛以种种方便教化众生所示现的化佛。这说明虽然《十地经论》已经译出，但其中的法身、报身、应身的概念尚未被佛教界普遍接受。

这主要因为大乘经典中关于法身、报身、应身的说法各有不同，所以，净影寺慧远在谈到这些概念时也难以抉择。这种立场在其《大乘义章》中表现得最为明显。在此书讨论佛身时，净影寺慧远注意到《胜鬘经》《地持经》《法华经论》中的不同说法。他总括诸经的说法云：

> 菩萨种性已上有五种身：一法性身，谓性种性及解行中清净向等，如《地持》说，六入殊胜，无始法尔，如是等也；二实报身，谓习种性及解行中得前方便，如《地持》说，若从先来，修善所得，如是等也；三者生灭变易法身，所谓缘照无漏业果；四分段身，谓无始来有漏业果；五应化身，随物现生。此五种身，各有因缘。②

---

① 《大般涅槃经义记》卷二，《大正藏》第37册，第660页上。
② 《大乘义章》卷八，《大藏经》第44册，第617页上。

可见净影寺慧远受到《地持经》等的影响，倾向于"五身"说，而不是"三身"说。在《涅槃经》的注释书中，何时出现了相对规范化的法身、报身、应身思想呢？就现有的资料看，应该是灌顶的《涅槃经疏》。如灌顶提到菩萨有五种身：

> 释言种性以上菩萨有五种身：一法性身，如《地持》说六入殊胜，无始法尔；二实报身，谓从先来修善所得；三应化身，依前起用；四变易身，所谓缘照无漏业果；五分段身，所谓三界有漏业果。五中初二是其真身，第三是应。①

这里的五种身的说法显然受到《地持经》的影响。本经系《瑜伽师地论》"菩萨地"（即卷三十五至卷五十）的节译，唯缺其中之"发正等菩提心品"。原本为论，后被称为经。净影寺慧远著有《地持经义记》。《地持经》在解说性种性和习种性时云："性种性者，是菩萨六入殊胜展转相续，无始法尔，是名性种性。习种性者，若从先来修善所得，是名习种性。"② 后来的灌顶将《地持经》的性种性、习种性置换为法身和报身。

第五节 《涅槃经》"二谛"说的展开

提到"二谛"说，我们首先想到的是三论宗的"二谛"说。的确，吉藏以破邪显正、二谛相即、不二中道等理论为核心构筑了三论宗的理论体系，其中的"二谛"说建立在对成实师"二谛"说的批判基础上，通过导入"中道"的概念，将成实宗的"二谛相对"提升到了"二谛相即"的新层次。但在南北朝佛教中，对"二谛"义作出阐释的不限于成实师和三论师，涅槃师也构筑了自己的二谛思想体系。涅槃师的二谛思想源自《涅槃经》的二谛义。在大乘佛教典籍中，除了《般若经》和《中论》的"二谛"说外，《涅槃经》

---

① 《大般涅槃经义记》卷九，《大正藏》第 37 册，第 856 页下。
② 《地持经》卷一，《大正藏》第 30 册，第 888 页中。

的"二谛"说也是大乘佛教"二谛"说的重要理论源头。而且，南北朝时期的涅槃师中兼习《成实论》者不在少数，故《成实论》的"二谛"说也受到涅槃师的批判性考察，成为涅槃学"二谛"说的理论来源之一。

那么，中国《涅槃经》注释家是如何在《涅槃经》"二谛"说的逻辑框架中阐释二谛义的呢？涅槃师的"二谛"说与当时成实师的"二谛"说和后来的三论宗的"二谛"说又有怎样的关系呢？以下，以《涅槃经集解》为中心，对涅槃学的"二谛"说略作考察。

一 《涅槃经》中的"二谛"说

二谛的概念在原始佛教中就已经出现了。其最早的内涵是关于真理的两种形式，即佛陀教化众生的方式途径有两种：一种是直接说出的真理如四圣谛，这是只有修行者才能够理解的真理；另一种是关于通过布施等善行而修得人天福报的道理，这是一般社会民众都能理解的真理。在部派佛教中，"二谛"说在理论上得到深化，特别是关于二谛之间的关系有了深度思考。如反映说一切有部立场的《阿毗昙毗婆沙论》（北凉浮陀跋摩译，以下简称《毗婆沙论》）中就有一段对话，讨论俗谛中是否有真谛的问题，如果俗谛中有真谛，为什么佛陀还会说两种谛？结论是因为"差别缘"的存在，即虽然俗谛和真谛在本质上是一体的，只存在唯一的真理，但由于佛陀说法所面对的众生的根机不同，所以有俗谛和真谛之分。[①]

值得注意的是，在《涅槃经》的"圣行品"中也有内容类似的对话，只是对话的主角换成了文殊菩萨和世尊：

> 尔时文殊师利菩萨摩诃萨白佛言："世尊！所说世谛、第一义谛，其义云何？世尊，第一义中有世谛不？世谛之中有第一义不？如其有者即

[①] 《毗婆沙论》卷四十："问曰：世谛中为有第一义谛不？若有第一义谛者，便是第一义谛，无有世谛。若无者，亦是一谛，谓第一义谛。答曰：应作是说：世谛中有第一义谛。若世谛中无第一义谛者，如来说二谛则不如其实。以如来说二谛如其实故，世谛中应有第一义谛。问曰：若然者，便有一谛，谓第一义谛。答曰：如是，唯有一谛，谓第一义谛。问曰：若然者，佛何故说二谛？答曰：以事故，不以体分。唯有一谛谓第一义谛，以事故而有差别。若以事故名为世谛，不以此事名第一义谛；若以事故名第一义谛，不以此事名为世谛。"《大正藏》第28册，第298页中—下。

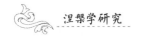

是一谛，如其无者将非如来虚妄说耶？"

"善男子！世谛者即第一义谛。"

"世尊！若尔者，则无二谛。"

佛言："善男子！有善方便，随顺众生，说有二谛。善男子！若随言说则有二种：一者世法，二者出世法。善男子！如出世人之所知者，名第一义谛；世人知者，名为世谛。"①

文殊菩萨与世尊之间的对话，与《毗婆沙论》中的问答无论在结构还是在内容上都很相像。当然，两者之间也有微妙的差异。《毗婆沙论》中所讨论的只是俗谛中是否有第一义谛的问题，而《涅槃经》则同时讨论第一义谛是否有世谛、世谛中是否有第一义谛的问题。也就是说，《毗婆沙论》只是关注二谛之间的单向问题，而《涅槃经》则关注二谛相互之间的关系问题。这说明在《涅槃经》中对二谛问题的讨论已经有所深化。由于两种典籍关于二谛的讨论有相似性，所以有学者认为《涅槃经》的编纂者是在对《毗婆沙论》的"二谛"说进行反思的基础上构想出"圣行品"的相关内容的。②

值得注意的是，在《涅槃经》中，除了表明二谛相互依存、互相交涉的关系之外，世尊还从八个方面说明了二谛在内涵上的不同：（1）随顺众生的二谛，即出世之人所知为第一义谛、世人所知为世谛；（2）名实意义上的二谛，众生依据五蕴和合而成的名称而执其为有，称为世谛，而圣人知其无自性，称为第一义谛；（3）名实是否相兼的二谛，有名无实者称为世谛，有名有实者，称为第一义谛；（4）无常一主宰者如我、众生、寿命、知、见、养育、丈夫、作者、受者等，以及龟毛兔角等有名无实者，称为世谛，苦集灭道，称为第一义谛；（5）是否执着世法的二谛，如果对五种世法（名世、句世、缚世、法世、执著世）产生执着，称为世谛，心无颠倒，如实而知，称为第一义谛；（6）可坏不可坏的二谛，可烧、可隔、可死、可坏者，称为世谛，无烧、无隔、无死、无坏者，称为第一义谛；（7）有无八苦相的二谛，有生老病死爱别离怨

---

① 《大般涅槃经》卷十三，《大正藏》第 12 册，第 443 页下。

② 参见［日］池田宗讓『"正諦の中に第一義諦有りや不や"発問の周囲—「婆沙論」と「涅槃経」において』（1），『大正大学大学院研究論集』2011 年通号 35。

憎会求不得八苦相者，称为世谛，无八苦相者，称为第一义谛；（8）出生不同的二谛，依因父母生者，称为世谛，十二因缘和合生者，称为第一义谛。

关于二谛到底是同一还是相异的问题，在《大品般若经》的"道树品"中也被提及。在世尊与须菩提的对话中，世尊对于世谛和第一义谛是否不同的问题，直言两者无异。两者都是对真如的观照，只是众生不知不见，故菩萨以世谛教化众生。这段经文实际已经包含《涅槃经》类似的逻辑，即二谛同体，二谛的区分源自佛陀教化众生的手段不同。

二谛之间的关系问题之所以反复出现于诸多佛教经论中，是因为这涉及真理是一元的还是多元的这一古老的问题。或者说，在什么限定条件下真理是一元的，在什么限定条件下真理又是多元的。

关于"二谛"说，《涅槃经》的说法除了和《毗婆沙论》《般若经》有关联之外，与《中论》"观四谛品"的青目释也有关联。① 青目在解释《中论》第八偈时，也将二谛理解为佛为众生说法的两种方式。世间的一切法皆空无自性，而众生有颠倒故而生虚妄法。这些虚妄法在世间法的角度是真实的，所以称为"世俗谛"。而贤圣知道一切法在本质上是空的、是无生的，而这一说法对圣人来说是真实的，所以称为"第一义谛"。如上所述，《毗婆沙论》也认为"依差别缘，立有二谛"，即本来真理只有一个，但由于凡夫众生和二乘菩萨的"缘"不同，所以才有二谛之说。《涅槃经》对二谛的区分，最重要的依据也是"世人"和"出世人"之间的区别，即普通的众生所理解的是世俗谛，而佛菩萨所理解的则是第一义谛。可见，"二谛"说的源头虽然有很多，但它们之间也有共同性。只是在中国佛教的成实宗、涅槃宗、三论宗、天台宗中，"二谛"说的内涵才获得丰富和发展。

二　涅槃宗"二谛"说的内涵

"二谛"说最早是通过《般若经》而传到中国。早在后汉时期支娄迦谶

---

① 《中论》卷四："诸佛依二谛，为众生说法。一以世俗谛，二以第一义谛。若人不能知，分别于二谛，则于深佛法，不知真实义。世俗谛者，一切法性空，而世间颠倒，故生虚妄法，于世间是实。诸贤圣真知颠倒性，故知一切法皆空无生，于圣人是第一义谛名为实。诸佛依是二谛，而为众生说法。"《大正藏》第30册，第32页下。

译《道行般若经》中就有"俗法""道法"的区分①，虽然说法上与后来的"二谛"说不同，但其内涵是一致的。西晋的无罗叉译《放光般若经》中则明确出现了"二谛"的概念。② 而在中国佛教思想史上，首次从哲学思辨的立场对二谛进行深度思考的思想家是僧肇。在《不真空论》中，僧肇在论述什么是真正的"空"时，论及二谛。如果说俗谛代表着万法的"有"，而真谛代表万法的"无"，那么，"第一真谛"则是超越真俗二谛的"非有非无"。

"第一真谛"的说法是僧肇独创的概念，这一概念的出现也标志着源自印度佛教的二谛概念已经出现新的解说模式，具有了别样的思想内涵。本来，在《毗婆沙论》《涅槃经》中，世俗谛和第一义谛分别被规定为相对于凡夫众生和相对于佛菩萨的真理，也就是说，它原本属于认识论或教化论的范畴。但从佛教的根本教义来说，无论是俗谛还是第一义谛都要通过语言表现出来，而语言表现在佛教的思想框架中都属于一种方便施设，不是真理本身。所以，即使是四圣谛、十二缘起、无我等第一义谛的内容，也只是世尊所证悟真理的一种语言表现而不是真理本身。真理与二谛属于不同层次的存在。正是在这个意义上，僧肇在二谛之外，提出还存在"第一真谛"。"第一真谛"概念本身虽然没有被后世思想家继承，但它所表达的理念，即二谛所代表的真理是一种相对真理而非绝对真理的立场却影响深远。

（一）二谛是一是二的问题

关于二谛，从道生一直到昭明太子都关注到两者之间关系的问题，特别是俗谛和真谛是一是二的问题。之所以产生这样的问题，与"谛"这一概念的内涵所带来的歧义和误解有关系。"谛"在许多文献中都被定义为"审实"，即对对象的正确观照和认知。在"二谛"说中，第一义谛作为佛菩萨对苦集灭道等真理的观照和认知，在逻辑上容易说得通，但俗谛作为凡夫众生对苦、无常、轮回等的观照和认知，在逻辑上就存在问题。因为凡夫众生所认知的是世间的苦、无常、轮回等属于世间法、无常法、生灭法，它们都是

---

① 《道行般若经》卷四："有学般若波罗蜜者，亦知俗法，复知道法。"《大正藏》第 8 册，第 447 页上。

② 《放光般若经》卷十九："但以道数故，菩萨摩诃萨于二谛为众生说法。"《大正藏》第 8 册，第 133 页下。

需要克服、需要超越的存在，凡夫众生对它们的认知应该属于烦恼的范畴，如何能够将其称为真理呢？但"俗谛"既然被称为"谛"，就意味着它也是一种真理。这就留下了如何理解这两种真理之间关系的讨论空间。

道生据说曾撰写"二谛义"，但已经散佚，其内容不得而知。但在解说《涅槃经》的世法和出世法的关系时云："理如所谈，唯一无二。方便随俗，说为二耳。"① 可见，道生站在"理实无二""理不可分"的"理"一元论立场主张二谛同体说。与道生立场相近的是僧亮：

> 僧亮曰：法无明（名）相，言语道断，岂可以二谛之名示众生耶？善乃（巧）方便者，假真俗二称，诱道愚近耳，非谓理有二也。②

而僧宗也提出了类似的解释：

> 僧宗曰：若以不可得义而为论者，则无二也。若有可得而假用，则二名生矣。是则二名之生，约物情而立也。③

法瑶亦云：

> 名无二实，唯一矣。一实之理，理不可名，岂可即乎。但寄即以遣，即名无二。非有一实而可即也。④

僧宗所说的"不可得得义"是指超越有无对立、不能用语言名相加以描述和把握的超验存在，可以理解为"理"的同义词。所以，如果把二谛置入存在论的框架中考察，二者都是对同一"理"的一种语言表达，两者是一体的。

这种"理"一元论的立场，在昭明太子《令旨解二谛义并问答》中也得

① 《大般涅槃经集解》卷三十二，《大正藏》第37册，第487页中。
② 《大般涅槃经集解》卷三十二，《大正藏》第37册，第487页中。
③ 《大般涅槃经集解》卷三十二，《大正藏》第37册，第487页中。
④ 《大般涅槃经集解》卷三十二，《大正藏》第37册，第487页中。

223

到赓续。如中兴寺僧怀问："理既是一，岂得有两？"答曰："理虽不两，而约人成两。"① 问答中所体现的逻辑与僧亮、僧宗的逻辑是完全一致的。即在存在论的范畴内，二谛是一，但在教化论的范畴内，由于佛陀需要教化不同的众生，所以既需要第一义谛也需要世俗谛。后来的三论宗提出"于二谛"和"教二谛"的概念，也是从接受和使用二谛的主体不同而对二谛作出的区分。因为如果只是从存在论的视角看待二谛，只要第一义谛一种真理就足够了，没必要再设定一个"世俗谛"。但由于真理的受众不同，所以才有相对于凡夫众生的"世俗谛"和相对于佛菩萨的"第一义谛"。又由于佛菩萨教化众生的手段不同，所以才有二谛这样的方便施设。可以说，三论宗的"于二谛"和"教二谛"概念，在涅槃师的"二谛"说中就已经有了萌芽。

（二）二谛与"有""无"的问题

众所周知，关于"有""无"的哲学讨论，在魏晋玄学中以王弼、郭象的"贵无论"和裴頠的"崇有论"的形式展开。按照王弼《老子注》（第四十章注）的说法："天下之物，皆以有为生。有之所始，以无为本。将欲全有，必反于无。"② 没有任何规定性的"无"是一切具体存在的存在根据，万物产生于"无"。第四十二章注又曰："万物万形，其归一也。何由致一？由于无也。"③ 一切现象性的存在在本质上都归结为"无"，由"无"而得到说明。而与此相对，裴頠则认为"无"不过是"有"的欠缺，它并不是"有"赖以存在的根据也不是生成"有"的根源。"有"是自然生成，而万有的总体则是"道"。

玄学关于"有""无"的思辨性考察，影响到早期中国佛教思想家对般若"空"的理解。僧肇在《不真空论》中曾批判三种关于般若"空"的理解，即本无义、即色义和心无义。"本无"原本是对译经家对"tathatā"（真如）一词的古译，后汉支谶所译的《道行般若经》就已经出现。而吉藏的《中观论疏》引道安之说云："无在万化之前，空为众形之始；若托心本无，

---

① 《广弘明集》卷二十一，《大正藏》第52册，第249页上。
② （三国）王弼注，楼宇烈校释：《老子道德经注校释》，中华书局2008年版，第110页。
③ （三国）王弼注，楼宇烈校释：《老子道德经注校释》，第117页。

则异想便息。"① 道安将"无"和"空"相比附，将"无"和"空"视为一切万法存在的根据和生成的根源，与王弼的"贵无论"有相通之处。

但佛教的般若"空"与"贵无论"和"本无说"中的"无"毕竟有根本性不同。如僧肇在《不真空论》中所说："欲言其有，有非真生，欲言其无，事象既形。"② 认为无论是"有"和"无"都是因缘和合而存在，都不能作为一切法存在的根据。只有非"有"非"无"、至虚无生的世界才是现象界背后的真实。老子和庄子所说的"无"及由此延展出来的思想，都认为外在世界是虚妄的存在，是需要克服、需要超越的存在。在这个意义上，"无"与佛教所说的超越此岸世界的"空"有相通之处。但无论在老庄那里还是在后来的玄学那里，现实世界都没有被深刻反思，贵无论和崇有论在"有"和"无"之间各执一端，并没有对它们之间的关系进行深度的辩证思考。而佛教则以缘起说为中介对"有"和"无"进行了辩证分析。万物皆由缘起而生，所以皆无自性。这种无自性一方面否定了一切实体性存在，但同时又肯定了万物并不是单纯的不存在。对万物的非实体性和存在性的双向说明，赋予了中国传统的"有""无"概念新的内涵。

"有""无"的概念在南北朝佛教中有双重含义。一种是世俗语言层次上的"有"和"没有"，如《毗婆沙论》中所说的"世谛中是否有第一义谛"中的"有"就是"存在"之意。而《涅槃经》"圣行品"中"第一义中有世谛不？世谛之中有第一义不"③ 中的"有"也是"存在"之意。而另一种则是哲学意义上的"存在"和"不存在"。如在萧子良的《义记》中，有一段安乐惠令与上定林寺僧柔之间关于二谛的问答："问曰：俗谛之有，为在无外？为在无中也？答曰：第一义无，岂容无中有有？"④ 这里所说的"有"和"无"就不是世俗语言中的"有"或"没有"，而是一对哲学概念。其中的"无"相当于一切法存在的根据或根源，而"有"则指一切世间法。这里的"第一义

---

① 《中观论疏》卷二，《大正藏》第 42 册，第 29 页上。
② 《肇论》卷一，《大正藏》第 45 册，第 152 页下。
③ 《涅槃经》卷十三，《大正藏》第 12 册，第 443 页上。
④ 武田科学振興財団杏雨書屋编：『敦煌秘笈影片册四』羽 271－25，大坂：武田科学振興財団 2011 年版，第 20—21 行。

无"就是大乘中观学中的"空",而"有"则是"空"在现象界的呈现。

这种结合"有""无"而阐发二谛之间关系的做法,我们在涅槃宗中也可以看到。如宝亮在诠释《涅槃经》中的"世谛之中有第一义不?"时云:

> 宝亮曰:世谛以虚妄故有,即体不异空也。若无有而可异于空者,岂有空之可异于有耶?故有无而即一体,便二谛之名立也。若有有可无,便是世谛之中有第一义也。无既无,所无亦无无可异有也。若有无可异有,便是第一义中有世谛也。两既不相有,故知无有可有,无无可无。若有有可有,有无可无,此便相有。得知诸法从本已来,空无毫末之相。但于病者为有,于解者常无。①

宝亮区分了两种"有""无",即世俗言语中的有和没有,以及作为佛教术语的"无"和"有"。从佛教的"无""有"教义来说,"无"相当于"空",但它并不是非存在,而是指缘起的道理,一切"有"都是因缘和合而生的。但这种"生"不是如种子发芽、开花、结果那样的生成论意义上的"生",而是依缘起之理而"生",所以这种"生"又是"不生"。从"空"与万法的关系角度理解"无"和"有",那么,二者是一种抽象的、逻辑上的关系,而不是相生的关系,也就是说,不能说"无"中生"有",也不能说"有"灭而归于"无"。而《涅槃经》中所说的"世谛之中有第一义不"中的"有"并不是与"空"相对的概念,而是与"没有"相对的概念。所以,从佛教"空"的立场看,世俗言语中的"有""无"都是戏论。在"空"的视域中,既无"有"可有,也无"无"可无。用宝亮的话说,就是"诸法从本已来,空无毫末之相"。世谛和第一义谛都是一种语言施设,都属于"毫末之相",即应该被否定、被超越的对象,所以既不能说世谛中"有"第一义谛,也不能说第一义谛中"有"世谛。说"有"意味着二谛都有实体,但二谛皆无实体,所以不能说"有"。

宝亮对《涅槃经》的诠释,未必符合《涅槃经》的原意。因为从文殊菩

---

① 《大般涅槃经集解》卷三十二,《大正藏》第 37 册,第 487 页上。

萨与世尊的问答看,世尊明确说"世谛即是第一义谛",是肯定世俗谛作为相对真理与作为绝对真理的第一义谛并不矛盾。宝亮的着眼点在于,相对于佛菩萨的证悟境界即绝对真实的世界,无论世俗谛还是第一义谛都是相对的存在。而这种相对的存在在佛教体系中为什么有其存在的价值,原因在于它们都是佛陀教化众生的手段,是应众生之病而开出的药方。如果病人不存在,那么这些药方也就失去了价值。所以,二谛"于病者为有,于解者常无"。如果从三论宗提出的"于二谛"和"教二谛"的立场看,宝亮否定"于二谛"即相对于不同众生而言的二谛的价值,仅仅肯定"教二谛"即作为佛陀教化众生手段的二谛的价值。

(三)"二谛"说与中道

如上所述,道生、僧宗、僧亮等基于"理"一元论论证了二谛在本质上的一体性、相即性,使得"二谛"说没有陷入外道所主张的二元论。这是从"体"的方面对二谛相即所作的论证。那么,从"相"和"用"的角度看,二谛之间是什么关系呢?从"用"的角度看,就是它们都是佛陀教化众生的方便手段,在这一点上,《涅槃经》注释家几乎都秉持一致的意见。但从"相"的角度看,即从二谛的具体内涵来看,二谛分别具有什么样的特征呢?

从有无关系看,凡夫众生认识不到一切都是因缘和合而生,说"有"便认为是"性有",说"无"便认为是"断灭",如此理解的"有""无"都不符合佛教的教义。但由于凡夫众生的认识只能到达这种层次,所以,对他们来说,这种认知就是"世谛"。而佛菩萨认识到一切法都是因缘和合而生,生而不生,不生而生,所以是第一义谛。

从对"假"的认知看,按照《成实论》的说法,一切诸法都是因缘和合而成的,没有自性,所以是"因成假";从时间轴来看,一切法虽然在一定时间段看起来是实存的,但实际上是念念生灭,没有固定实体的,所以是"相续假";从空间轴上说,一切诸法都是相对的存在,白相对于黑而存在、善相对于恶而存在,没有非关系性的存在,所以是"相待假"。如果认识到世间法的"假",就是第一义谛;如果认为世间法皆有定相,如马就是马、牛就是牛,就是世谛。

从对"生"的认知看,如果认为"生"就是如父母和合而生子女一般,那么这就是世谛;如果认为"生"是十二因缘和合而生,那么这就是第一义谛。可见,涅槃师所理解的"生"不是生成论意义上的出生、生成,而是指万法是一种关系性的存在,本质上没有自性,所以是"生"而不"生"。

从以上分析看,世谛和第一义谛虽然都称为"谛",但二者在价值上似乎并不平等,也就是说,世俗谛被视为颠倒的、虚妄的见解,而只有第一义谛才是正确的见解。如宝亮云:

> 宝亮曰:世谛虽复森罗,于颠倒者,常有也。于无惑者,常空,未尝有也。若以佛而取,恒是一谛。然至佛之时,乃知众生是梦。于如来,终日不有也。有无可有,无无可无,寂然无相,故于佛尽是第一义也。①

在宝亮看来,世谛和第一义谛在性质上是不同的,在世谛的视域中,一切是"有",而这种"有"实际上是一种颠倒之见。在第一义谛的视域中,一切都是"空"。而这种认知的差异,主要因为认识主体的不同。世俗谛是凡夫众生的见解,而第一义谛则是佛的见解。那么,二者是否都是同一层次的真理呢?并不是。只有站在佛的立场看待两种见解,二者才是真理。换言之,如果二谛分别作为世人和出世者的见解而言,两者不可能获得统一。只有转换主体,从佛的视角看待二谛,二谛才能归结到一谛。这种"一谛"实际上与僧肇所提出的"第一真谛"概念有相通之处。佛教修行的基本目标是从烦恼的此岸世界过渡到解脱的彼岸世界,从而让众生超脱凡俗的境界,进入涅槃的境界。从这个意义上说,烦恼众生的见解是一种颠倒梦想,不能说是真理。

那么,不引入"一谛"或"第一真谛"概念,世谛和第一义谛能否获得统一呢?被称为南朝三大士之一的成实师智藏引入"中道"的概念,以此论证二谛之间的关系。② 据吉藏引用智藏等所著《成实论疏》的说法云:

---

① 《大般涅槃经集解》卷三十九,《大正藏》第 37 册,第 505 页上。
② 《大乘玄论》卷一:"问第五解,二谛同中道为体者。今问:汝言若用中道为体,为是二谛摄?为二谛外物?彼解云:终是一无名无相,还是二谛摄。此是开善所用。"《大正藏》第 45 册,第 19 页中。

　　二谛中道，云何谈物耶？以诸法起者，未契法性也。既未契故有有，则此有是妄有。以其空，故是俗也。虚体即无相，无相即真也。真谛非有非无而无也，以其非妄有故。俗虽非有非无而有，以其假有故也。与物举体即真故非有，举体即俗故非无。则非有非无，真俗一中道也。真谛无相，故非有非无，真谛中道也。俗谛是因假，即因非即果故非有，非不作果故非无。此非有非无，俗谛中道也。[①]

也就是说，俗谛的"有"是"妄有"不是有自性的"实有"，所以虽然是"有"，同时带有"非有"的性格；由于兼有"有"和"非有"的属性，所以俗谛是中道。真谛的"无"不是绝对的"无"，而是"举体即俗"即同时具有"非无"的性格，是"无"而"非无"，在这个意义上说，真谛亦是中道。由于无论俗谛还是真谛皆以"非有非无"的"中道"为本质，所以二谛非一非异。智藏的逻辑与道生、僧宗、僧亮等的"理"一元论的逻辑是一致的，都是将二谛归于同一个更高层次的绝对的存在，在此基础上消弭其现象层面的差异，获得二者的统一。但与"理"一元论相比，智藏的"中道"一元论显然更具有佛教教理色彩。据吉藏在《大乘玄论》中的说法，智藏的"二谛中道"说源自宗颙，而宗颙则在三论宗门下学习中观教义，并撰述了《三宗论》。在吉藏看来，智藏虽然转述了宗颙的"二谛中道"说，但由于智藏没有理解"三谛"说，所以他并没有真正理解三论宗的中道义。

三　《涅槃经》"二谛"说的发展

　　在中国古代的真理观中，除了"二谛"说还有影响很大的"三谛"说。在5世纪末的萧子良的《义记》、6世纪初编纂的《涅槃经集解》中，都是讲二谛，没有出现"三谛"的字眼。而在5世纪后半叶至6世纪初出现的《仁王般若波罗蜜经》（以下简称《仁王经》）和《菩萨璎珞本业经》（以下简称《璎珞经》）中出现了"三谛"的概念。这种"三谛"说在《令旨解二谛义》《仁王经》和《璎珞经》中尚未成为一组成熟的概念，直到智者大师的"三

---

　　① 《大乘玄论》卷二，《大正藏》第45册，第26页上。

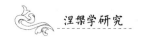

谛三观"说出现,"三谛"说才获得成熟的形态。

(一)《仁王经》的"三谛"说

值得注意的是,《仁王经》的"三谛"说与《涅槃经》的"二谛"说之间存在密切联系,"三谛"说是为了进一步对《涅槃经》的"二谛"说进行说明而提出的概念框架。以下,以"二谛"说向"三谛"说的转变为线索,考察涅槃学"二谛"说的展开。

署名鸠摩罗什译《仁王经》二卷,经过学术界的研究,一般认为并不是翻译经典,而是 4 世纪末或 5 世纪初在中国出现的中国撰述经典。① 这部经典的主题是讲述菩萨修行的内容、阶位、教化众生的方式等。在"菩萨教化品"中提到的"五忍""十心""十坚""十地"等说法,明显受到《十地经》等影响,但在内容上又独具特色,许多概念如十四忍、十四王、十三法师位等都只出现于《仁王经》。虽然有学者认为,其思想受到《菩萨地持经》《菩萨善戒经》等的影响,但更多的是《仁王经》的一种思想独创。②

值得注意的是,《仁王经》中关于二谛的思想展开也与《涅槃经》有关系。其"二谛品"的开头部分云:

> 尔时波斯匿王言,第一义谛中有世谛不?若言无者,智不应二;若言有者,智不应一。一二之义,其事云何?③

这里的"第一义谛中有世谛不"的说法,与《涅槃经》"圣行品"中的文殊菩萨之问:"第一义中有世谛不?世谛之中有第一义谛不?"之间的类似性,显然不是偶然的。如果《仁王经》是中国撰述,那么,从二谛义的表述结构和表述内容看,应该是参考和吸收了《涅槃经》的相关内容而成立的。

---

① ［日］望月信亨认为:"很显然,《仁王般若波罗蜜经》在梁代之前就已经问世。经中'明作制法,制我四部弟子比丘比丘尼不听出家行道'的说法很可能是指北魏太和十七年(497)的立制。如此一来,此经的出现当在太和十七年之后。"《净土教の起源及発達》第一编第四章"中国撰述の偽疑经"二。

② 参见［日］望月信亨『净土教の起源及発達』,東京:山喜房佛書林 1972 年版,第 150 頁。

③ 《佛说仁王般若波罗蜜经》卷一,《大正藏》第 8 册,第 829 页上。

关于二谛、三谛的用法，主要出现于《仁王经》的"菩萨教化品""二谛品"和"受持品"等部分。二谛和三谛的内涵，结合菩萨修行的内容和阶位而逐次展开。

如关于菩萨修行所得的"观达忍"曰："离达开士忉利王，现形六道千国土。无缘无相第三谛，无死无生无二照。"① 关于这里的"第三谛"，吉藏在《仁王经疏》中云："无相者，无有二谛相，离此缘相，名第三谛。"即超越了二谛分别的境地称为"第三谛"。

关于菩萨修得的"胜慧忍"则曰："始入无缘金刚忍，三界报形永不变。观第三义无二照，二十一生空寂行。"② 关于这里的"第三义"，吉藏和智者大师都认为是指第一义谛。如吉藏在《仁王经疏》中云："得中道第一义谛，故云无二照。"③ 智者大师在《仁王经疏》中云："中道第一义谛，对真俗即是第三。一中一切中，故云无二照。"④

从以上《仁王经》中出现的"第三谛"的用例以及吉藏和智者大师的解说看，这里的"第三谛"对应于"中道"的概念，是超言绝相的存在，是与"二谛"所代表的有相世界不同层次的世界。那么，这一概念除了与"二谛"层次不同之外，它自身的概念规定是什么呢？关于这一点，《仁王经》在说明菩萨修行的最高境地"上忍"时云：

> 圆智无相三界王，三十生尽等大觉。大寂无为金刚藏，一切报尽无极悲，第一义谛常安隐，穷原尽性妙智存。三贤十圣住果报，唯佛一人居净土。⑤

关于这段经文，吉藏疏曰："第一义谛常安稳者，涅槃佛性，理中最精，名为第一。深有所以，名为义。知一切法不二之相，故言常安稳。"⑥ 智者大师疏

---

① 《佛说仁王般若波罗蜜经》卷一，《大正藏》第 8 册，第 827 页中。
② 《佛说仁王般若波罗蜜经》卷一，《大正藏》第 8 册，第 827 页下。
③ 《仁王般若经疏》卷二，《大正藏》第 33 册，第 334 页中。
④ 《仁王护国般若经疏》卷四，《大正藏》第 33 册，第 275 页上。
⑤ 《佛说仁王般若波罗蜜经》卷一，《大正藏》第 8 册，第 827 页下—828 页上。
⑥ 《仁王般若经疏》卷二，《大正藏》第 33 册，第 335 页上。

曰："第一义谛即涅槃,故常安稳。即常乐我净,穷无明之原,尽烦恼之性。"① 可见,无论是吉藏还是智者大师都将"第一义谛"的理解与涅槃佛性联系在一起。这里的第一义谛不是与俗谛相对待的、在语言名相框架下的第一义谛,而是超越二谛之上的所谓"第三谛"。

按照《十地经》的说法,菩萨修行的第十地即"法云地"就是最高的境地,等同于佛地。但《仁王经》认为第十地菩萨所证得的是"下忍",证得"上忍"(萨婆若)即进入第十一地,才意味着成佛。"超度世谛第一义谛外,为第十一地萨婆若。"② 即进入萨婆若的佛位,意味着超越俗谛和第一义谛的对立,进入一种消弭了一切差别对立的法性大海。

可见,《仁王经》所说的"第三谛"在某些场合与二谛义中的第一义谛相当,而在另一些场合则指修行达到佛位之后获得的最高真理,这种真理超越一切语言名相,自然也超越俗谛和真谛的对立。这个意义上的"第三谛"与僧肇在《不真空论》中所说的"第一真谛"、道生等所说的"理"等概念一脉相承。

(二)《令旨解二谛义》中的"三谛"说

昭明太子萧统受到梁高祖的影响,崇信佛教。《梁书》"昭明太子列传"记载:

> 高祖大弘佛教,亲自讲说;太子亦崇信三宝,遍览众经。乃于宫内别立慧义殿,专为法集之所。招引名僧,谈论不绝。太子自立二谛、法身义,并有新意。普通元年四月,甘露降于慧义殿,咸以为至德所感焉。③

由此看出,昭明太子为了研习佛法,在皇宫设立了慧义殿,作为讨论佛法的平台,召集当时的名僧一起讨论佛法。太子还自立二谛、法身义,并让僧人

---

① 《仁王护国般若经疏》卷四,《大正藏》第33册,第275页下。
② 《佛说仁王般若波罗蜜经》卷一,《大正藏》第8册,第826页中。
③ (唐)姚思廉撰,中华书局编辑部点校:《梁书·列传第二》,中华书局1973年版,第166页。

各抒己见，参与讨论。道宣的《广弘明集》卷二十一收录了《昭明太子解二谛义章》（以下简称《二谛义章》）、《昭明太子解法身义章》，使我们可以一窥当时佛教界关于二谛、三谛的基本看法。

昭明太子在《二谛义章》的开头部分，首先阐述了自己关于二谛的基本看法：

> 所言二谛者，一是真谛，二名俗谛。真谛亦名第一义谛，俗谛亦名世谛。真谛、俗谛，以定体立名；第一义谛、世谛，以褒贬立目。若以次第言说，应云一真谛，二俗谛。一与二合，数则为三，非直数过于二。亦名有前后，于义非便。真既不因俗而有，俗亦不由真而生，正可得言，一真一俗。真者，是实义，即是平等，更无异法，能为杂间。俗者，即是集义，此法得生，浮伪起作。第一义者，就无生境中，别立美名，言此法最胜最妙，无能及者。世者，以隔别为义，生灭流动，无有住相。《涅槃经》言："出世人所知，名第一义谛；世人所知，名为世谛。"①

这里首先值得关注的是昭明太子对《涅槃经》的引用。这也是《二谛义章》中唯一所引的经典，显示出二谛义的讨论与《涅槃经》"二谛"说之间的关联。《涅槃经》将世谛与第一义谛的区别归于世法（世人所知）和出世法（出世人所知），它们之所以能够成立，在于它们都是一种佛陀教化众生的方便言说。佛陀为随顺众生的根机之故，说示世谛和第一义谛。这种从随顺众生的角度理解二谛的思路，我们在吉藏的"教谛"说和智者大师的"随情、随智、随情智"的"二谛"说中也可以看到。可以说，将二谛视为一种教化方便的说法是中国佛教"二谛"说的主流。

从昭明太子关于二谛的阐释看，与涅槃师和成实师的"二谛"说相比，其"二谛"说有两个特色：一是将"真谛"—"俗谛"和"第一义谛"—"世谛"作了区分，认为前一对范畴表达了二谛各有其体，相当于"二谛异体"说；而后一对范畴则表达了一种价值判断，包含一种褒贬之意在其中。

---

① 《广弘明集》卷二十一，《大正藏》第52册，第247页下。

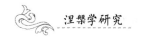

换言之，在"第一义谛"—"世谛"的概念框架中，第一义谛是世谛更高层次的真理。当然，第一义谛能否称为超越真谛和俗谛的"第三谛"，昭明太子没有给出明确的说明。但在与庄严寺僧旻之间的问答中，昭明太子给出了答案：

> 庄严寺僧旻咨曰：三十心中所得空解，为是真解？为是俗解？
>
> 令旨答：可名相似解。
>
> 又咨：未审相似为真为俗？
>
> 令旨答：习观无生，不名俗解；未见无生，不名真解。
>
> 又咨：若能照之智，非真非俗，亦应所照之境，非真非俗。若是非真非俗，则有三谛。
>
> 令旨答：所照之境，既即无生，无生是真，岂有三谛？①

提问者庄严寺僧旻与法云、智藏一起被称为梁代三大士。根据吉藏在《法华玄论》中的说法，开善寺智藏善《涅槃经》、庄严寺僧旻善《十地经》《胜鬘经》、光宅寺法云善《法华经》。三人在梁代皆名高一时，在佛教界有很大的影响力。这里的"三十心"是指《十地经》所说的地前的三十种境地（十住、十行、十回向）。智藏问，在地前阶段所获得的"空解"属于俗谛还是真谛。昭明太子回答，这种"空解"既不属于俗谛也不属于真谛，而是一种"相似解"。如果"空解"属于非真非俗，"空解"所对应的世界也应该是非真非俗。那么，这是否意味着存在着俗谛与真谛之外的"第三谛"呢？对此，昭明太子给出了否定的回答，即不存在所谓"第三谛"。因为智慧所观照的对象本质上是无生，所以属于真谛的范畴。

　　从总体上看，无论是昭明太子还是僧旻都否定非究竟意义上的第三谛，其理由正如昭明太子所说，二谛中的第一义谛可以兼具两种内涵，一是与俗谛相对的真谛，二是超越俗谛—真谛相对的绝对真理。由于第一义谛所具有的这种双重性格，不设定一个"第三谛"也能够表达佛所证得的境界。但吉

---

① 《广弘明集》卷二十一，《大正藏》第52册，第250页上。

藏在《二谛义》中言及智旻之说时云："庄严明佛果涅槃出二谛外。"吉藏的说法根据何在，他没有进一步的说明。如果智旻真的有类似的表达，实际上也和昭明太子《二谛义章》中智旻的立场不矛盾。"佛果涅槃出二谛外"，意味着存在超言绝相、超越二元对立的绝对的真理。这一真理可以称为"第一义谛"，也可以称为"第三谛"。

综上所述，"二谛"说在印度部派佛教中已经有了较系统的表达，如《婆沙论》《俱舍论》《成实论》等都提到"二谛"说，如将"假有"和"实有"分别称为"俗谛"和"真谛"，或者把世人理解的真理称为"俗谛"，把出世人理解的真理称为"第一义谛"等。在《涅槃经》"圣行品"中开始讨论二谛之间的关系，这一论题也成为中国佛教思想家关注最多、讨论最多的问题，这实际上是讨论真理是一元还是二元的问题。这一问题在中国佛教语境下被表述为"真俗一体"还是"真俗异体"的问题。争论的结果，真俗一体的观念成为当时佛教思想界的主流，即从一元论的立场把握佛教的真理。而这一立场在天台智者大师那里表述为三谛三观思想。这一思想不仅意味着"二谛"说向"三谛"说的转变，也意味着真理不再是客观世界的真理，而是与菩萨修行的阶位相一致的主体的境界。

第七章 《涅槃经》与中国传统文化的交涉

自晋宋之际至隋唐，在长达二百余年的时间段中，《涅槃经》被注释、解说，在形成以涅槃教义为中心的理论体系的同时，也完成了与中国传统文化之间的高度融合。《涅槃经》与中国传统文化的交涉互动，是佛教中国化进程中的重要一环。以下以"理""体用""神明"概念的受容、不食肉戒在中国文化中的确立、《涅槃经》伪经出现及对道教传统的影响等为例，对这一主题进行考察。

第一节 "理"在南北朝佛教中的受容与变容

"理"是中国本土概念，历经先秦、两汉，这一概念的内涵不断丰富，在魏晋玄学中，其哲学内涵得到充实，从而作为一个本体论概念获得自立。在佛教传入中国之后，中国的佛经翻译家和佛经注释家积极吸收"理"这一本土概念，并与佛教教理、教义相结合，使这一概念除了本体论内涵外，同时具有了修行论和境界论的内涵。在隋唐诸宗派特别是华严宗中，"理"与"事"并举，成为描述世界普遍性存在的范畴，作为存在论范畴，极大地丰富和拓展了"理"的内在属性，不仅提升了中国佛教的哲理化水平，而且在客观上为宋明理学的诞生提供了理论素材。可以说，佛教对"理"概念的受容和改造是"理"概念哲学化过程中不可或缺的环节，而"理"的佛理化也成为印度佛教教义中国化的重要契机。①

---

① 此节内容参考谭梦霄的论文《"理"范畴在中国早期佛教中的受容与展开》，本科学位论文，中国人民大学，2020年。

一 "理"——从事理、物理到道理

"理"① 字最早见于《诗经》(4 例)、《春秋左传》(5 例),用例较少。在先秦时期,"理"还是一个生活化、自然化的言语用词,如"我疆我理"(《诗经·小雅·信南山》),"乃疆乃理"(《诗经·大雅·绵》),"吾子疆理诸侯"(《春秋左传·成公二年》),"理"字常与"疆"字对举,为整治划分土地之意,一般作为动词使用。同时"理"字也用于官名,属于动词名词化用法,如"行理"(《春秋左传·昭公十三年》)、"摄理"(《春秋左传·昭公十四年》)等。

战国时期,"理"字在《孟子》(7 例)、《庄子》(38 例)、《荀子》(106 例)、《韩非子》(79 例)等著作中被广泛使用,而"理"的内涵也从玉的内在纹理,逐渐抽象化为某物某事的特点或规律,如天地之理、万物之理、刚柔之理、治乱之理等。这种抽象化过程不是一蹴而就的,而是一个渐进的过程,故在前期,我们还能看到"理"的具象性的面向,越到后期其具象性越淡薄,抽象性程度越高。而这与人们围绕"理"展开的思维活动的复杂程度有关,当人们由思考单个事物之理转向研究理与理之间的关系时,就产生了抽象度更高的"大理""通理""贯理"等用例。

众所周知,作为表达万事万物法则和规律的范畴,"道"比"理"更早地被广泛使用,如《老子》和《庄子》中的"道"成为后来的道家、道教的核心概念,也成为中国哲学的重要范畴。与"道"相比,"理"还没有完全成为一个自立的范畴。如日本学者沟口雄三所说:"'理'不像'道'那样具有超越性和实体性,而是以下位语组合成新词语的形式,赋予事物自然条理性的扩展意义。"② 即"理"还是作为事物的属性,表达某物某事之特征、规律等,而不是脱离主体的、独立自主的范畴,换言之,"理"是作为"谓语"而不是作为"主语"而存在的。此外,先秦时期"理"在某些文本中还具有

---

① 关于"理"字本义,裘锡圭从形旁出发,认为"'理'字从玉,本义应该是玉的纹理。按照玉的纹理去剖析它、整治它,也成为'理',所以《说文》训'理'为'治玉'。由前一个意义引申出了一般的纹理以及条理、道理等意。由后一个意义引申出了治理、整理等意义"。裘锡圭:《文字学概要》,商务印书馆 2013 年版,第 142 页。

② [日] 沟口雄三:《中国的思维世界》,刁榴、牟坚等译,生活·读书·新知三联书店 2014 年版,第 234 页。

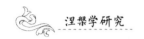

伦理之意，指人与人关系中的行为准则，如"心之所同然者何也？谓理也，义也"（《孟子·告子上》）。

秦汉时期，"理"依然保持着事物的特征规律以及行为准则的内涵，如"无变天之道，无绝地之理，无乱人之纪"（《吕氏春秋·孟春纪》），"俯察地理，以制度量"（《淮南子·泰族训》），"施行得理谓之德，反德为怨"（《新书·道术》）等。而在汉朝社会大一统的基调与背景下，诸多特殊之"理"有被提升概括为普遍之"理"的倾向，如"一之理""大理"概念的出现就说明了这一点。而且，在"大理"等范畴中，"理"已经不再作为"谓语"而是作为"主语"而出现，"理"有脱离某事某物之"理"而被抽象概括为统一、普遍之"理"的趋向。

沟口雄三通过对《战国策》《汉书·文帝纪》等史料中"理"的用例分析认为，"究理""察理""穷理"等用词表明，汉代思想中的"理"作为被探究的对象而获得自立的地位，它已经不再局限于某事某物之"理"，而扩展为抽象性的自然性、必然性。① 当然，汉代思想中的"理"还具有明显的过渡性质，在不同语境中具有不同的内涵，个别之"理"与普遍之"理"相混杂，而普遍之"理"成为"理"概念的主流，则尚待魏晋玄学思想的展开。

魏晋时期，是"理"范畴哲学化的重要时期，学界普遍认为"理"在魏晋时期玄学思潮中具备了本体论的地位，"理"的抽象性也被不断强化。"理"在秦汉之际已经多少具有必然性、自然性，以及在人伦实践领域的应然性得到了强化，成为玄学的时尚话语，如"辨必然之理，故不改其操"（《周易注·豫》），"夫推类辨物，当先求之自然之理"（《声无哀乐论》）。"理"的这些特性都可以从其本义中引申开来，而尤为特殊的是"理"作为"所以然"的特质。

在此之前，"理"附属于物，先有物而后言"理"，随着对"理"重视程度的提高，"理"成了物存在的根据与原因，由"理"而有物，如"物无妄然，必由其理"（《周易略例·明象》）。但是在正始玄学阶段，尤其在王弼这里，"理"虽然作为"所以然"表达一种根据与原因，但其指向存在性本体

① 参见［日］沟口雄三《中国的思维世界》，刁榴、牟坚等译，第234—237页。

的强度并不及"道"或"无"。此外，沟口雄三认为"理"和"自然"逐渐连用组合，才使得"理"通向了"道"，具有了区别于自然性、概然性的存在性根据的内涵，这在郭象的思想中表现得最为明显。① 而伊藤隆寿将老庄思想与郭象、张湛的思想归纳为"道·理的哲学"，并认为在张湛的《列子注》中才真正地明确了"理"的哲学。② 无论如何，可以肯定的是随着魏晋玄学的深入发展，"理"范畴的本体地位最终得以成立。

二 初期翻译经典中的"理"

汉桓帝时，安世高、支娄迦谶等人先后来华进行汉译佛典事业，随着佛经笔译数量逐渐增多，"理"字也开始出现在佛教经籍中。查阅可靠的东汉佛典，使用"理"字的汉译佛典情况如下：

    （1）《五阴譬喻经》，安世高译③，1 例；

    （2）《佛说阿阇世王经》，支娄迦谶译，1 例；

    （3）《法镜经》，安玄共严佛调译，74 例；

    （4）《中本起经》，昙果共康孟详译，5 例。

在安世高、支娄迦谶处，"理"均作动词用，或为按照纹理剖解树木，或为按照空的思想理顺各种偏颇妄乱；《法镜经》中的"理"均用于"理家"这一名称，本质上也是动词用法；此外在传为汉末问世的《牟子理惑论》中，"理"字有 4 例，用于"理惑""吾子以经传理佛说""是以诗书理子尔""所理"等处，亦均作动词，表达理顺迷惑、用儒家经传解释佛法的意涵。其始源为"理"字所蕴含的剖析、整治的意义。

---

① 参见［日］沟口雄三《中国的思维世界》，刁榴、牟坚等译，第 239—240 页。

② 参见［日］伊藤隆寿『道·理哲学与本觉思想』，『驹澤大学佛教学部研究紀要』2005 年通号 63，第 286—273 頁。

③ 关于《五阴譬喻经》是否为安世高所译，虽然学界尚存疑问。吕澂在《新编汉文大藏经目录》中依《祐录》将其列为安世高译经，许理和则将其列为东汉失译类，从其语言风格上看作东汉可靠译经似乎是可以确定的。参见吕澂《新编汉文大藏经目录》，齐鲁书社 1981 年版，第 38 页；许理和著，顾满林译《关于初期汉译佛经的新思考》，《汉语史研究集刊》2001 年，第 309 页。

汉献帝时期译出的经典《中本起经》中"理"出现了5处，概括性地融摄了无常、因缘、果报的思想观念。就其特征而言，第一，"理"是内在的又是可以"明验"的，"理"蕴含在言说经教之中，佛陀通过说法使人明理，"理"也显现在生活实际经验中，人们可以加以了解；第二，佛教之"理"与自然传统的思维、观念与理法相违逆，用例如"瞿昙可笑，反论失理，何有恩爱而生忧悲耶"①，"怪其理乖"②；第三，"理"是"至理"、是"真要之义"，其将世界现象阐释为因缘所生，一切法的根本是空，与世俗虚妄的"理"相比，这种阐释是最为根本、最为正确的，因而明了"理"便是一个"穷微反真"的过程。整体而言，这里的"理"是一种指代佛法的道理。

三国期间，译经事业伴随着佛僧来华和侨民佛教的发展，得到了更大发展。现将使用"理"字的可靠佛典抄列如下：

(1)《梵摩渝经》，支谦译，2例；

(2)《太子瑞应本起经》，支谦译，2例；

(3)《义足经》，支谦译，4例；

(4)《菩萨本业经》，支谦译，1例；

(5)《阿弥陀三耶三佛萨楼佛檀过度人道经》，支谦译，5例；

(6)《维摩诘经》，支谦译，1例；

(7)《私呵昧经》，支谦译，1例。

(8)《七女经》，支谦译，1例；

(9)《孛经抄》，支谦译，2例；

(10)《法句经》，竺将炎共支谦等译，3例；

(11)《六度集经》，康僧会译，32例；

(12)《安般守意经》，康僧会序，1例；

(13)《法镜经》，康僧会序，2例；

(14)《阴持入经注》，吴陈慧著，1例。

---

① 《中本起经》,《大正藏》第4册，第160页上。
② 《中本起经》,《大正藏》第4册，第160页上。

综合考察以上用例，可以发现"理"不仅在更广泛的经籍中出现，在构词的使用上也表现出新的现象，"理"从一个单词更多地走向了复合词，在动词义项上，"理"主要用于"理家""领理国事""当理人物"等词汇中；在名词义项上，"理"则多用于"道理""义理""经理""理学""理观"等词汇中。"道理""义理"多见于支谦所译佛典，主要指人伦之理和佛教义理。

就佛典语言的运用演变而言，东汉汉译佛典经常将"经""义"对举关联，偏爱用"义"而非"理"（此种使用可能和"义"的独特性相关，"义""理"本质上虽然贯通一致，但是"义"作为"宜"，相比"理"更直接地沟通了外在的活动，这种性质恰好契合了早期译经中的人伦实践内容），汉末《中本起经》首次将"理"与"义"关联，指涉因果报应的相关思想；在支谦、康僧会的多次使用中，两词则被明确地并称，在语义上构成同义词，共同表示佛教经典中所蕴含的法义道理。

西晋时期，在竺法护的译经语言中，"义理"（或"谊理"）已经成为常用的词汇，同时，"理"的特征也得到了新的扩展：第一，"理"作为佛所宣说的法义，微妙而广大，人们需要博闻多识以分辨各种作为分支展开的义理，"理"的受持流传与否是佛法兴衰的影响因素；第二，"理"是成为佛弟子的标准，成为沙门需要奉行一定的法则章法，"义理"在行为上如同戒律约束着沙门，"理"具有道德性，在日常生活领域需要人们顺而行之；第三，"理"也是得道觉悟的标准，只有通达"理"才能获得精进以至于最后的正等正觉。在这里，"理"开始与修行、觉悟、成道等实践性概念直接相联系，这在一定程度上为后来佛教学者对"理"的宗教实践性的阐释奠定基础。

三 作为"空"同义词的"理"

佛教在两晋南北朝时期迎来了黄金期，在传教译经、信仰实践、思想阐释等各方面都得到了空前的发展。在义理脉络上，般若学自汉魏肇始以来，与玄学逐渐"合流"交融，佛教从佛道转向了佛玄；姚秦时期以鸠摩罗什为中心的僧团，从"中观"的角度对般若学进行了"拨乱反正"；晋宋之际以竺道生为先导，般若学转向涅槃学，"佛性""法身"成为思想主题，并形成了以《涅槃经》为研究对象的涅槃师群体。两晋南北朝时期佛教思想发展多

元而丰富，以下就般若学与涅槃学两大思潮，择要讨论"理"范畴在佛教思想中的展开。

东晋时期的支遁借由《大小品对比要抄序》这一文本，集中使用了"理"的概念："理"是超越性、完满无损的至理，与无名无始的道体相联系，作为"无为"的"理"是"无不为"的发源与存在根据；但是"无不能自无，理亦不能为理"①，"无"需要通过生出的"有"以显现自己，"理"则不得不寄托于"言"表现自己，因而人们对于"言迹"需要明确其所寄之"理"，得"理"而废"言"；"理""体"是不变的，而言教则是不断变化的，其在现实中的生动表现便是般若大小品的存在。②

支遁的俗家信徒郗超在其现存著作《奉法要》中使用的"理"继承了支遁"理"观之超验本体的特征，"理"与无为、无执、无寄相一致，在本来样态上是"空"。郗超还从宗教实践的层次出发，注重"心"与"理"的结合，"夫理本于心而报彰于事，犹形正则影直、声和而响，顺此自然玄应"③，"理"可以在事迹中得到彰明，但在根本上"理本于心"，"理"是"心"之理。但这并不是说"理"生于心，是心的主观构造产物，因为"遇理而冥"④"来理之先空"⑤的描述已经表明"理"是区别于"心"的另一种独立存有，郗超要强调的是心与"理"冥合的能动性。

在道安的文本中，"理"在内容上指向般若性空学说，并常与"言""句"等对比使用。如道安评价安世高的翻译文本，"言古文悉，义妙理婉"⑥，"理"表示经文所显示的成就四谛之法义以及由禅智想灭而涅槃的道理⑦；道安批评讨论般若的错误做法，"考文以征其理者，昏其趣者也；察句以验其义者，迷其旨者也"⑧，"理"在这里表示寓于文辞而又超越于文辞的窈冥的般若。

---

① 《大小品对比要抄序》，《大正藏》第 55 册，第 55 页上。
② 参见《大小品对比要抄序》，《大正藏》第 55 册，第 55—56 页。
③ 《弘明集》卷十三，《大正藏》第 52 册，第 88 页上。
④ 《弘明集》卷十三，《大正藏》第 52 册，第 89 页上。
⑤ 《弘明集》卷十三，《大正藏》第 52 册，第 89 页上。
⑥ 语出（前秦）道安《人本欲生经序》，收于《出三藏记集》，《大正藏》第 55 册，第 45 页上。
⑦ 汤用彤先生分析认为道安的进路是从禅观而趋向性空，那么在广义上禅观想灭作为实践论也可谓其般若性空学说的一部分。参见汤用彤《汉魏两晋南北朝佛教史》（增订本），第 139 页。
⑧ 语出（前秦）道安《道行经序》，收于《出三藏记集》，《大正藏》第 55 册，第 47 页中。

"理"在鸠摩罗什僧团中,主要用来表达恒一性、普遍性、实践性等特性。僧肇常使用"理无不极"表达"理"的普遍性与至极性,如"大乘在有不有,在空不空,理无不极,所以究竟空义也"①,"理"是普遍的,同时融摄着空与不空两方面,在"有"处发现假有从而破除对"有"的贪着,在"空"处发现不空从而破除对"空"的执念,最终抵达毕竟空的境界。从"理"的普遍性进而可以推出"理"的不变性、恒一性,"称佛所说以明理不可易"②,"且妙理常一语应无方"③,在罗什一系的僧团看来,抽象而出的一"理"普遍蕴含在万法中,是恒常不变、不会缺失的,在言意关系上虽然语言经教众多,但是其中的"理"则是一致不违的。"理"也与觉悟成佛联系在一起,"佛者何也,盖穷理尽性大觉之称也"④,"理"是至理,"觉"则是"至觉",只有穷尽了悟至极之理才能获得如来之实相觉悟成佛。

在狭义的理解上,中观理论中的"理"表现为"空",但与玄学的"无"相差别的是,这种"空"虽然是超验的,但并不是作为一种先在的存在根据与原因而存在,"空"与"非空"是相即共存的;在广义上理解,在支遁、郗超处,作为存在根据的"理"——"无"通过"神化"联系着"有",其视角是以先验的"理"——"无"为本的,因而僧肇批评其"岂待色色而后为色哉"⑤,而在中观思想中,新"理"则不只是"空",而是超越地统摄着超验性的"空"与现实性的"非空","有"(色)"无"(色性)同时受到了批判,"理"表达着任何事物现象都处于非真假有的对待状态,显示出本体与现象相即的实相。很难说"理"在这里具有本体论的地位,"理"不是一种在先的存在根据与原因,因为万法的存在样态本就如实如此,"理"在中观思想中与其说作为"体"(根据)而存在,不如说是作为一种"性"(属性)而存在。

四 作为佛性近义词的"理"

涅槃学思潮的核心议题是法性、佛性、涅槃等,"理"范畴在慧远、竺道

---

① 《注维摩诘经》卷三,《大正藏》第 38 册,第 354 页中。
② 《注维摩诘经》卷六,《大正藏》第 38 册,第 389 页下。
③ 《注维摩诘经》卷十,《大正藏》第 38 册,第 416 页下。
④ 《注维摩诘经》卷九,《大正藏》第 38 册,第 410 页上。
⑤ 《肇论》卷一,《大正藏》第 45 册,第 152 页上。

生、谢灵运、法瑶、僧宗等人的使用中也逐渐与此相关，延展出不同于玄学和般若学的意涵。首先是在庐山慧远处，"理"的指涉内容开始和其法性论相关联。"法性"在慧远处是一种作为实有而存在的本体，而"理"所要发明的正是这种本体。虽然"理"与法性相联系，但慧远的"理"只是模糊地指涉与法性本体有所关联的内容，实质上是一种通向法性的工具手段，其本身并没有本体性。①

在竺道生的文本中，"理"受到了充分的重视与运用，直接与法性、佛性联系在一起。菅野博史与伊藤隆寿针对竺道生的"理"用例进行了充分的整理，并进一步总结了其"理"观中唯一性、超越性、言—理关系、事—理关系等基本特点。② 在言、意或理、事的关联上，"理"幽深广大，超越而唯一，但其仍需要借助于"言"或"事"表现出来，超越性的"理"与现实性的"事"需要相互联合在一起。"理"还与佛教一乘观念相联系，道生认为，常一的妙理作为一乘教义而显现，以区别于二、三乘，在否定二、三乘之后，一乘最终也将消失③，但这里的去掉一乘并不是绝对地消泯一乘之理。

竺道生的"理"不同于上述"理"观的另一特点是其作为法性、佛性的本体性质。在《大般涅槃经集解》中道生讲道："法性照圆，理实常存。"④ 在《注维摩诘经》中讲道："理既不从我为空，岂有我能制之哉？则无我矣。无我本无生死中我，非不有佛性我也。"⑤ 道生的"理"，或与"法性"对举，或通过"理—不空—无我—佛性我"的演进路程行进，其所表达的哲学内容便是法性、佛性。法性、佛性关乎的是成佛的问题，如同荒牧典俊所持的看法，"理"在竺道生这里也就是一种实践哲学的术语。⑥

---

① 慧远在《大智论钞序》中论述道："又论之为体，位始无方而不可诘，触类多变而不可穷，或开远理以发兴，或导近习以入深，或阐殊涂于一法而弗杂，或辟百虑于同相而不分。"《出三藏记集》卷十，《大正藏》第 55 册，第 76 页上。

② 参见［日］菅野博史『中国法華思想の研究』，東京：春秋社 1994 年版，第 93—115 页；［日］伊藤隆寿『佛教中国化的批判性研究』，肖平译，香港：经世文化出版有限公司 2004 年版，第 201—216 页。

③ 参见《法华经疏》卷一："既无二三。一亦去矣。"《续藏经》第 27 册，第 5 页上。

④ 《大般涅槃经集解》卷九，《大正藏》第 37 册，第 420 页上。

⑤ 《注维摩诘经》卷三，《大正藏》第 38 册，第 354 页中。

⑥ 参见［日］荒牧典俊《中国对佛教的接受——"理"的一大转变》，《世界宗教研究》1988年第 1 期。

在"理"的宗教实践性方面，对穷"理"反真、悟"理"成佛的重视在东汉便有所发端，在佛玄思想与般若学思潮中也存有相应的表达。虽然他们同样重视"理"，将尽"理"作为成佛的原因或标准，但是其视角处于一种"众生—理"的混合状态，或强调众生的主体作用，或强调"理"的作用，或对众生、"理"作缘起的综合审视。竺道生则通过"理"与法性、佛性的黏合，确立了"理"在成佛论域中的根本地位，使得能够成佛的重心完全落在众生皆有的佛性上，可以说竺道生在"理"的运用上已经具有了本体的自觉，而对"理"的体用阐述在涅槃师法瑶、僧宗处更为明显。在道生看来，"佛缘理生"①，佛、法身与理都是一体的，同时众生都具有"大悟之分"②（佛性），根据这种自然而普遍的根本性理法，人人都可以尽理成佛。

五 "理"范畴的佛教哲学化完成——华严学中的"理"

"理"和"事"的范畴作为表达华严宗的法界观的重要范畴，最早出现于智俨的著作中，这一范畴的内涵，在法藏和澄观等思想体系中得到丰富和发展，以"理事无碍"和"事事无碍"等命题为中心，成为表达华严宗圆融哲学的基础概念之一。

"理"和"事"对举，在华严宗的思想家中频繁出现，但其内涵并不完全一致，不仅在不同思想家那里的内涵不同，而且即使在同一思想家那里，在不同文本或不同文脉中其内涵也不完全相同。如元晓在《大乘起信论别记》中云：

> 真如门中所详理者，虽曰真如，亦不可得，而亦非无。有佛无佛，性相常住，无有变异，不可破坏。于此门中，假立真如、实际等名。如《大品》等诸般若经所说。生灭门内所摄理者，虽复理体离生灭相，而亦不守常住之性，随无明缘，流转生死。虽实为所染，而自性清净。于此门中，假立佛性本觉等名。如《涅槃》《华严经》等所说。③

---

① 《法华经疏》卷一，《续藏经》第27册，第5页中。
② 《法华经疏》卷二，《续藏经》第27册，第13页中。
③ ［朝鲜］元晓：《大乘起信论别记》，《大正藏》第44册，第227页下。

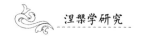

由此可见，元晓所理解的"理"包括两方面的内涵：一是《大乘起信论》中的真如门中的"真如""实际"，其属性是常住不变，即不随缘不变异；二是《大乘起信论》中的生灭门中的"佛性""本觉"，其属性是不守自性而随无明之缘而形成万法。元晓特别指出，第一种意义上的"理"是般若类经典中的真如、实际等；而第二种意义上的"理"则是《涅槃经》《华严经》等经典中的佛性、本觉等。

元晓的这种解释显然与南北朝时期中国佛教对"理"概念的诠释有密切关系。如上所述，南北朝时期的中国佛教对"理"的诠释分为两个体系：一是从般若"空"的角度，将"理"理解为恒一性、普遍性、实践性；二是从佛性的角度，将"理"理解为法性、涅槃等。元晓借用《大乘起信论》的真如和生灭二门的框架，力图将"理"所具有的这两种内涵加以融合。但元晓受华严思想的影响有限，他对"理"的理解更多的是继承南北朝时期中国佛教思想家的立场，尚不能代表华严宗的思想立场。

法藏在相对早期的著作《华严经探玄记》的"能诠之教体"中，将佛陀的一切教法视为"事"，而将教法背后的本体——真如视为"理"。"理事无碍"意味着"一切教法举体真如，不碍差别事相历然"，即作为"真如"的"理"遍在于一切教法，同时不妨碍教法的种种差别。关于"事事无碍"，法藏从"事事相在（相入、相容）"（一在一切中）与"事事相是（相即）"（一即一切）两个侧面加以阐释。"相在"意味着真如的普遍性，而"相即"或"相是"则意味着真如的普遍性要通过具体的事相得到彰显和表达。

可见，在其早期的思想中，法藏还是结合《华严经》的"教体"说来谈"理"和"事"。"理"作为真如主要指涉佛教经论背后的教体，或者说语言背后的绝对真实。作为语言哲学的范畴"理"具有了高度抽象性，而且与南北朝时期中国佛教中的"理"的内涵相比，法藏不限于"空"或"佛性"的视角，而是结合"事"——教法来谈"理"，丰富了"理"的内涵。在魏晋玄学中，语言文字与其内涵之间的关系被概括为"言"与"义"，言义之辩是玄学的重要主题之一。法藏的"教体"说，突破了言义之辩的框架，通过导入"理""事"的概念，将一个纯语言学的问题深化为语言哲学的问题，而在后期的发展中，法藏进一步从"如来藏缘起"的视角对"理"的内涵作了开拓。

法藏晚年，在《大乘起信论义记》中，从"理""事"关系的角度，对大小乘佛教经论的价值和意义进行了判释，这就是"四宗判"：

> 一随相法执宗，即小乘诸部是也；二真空无相宗，即般若等经、中观等论所说是也；三唯识法相宗，即解深密等经、瑜伽等论所说是也；四如来藏缘起宗，即《楞伽》《密严》等经、《起信》《宝性》等论是也。此四之中，初则随事执相说；二则会事显理说；三则依理起事差别说；四则理事融通无碍说。以此宗中许如来藏随缘成阿赖耶识，此则理彻于事也。亦许依他缘起，无性同如，此则事彻于理也。①

在这里，法藏将《楞伽经》《起信论》中所表达的如来藏缘起思想，概括为如来藏随缘而生阿赖耶识的"如来藏缘起宗"，并认为从"理""事"关系的角度看，这种情景属于"理彻于事"；而按照唯识学的三性说中的依他起性而显现的唯识无性，则是"事彻于理"。在《大乘法界无差别论疏》中，法藏又将这两种形态结合起来，称为"理事交彻"②。

法藏用水波与湿性之间的关系来譬喻"事"与"理"之间的关系，水波的差别相不妨碍一切水波都是湿性的本质，同样，一切水波都是湿性也不妨碍水波的种种差别相。法藏用"十玄缘起无碍法门"来说明世间万物之间重重无尽的圆融关系。如关于"十玄门"之一的"广狭自在无碍门"，法藏以莲花为例加以说明，"彼莲花普周法界而不坏本位"。澄观在《华严经疏钞》中进一步解释，"广"指一切事相如"理"一样具有遍在性，而"狭"则指一切事相自住本位。"广狭自在"就是一切事相在现象层面上是自足的、自立的，而在本质的层面上又是与"理"相通的，故而事相与事相之间又是彼此相通的，此即"事事无碍"。

可见，华严宗所讲的"事事无碍"的基础是"理事无碍"，"事事无碍"

---

① （唐）法藏：《大乘起信论义记》卷上，《大正藏》第43册，第243页下。
② （唐）法藏：《大乘法界无差别论疏》，《大正藏》第44册，第61页下。

是以"理"的统一性和不变性为中介的。这种"理"与柏拉图哲学的"理念"说有相通之处。但华严哲学并不认为现象世界与理念世界是隔绝或对立的,而认为两者是相通的,是相互交涉、圆融无碍的,这就破解了二元论的理论困境,建立了"理"一元论的理论框架。而这种一元论之所以能够成立,原因在于华严哲学的实践性,即无论是"理"还是与之相对的"事"都不是抽象的概念,而是具有修行论的内涵。无论是理事无碍还是事事无碍的世界,都是佛菩萨眼中的世界,是修行到一定阶段的境界。

"理"范畴在中国早期佛教中受容并变容,从一个中土词汇逐渐演变成了一个中国佛教术语,"理"的意涵指涉随着佛经传入而不断变化,就特征而言,在本体的角度,其经历了"概念抽象化—玄学本体化—佛性本体化—存在论本体化"的历程;在佛教实践的角度,"理"从外在的应然标准走向主观的内在化实践,进而又指向即体即用、理事圆融的存在,其独特的宗教实践性逐渐拓展,最终在佛性论中完成了中国佛教思想中"理"观的独立,在华严哲学中完成"理"概念的哲学化。在"理"范畴的受容与变容过程中,可以看到,中国本土思想为佛教"理"观的形成提供了一定的哲学基础与助缘,而佛教"理"观的充分形成,也映射出了佛教自身具有的思想创造力以及其在中国化发展过程中逐渐自立的发展态势。

第二节 "涅槃学"与"体用""体相用"
概念的形成

体用概念是中国哲学范畴体系的重要一环,关于这对概念,海内外学术界已有很多研究,关于这一对概念的起源和在中国思想中的嬗变,已经有了比较清晰的呈现。一般认为,在魏晋玄学中这对概念已经有了哲学概念的雏形,而作为思辨概念的确立则见于6世纪初期的佛教文献中。可见,这对概念是伴随着魏晋玄学向南北朝佛学的发展而成熟起来的。这说明,一方面,印度佛学的传入丰富了中国传统概念的内涵,提升了中国传统思想概念的思辨水平;另一方面,中国传统思想的概念为印度佛教的传播提供了重要的思想土壤,并为印度佛教的中国化提供了重要的概念工具。值得注意的是,中国佛教思想家在构筑中国佛教哲学概念体系的过程中，在吸收借鉴印度佛教的思辨性和严密性的前提下，不仅丰富了"体用"这一中国传统概念的内涵，而且进一步发展出了"体相用"这一新范畴，从而丰富了中国哲学概念范畴体系，成为佛教中国化历史进程的一大思想成果。

以下，结合对"体用"概念研究史的考察，以《义记》《涅槃经集解》为中心，考察"体用"概念在中国佛教的受容过程和演变轨迹，以期对这一重要哲学概念的起源作出更准确的分析和判断。

一 从"体义"到"体用"

"体"与"用"本是中国思想所固有的概念，先秦典籍中不乏二者单独出现的用例。但就"体"与"用"何时成为一对紧密关联的哲学范畴这一问题而言，学界存在两种不同的观点，即"魏晋"说与"齐梁"说。

主张"体用概念产生于魏晋时期"的学者以汤用彤为代表，他在《魏晋玄学论稿》中屡屡用"体用"的概念阐释玄学，以"体用一如"概括玄学的特征。[①] 他又在《汉魏两晋南北朝佛教史》（初版为 1938 年）中指出，僧肇"于体用问题有深切的证知"，并以"即体即用"来概括僧肇的思想。[②] 继承这一观点的是张立文与葛荣晋。他们认为，尽管体用成对使用的例子最早出现于荀子的著作，但体用对举具有哲学范畴的意义则始于魏晋玄学。[③]

然而，"体用"的魏晋玄学起源说值得进一步讨论。日本学者岛田虔次指出，尽管汤用彤用"体用一如"来概括魏晋玄学，但除了王弼和韩康伯的两处用例以外，魏晋时期的其他文献几乎没有出现体用对举的情况。[④] 这说明这对概念尚没有被普遍接受，尚没有成为当时主流思想的核心概念。

日本学术界主流观点是"体用"概念产生于齐梁时期。如岛田虔次在《论"体用"的历史》一文（收于《中国思想史研究》，2009 年出版）中，

---

① 参见汤用彤《魏晋玄学论稿》，第 173 页。

② 参见汤用彤《汉魏两晋南北朝佛教史》（增订本），第 185 页。

③ 参见张立文《中国哲学范畴发展史（天道篇）》，中国人民大学出版社 1988 年版，第 626—627 页；葛荣晋《中国哲学范畴通论》，首都师范大学出版社 2001 年版，第 309—311 页。

④ 参见［日］岛田虔次《中国思想史研究》，邓红译，上海古籍出版社 2009 年版，第 225—227 页。

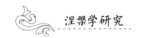

提出认定体用概念的标准有两点："体用"概念的对举以及"体用"概念在抽象思辨意义上被使用。① 基于这一标准，岛田虔次等认为体用概念最早出现于齐梁时期的佛教文献，即梁武帝时期的《立神明成佛义》。② 自《立神明成佛义》出现后，同一时期其他文献中的体用对举的情形也随之增多。从这一概念被思想界普遍接受的角度看，其起源似乎应该以"齐梁"说为宜。

后来的日本学者关注的焦点集中在寻找体用概念的源头及其演变轨迹。如三论宗研究专家平井俊荣将体用概念的源头前溯至僧肇。③ 地论宗研究专家青木隆继承平井俊荣的观点，详细讨论了"寂用""相即"等概念与体用论的关系。④ 南北朝思想研究专家船山彻则对平井俊荣的观点提出批评，他从《大般涅槃经集解》中的宝亮注入手，分析了体用概念与"神不灭论"议题的关系。⑤

本来"体用"范畴的问世问题，学术界大体已经有了共识，但随着《敦煌秘笈》的问世，特别是其中收录的《不知题佛经义记》的问世，关于"体用"范畴的形成以及这一概念在中国佛教中的受容问题重新受到关注。经张凯考证，《不知题佛经义记》当为史料所记载的萧子良所编辑的《义记》，其编纂时期当在482年至489年。⑥ 而以往作为考察"体用"概念的基本资料《涅槃经集解》完成于509年前后。《涅槃经集解》所收录的十九位《涅槃经》注释者与《义记》所收录的问答者有重叠。如果将这两种文献结合起来看，大体上可以看到5世纪末到6世纪初期"体用"概念在宋齐梁朝发展的轨迹。

值得注意的是，在《义记》中，出现最多的概念是"体义"而不是"体用"。如兴皇道明与僧柔之间有如下问答：

---

① 参见［日］岛田虔次《中国思想史研究》，第230页。

② 参见［日］岛田虔次《中国思想史研究》，第228页。

③ 参见［日］平井俊荣『中国佛教と体用思想』，『理想』1979年通号549，第61页。

④ 参见［日］青木隆『中国佛教における体用论の一展开』，载『佛教と文化：多田孝正博士古稀记念论集』，东京：山喜房佛书林2008年版，第247—248页。

⑤ 参见［日］船山彻『体用小考』，载『六朝精神史の研究』，科学研究费补助研究成果报告书2005年版，第126—132页。

⑥ 参见张凯《〈敦煌秘笈〉羽二七一〈不知题佛经义记〉的基础研究》，《世界宗教研究》2014年第6期。

> 兴皇道明问曰：有为体无，有为义无也？
>
> （僧柔）答曰：夫义者，此体之义。既云体无，义岂得有哉？①

道明和僧柔所讨论的是，"有"在存在意义上是"无"，还是在属性上是"无"。换言之，一切法在本质上是空的，还是在现象层面上没有特定的规定性。僧柔的回答是，"义"附属于"体"，是"体"的属性。既然"体"是无自性，则作为其属性的"义"自然没有规定性。② 这种讨论继承了魏晋玄学的传统，已经不是围绕具体的事相进行讨论，而是进入"体""义"这样抽象概念的层次进行讨论，具有很强的思辨性。这里所说的离"体"无"义"，与后来中国佛教思想家所说的"离体无用"在论述结构上有相似之处。

体义的概念早在僧亮的注文中就已出现。体义与名义、名实、内外、总别等概念亦有联系，如：

> 僧亮曰：法是事体，名是义因，义是名实。内外之称，各有总别。③

从这里可以看出，早期的体义概念与名义概念联系在一起，而名义概念又与"名实"概念联系在一起。"名实"是魏晋玄学讨论的重要概念，这一概念经由义学僧人的改造而成为佛教的"体义"概念，进而由"体义"概念发展出"体用"概念。如上所述，关于"体用"的起源到底是魏晋玄学还是齐梁佛学，学术界有不同看法。而从"体义"概念的出现，可以窥知从"名义"（名实）到"体义"再到"体用"的概念发展轨迹。体用概念经由魏晋玄学到齐梁佛学的发展才成为一个成熟的哲学概念。如果说魏晋玄学的"名义"概念更多的是语言学或语言哲学的概念，那么，"体义"的纯思辨色彩更浓，

---

① 武田科学振興財団杏雨書屋编：『敦煌秘笈影片册四』，羽271—25，大坂：武田科学振興財団2011年版，第22—23行。

② 参见张文良『南朝成実宗における二諦説一杏雨書屋藏・羽271「不知題佛経義記」の「二諦義」を中心に』，『東アジア佛教学術論集』2019年通号7。

③ 《大般涅槃经集解》卷六十四，《大正藏》第37册，第576页上。

已经接近于哲学概念。如在《义记》中，僧人们就关注到"体义"与"总别"（整体与部分）的关系：

> 天安僧钟问曰：若一体有三，三即是一，今举一则通三，言三亦通一乎？
>
> （道祭）答曰：总可统别，别不统总也。①

"体"作为"总"，可以统摄作为"别"的"义"，但"义"并不能全部涵盖"体"。"体"与"义"的相异，体现在"体"是第一性的，而"义"是第二性的、附属性的。

宝亮和智顺之间，也曾围绕"体"和"义"之间的关系进行讨论：

> 灵味宝亮问曰：义云一体三宝，则为一体而有三义，未解云何是一体而有三义也？
>
> （智顺）答曰：所云一体三义，乃是万德之一体也。
>
> 又问：今称万德一体，为是束万为一？为是万中之一也？
>
> 答曰：一体而有万德，非束万为一，亦非万中之一也。②

"体"和"义"不是简单的整体与部分的关系。或者说，不是数量性的整体和部分之间的关系。整体不是部分的简单相加，作为整体的"体"的内涵大于"义"的相加，"体"并不是"义"的集合。可见，当时的佛教思想家已经结合佛教教义，进行关于整体与部分、主体和属性之间关系的哲学思考。这是"体义"进一步向"体用"概念过渡的重要阶段。

"体义"这对概念在《集解》和《义记》中，还常常以"体一义异"的形式出现。如僧亮与惠隆之间有如下对话：

---

① 《敦煌秘笈影片册四》，第158页，羽271号写本，第5号图版，第15—16行。
② 《敦煌秘笈影片册四》，第160页，羽271号写本，第8号图版，第9—12行。

僧亮曰：夫如来藏、我及佛性，体一而义异也。①

南涧惠隆问曰：涅槃三事，为各有其体，为但有其义？

（道祭）答曰：体一而义异。②

"体义"或者"名义"，是用于分析不同名相之间关系的工具，可以与"体用""总别""同异"等思辨概念结合使用。尽管"体"和"义"之间具有富于思辨色彩的辩证关系，但是关于"体""义"的思考仍然停留在"体一义异"的思维水平，尚未到达"体义相即"。"体用相即"是梁朝初期佛教思想讨论中的重要概念，也是"体用"概念最终取代"体义"概念的重要契机。换言之，因为关于"体义"的思考仅仅停留在"体一义异"而没有到达"相即"的高度，所以未得到后世学者的青睐。

"体义相即"这一概念无法产生的原因也许与"体义"本身的局限性有关。"义"本身尚有"语义""言义"的痕迹，在哲学抽象度上不如"用"；"义"是静态的，而"用"的本意是"功用"，是描述事物作用、功能的概念，是动态的。正因为"用"的这种特性使得它与"动静"相关联，产生了诸如"寂用""功用"等用法。总之，"体""义"的关系容易被固定为"义"是"体"之"义"，"义"附属于"体"，而"体"与"用"的关系则较为灵活，"体"能发为"用"，而"用"能体现"体"。

隋代的吉藏在总结历史上五家关于"二谛体"的论述时，透露了从"体一义异"到"体用相即"的发展轨迹。五家中的第四家和第五家关于"二谛"之体用关系的论述，吉藏概括如下：

第四云：二谛虽是一体，以义约之为异。若以有来约之，即名俗谛；以空约之，名为真谛。而今此二谛唯一，约用有二。

第五云：二谛以中道为体。故云不二而二，二谛理明；二而不二，中道义立。彼家有时亦作体用相即。今皆不然。③

① 《大般涅槃经集解》卷十八，《大正藏》第37册，第448页上。
② 《敦煌秘笈影片册四》，第158页，羽271号写本，第5号图版，第11—12行。
③ 《大乘玄论》卷一，《大正藏》第45册，第19页上。

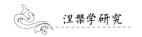

第四家的二谛义仍旧使用"体一义异"的分析方式，而第五家则开始使用"体用相即"的释义形式。吉藏本人也更倾向于用"体用"来诠释二谛。这也许与"体义"在阐释二谛义时候存在局限性有关。

> 问：真俗体一故，俗恒即真，真常即俗。而真义恒非俗义，俗义常非真义。故真不可说，而俗则可说。

> 答：俗体既则真体者，俗义为即真体？为不即真体？若俗义即真体，真体不可说，俗义亦不可说。若俗义不即真体者，俗义应非三假。俗义既则是三假，岂不即真耶？①

在这段文字中，问者主张"真俗一体"而"真义"异于"俗义"，这种观点与前述第四家二谛体的观点类似，即"二谛虽是一体，以义约之为异"。吉藏通过设立一个两难命题来对这种观点进行了驳斥。这个两难命题是：假如俗体即于真体，那么俗义即真体还是不即真体？如果俗义即于真体，由于真体不可说，则俗义亦不可说，俗义不可说则与一开始预设的前提"俗义可说"矛盾。如果俗义不与真体相即，那么俗义应当不是"三假"（因成假、相续假、相待假），可所谓的俗义恰恰是依据"三假"而立的，这就产生了矛盾。也许是因为在"体义"的论述框架下无法很好地说明二谛义，所以它在二谛义讨论中的地位渐渐被"体用"的框架取代。

二 "体用"概念在佛教话语体系中的确立

在《义记》中，"体义"出现的频率很高，是当时佛教界讨论的中心主题之一，而在《涅槃经集解》中，"体""用"的出现频率更高，逐渐发展为一个成熟的概念。而到《神明成佛义》的沈绩"注"文中，"体用"并举成为讨论佛教教义的重要概念工具。

在《涅槃经集解》中可以看出，《涅槃经》注释者从多个角度对"体用"概念作了深度思考。

---

① 《净名玄论》卷一，《大正藏》第 38 册，第 857 页中。

（一）体同而用同

如上所述，吉藏转述的"第四家"关于真谛和俗谛的关系时，用"体一义异"来表达。而宝亮在用"体用"概念表达真谛和俗谛的关系时，则用"体同""用不乖"来表达：

> 谈真俗，两体本同，用不相乖；而暗去俗尽，伪谢真彰，朗然为佛也。①
>
> 四实者，体用非虚也。②

即真谛之"体"与俗谛之"体"本同，而真谛之"用"与俗谛之"用"不相乖。显然，与"体义"中的"义"相比，"体用"中的"用"的地位得到强化。在"体义"概念中，"义"始终是第二性的、处于从属地位的概念；而在"体用"概念中，"用"被提升到与"体"同等的地位。"体用非虚"表达后身菩萨之佛性的六种属性（常、净、真、实、善、少见）之"实"的属性。在菩萨佛性中，不仅佛性之"体"是实在的，佛性之"用"也是实在的。

（二）"体"为"用"本

在"体"与"用"的关系上，"体"总体上仍然处于优先的、主导的地位，从逻辑上讲，体为用本。如宝亮在解释《涅槃经》所说正因佛性"虽在阴入界，而非阴入界所摄"时云：

> 体性不动，而用无暂亏；以用无亏故，取为正因。若无此妙体，为神用之本者，则不应言虽在阴入界中，而非阴入所摄也。③

宝亮在解释众生的佛性作为"体"的作用时，认为正因为众生有佛性，所以

---

① 《大般涅槃经集解》卷一，《大正藏》第 37 册，第 379 页上。
② 《大般涅槃经集解》卷六十六，《大正藏》第 37 册，第 585 页中。
③ 《大般涅槃经集解》卷二十一，《大正藏》第 37 册，第 465 页上。

才能生出众生的万行万德。在这个意义上，此"体"在《涅槃经》中称为"正因"佛性。而且，正因为有佛性的存在，所以才有依存于肉体而又不与肉体同生灭的精神的存在。当时的佛教界在思考"体用"概念时，与灵魂不灭、生死轮回等问题结合在一起。轮回的主体被视为"神用"，而此"神用"之本则是"妙体"——佛性。

在修行论的意义上，佛性作为"体"是一切众生修行的动力因。因为一切众生皆有佛性，通过修行，破除烦恼的遮蔽，就能显示出佛性的殊胜功用：

> 经：善男子道者虽无色像，可见称量，可知而实有用。案：僧宗曰：不可令非色而无其体，体居万惑之表，行满则用也。①
>
> 一体三归，尽成甘露之用也。（宝亮）。按：三归即皈依佛法僧三宝，甘露之用即大乘之用。故三宝归为一体，俱成大乘之用。②

在上述引文中，"体"的内涵还有多种，有的场合指众生所具有的"佛性"，有的场合指佛法僧"三宝"；相对应的"用"的内涵也有多种，如基于佛性的万行万德，又如自利利他的大乘修行实践。但也有抽象掉具体教义、作为概念工具的"体用"，如"其体既无兴废，用那得灭"③，就是关于体用关系的思辨性分析，表达了"用"依存于"体"，"体"有则"用"有，"体"灭则"用"灭。

（三）有用而无体

"体"和"用"相比，"体"的概念确立较早而"用"的概念则确立较晚。"用"概念的确立，有赖于对"用"的哲学思考。《集解》所引明骏关于"假名"的说法如下："假名，但以有用而无体。"④ 即"假名"只有"用"而无"体"。即强调在特殊情境中，"用"有脱离于"体"的独立地位。在"体义"概念中，"义"依附于"体"，离开"体"就没有"义"。而"假名"

---

① 《大般涅槃经集解》卷三十九，《大正藏》第37册，第505页下。
② 《大般涅槃经集解》卷十九，《大正藏》第37册，第505页下。
③ 《大般涅槃经集解》卷五十四，《大正藏》第37册，第456页上。
④ 《大般涅槃经集解》卷一，《大正藏》第37册，第380页下

有"用"却无"体",这种说法与"因体发用,有体而有用"不同,从另一个侧面说明了"用"的独立地位。

经过宝亮、僧宗等《涅槃经》注释家对"体用"概念的多方面运用,体用概念在佛教义理诠释方面的有效性得到确证。如明骏对"假名"所分析的那样,"体用"仍然被用来表达"名"与"实"之间的关系,表现出这对概念与"体义"范畴之间有着渊源关系,但在大多数情况下,"体用"已经成为一个较为成熟的独立概念,被用来表达佛性与万德之间的关系。这种关系的本质内涵是有"体"才有"用","体"为"用"本。

(四)体一用异

如船山徹所说,体用概念和神灭神不灭的论争有重要联系。① 神不灭论者在讨论肉身与精神的关系时,为了避免陷入形神二元论的逻辑陷阱,设定了超越形神对立、比之形神更高层次的概念——"神明"(绝对的精神主体),并用"体用"概念来说明"神明"与依附于肉体的"精神"之间的关系。作为"神用"的"精神"有生灭,而作为"妙体"的"神明"则不生不灭,所以"神明"不会随着肉体的灭亡而消失。梁武帝等中国佛教思想家以此说明轮回主体的存在,同时避免了此说陷入粗陋的有神论,也避免了与印度佛教的"无我"说之间的冲突。

为了说明"神明"与"精神"之间的关系,沈绩在为《立神明成佛义记》所作的注文中,使用了"体一用异"的说法:

(本文)而无明体上有生有灭,生灭是其异用,无明心义不改。

(注)臣绩曰:既有其体便有其用。语用非体,论体非用。用有兴废,体无生灭。②

(本文)将恐见其用异,便谓心随境灭。

(注)臣绩曰:惑者迷其体用,故不断猜,何者?夫体之与用不离不

---

① 参见〔日〕船山徹『体用小考』,载『六朝精神史の研究』,科学研究費補助金研究成果報告書,研究代表者:宇佐姜文理,2005 年,第 126—132 页。

② (南北朝)梁武帝著,沈绩注《神明成佛义》,《大正藏》第 52 册,第 54 页中。

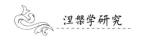

即，离体无用。①

（本文）而心为其本，未曾异矣。

（注）臣绩曰：虽复用由不同，其体莫异也。②

沈绩注所表达的体用关系可以归纳为两点。（1）离体无用。梁武帝的序文只说明了生灭是无明之体的异用，沈绩则明确指出"既有其体便有其用"，离开了"体"则"用"也无以成立。虽复用由不同，而其体不异。说明"精神"有生有灭，但其背后的"心体"唯一不异，这可以概括为"体一用异"。

（2）"体一用异"。"体一用异"的表述应当是受到了"体一义异"说的影响，但很显然，"用"的抽象程度比之"义"的抽象程度更高。"体用"作为思维工具，比之"体义"更具有普适性。所以，不仅沈绩使用"体用"概念，我们在当时《法华经》注释家法云的著作中也可以看到类似的用法。法云在《法华经义记》中云：

> 复言长行中有正叹实智有释，偈中唯颂释句者，此明有体一用异之义。……故知长行据其用。偈中唯颂诸功德者，此明功德与智慧只是一体。……据用则有功德智慧之异；置用谈体，智能功德只是一体。③

法云不仅明确地使用了"体一用异"的表述，还细致地解释了"体一"和"用异"的内涵：如果依据功用而言，则只有智慧与功德的差异；如果不考虑功用的差异而只看二者的存在状态，则智慧与功德同为一体。与沈绩相比较，法云的"体用"观具有更明确的方法论意识。"体"和"用"不仅仅是客体的存在样式，也是主体观察客体的一种视角。从"用"的视角看，有功德智慧等种种不同，而从这些德性之"体"来看，一切万德皆为一体。这显示出法云已经在"体用"概念中体现出同一性与差异性的辩证思维。

---

① （南北朝）梁武帝著，沈绩注《神明成佛义》，《大正藏》第52册，第54页中。

② （南北朝）梁武帝著，沈绩注《神明成佛义》，《大正藏》第52册，第54页下。

③ 《法华经义记》卷三，《大正藏》第33册，第598页上。

三　"体相用"思想的萌芽

一般认为，作为一组概念，"体相用"最早出现于《大乘起信论》。《大乘起信论》在讨论"法"和"义"的概念时，认为一切世界万法从结构上来说，都具有"体相用"三个方面。"体大"表达"一切法真如平等，无增减"；"相大"表达"如来藏具足无量性功德"；"用大"表达"能生一切世间、出世间善因果"。概而言之，"三大"分别是指真如的实有性（体）、如来藏的有功德性（相）、出生善法以及到如来地的可能性（用）。在《大乘起信论》中，"三大"说与"一心"（众生心）、"二门"（心真如门和心生灭门）说相结合，以"众生心"与一切诸法的关系为机轴，阐释一切染净之法存在、生起和转换的机制，构成《大乘起信论》理论和实践体系的核心内涵。

关于"体相用"的渊源，一般认为有两个：《宝性论》和《金刚仙论》。《宝性论》在论及"信"的内容时，指出众生应该信佛性之"实有"（astitva）、"有德"（guṇavattva）、"有能"（śakyatva）。这一组概念，虽然表达不同，但在内涵上已经非常接近《大乘起信论》的"三大"说。《金刚仙论》系北朝菩提流支一系的讲义录（535年）。《金刚仙论》将"体大"与"大乘"的语义联系在一起："一者体大，名大乘之体苞含万德，出生五乘因果，故名体大也。"这里虽然只出现了"体大"，但实际上已经表达了"相大"和"用大"的内涵，即"苞含万德"和"出生五乘因果"。可以说，除了"相大"和"用大"的名字没有出现，"体相用"的雏形已经出现。

但《金刚仙论》关于"体相用"的思考也不是突如其来的。实际上，"体相用"的思想萌芽，在《涅槃经集解》中就可以看到。如宝亮在论述涅槃之"体"时云：

> 宝亮曰：明涅槃之体也，亦如虚空，无有住处。佛果妙体，真如无相，岂得有处可寻？然法性无性相，如虚空之无异；而所以异者，异在于至虚。既就体相作论，恐人怀疑，后更就用来辨，故举常乐我，来标

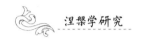

其相也。佛有二乐者，寂灭乐处，体相作语；觉知乐，就用来辩也。①

宝亮在讨论涅槃之"体"时，提到了"体相"和"用"，即涅槃之"体相"没有规定性，这一点与虚空相同，但与虚空不同之处是涅槃之"体相"还有其"用"，即"常乐我"。宝亮进一步指出，佛之"乐"有两种：一是"寂灭乐"，这是就"体相"而言的；二是"觉知乐"，这是就"用"而言的。可见，宝亮已经把"体相"和"用"作为重要的思维工具和概念工具，来分析"涅槃"这一《涅槃经》的核心概念。

但宝亮所使用的"体相"和"用"，与《大乘起信论》中出现的"体相用"概念还不是一回事，因为宝亮所使用的"相"还没独立，还没有获得与"体用"一样的独立内涵。"相"还是主体的"相状""属性"之意，所以宝亮所说的"体相"还不是"体"与"相"，而是"体"之"相"，或者就是"体"本身之意。正因为"相"还不是一个独立的概念，所以不仅有"体相"而且有"用相"的用例。"相"在宝亮这里，还是一个偏正词组中的弱概念，属于语言学的范畴，还没有获得独立的哲学内涵。从这个意义上说，宝亮的思维模式还是体用二元，如关于"涅槃"之名的来历，宝亮就从"功用"和"体相"两个方面来说明：

> 宝亮曰：致涅槃之名，理有二途：一就工用立称，二就体相为字，此乃据体为论也；就真而辩用者，其万德亦常也。②

即"涅槃"的名字，从"体相"而论就是法身常住，而就"功用"而言就是万德常住。这里关于"体用"的说法，虽然不如沈绩在《神明成佛义》中的说法规范，但其逻辑构造是一致的。

宝亮的"体相""用"的说法虽然停留在"体用"的框架之中，但仍然对后世"体相用"的出现有启发意义。因为"相"的概念在佛教经文中许多

---

① 《大般涅槃经集解》卷五十一，《大正藏》第 37 册，第 533 页中。
② 《大般涅槃经集解》卷四十六，《大正藏》第 37 册，第 522 页上。

与否定性概念联系在一起，如虚相、妄相、烦恼相等，所以宝亮也提到"真如无相""法性无性相"等。这里的"相"仍然是妄相之义，是否定性用法。而"体相"或"用相"之"相"则与涅槃的真如之体和万德之用结合在一起，成为一个中性词。这暗示着"相"不仅可以和否定性的世间法结合在一起，而且也可以与肯定性的出世间法相结合。这就为"相"这一概念获得独立地位预留了空间。

在《涅槃经》"寿命品"中，有以"伊字三点"∴之间的不纵不横、相互勾连的关系譬喻涅槃的法身、般若、解脱三德的说法。《涅槃经》的中国注释家普遍重视这一譬喻，并以涅槃三德概括《涅槃经》的主题。值得注意的是，这些注释家还力图用与"体相用"类似的三元性概念结构来表达涅槃三德之间的关系。如智秀用"体"和"德"来概括涅槃之意时，提到了"体""功""德"的一组概念：

> 体德，名也。夫名以名体，体故有德；体者圆极妙有之本也，德者波若解脱之流也；谈德乃众，论体唯一；名虽有殊，实则无异。何者？即圆极之体有可轨之义，名为法身；有静照之功，号为般若；有无累之德，称之解脱。①

即对于"涅槃"这一核心概念，可以从"体"和"德"两个方面来描述。在这种概念框架中，"体"意味着法身，而"德"则意味着般若和解脱。同时，对这一概念的内涵，也可以从"体""功""德"三个方面来界定。在这种三元结构的框架中，"体"即法身；"功"即般若；"德"即解脱。"体""功""德"的概念框架的提出，似乎是智秀为了更好地表达涅槃三德之间的对立统一的辩证关系。"体"—"德"二元结构和"体"—"功"—"德"三元结构的并立，似乎暗示着当时佛教界正处于从二元思维结构向三元思维结构的过渡阶段。

《涅槃经》在诠释"伊字三点"之间的互动交涉的关系时，曾有三点若

---

① 《大般涅槃经集解》卷一，《大正藏》第37册，第379页上。

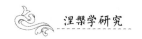

"横"（平行排列）不成"伊"字；三点若"纵"（上下排列）不成"伊"字；三点互不相关（各自独立）也不成"伊"字的说法。僧宗在诠释《涅槃经》的相关经文，用到了"功""义""体"一组概念：

> 僧宗曰：并不成者，明功用不同；纵不成者，明义无胜负也；别不成者，明无异体也；解脱亦非者，此总合前两句，若言解脱功用即法身功用者，非也。①

在僧宗看来，三点平行排列不能成"伊"字，表达涅槃三德的功用不同，如"解脱"的功用不同于"法身"的功用等；三点上下排列也不能成"伊"字，表达涅槃三德在价值上没有高下之分，不能说某种德性处于高高在上的位置，其他德性处于从属位置；三点各自独立也不成"伊"字，表达的是三德虽然各有功用，但三德共有一体。以往关于"涅槃"的理解都有问题，就在于把三德视为彼此独立的德性，没有把三德统一起来。只有把三德视为一体，才能正确把握涅槃的内涵。

"体""用""义"的说法，从形式上看，似乎是把"体用"和"体义"概念糅合在一起，新创造出的一组概念。但僧宗所说的"义"已经比"体义"的"义"具有更抽象的内涵。在"体义"的组合中，"义"是属性、相状之意，还包括功用之意。而在体用义的结构中，"义"已经剥离了"功用"之意，外延缩小，而内涵更丰富。"义"的概念与后来《大乘起信论》中的"相"，即指称如来藏的无量功德的内涵有很大不同。但它已经逐渐抽象掉作为语言学范畴的具体内涵，朝着作为一个思辨性的哲学概念而获得独立的方向逐步展开。

总之，《大乘起信论》的"体相用"概念的出现不是偶然的，而是有着深刻思想史的基础。首先，自《神明成佛义》中沈绩将"体用"作为一组规范化的概念来使用以来，这一概念成为佛教界思考佛教根本教义的重要思维工具，不限于佛性和精神，包括真空与妙有、根本智与世间智、真如与万法

---

① 《大般涅槃经集解》卷六，《大正藏》第 37 册，第 402 页上。

等的辩证关系，皆可以用"体用"概念来表达。"体用"概念在佛教教义诠释实践中的流行是"体相用"概念出现的首要前提。其次是"相"的概念获得独立地位。"相"与佛性概念联系在一起，成为表达佛性诸功德的肯定性词汇，可以追溯到《金刚仙论》中的"法相"概念。《大乘起信论》将这一概念与《胜鬘经》的不空如来藏的说法相结合，于是有了与"体"和"用"相并称的"相"的概念。最后，"体相用"所代表的三元结构的思维模式，实际上是中国佛教在思考印度佛教的三个一组概念时逐渐形成的一种思维模式。按照智者大师的归纳，佛教的教理教义，很多都可以归入"三"的法数。如三道（惑、业、苦）、三识（庵摩罗识、阿赖耶识、阿陀那识）、三佛性（正因、了因、缘因）、三般若（实相、观照、文字）、三菩提（实相、实智、方便）、三大乘（理、随、得）、三身（法、报、应）、三涅槃（性净、圆净、方便净）、三宝（佛、法、僧）、三德（法身、般若、解脱）等。对于这些印度佛教的根本概念，如何用具有中国思想特色的概念去描述和把握，成为南北朝时期以来中国佛教思想家的共同课题。正是在思考这些佛教根本概念的过程中，《涅槃经》注释家提出了"体—功—德""体—用—义"等概念框架。这些概念框架虽然与后来的"体相用"在名称上和内涵上皆有差异，但这种三元思考模式突破了传统的"体用"二元模式，为"体相用"概念的出现准备了思想土壤。

第三节　神明和佛性

中国传统思想中的"神明"一词，自春秋末期以来，在文献中频繁出现。此后，"神明"一词尽管因时代的推移以及使用者的思想立场不同而有各种细微差别，但它通常被用来指代个人的精神、意识或普遍性的人类精神等。另外，随着佛教的传入和渗透，在中国本土思想中成熟的"神明"概念被纳入佛教的语言体系中，被重新解释为"轮回的不灭主体"等。正如《明佛论》《明报应论》《涅槃经集解》《神明成佛义》等所示，"神明"与佛教的真如、佛性等概念相关，并以中国佛教特有的理论方式展开。"神明"和佛性概念的融合可以说是印度佛教中的佛性概念中国化的重要侧面，"神明"进入中国佛

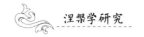

教思想体系，带来中国佛教思想的重要变化，具有重要的思想史意义。

一 中国传统思想中的神明

在春秋时代的《左传·襄公十四年》中，有"民奉其君，爱之如父母，仰之如日月，敬之如神明，畏之如雷霆，其可出乎"① 的说法。即人民侍奉君主，像爱父母一样爱他，像仰望日月一样仰望他，像恭敬神明那样恭敬他，像敬畏雷霆一样敬畏他，哪里能赶他走呢？这里的"神明"是指作为超自然存在的神。值得一提的是，在春秋时代的文献中，不仅有神明这一名词，并且还有"明神"一词，而且"明神"一词出现的频率似乎更高。显然，"明神"作为人格神的属性更强烈，显示出古代泛灵论的影响。

在战国时期的文献中，"明神"一词的使用明显减少，但有许多"神明"的用例，其含义也有了不同的发展。例如，在《礼记》中出现的"交于神明"② 一语，表示举行祭祀的主体和祭祀对象——祖先灵魂之间的感应。这里的"神明"是人类可以通过仪式来感知的超自然个体（灵魂）。另外，《荀子·儒效》中写道："习俗移志，安久移质，并一而不二则通于神明，参于天地矣。"③ 这里的"神明"不是个体的灵魂，而是超自然且普遍存在的精神。此外，《庄子·天下》的"独与天地精神往来而不敖倪于万物"④ 中的"神明"是指天地间无处不在的气的变化规律。最后，值得注意的是，战国时期的神明概念有所发展，它开始与"心"相关联。例如，《荀子·解蔽》中有"心者，形之君也，而神明之主也"⑤。在这里，掌管身体的"心"具备了神明的殊胜作用。

战国时代以后，神明作为一种成熟的概念开始流行，它意味着个体意识和精神。到了汉代，这种倾向变得更加明显。《春秋繁露·郊语》中写道：

---

① 杨伯峻编著：《春秋左传注》，中华书局 1990 年版，第 1016 页

② 原文为"所以交于神明者，不可同于所安乐之义也"。（清）孙希旦撰，沈啸寰、王星贤校：《礼记集解》卷二十六，中华书局 1989 年版，第 700 页。

③ （清）王先谦撰，沈啸寰、王星贤校：《荀子集解》，中华书局 1988 年版，第 144 页

④ （清）郭庆藩撰，王孝鱼校：《庄子集释》，中华书局 2012 年版，第 1091 页

⑤ （清）王先谦撰，沈啸寰、王星贤校：《荀子集解》，第 397 页。

"天地神明之心，与人事成败之真，固莫之能见也，唯圣人能见之。"① 即天地神明的心和人类事业成功、失败的原因，本来是普通人无法发现的，只有圣人才能发现。在这种语境中，"心"意味着自然天命的核心（真相、真理），而与"心"这一抽象概念相关联的神明因而也更加抽象化。

除了"心"之外，"神明"还与中国思想中的另一个核心概念"道"有关。《淮南子·精神训》中写道："夫静漠者，神明之宅也；虚无者，道之所居也。"② 即寂静的地方是神明的住宅，虚无的地方是道之所在。在这里，"神明"和"道"被认为是同一层次的概念。另外，在《淮南子·兵略训》中写道："所谓道者……变化无常变，得之一原，以应无方，是谓神明。"③ 即关于道，无法测量其变化，只要得到其根源，就可以自由应对一切，这就是所谓的神明。一方面，在这里，"神明"是指天地变化的规则，被视为"道"的同义词。另一方面，在《淮南子·本经训》中写道："是故知神明，然后知道德之不足为也；知道德，然后知仁义之不足行也；知仁义，然后知礼乐之不足修也。"④ 即只有知道神明后才知道道德、仁义、礼乐的不足。在这里可以看出，"神明"被定位于比道德、仁义、礼乐更高的位置。

二　《明佛论》《明报应论》中的神明

扎根于中国本土思想的"神明"概念与源自印度的佛教联系在一起，被中国思想界接受，与佛教的因果报应思想的受容有着密切的关系。《后汉纪》中写道："以为人死，精神不灭，随复受形。生时所行善恶，皆有报应"⑤，是说人即使死了精神也不会灭亡，所以会再次转生，生前的善行和恶行都会带来报应。因为中国的传统思想中原本没有轮回的概念，所以最初中国人对传到中国的轮回思想必然会感到困惑。其中，对中国人来说最困难的问题就是轮回主体问题。讲轮回必须有一个主体，即谁在轮回，转生之后的主体是

---

① （清）苏舆撰，钟哲校：《春秋繁露义证》"郊语第六十五"，中华书局 2019 年版，第 397 页。
② 刘文典撰：《淮南鸿烈集解》上册卷七，中华书局 2017 年版，219 页。
③ 刘文典撰：《淮南鸿烈集解》下册卷十五，第 492 页。
④ 刘文典撰：《淮南鸿烈集解》上册卷八，第 251 页。
⑤ （北宋）司马光编著，胡三省音注，标点资治通鉴小组校点：《资治通鉴》，中华书局 1956 年版，第 1447 页。

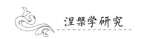

否仍然还是此生的主体？中国人在反复探索后得出的答案是《后汉纪》中所说的"精神"或上述的"神明"。这种带有神秘色彩的精神或神明被视为轮回的承载者。

最早有意识地将"神明"与佛教思想联系起来的做法，可以追溯到东晋的宗炳（375—443 年）和庐山慧远。宗炳在《明佛论》中，用镜子的比喻来表达"神"。根据他的说法，被尘埃覆盖的镜子将不再能照亮，但镜子本身并没有消失。同样，一方面"神"所代表的鉴照的功能是不灭的，但如果"神"被"情"和"识"覆盖的话，就会陷入轮回；另一方面，如果通过修行去除"情"和"识"，就没有"生"和"身"，就只剩下"神"。而这种没有"情""识"染污的"神"就是所谓的"法身"和"涅槃"。这个"神"与法性、真如、佛性、如来藏等有着相似的内涵。如此一来，"神"与"法身"和"涅槃"等相结合，作为中国佛教特有的概念获得重生。在此之前，"神明"被视为实体，主要作为"精神"和"意识"的同义词，而在宗炳的《明佛论》问世之后，"神明"被定位为更高维度的存在。

另外，庐山慧远在《明报应论》中也表达了类似的观点。他驳斥了基于气的神形同体说和基于神形二元论的神形不同体说，强调了"神"和"形"相互支撑的关系。庐山慧远认为，支撑人的生命和身体存续的是"情"，而"情"的根本无非"神"。"神"通过"情"与生命和身体联系在一起。在那之前的形神论中，"形"是身体，"神"是精神和意识。但是，在庐山慧远的形神论中，"形"包括身体和情识，"神"被定位为超越身心、比身心维度更高的存在。这样一来就开辟了对"神"进行再定义之路，通过这种重新解释，最终使得"神"具有了佛教的真如、法性的意义。

三 《涅槃经集解》中的神明

《涅槃经集解》是从东晋到梁代的十九位高僧对《涅槃经》的注释集。该书在解释《涅槃经》中的"真我"时指出，僧宗的理论是："夫生死之中，虽云无我，而性理不亡。神明由之，而不断也。"① 根据僧宗的说法，轮回的

---

① 《大般涅槃经集解》卷二十，《大正藏》第 37 册，第 459 页中。

主体既不是作为不朽灵魂的"真我",也不是抽象的"性理",而是基于不朽"性理"的神明。此神明虽然在生死中轮回,但不会灭亡。但是,作为神明之体的"性理"是什么,僧宗并没有给出明确的界定。对此,宝亮说:"若就今经为语,乃识神明妙体真如为实。"①宝亮将"性理"解释为真如,将其视为神明的妙体。一直以来被解释为精神和意识的神明,在宝亮的思想中被等同于佛教的"真如"。如此一来,神明就比实体性的精神和意识具有了更高的维度。

宝亮针对《涅槃经》的"佛性非是作法"的经文作出这样的解释:"佛性非是作法者,谓正因佛性,非善恶所感,云何可造? 故知神明之体,根本有此法性为源。"②即不是佛性生成万法,因为正因佛性不是由善业和恶业引起的,所以怎么能说佛性是创造的呢? 由此可知,神明的本体原本以这个法性为源。宝亮在这里明确将神明与佛性联系起来,认为神明的本质无非正因佛性。

此外,宝亮在解释《涅槃经》的"非阴界入之所摄持"③的经文时云:"佛性虽在阴界入中,而非阴所摄者,真俗二谛乃共成一神明法。而俗边恒阴入界,真体恒无为也。以真体无为,故虽在阴而非阴所摄也。"④即真谛和俗谛共同构成神明法。其中,俗谛属于阴入界,真谛属于无为法。因为真谛是无为法,所以虽然在阴入界,但是没有被阴入界摄取。在这里,宝亮用"神明法"作为佛性的同义词,阐明了其真俗和合的特征。神明的本质是无为法的说法和前述的神明是法性、其本质是正因佛性的说法,在逻辑结构上是一致的。另外,"共成"的"成"并不意味着从某物中诞生出另外的东西,而是从它物中表现出的某种东西。换句话说,神明在阴入界显现为佛性,但并不属于阴入界。这种解释与后世地论宗的"真妄和合识"和《大乘起信论》的阿赖耶识的逻辑结构非常相似。

---

① 《大般涅槃经集解》卷二十,《大正藏》第37册,第460页中。
② 《大般涅槃经集解》卷二十,《大正藏》第37册,第462页中。
③ 《大般涅槃经》卷十三,《大正藏》第12册,第687页中。
④ 《大般涅槃经集解》卷二十一,《大正藏》第37册,第465页。

四 《神明成佛义》中的神明

梁武帝的《神明成佛义》是一部反驳范缜的《神灭论》、揭示自己成佛论的著作。身为大臣的沈绩对梁武帝的理论进行了详细的注释。梁武帝的理论特征是将神明与成佛明确联系在一起，将神明完全纳入佛教的成佛论中。梁武帝将"神明"分为两种，并阐明了各自的特征。其中之一是"无明神明"，它伴随着烦恼，是轮回之因。相比之下，另一个是"清净神明"，因为它伴随着一切善法，所以被认为是涅槃之因。其中，无明神明相当于《不真空论》等著作中记载的人们的"精神"和"意识"，而"清净神明"则相当于宝亮等人所说的法性和正因佛性。梁武帝意图通过这两个概念，总结之前关于"神明"的各种说法，将神明概念所具有的实体内涵和抽象内涵融合起来。

关于这两种神明之间的关系，梁武帝云："故经言若与烦恼诸结俱者，名无明。若与一切善法俱者，名之为明。岂非心识性一，随缘异乎？"① 即经书说如果伴有烦恼诸结叫无明神明；如果伴随着一切善法就叫清净神明。心识的本性是一体的，难道因为随缘，两者是不同的神明吗？也就是说，梁武帝虽然将神明分为两种，但又强调其本质是一致的。但是，由于所处的缘不同，无明神明和清净神明分别成为生死之因和涅槃之因。佛性的概念原本是作为成佛之因、成佛原理而构想的，而神明的概念由于具有无明、清净的双重性，所以同时作为生死原理和成佛的原理展开。

如上所述，梁武帝的《神明成佛义》是在所谓的"神灭不灭"争论中撰写的。这场争论围绕着"形"和"神"的关系展开。站在反佛教立场的范缜主张，如果"形"（身体）死亡，"神"（精神、灵魂）也会灭亡。这所依据的原则是"形神相即"。也就是说，从"用"的主场看就是"神"，从"质"的主场看就是"形"。这两者并不是实体的差异，只是意义上的差异，所以绝不是两回事。因此，如果身体死亡，随之而来与之相适应的精神也会灭亡。

---

① 《弘明集》卷九，《大正藏》第 52 册，第 54 页下。

与之相对的是佛教的捍卫者曹思文的观点，他在《难范缜神灭论》中，根据"形神合用"的原理提出了神灭论。他解释说明了"形"和"神"不是"相即"，而是"合用"。依据此观点，我们出生后，"形"和"神"结合使用，而死后，即使形态停留，神也会消失。身体和精神是两个实体，即使身体死亡，精神也不会灭亡。

佛教的"神不灭"说源于佛教在中国被视为三世因果报应的思想。然而，脱离身体存在灵魂的结论与佛教的根本教义之一的"无我"说完全矛盾。这种矛盾源于曹思文等人所见的形质二元论。因为身体和精神是两个实体，所以离开身体，精神仍然存在。梁武帝克服了二元论，主张身体和精神都只是"神明"的随缘而显现出来的。从无明神明的视角来看，是神灭，但是从清净神明的视角来看，就是神不灭。根据这个"神明"一元论，当时的神灭、神不灭的争论走向了终结。后来，在佛教和道教的争论中，神灭、神不灭虽被零星地争论过，但已经不是中国佛教的中心论题。

此外，根据"神明"一元论，神不灭论所宣扬的实体的灵魂被更高维度的"神明"概念吸收，中国佛教的神不灭说和印度佛教"无我"说之间的矛盾在某种意义上得到了消解。

"神明"这个概念在中国有着悠久的历史，有着丰富的含义，它的主要含义是人们的精神和意识。同时，它与道和心灵等概念相结合，从而具有了抽象意义。这为吸收印度佛教的佛性说准备了思想基础。到了东晋时期，宗炳和庐山慧远有意识地将"神明"与佛教教义联系起来，试图将其解释为身心背后的法身、佛性。到了南北朝时期，宝亮将"神明"视为真如、正因佛性的同义词，并进一步将其描述为真俗共成之存在。梁武帝在《神明成佛义》中总结了之前的各种说法，阐述了两种神明，并试图依此说同时说明生死之因和涅槃之因。梁武帝的神明说，一方面扩充了印度佛教中"佛性"概念的内涵，一方面吸收和消化了实体的灵魂，通过神明一元论超越了神灭不灭的争论。此外，它还消解了中国佛教的神不灭说和印度佛教的"无我"说之间的矛盾。

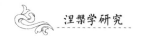

第四节 《涅槃经》的不食肉戒与梁武帝 《断酒肉文》

不食肉戒的问题在部派佛教中就是一个热点问题，但在流传下来的六部律典中，肉食并不在禁止之列，最多是对食肉有一些限制性规定，如不允许食三不净肉等。而《涅槃经》则否定了限定性的食肉规定，转而禁止一切食肉行为，甚至提出禁止食用蒜、韭等刺激性食物。《涅槃经》的这种规定对后来的大乘经典影响很大，如《央掘魔罗经》《梵网经》《楞伽经》等皆继承了《涅槃经》这一立场，在食肉问题上秉持一种严厉禁绝的态度。由于《涅槃经》的说法与以往律典之间的说法有差异，在齐梁时代，中国《涅槃经》的注释者对于如何诠释不食肉戒的问题也进行了多方面的思考。最后，由于梁武帝的介入，撰《断酒肉文》并颁布天下，出家者不能食肉才成为佛教界的定则，并影响到东亚整个大乘佛教圈的生活规范。

一 《涅槃经》的不食肉戒

（一）部派佛教诸律典中的规定

在部派佛教中，大多数部派是不排斥肉食的。如昙无德部（法藏部）所传戒律《四分律》有"食有二种：正食、非正食。非正食者，根食乃至细末食。正食者，饭、麨、干饭、鱼及肉"① 的记载，明确地把"鱼和肉"列入"正食"。而大众部所传的《摩诃僧祇律》，则在"时药"中包含了"一切肉"，即在特定情境下，僧人可以食用水中的鱼鳖和陆上的鸡鸭等生物之肉。②

---

① 《四分律》卷十四，《大正藏》第 22 册，第 663 页上。
② 《摩诃僧祇律》卷三："时药者，一切根、一切谷、一切肉。根者。治毒草根、藕根、楼根、芋根、萝卜根、葱根，是名根。谷者，有十七种：一稻、二赤稻、三小麦、四䵃麦、五小豆、六胡豆、七大豆、八豌豆、九粟、十黍。十一麻子、十二姜句、十三阇致、十四波萨陀、十五莠子、十六脂那句、十七俱陀婆，是名十七种谷。肉者，水陆虫肉。云何水虫？水虫者，鱼龟、提弥、祇罗、修罗、修修罗、修修磨罗，如是等水中诸虫可食者，是名水虫。云何陆虫？陆虫者，两足、四足、无足、多足，如是等名陆虫。如是根食、谷食、肉食，皆名时食。"《大正藏》第 22 册，第 244 页中—下。

《十诵律》①、《根本说一切有部毗奈耶》② 也有类似的规定。

在部派佛教中，与食肉问题密切相关的是所谓"三净肉"的规定。"三净肉"即供养所得的肉不是为自己所杀动物之肉，如何确定这一点呢？首先是自己没有亲眼见到，其次是自己没有亲耳听到，最后是自己对是否为己所杀心无怀疑。只要满足这三个条件，那么，这种肉就是干净的，可以食用。关于佛陀说食三种净肉的因缘，学术界一般关注到《五分律》卷二十二的如下记载：

有一将军名曰师子，是尼犍弟子，闻佛世尊来游此城，有大名声，称号如来、应供、等正觉，叹言："善哉！愿见如是请佛！"即严驾出，遥见世尊容颜殊特，犹若金山，前到佛所，头面礼足，却坐一面。佛为说种种妙法，乃至苦集尽道，即于座上得法眼净。即从坐起，蹹跪白佛："愿佛及僧明日顾我薄食！"佛默然受之。将军知佛受已，还归其家敕市买人："此间所有死肉，莫计贵贱，尽皆买之。"如教悉买，通夜办种种美食，晨朝敷座，自往白佛："食具已办，唯圣知时。"佛与比丘僧前后围绕，往到其家，就座而坐。将军手自下食，欢喜不乱。时诸尼犍闻师子将军请佛及僧，极设肴膳，生嫉妒心，即于街巷穷力唱言："师子将军叛师无义，今乃反事沙门瞿昙，手杀牛羊而以供养。"诸比丘闻不敢食，师子将军蹹跪白佛："此诸尼犍长夜毁佛，我今乃至绝命终不故杀。愿敕比丘勿生嫌疑，自恣饱食！"佛即告诸比丘："随意饱食。"食毕行水，取小床于佛前坐。佛为如前说随喜偈，从坐起去。佛以是事集比丘僧，告诸比丘："有三种肉不得食：若见、若闻、若疑。见者，自见为己杀；闻者，从可信人闻为己杀；疑者，疑为己杀。若不见、不闻、不疑，是为净肉，听随意食。若为比丘杀，比丘及沙弥不应食，听比丘尼、式叉摩那、沙弥尼、优婆塞、优婆夷食；若为比丘尼、优婆塞、优婆夷杀亦如之。"③

---

① 《大正藏》第23册，第91页中。
② 《大正藏》第23册，第821页中。
③ 《弥沙塞部和醯五分律》卷二十二，《大正藏》第22册，第149页中—下。

这段记载说明佛教对待肉食的立场是在佛教的慈悲教义和社会一般行为规范之间找到一种平衡。从佛教的慈悲教义出发，如果亲眼看到、亲耳听到或者猜想到动物被杀，而且是专门为满足自己的口腹之欲而被杀，显然是难以接受的事情。如果在这种情境下，还去大快朵颐，显然违背佛教戒杀的初衷。但如果信徒完全出于恭敬心以肉食供养僧人，僧人生硬拒绝也有违一般社会的常理，不利于佛教与社会之间的良性互动，最终也不利于佛教教义的传播。佛陀从合理主义的立场出发，制定了三净肉的规范。从《五分律》的内容看，当时印度社会围绕食肉问题也存在争论。苦行派反对包括肉食在内的美食，认为人们应该通过"自饿"等极端的方式克制自己的肉体欲望，获得精神的解脱。所以，当苦行派的人知道名叫师子的将军原本是苦行派的信徒，却请佛陀和弟子食肉之后，大为不满，认为他违背了本宗教的教义。佛陀的做法实际上是反对苦行派的立场，表明佛教在世俗伦理方面奉行中道的立场，既不放纵自己的欲望也不禁绝自己的欲望。

关于僧人食肉的问题，《五分律》的记载反映的是佛教僧团与外部宗教团体即苦行派之间的冲突问题。佛教制定三净肉的规范，是为了回应外部社会的质疑而作出的一种妥协。除了来自外部的质疑，关于食肉的问题，佛教僧团还曾面临来自内部的压力。据律典记载，释迦牟尼在世时，其教义特别是佛陀制定的戒律曾受到提婆达多的质疑。在佛陀的戒律之外，提婆达多提出了更严格的僧人行为规范，称为"五法"。关于"五法"的内容，诸律典的说法有所不同。如按照《巴利律》和《十诵律》的说法，其内容为：第一，一生林间住；第二，一生乞食；第三，一生着粪扫衣；第四，一生树下住；第五，一生不食鱼肉。《四分律》没有"着粪扫衣"，增加"不食酥盐"。《五分律》没有"着粪扫衣"而增加"不食盐，不食酥乳"，并将"林间住"和"树下住"合并为"春夏八月日露坐，冬四月日住于草庵"。《根本有部律》改"树下住"和"乞食"为"不食乳酪""不食盐"。《毗尼母经》提到的内容则为：第一，尽形寿乞食；第二，着粪扫衣；第三，不食酥盐；第四，不食鱼肉；第五，露坐。值得注意的是，各部律典都提到"不食鱼肉"的问题，可见，这一记载反映了佛教僧团在某个时期曾因为对僧人能不能食鱼肉的问题而有很大争论，甚至导致了僧团的分裂。提婆达多的主张与苦行派的主张接近，在理念上与佛陀的"中道"理念并不一致。所以"五法"并没有进入佛教戒律的体系之内。这从反面说明，佛教的戒律体系中不存在"不食鱼肉"的规定。

另外，关于"美食"的问题。《四分律》中有"尔时长老毕陵伽婆蹉在道行，得酥、油、蜜、石蜜不敢受。诸比丘白佛，佛言：'听受'"[①]。可见，僧人在乞食生活中接受了酥、油、蜜、石蜜等美食是佛陀首肯的，不存在犯戒问题。

(二)《涅槃经》中的规定

部派律典中对僧人食肉所秉持的温和立场在《涅槃经》中发生了根本变化。在《涅槃经》的"四法品"中，以迦叶和佛陀问答的形式，阐释了禁止食肉的立场：

> 尔时迦叶菩萨白佛言："世尊！食肉之人不应施肉。何以故？我见不食肉者，有大功德。"
>
> 佛赞迦叶："善哉，善哉！汝今乃能善知我意，护法菩萨应当如是。善男子！从今日始，不听声闻弟子食肉，若受檀越信施之时，应观是食如子肉想。"
>
> 迦叶菩萨复白佛言："世尊！云何如来不听食肉？"
>
> "善男子！夫食肉者，断大慈种。"
>
> 迦叶又言："如来何故，先听比丘食三种净肉？"
>
> "迦叶！是三种净肉，随事渐制。"
>
> 迦叶菩萨复白佛言："世尊！何因缘故，十种不净乃至九种清净而复不听？"
>
> 佛告迦叶："亦是因事渐次而制，当知即是现断肉义。"
>
> 迦叶菩萨复白佛言："云何如来称赞鱼肉为美食耶？"
>
> "善男子！我亦不说鱼肉之属为美食也，我说甘蔗、粳米、石蜜、一切谷麦及黑石蜜、乳酪、苏油，以为美食。虽说应畜种种衣服，所应畜

---

① 《四分律》卷三十九，《大正藏》第 22 册，第 848 页中。

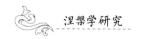

者要是坏色，何况贪着是鱼肉味。"

迦叶复言："如来若制不食肉者，彼五种味，乳酪、酪浆、生酥、熟酥、胡麻油等，及诸衣服、憍奢耶衣、珂贝、皮革、金银盂器，如是等物亦不应受。"

"善男子！不应同彼尼乾所见，如来所制一切禁戒，各有异意。异意故，听食三种净肉。异想故，断十种肉。异想故，一切悉断，及自死者。迦叶！我从今日制诸弟子，不得复食一切肉也。迦叶！其食肉者，若行、若住、若坐、若卧，一切众生闻其肉气，悉生恐怖。譬如有人近师子已，众人见之，闻师子臭，亦生恐怖。"①

从以上的对话中可以看到，佛陀在陈述断肉食的主张时，提到了部派佛教关于肉食美食的规定、三种净肉说以及不食十种肉的说法。也提到了佛教和苦行外道之间围绕食肉问题而产生的冲突。可见《涅槃经》的不食肉主张是有针对性的，至少与明确提出不可食十种肉的《摩诃僧祇律》和《巴利律》的主张针锋相对。部派佛教律典是限定性地允许食肉，而《涅槃经》则是彻底禁绝食肉。

《涅槃经》除了禁止肉食之外，还暗示禁止食用蒜等刺激性食物：

善男子！如人啖蒜，臭秽可恶，余人见之，闻臭舍去。设远见者，犹不欲视，况当近之？诸食肉者，亦复如是，一切众生闻其肉气，悉皆恐怖，生畏死想；水陆空行有命之类，悉舍之走，咸言此人，是我等怨。是故菩萨不习食肉，为度众生，示现食肉，虽现食之，其实不食。善男子！如是菩萨清净之食犹尚不食，况当食肉？②

《涅槃经》禁止的重点在于食肉，关于禁食刺激性食物，并没有展开论述。到《楞伽经》，才明确将蒜、葱、兴渠、韭、薤五种有恶臭和异味的蔬菜列为禁

---

① 《大般涅槃经》卷四，《大正藏》第 12 册，第 626 页中。
② 《大般涅槃经》卷四，《大正藏》第 12 册，第 626 页中。

食之列。认为这些蔬菜生食生瞋，熟食生淫，是修行的障碍。

此外，在《涅槃经》中佛陀还讲到在乞食过程中得到肉食的布施时的做法：

> 尔时迦叶复白佛言："世尊！诸比丘、比丘尼、优婆塞、优婆夷，因他而活。若乞食时，得杂肉食，云何得食应清净法？"
>
> 佛言："迦叶！当以水洗，令与肉别，然后乃食。若其食器，为肉所污，但使无味，听用无罪。若见食中多有肉者，则不应受。一切现肉，悉不应食，食者得罪。我今唱是断肉之制，若广说者，则不可尽。涅槃时到，是故略说。是则名为能随问答。"①

这里提到，如果在乞食时遇到夹杂肉食的食物时，要用水把肉洗去，然后才能食用。如果布施的食物中肉比较多，则不应该接受。这种规定被认为是古代印度社会流行的食物净化方法。通过净化，尽可能地接受信徒的布施，在不违背戒律的前提下，尊重信徒的信仰。在中国社会中流行的吃肉边菜的做法也与《涅槃经》的这种说法有关。

那么，《涅槃经》及如来藏系经典为什么在僧人食肉问题上立场发生了转变呢？根据日本学者下田正弘的分析，这种转变应该与《涅槃经》出现的社会背景的变化有关。按照下田正弘的分析，大乘《涅槃经》可以分为两类："序品"第一至"名字功德品"第七（除"长寿品"第五）构成《涅槃经》的原始形态，而"长寿品"第五、"四法品"第八至"随喜品"第十八构成《涅槃经》的后期形态。这两部分之间在思想形态上存在很多不同，其差异形成的原因在于社会背景的变化。《涅槃经》的原始形态是由"法师"群体完成的，这些"法师"过着游行乞食的生活，以佛塔信仰和圣地信仰为中心。由于其生活方式与在家信徒的生活密切相关，所以"法师"重视与世俗生活之间的协调，在戒律问题上，强调自主判断，重视灵活处置，并不严格遵循既成的戒律规定。而后期形态的《涅槃经》则出自"菩萨"之手。这一群体

---

① 《大般涅槃经》卷四，《大正藏》第12册，第626页下。

放弃了游行生活，定居于寺院，过着僧团生活。在戒律问题上，更重视制度的建设，强调公共道德的重要性。由于生活方式的转变，僧团逐渐吸收世俗社会的理念和规范，特别是受到了种姓制度等级观念的影响。"一阐提"理念的产生就与当时社会对旃陀罗的排斥有直接关系。在当时的社会结构中，从事所谓低贱职业的人群被称为旃陀罗，他们居住在城外贫民窟，被剥夺一切社会权利。这种排除原理，反映在佛教僧团的思想观念中，就出现了断绝佛种、永远不能成佛的"一阐提"的说法。这是对佛教平等观念的巨大冲击。①

不食肉的规定也与古代印度的种姓制度有很大关系。从律典的相关记载看，在原始佛教时期，虽然有种种限定性条件，但整个社会是认可僧人食肉的。随着古代印度的种姓制度的强化，佛教僧团也接受了社会流行的"不净观"，即把食荤和食肉视为"不可触民"（旃陀罗）者的不道德行为。如《法显传》记载，摩头罗国国民不杀生，不饮酒，不食葱蒜，只有旃陀罗例外，也只有旃陀罗卖肉。② 玄奘的《大唐西域记》也记载，那些食蒜者的贱民会被逐出村落。③《涅槃经》的不食肉的规定，正好反映了古代印度社会的不净观深刻影响了佛教的戒律规范。

提婆达多的破僧事件也可以在这一脉络中得到说明。随着古代印度社会逐渐把不可触民即旃陀罗的生活与食肉、食荤结合起来，在其他社会成员中逐渐出现将食肉视为禁忌的风潮。在允许食三净肉的佛教僧团内部出现反对食肉的主张实际上社会价值观的反映，而这种分歧甚至有导致佛教僧团分裂的危机，可见是否允许食肉已经成为古代印度社会价值观和伦理观的重要体现。在这种背景下，《涅槃经》出现禁绝食肉的规定就不难理解了。

实际上，在《涅槃经》出现前后，还有其他经典也对食肉持否定的立场。

---

① ［日］下田正弘：『涅槃経の研究——大乗経典研究方法試論』，東京：春秋社1997年版
② 《高僧法显传》卷一："举国人民悉不杀生，不饮酒，不食葱蒜，唯除旃荼罗。旃荼罗名为恶人，与人别居。若入城市，则击木以自异。人则识而避之，不相搪揬。国中不养猪鸡，不卖牲口。市无屠店及沽酒者。货易则用贝齿，唯旃荼罗渔猎师卖肉耳。"《大藏经》第51册，第859页中。
③ 《大唐西域记》卷二："蔬菜则有姜、芥、瓜、瓠、荤陀菜等；葱、蒜虽少，啖食亦希，家有食者，驱令出郭。至于乳、酪、膏、酥、秒糖、石蜜、芥子油、诸饼纻，常所膳也。鱼、羊、獐、鹿，时膺肴馐。牛、驴、象、马、豕、犬、狐、狼、师子、猴、猿，凡此毛群，例无味啖，啖者鄙耻，众所秽恶，屏居郭外，希迹人间。"《大藏经》第51册，第878页上—中。

如据传为雪山部所传的《毗尼母经》卷四也提到提婆达多的"五法",但认为提婆达多的罪恶在于分裂僧团,而不在于他提出的包括不食鱼肉的"五法",相反,此经认为"五法"并不违背佛说。可见,此经对不食鱼肉的主张持肯定态度。[①] 这说明,《涅槃经》的不食肉规定的出现不是偶然的,是当时印度社会文化和伦理观念的一种反映。

二 《涅槃经集解》中的诸诠释

(一)《涅槃经》的断肉食与律典不断肉食

《涅槃经》的注释者首先要解释的是《涅槃经》的彻底禁断肉食与律典中的有条件食肉之间的矛盾和张力问题。这个问题,《涅槃经》经文中就有涉及。如在"如来性品"中谈到佛陀制定戒律各有不同的出发点,例如佛陀是针对众生的不同精神需求而说能否食肉。针对众生追求口腹之欲而允许众生食三种净肉,称为"异意";而针对众生贪欲无限而禁止食用一切肉,称为"异想"。可以说,一种是权变,一种是原则。[②] 对于这段经文,道生解释云:

> 道生曰:病有二种,谓从意从想。惬情而啖之,谓之从意;所贪无崖,谓之从想。是以小制损其意也,都制损其想也。[③]

按照道生的理解,佛陀之所以制定三净肉的戒律,是为了限制众生过度追求口腹之欲;而彻底禁绝肉食,则是为了消除众生的根本贪念。这是从佛陀指定戒律的意图出发,力图给出一个合理的解释。

而宝亮则力图从另一个角度即众生根机的角度作出解释。宝亮在诠释

---

① 《毗尼母经》卷四:"提婆达多破僧有五法:一者尽形寿乞食;二者粪扫衣;三者不食酥盐;四者不食肉鱼;五者露坐。以此五法僧中行筹,可者受筹。尔时座中有百比丘受筹,阿难即众中脱僧伽梨掷地唱言:'此是非法。'有五十大上座亦脱僧伽梨掷地。诸比丘以此因缘具白世尊。佛言:'此便是地狱人,当入阿鼻地狱一劫。不可救也。'此破僧犍度中广明。上提婆达多五法不违佛说,但欲依此法坏佛法也。"《大正藏》第24册,第823页上。

② 《涅槃经》卷四:"如来所制一切禁戒,各有异意。异意故,听食三种净肉。异想故,断十种肉。异想故,一切悉断,及自死者。"《大正藏》第12册,第626页上。

③ 《大般涅槃经集解》卷十一,《大正藏》第37册,第428页中。

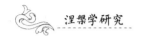

《涅槃经》的"食肉之人，不应施肉"时云：

> 宝亮曰：所以于今日顿明断肉制者，昔时众生，习腥秽来久，不得顿制。至今经教，人心纯熟，识理分明，觉此腥秽，自然薄贱。是以今时断肉，其事必行也。①

宝亮还是从"昔教"和"今教"的不同来解释两者在食肉问题上的不同立场。过去的众生食肉日久，习气太重，所以不能彻底禁绝肉食，而在佛陀宣讲《涅槃经》时，众生的根机已经成熟，明白食肉的害处，所以佛陀才会严格禁绝一切肉食。到《涅槃经》时禁肉可以说是佛陀应机说法原则的体现。这种诠释显然是站在《涅槃经》是佛陀所说最后经典，也是为根机纯熟的众生所说经典这一认知基础上的。

在《涅槃经》中，迦叶和佛陀之间曾有一段问答。迦叶问：在律典中本来有十种不净和九种清净的说法，这说明在特定情况下是可以食肉的。您为什么在这里又说绝对不能食肉呢？佛陀回答，戒律都是按照随犯随制的原则制定的，过去的戒律针对过去的事情，而现在不食肉的戒律则针对现在的事情。② 僧宗在诠释这一段经文时云：

> 僧宗曰：三种十种九种，并牵昔制也。三种谓见闻疑也。十种者，下有成文。九种受者，昔日一往唱言，离见闻疑听食。当时虽制，而损命犹多，故第二种制，除十之外，离见闻疑，听食也。虽尔而伤损尚多，故第三稍令精尽。向者三事，各有前后方便，一事有三，合成九也。见中三者，谓见断命时，见牵去时，见杀后屠割时；闻中三者，闻杀时，闻牵去时，闻屠割时；疑三者，亦不离见闻也。疑此为是为我杀耶？为他杀耶？乃至前后方便亦疑也。又释疑者，如向在彼家，今于此家得肉，情中生疑。为是向肉？为非向肉？亦不得噉。如前后

---

① 《大般涅槃经集解》卷十一，《大正藏》第 37 册，第 427 页下。
② 《涅槃经》卷四："迦叶菩萨复白佛言：'世尊！何因缘故，十种不净乃至九种清净而复不听？''亦是因事渐次而制，当知即是现断肉义。'"《大正藏》第 12 册，第 386 页上。

方便生疑，悉不得噉。闻中生疑，类如前也。但见闻事异，各分为三，则成六也。二家之疑，不复分别，同是一疑耳。今常教既兴，一切悉断。此则去滞有渐，不可顿也。又一义，常果要行，事在施命，宜顿断明矣。①

僧宗在这里提到所谓"三种肉""九种肉""十种肉"的说法。三种肉的说法最普遍，即三种不净肉（或见或闻或疑为己所杀的肉类）之外的肉类，可以食用。九种肉的说法则是对三种肉的进一步细分，无论是见、闻、疑都可以区分三种情况，合起来是九种情境下的肉类不可食用。如"见杀"可以细分为见断命时、见牵去时、见杀后屠宰时三种情况。十种肉出现于诸律典中的人肉、蛇肉、象肉、马肉、驴肉、狗肉、狮子肉、猪肉、狐肉、猕猴肉十种肉。② 无论是三种肉还是九种肉、十种肉，虽然看起来是禁止食肉的规定，但其前提是除此之外的肉类可以食用。所以这些律典，从原则上讲，都主张可以食肉。

那么，僧宗如何看待诸律典的可以食肉与《涅槃经》禁止食肉的矛盾呢？一种解释"渐"与"顿"之间的区别。即诸律的规定是为了让种种众生逐渐改变食肉的生活模式，从食肉逐渐过渡到不食肉。因为这些众生的根机问题，不能让这些众生顿然戒除肉食。而佛陀在讲《涅槃经》时，众生的根机已经发生变化，由未成熟变得成熟，所以佛陀要求众生彻底禁绝肉食。这种诠释显然与宝亮的立场接近。另一种解释则与大乘佛教的修行有关。大乘佛教的六度修行中，布施是最重要的修行，在关于佛陀本生故事中有许多佛陀在前世舍身饲虎等传说，这些传说表达的就是布施自己的生命来救度众生的理念。

---

① 《大般涅槃经集解》卷三十一，《大正藏》第37册，428页上—中。
② 《涅槃经》卷十八："或言如来不听比丘食十种肉，何等为十？人、蛇、象、马、驴、狗、师子、猪狐、猕猴，其余悉听。"《大正藏》第12册，第473页下。关于禁止食用的肉类，各律典之间有一些差异。如《巴利律》所禁者为人肉、象肉、马肉、犬肉、蛇肉、狮子肉、虎肉、豹肉、熊肉、鬣狗肉；《四分律》只禁止人肉、象肉、马肉、犬肉、蛇肉；《五分律》禁止人肉、象肉、马肉、犬肉、蛇肉、狮子肉、虎肉、豹肉、熊肉；《摩诃僧祇律》禁止人肉、象肉、马肉、犬肉、蛇肉、狮子肉、鬣狗肉、猪肉、鸟肉、鹫鸟肉；《十诵律》禁止人肉、象肉、马肉、犬肉、蛇肉；《根本有部律》禁止人肉、象肉、马肉、蛇肉。

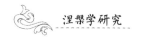

大乘菩萨不惜献出自己的生命来救度其他众生，自然不可能去啖食其他生物的肉。食肉与大乘佛教倡导的慈悲精神不合。这实际上是把不食肉与不杀生的理念联系在一起。

(二) 不杀生戒与不食肉

在佛教戒律中，不杀生是重要的戒律。在流传下来的佛教六部长律①中，都包含不杀生戒的内容，并且将其置于佛教戒律体系的重要地位。只是在早期的戒律中，不杀生戒被称为"不断人命戒"，这意味着早期佛教所理解的生命，主要是人的生命②，还没有扩展到六道众生。杀生意味着以人为手段剥夺自身或他人的生命。根据《摩诃僧祇律》的记载，佛陀制定"不断人命戒"有一特别的因缘。当时，住在毗舍离的一位生病的比丘由于久病不愈，受到看护比丘的嫌弃。这位比丘觉得过意不去，央求看护比丘把自己杀了。而看护比丘竟然真的把这位比丘杀了。佛陀知道以后，很生气。召集比丘，告诉大家，断人命根是犯波罗夷罪，必须逐出僧团。③ 可见，不杀生戒代表一种人的生命价值至上的理念。而《涅槃经》等大乘经典所说的不食肉戒，其出发点是培养众生的慈悲心，特别是通过人类对其他动物的慈悯心而增进人类保护动物、爱护动物的精神。按照佛教的教义，由于人类也是六道众生的一种，不杀生也是慈悲心的体现，在这个意义上，不食肉和不杀生戒在培养慈悲心的意义上可以相通。但两者所代表的理念毕竟有差异，而在历史上，不杀生戒和不食肉戒的出现各有自己特殊的历史背景，两者之间没有直接的渊源。

---

① 现存的佛教戒律经典，最重要的是六部广律，即巴利律、《四分律》、《五分律》、《十诵律》、《摩诃僧祇律》、"根本有部律"。

② 最早成立的原始佛教经典之一《杂阿含经》卷三十七关于"不杀生戒"云，"谓有人不杀生、离杀生、舍刀杖，惭愧，悲念一切众生"。《大正藏》第 2 册，第 271 页下。

③ 《摩诃僧祇律》卷四："佛住毗舍离，时毗舍离有一病比丘，婴患经久，治不时差。看病比丘，心生疲厌。便语病比丘言：'长老，我看病久，不得奉侍和上阿阇梨，亦不得受经诵经，思惟行道。长老疾病既久，治不可差，我亦疲苦。'病比丘言：'当奈之何？我亦患厌，苦痛难忍。汝若能杀我者善。'是比丘即便杀之。诸比丘闻已，以是因缘，具白世尊。佛言：'呼彼比丘来！'来已，佛广问上事：'比丘！汝实作是事不？'答言：'实尔，世尊。'佛言：'痴人！汝常不闻我无量方便称赞于梵行，人所身慈、口行慈、意行慈，供养供给所须。汝今云何手自断人命根？此非法非律非如佛教，不可以是事长养善法。'佛告诸比丘：'依止毗舍离比丘，皆悉令集，以十利故，为诸比丘制戒，乃至已闻者当重闻。若比丘手自断人命根，是比丘波罗夷，不应共住。'"《大正藏》第 22 册，第 253 页下。

但在中国，《涅槃经》注释家有意识地将不食肉与不杀生戒相联系，以此论证不食肉的合理性。① 如明骏在解释《涅槃经》的"从今日始，不听声闻弟子食肉"时云：

> 明骏案：上说常住之因，谓以大悲，受不杀戒。而今犹复肉食，便是自有伤慈之行。而欲戒人以不杀，无乃愧心乎！戒为众德之本，慈为万行之根。苟伐本害根，枝条安在耶。②

明骏显然把不杀生戒与不食肉置入同一个逻辑中加以说明，即不杀生戒是培养众生的悲心，如果受不杀生戒之后，仍然食肉，就是伤害自己的慈悲心。反过来说，如果僧人食肉，显然背离自己不杀生的初衷，这样就意味着自己没有资格再去劝说信徒不杀生。通过严格受持不杀生戒培养慈悲心是一切修行的根本，如果不能断绝肉食，等于伤害慈悲心，也等于伤害修行的根本。

僧宗在注释《涅槃经》的"夫食肉者，断大慈种"时云：

> 夫杀伤大慈，而啖伤小慈。因小得大，故小慈是大慈种也。③

显然，僧宗也把不杀生戒与不食肉联系在一起。但两者之间有程度上的不同，即违反不杀生戒伤害的是大慈大悲之心，而违反不食肉戒伤害的是小慈悲心。大慈悲是由小慈悲累积、发展而成的，所以说不食肉是成就大慈悲心的种子。

值得注意的是，佛教的不食肉戒，在理念上与儒家伦理中的恻隐之心有

---

① 南齐时代的颜之推在《诫杀训》中曰："儒家君子离庖厨，见其生不忍其死，闻其声不食其肉。高柴折像，未知内教，皆能不杀，此皆仁者自然用心也。含生之徒，莫不爱命，去杀之事，必勉行之。见好杀之人临死报验，子孙殃祸其数甚多。"颜之推主要是站在儒家的立场论证不杀生的合理性。但在论证过程中也提到佛教的因果报应说。参见《广弘明集》卷二十六，《大正藏》第52册，第294页上。

② 《大般涅槃经集解》卷十一，《大正藏》第37册，第427页下。

③ 《大般涅槃经集解》卷十一，《大正藏》第37册，第428页上。

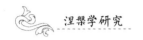

相通之处。儒家主张上天有好生之德，主张人类也应该效法上天，不能滥杀有生命的存在。如《论语·述而》云，"子钓而不网，戈不射宿"，即孔子钓鱼不用网，狩猎不射杀归途中的鸟。可见，孔子并不绝对反对杀生，只是主张不能滥杀。《孟子·梁惠王上》中载，"数罟不入洿池，鱼鳖不可胜食也。斧斤以时入山林，林木不可胜用也"，从利害关系的角度，主张有节制地狩猎捕鱼，甚至对于林木，亦不能滥采滥伐。

儒家的这种理念与其"仁"的道德伦理思想联系在一起。据《孟子·梁惠王上》记载，齐宣王看到有人牵一头牛过来。齐宣王就问，牵牛到哪里？来人回答要去杀掉祭祀。齐宣王看到牛恐惧的样子，心生怜悯，下令放掉牛。那么，是否就不用杀动物祭祀了呢？并不是。齐宣王只是要求用羊替代牛祭祀。人们或许会认为，齐宣王因为吝啬才用羊替代牛。但在孟子看来，齐宣王不忍杀牛的行为所体现出的"不忍之心"就是儒"仁"的发端。

儒家的这种观念也影响到《涅槃经》的注释者。道生在解释《涅槃经》的"食肉者，断大慈种也"时，"滋味之浓，莫深肉食。肉食苟浓，必忘慈恻。慈恻之大，谓之种也。种既断，长寿理绝也"[1]。道生认为长期食肉，就会忘掉慈恻之心。道生没有用大乘佛教的"慈悲"而是用了带有儒家思想色彩的"慈恻"，显示出儒家的"不忍之心"的思想影响了道生的戒律观。

（三）佛教的不食肉戒与外道的苦行

在《中阿含经》中有诸多关于尼健外道即苦行外道的记载。苦行外道认为过去世作下众多恶业，需要这一世通过折磨自己的身体来消除恶业，并通过苦行，不再造新的恶业。如《释摩男本四子经》曰："我见诸尼捷种，有放发行者、偻行者、坐地者、卧地者，身体无衣，皆被鹿皮。"[2]《本行集经》卷二十四曰："或有裸形，或卧棘上，或卧板上……或卧冢间，或蚁垤内，犹如蛇居……或复有用沙土烟尘，以涂坌身，正立而住。或不梳洗头首面目，发如螺髻，拳挐而住。或复拔发，或拔髭须。"[3]《止观辅行》十之一中曰：

① 《大正藏》第 37 册，第 428 页上。
② 《大正藏》第 1 册，第 849 页上。
③ 《大正藏》第 3 册，第 766 页中。

"苦行即是长寿天行，五热炙身等。总有六行：一、自饿，二、投渊，三、赴火，四、自坠，五、寂默，六、持鸡犬等戒。"① 苦行在印度是一种历史悠久、在社会上有很大影响的宗教修行活动。其背后的哲学是认为人的欲望是一切痛苦的根源，也是人轮回转世的根源。只有通过种种苦行才能帮助人克服食欲、性欲、睡眠欲等种种欲望，从而使人从痛苦中解脱出来。

肉食在一般人心目中是一种美食，断绝一切肉食，在某种意义上也是克服欲望的行为，是一种苦行。那么，这种守戒行为与苦行外道之间的苦行有什么区别呢？在《涅槃经》中，佛陀也意识到这个问题。② 迦叶就问佛陀，既然禁止肉食，是否五种乳、麻油等美食都要禁绝呢？佛陀否定了迦叶的说法，认为佛教的禁肉食与苦行外道的自饿等的苦行不同。关于这一点，《涅槃经》注释者也表达了各自的见解。

如法瑶云：

> 无欲者，贵在损情，岂得同彼异见，以裸形为行道，以绝事为断欲乎。③

"无欲"是道家的概念，《老子》有云："故常无欲，以观其妙；常有欲，以观其徼。"道家的"道"是大道无私的，是超越一切分别对待的，所以只有做到没有世俗情感的干扰才能体证道的奥妙。道家的"无欲"不是否定人的欲望，而是否定利己排他的过度之欲，是基于人贪婪情绪而衍生出来的欲望。在贪婪的指使下，人便会表现出一些充斥着"伪"的"多余行为"，这些行为不仅会伤害别人，最后更会迷失自己。可见，"欲"和"情"联系在一起，要做到"无欲"就要克制喜怒哀乐的情感，不能走极端。《世说新语》所讲的"圣人无情"就是这个道理。法瑶显然受到道家的影响，从"无欲"和"损情"的角度来理解佛陀制定不食肉戒的意图，即佛陀是为了让众生合理地

---

① 《大正藏》第46册，第435页中。
② 《涅槃经》卷三："迦叶菩萨白佛言：'若世尊制不食肉者，彼五种乳麻油绢绵珂贝皮革亦不应受。'佛言：'异想，莫作外道尼犍子见。'"《大正藏》第12册，第869页上。
③ 《大般涅槃经集解》卷十一，《大正藏》第37册，第428页中。

而非过度地满足自己的欲望，才制定了不食肉戒。这与苦行外道赤身裸体，甚至摧残身体的做法是完全不同的。苦行外道追求断绝欲望，而佛教追求克制欲望，两者的理念有着根本的不同。

宝亮则云：

> 若使于资身之具，损害处甚者，佛便断之。若于事用小复疏者，佛便且开也。众生有虚伪果报，要须所资。若一向顿断，则为形不立也。①

宝亮在这里提到戒律的"遮"与"开"的问题。"遮"是禁止之意，就是佛教的五条根本戒（不杀生、不偷盗、不邪淫、不妄语、不饮酒）绝对不能犯；"开"是在特定情境下可以有变通。那么，在什么情形下可以变通呢？只有在利益众生、在救度众生时，可以开戒。如《涅槃经》就讲到"不杀生戒"的开遮问题。②从《涅槃经》的说法看，佛教对"不杀生戒"的开遮，有世间法和出世间法两个层面：从世间法的层面看，对那些犯下杀人等重罪的人，应该按照世间法律进行惩罚，包括判处死刑；从出世间法即佛法的层面看，对于那些攻击佛教、诽谤佛教的外道，即使剥夺其生命，也不是罪恶，因为这是为了让他们改恶从善。宝亮站在大乘佛教的立场，认为佛陀对戒律的态度不是僵化的、一成不变的，而是根据变化的情境随时调整。如对于杀盗淫妄酒等损害人的生命和慧命的东西，佛陀断然禁止。而对于特定情境下食肉，由于并不关乎戒律的根本精神，所以佛陀认为可以变通。众生既然因为往世的业力而转生为人，就必然维持自己肉体的需要。如果从一开始就禁绝一切肉食，就难以维系肉体生命的延续。

（四）《涅槃经》禁肉食与儒家理念的融合

梁武帝天监十二年（513），下诏废除祭祀时的牺牲，佛教徒不得食肉。

---

① 《大般涅槃经集解》卷十一，《大正藏》第37册，第428页下。
② 《涅槃经》卷十六："善男子，汝向所问，杀婆罗门时，得是地不？善男子，时我已得，以爱念故断其命根，非恶心也。善男子，譬如父母唯有一子，爱之甚重，犯官宪制，是时父母以怖畏故若摈若杀，虽复摈杀，无有恶心；菩萨摩诃萨为护正法亦复如是，若有众生谤大乘者，即以鞭挞，苦加治之，或夺其命，欲令改往，遵修善法。"《大正藏》第12册，第460页上。

上定林寺僧祐、正柏寺法度上书朝廷，认为京畿之地仍然有人捕鱼和打猎，希望皇帝下令在丹阳、琅琊二地禁止渔猎。梁武帝让大臣讨论这一问题。议郎江觌、左承谢几卿等虽然认同梁武帝诏书的不杀生、护生精神，但认为应该让这种理念逐渐在民间社会渗透，而不能采取断然措施，禁绝社会的渔猎活动。如果这样做，其实际社会效果也存疑。因为即使丹阳、琅琊二地禁止渔猎，渔夫和猎户也可以转移到其他地方去渔猎。因为民间社会需要通过渔猎来满足生存的需求，所以如果硬性规定禁绝天下渔猎，并不能达到预定的目的，即"空有防育之制，无益全生之术"。兼都令史王述赞同佛教界的意见，认为应该首先在京畿地区禁绝渔猎，然后逐渐在全国各地推广这一规定。

梁武帝对议郎江觌、左承谢几卿的见解并不认同，并结合儒家经典的说法，对江觌等之说作了反驳：

> 礼云，君子远庖厨血气，不身践。见生，不忍其死；闻声，不食其肉。此皆即自兴仁，非关及远。三驱之礼，向我者舍，背我者射。于是依王述议遂断。①

儒家并没有明确的不食肉的理念，但在伦理观念上存在不滥杀、不虐杀的说法，可以理解为限定性的杀生观。如梁武帝所引的《礼记·玉藻》有"君无故不杀牛，大夫无故不杀羊，士无故不杀犬豕。君子远庖厨，凡有血气之类，弗身践也"②。《孟子·梁惠王上》有"君子之于禽兽也，见其生，不忍见其死；闻其声，不忍食其肉。是以君子远庖厨也"③。在古代的田猎活动中有"三驱"的规定。《周易·比》有"王用三驱，失前禽"④。"三驱"的内涵，一种解释是三面驱赶，网开一面，以体现好生之德；一种解释是驱赶三次才射杀。"失亲禽"，根据《周易正义》的解释，"凡三驱之礼，禽向

---

① 《广弘明集》卷二十六，《大正藏》第 52 册，第 293 页下。
② （东汉）郑玄注，王锷校：《礼记注》，中华书局 2021 年版，第 391 页。
③ （清）阮元校刻：《十三经注疏 清嘉庆刊本》，第 5808 页。
④ （清）阮元校刻：《十三经注疏 清嘉庆刊本》，第 50—51 页。

己者则舍之，背己者则射之，故失其前禽也"①。梁武帝并没有从佛教的立场进行论证，而是借用儒家的"仁""不忍之心"的观念来佐证自己主张的合理性。可见，虽然《涅槃经》明确地提出禁止一切肉食，但由于它与佛教戒律之间有扞格之处，所以单凭借《涅槃经》似乎难以让其主张自圆其说。而且，儒家毕竟是当时主流价值观，依靠儒家的相近理念进行论证似乎更有说服力。

第五节 《涅槃经》与佛教伪经以及道教经典

一 《涅槃经》与佛教伪经

疑伪经是中国佛教史上值得关注的重要现象，但无论是历史上还是在当代学术界，对这些正统的翻译经典之外的典籍，大多持批评和否定的立场。"疑伪"两字就包含着否定性的价值判断在其中。在日本学术界，自中国佛教史研究大家牧田谛亮（1912—2011 年）关注疑伪经的思想史价值之后，木村清孝（1940—　）、船山彻等又进一步对这部分经典进行个案分析，在中国佛教思想史的背景下对其进行更客观的定位。如船山彻提出用"中国撰述"概念代替"疑伪经"的概念，摆脱以往佛教界和学术界对这些经典的污名化做法。② 如果"中国撰述经典"的说法能够被大家普遍接受，必将有助于从正面看待和理解这些经典的价值和意义。

中国历史上有大量的经论被视为或被怀疑为非翻译经典，如在中国佛教史上影响很大的《梵网经》《大乘起信论》《楞严经》等。如果完全排除这些经论，中国佛教思想史必将出现巨大的思想空白。除此之外，还有一些保存在敦煌文献中的大量不知名中国撰述经典的存在。其中，与《涅槃经》关系密切的敦煌文献中有一部拟似出现于唐代初期的《佛性海藏经》。透过此经可以看到隋唐时代的佛教界是如何从一个特殊视角把握《涅槃经》的，而从

① （清）阮元校刻：《十三经注疏 清嘉庆刊本》，第51页。
② 参见［日］船山彻『佛典はどう漢訳されたのか——スートラが経典になるとき』，東京：岩波書店2013年版。

《涅槃经》的传播史来看,在正统的宗派佛教之外,《涅槃经》还在以另外的方式进入中国佛教者的视野之中,并以独特的方式参与了中国佛教思想史的构建。关于《佛性海藏经》,木村清孝曾有初步的研究①,以下,在先行研究基础上对其内容和思想史意义略作考察。

(一)《佛性海藏经》与敦煌佛教

《大正藏》收《佛性海藏经》,最早见于《大周录》(695 年)的"伪经目录""《佛性海藏经》,一部二卷。"《开元录》(730 年)"疑伪再详录"亦载有"《佛性海藏经》二卷",又补注云"具题云《佛性海藏智慧解脱破心相经》",由此可见,《佛性海藏经》又名《佛性海藏智慧解脱破心相经》,至迟在 7 世纪后半叶已经问世。

在斯坦因 438 号题名《海藏经》的卷下结尾有一题记:"大唐宝应元年六月二十九日,中京延兴寺沙门常会,因受请,往此敦煌城西塞亭供养。忽遇此经,无头,名目不全。遂将至宋渠东支白佛图,别得上卷,恐后人不晓故,于尾末书记,示不思议之事合会。愿以此功德,普及于一切,我等与众生,皆共成佛道。"② 这段文字虽然不涉及《佛性海藏经》撰述本身,但仍然透露出很多关于《佛性海藏经》的信息。在唐宝应元年(762),延兴寺僧常会应请到敦煌供养。常会在此发现《佛性海藏经》的下卷,不过遗憾的是发现的不是全本,而是残本。后来得到此经的上卷,上下卷才得以合璧。根据《长安志》卷十记载,延兴寺在南北朝时期是梁太尉萧岑的宅邸,在隋文帝开皇四年(584)被改建为寺庙。在神龙年间(705—707),李显就把延兴寺改建成了永泰寺,为永泰公主荐福。延兴寺如果就是永泰寺,常会所在的寺院在当时应该地位很高。常会本人被专门邀请到敦煌讲经,说明在佛教界有一定影响力。这样一位僧侣在敦煌见到《佛性海藏经》而视为珍宝,可见此经受到当时佛教界的重视,并没有被当作一般的疑伪经看待。据此,木村清孝认为,正如伪经《法句经》与敦煌渊源很深一样,从上述尾题看,不排除《佛

---

① 参见〔日〕木村清孝编『疑偽佛典の綜合的研究』,東京:東京大學出版會 2000 年版。

② 此处的"佛图"文义不通,根据木村清孝的理解,此处或为"佛塔"。参见上述研究报告第36 页。

性海藏经》最早出现于敦煌地区或者受到吐蕃与汉地佛教相争影响而成立的可能。①

（二）《佛性海藏经》与《涅槃经》后分

大乘《涅槃经》或许为了与小乘《涅槃经》在内容上和风格上相区别，着重论述法身常住、佛性遍在等大乘理论，而对小乘《涅槃经》中出现的佛陀临终场面和涅槃后弟子们的反应等作了省略或淡化处理。但《涅槃经》既然以佛陀的"涅槃"为主题，如果完全淡化佛陀临终与入灭之后的故事性叙述，显然有些偏离主题，而且除了《涅槃经》注释者级别的思想家，多数普通的佛教信徒还是从情感的角度来理解佛陀涅槃这一事实。所以对大乘《涅槃经》进行增补似乎就成一种必然选择。唐麟德年间（664—665），南天竺僧若那跋陀罗与唐僧会宁于南海波陵国译出《大般涅槃经后分》二卷，仪凤年初（676—679），传至长安。后分的内容是叙述佛陀入灭前后的事实，以补《大般涅槃经》的不足，分为四品半，即"憍陈如品余"、"遗教品"、"应尽还源品""机感荼毗品""圣躯廓润品"。"憍陈如品余"即补续《大般涅槃经》之"憍陈如品"，然本经所记多同于《长阿含》《游行经》等之说，与小乘《涅槃经》内容相类，而与昙无谶所译大乘《涅槃经》之意趣不同。然《开元释教录》卷十一则以经中所说"常乐我净，佛菩萨境界，非二乘所知"等内容②，而认为本经与大乘《涅槃经》义理相涉、文势相接。

《涅槃经后分》关于佛陀临终的情景有如下描述：

> 尔时，世尊三反入诸禅定，三反示诲众已，于七宝床右胁而卧，头枕北方，足指南方，面向西方，后背东方，其七宝床微妙璎珞以为庄严，娑罗树林四双八只，西方一双在如来前，东方一双在如来后，北方一双在佛之首，南方一双在佛之足。尔时，世尊娑罗林下寝卧宝床，于其中夜入第四禅，寂然无声。于是时顷，便般涅槃。大觉世尊入涅槃已，其娑罗林东西二双合为一树，南北二双合为一树，垂覆宝床盖于如来，其

---

① 参见［日］木村清孝编『疑偽佛典の綜合的研究』，東京：東京大学出版會2000年版，第36页。
② 《大正藏》第55册，第591页上。

树即时惨然变白，犹如白鹤，枝叶、花果、皮干悉皆爆裂堕落，渐渐枯悴，摧折无余。①

与大乘《涅槃经》关于佛陀入灭情景的描述相比，《涅槃经后分》在细节上丰富了许多。《涅槃经》在叙述佛陀入灭时仅云："善男子！如来今于拘尸那城娑罗双树间，示现倚卧师子之床欲入涅槃，令诸未得阿罗汉果众弟子等及诸力士生大忧苦，亦令天、人、阿修罗、干闼婆、迦楼罗、紧那罗、摩睺罗伽等大设供养。欲使诸人以千端氎缠裹其身，七宝为棺，盛满香油，积诸香木，以火焚之，唯除二端不可得烧：一者儭身，二最在外。"②《涅槃经》的描述非常写实，没有任何带有神秘色彩的渲染。而《涅槃经后分》则加入了双树合为一树，树木瞬间枯萎等超自然的情节。

而《佛性海藏经》在"佛说此经已"与"一切大众，作礼而去"的中间加入以下内容：

> 宝塔宝池，忽然不现，树木花林，皆悉萎枯。如来世尊，北首而卧，入于涅槃。一切大众，叫唤大哭，气绝僻地，犹如死尸。悲泣盈目，泪如上雨，泪滴于地。地为之烈，大地震动，泉源枯竭。飞落走伏，皆各懊恼。高下不净，还悉如本。狱囚还系，地狱受苦，饿鬼饥虚，无有解脱。真容掩形，金棺盛于银椁。白绫千端，练绢万匹，酥油灌之，以火焚烧。悉皆磨灭，二端不烧，留于后代。③

在这段内容中，除了"二端不烧"的描述袭自《涅槃经》之外，关于树木枯萎、大地震动等描写都与《涅槃经后分》相类似。特别是关于大众在佛陀入涅槃之后的反应，从整体上看，是以《涅槃经后分》为蓝本而形成的。这似乎佐证了唐代流行的《涅槃经》存在两个系统：在宗派佛教中持续发挥影响的大乘《涅槃经》，主要是在天台宗和华严宗中，《涅槃经》的佛性说得到进

① 《大般涅槃经后分》卷一，《大正藏》第12册，第905页上。
② 《大正藏》第12册，第494页中。
③ 《佛性海藏智慧解脱破心相经》卷二，《大正藏》第85册，第1401页下。

一步的阐释，产生了新的理论内涵；而在民间社会发挥影响力的则是《遗教经》和《涅槃经后分》，其中佛陀"以戒为师"的遗训成为最有影响力的教义。《佛性海藏经》显然属于后者的系统，它虽然不为主流佛教界所认可，但在地处边地的敦煌等地得以流行，成为民间佛教信仰的重要组成部分。

（三）《佛性海藏经》与《涅槃经》

《佛性海藏经》在整体框架和思想内容方面与大乘《涅槃经》有着密切关联。如《佛性海藏经》的开头部分关于佛陀涅槃的地点（拘尸那国阿利罗跋提河边沙罗双树间）、时间（二月十五日）、听法者（八十亿诸天与人）等，都是模仿《涅槃经》的相关描述。经题中的"佛性"也是《涅槃经》的核心思想。

但《佛性海藏经》的佛性思想与《涅槃经》的佛性思想相比独具特色。两者的共同之处，都是强调一切众生皆有成佛的潜质和可能性，而众生由于烦恼的缠缚而佛性不得显现。关于"烦恼"的说明，《涅槃经》按照佛教通常的解释，将其界定为贪嗔痴等根本烦恼和傲慢、猜疑等伴随烦恼。而《佛性海藏经》则将人的烦恼概括为三毒、四蛇、五狗、六贼、七杀、八邪。这种说法很奇特。如三毒的说法，佛教中一般指贪嗔痴三大根本烦恼，而《佛性海藏经》则指"痴、爱、欲"。而四蛇（疸、嗔、嫉、妒）、五狗"悭、贪、痴、恶、催"、八邪（天龙、夜叉、乾闼婆、阿修罗、紧那罗、迦楼罗、摩睺罗伽、人非人）等说法则明显是属于《佛性海藏经》的独特说法，显示出中国撰述经典特有的随意性。

当然，《佛性海藏经》的重点不在于对人的烦恼的多样性揭示，而在于对众生通过修行克服烦恼的强调。众生通过克服烦恼就能够使佛性得以显现。如"三毒"一节云："由有无阴身，不睹真如性"；"四蛇"一节云："五阴烦恼得除尽，佛性自然出"；"五狗"一节云："悭狗死尽，佛性得见"；"七杀"一节云："静定故，心则澄清。佛性于其身中了了自现。若见佛性，则无烦恼，生死永尽"；"八邪"一节云："五阴阳气以得衰微，佛性智阴，转转强上。"与《涅槃经》结合"空"思想、如来藏概念等多侧面多层次讨论佛性问题的做法不同，《佛性海藏经》主要围绕烦恼与佛性的关系而谈佛性，并不关注佛性自身深奥的内涵。这显示出此经对人的现实生活和现实烦恼的强烈关注，而这种风格与此经的奉持者多为庶民百姓不无关系。

与《涅槃经》作为翻译经典不同，《佛性海藏经》作为中国撰述经典增加了许多中国传统文化的要素。如经中开头描述众弟子目睹佛陀涅槃"五体投地，如太山崩"。这里出现的"太山"即泰山，属于典型的中国文化概念。孔子有"登泰山而小天下"之说，自秦始皇开始，历代最高统治者以泰山封禅来昭示自己统治的正当性。在道教中，泰山也被称为"天地之神，神灵之府"（《搜神记》）。显然，作为纯粹中国文化意象的泰山是不可能出现于印度经典中的，这一文化意象出现于《佛性海藏经》，说明佛陀涅槃这一历史事实已经被再创作为中国人喜闻乐见的故事。

另外就是《佛性海藏经》对中国传统的阴阳观念的融摄。在《佛性海藏经》中，佛陀说到涅槃之因缘时云："七月九月，阳气衰微，阴气微进，令诸花木枝叶凋落，果实成熟。菩萨及彼，亦复如是。五阴阳气以得衰微，佛性智阴，转转强上。诸见枝叶，悉皆凋落，解脱知见，果实如得成熟。正冬之月，冷上冰结，一切果实，皆悉成熟。……我今涅槃，亦复如是。"① 阴阳是中国哲学的核心范畴之一，中国思想家将万事万物的本质和运动都归结为"阴""阳"的消长和转化。如天地、日月、昼夜、寒暑、男女、上下等都以"阴阳"的概念来说明其相互关系和运动变化。《佛性海藏经》用阴阳之气的消长变化来譬喻佛菩萨的生老病死，虽然佛陀的涅槃与果实的成熟之间没有任何必然的联系，将两者联系起来显得勉强，但对有着天人合一观念的中国人来说，这种说法最容易被理解和接受。

二　《涅槃经》与道教经典

据《后汉书》卷四十二"楚王英传"的记载，公元1世纪后半叶，汉明帝的同父异母弟楚王英同时拜黄老与浮屠。这说明在后汉时代，佛教是与当时流行的神仙方术和黄老信仰一起被人们信仰的。4世纪末，在江南地区出现的道教经典《灵宝经》经典群，就受到三国时代吴国的支谦、康僧会所译佛

---

① 《佛性海藏智慧解脱破心相经》卷二，《大正藏》第85册，第1401页中。

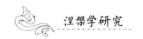

经的影响，从而在教理和道仪方面丰富了道教的理论，成为道教的重要流派，对后代产生了持续的影响。4、5 世纪前后，对道教经典影响最大的是佛教的三世轮回说、因果报应说和济度一切众生的大乘观念。不过此时的道教经典在借用佛经时，还只是部分的、片段的引用，尚没有出现大规模借用佛教经典，并将其改造为道教经典的情况。①

而到南北朝末年至唐初年，随着围绕佛教与道教孰优孰劣、孰先孰后展开的论争日益激化，道教方面的思想家不再满足于仅仅借用佛教经典的思想和观念，而是直接改变佛教经典而为道教经典。武则天时期的僧人玄嶷在《甄正论》中云："至如《本际》五卷，乃是隋道士刘进喜造，道士李仲卿续成十卷。并模写佛经，潜偷罪福，构架因果。参乱佛法。自唐以来，即有益州道士黎兴、沣州道士方长共造《海空经》十卷。道士李荣又造《洗浴经》以对《温室》，道士刘无待又造《大献经》以拟《盂兰盆》，并造《九幽经》将类罪福报应。自余非大部帙，伪者不可胜计。"②

道教经典在改变佛教经典过程中不是随意选择经典进行改变，而是有所选择的。如《灵宝经》的内容与《法华经》关系密切。《洞玄灵宝太真人问疾经》的"问疾品"显然是模仿《维摩经》的"问疾品"，此经的第八品"语来生学仙一切人求欲果报品"则改编自《观音经》。在南北朝时期，伴随着观音信仰的流行，《观音经》在社会上广泛传播。道教思想家关注《观音经》是自然的一种选择。

另一部被道教思想家关注的佛教经典是《涅槃经》。《涅槃经》自晋末宋初进入中国佛教，就引起中国佛教思想家的广泛关注，特别是其一切众生皆有佛性的教义与中国传统思想的心性论相契合，引起中国佛教界的共鸣。中国佛教思想家道生、宝亮等通过对《涅槃经》的注释解说，将佛性说发扬光大，成为中国佛教最重要的教义之一。对于这一重要佛教经典，道教思想家显然不能无视。据道宣《集古今佛道论衡》的记载，在隋代大业十三年（617），五通观道士辅慧祥因为改《涅槃经》为《长安经》而被

① 参见［日］神塚淑子『「霊寶経」と初期江南佛教—因果応報思想を中心に』，『東方宗教』1998 年第 91 号。

② （唐）玄嶷：《甄正论》卷三，《大正藏》第 52 册，第 569 页下。

杀。这说明至迟到隋代，道教思想家就力图将《涅槃经》加以改头换面，为我所用。北齐和北周均有官方修订或官方认可的道书颁布，妄造道教经书有被杀头的危险。那么，为什么在这种情势下还有道士冒着生命危险剽窃《涅槃经》呢？《佛祖历代通载》的记载，麟德元年（664）西京诸观道士郭行真等与东明观道士李荣、姚义玄、刘道合，以及会圣观道士田仁惠、郭盖宗等，窃用佛教概念名相，改换《长安经》，编纂了《太上灵宝元阳经》（简称《元阳经》）。《长安经》已经不存，而从《元阳经》的主体思想就是道性说，而作为《元阳经》思想来源的《长安经》思想，可以想见应该也是以道性说为主题。由此可以推知，隋唐时期的道教思想家之所以对佛教的《涅槃经》情有独钟，甚至不惜冒着生命危险而改窜《涅槃经》制作为道教经典，就在于吸收《涅槃经》的佛性思想以丰富道教的修行论，借此提升道教思想的思辨水平。

以下，以唐代初期出现的道教经典《太玄真一本际经》和《太上一乘海空智藏经》（简称《海空经》）为例，考察道教是如何通过改编《涅槃经》来制作道教的经典，并通过改造佛教思想而构筑道教思想体系的。

（一）《涅槃经》与《本经际》《海空经》

《本际经》共分十卷，分别为卷一"护国品"、卷二"咐嘱品"、卷三"圣行品"、卷四"道性品"、卷五"证实品"、卷六"净土品"、卷七"譬喻品"、卷八"最胜品"、卷九"秘密藏品"、卷十"显明功德品"。虽然在《甄正论》中被归于隋代道士刘进喜和李仲卿的名下，但由于《甄正论》的作者是佛教人士，其立场是否客观难以确定，而且史料中关于刘进喜和李仲卿的记载都是片段的、不完整的，所以其真正的作者和创造背景都难有定论。但从内容上看，一、三、四、六、七、八各卷，在内容上主要依据《升玄经》《定志经》《五篇真文》而展开；而二、五（三乘观的导入）、九、十（命定论的内容）则更多地依据佛教经典展开。从这个意义上说，《本际经》不是由一人独立完成而是由两人以上逐步增扩而成的可能性较大。从其他文献的引用看，696年左右问世的《甄正论》提到《本际经》的卷一、三、四；678年书写的敦煌文书（S3135）题为"《本际经》卷

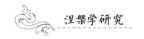

二"；700 年左右成立的《道教义枢》则引用了《本际经》的卷一、二、三、四、六、八、九等，可见，至少在 700 年左右，十卷本的《本际经》已经传播开来。

《本际经》各卷所依据的佛教经典可以总结如下：卷一《般若经》《大智度论》《维摩经》；卷二：《涅槃经》《大智度论》；卷三：《法华经》《大智度论》；卷四：《涅槃经》；卷七：《法句譬喻经》；卷八：《法华经》；卷九：《大智度论》《涅槃经》。其中，卷二、九的内容具有明显的独立性。如从因缘的立场对命定说进行批判；卷九导入《涅槃经》的佛性说而对"道性"进行详细的论说等。由于其内容和叙述方式都与其他各卷有别，所以很可能是在其他各卷完成基础上追加、补充的内容。

李唐王朝曾多次敕令全国各地的道观读诵《本际经》。唐朝历代帝王皆尊崇道教，由帝王屡次敕命天下模写、读诵《本际经》的事实看，《本际经》在唐代官方心目中占据重要地位。从后世道教经典对《本际经》的引用看，它在思想上对后世产生了深远影响。

《海空经》，全称《太上一乘海空智藏经》，根据《甄正论》的说法，"益州道士黎兴、沣州道士方长，共造《海空经》十卷"。关于作者黎兴和方长，日本学者砂山稔曾作过翔实的考证。[①] 根据卢照邻所撰"益州至真观主黎君碑"的记载，黎君即黎元兴，作为益州至真观的道士致力于道观的修复和道教弟子的培养，还曾注释《老子道德经》，阐扬"重玄之道"。而方长就是道宣《集古今佛道论衡》中所记载的"方惠长"。龙朔三年（663）四月十四日在蓬莱宫举行的关于《老子道德经》的辩论大会，代表道教出场的就是方长（代表佛教出场的是慈恩寺灵辨）。而将两人串联起来共同制作《海空经》的是当时作为道教的代表人物自始至终参与佛道论争的李荣。其成书年代当在 7 世纪 60 年代，而成书的背景则与当时的佛道论争直接相关。

《海空经》与《涅槃经》在内容上的对应关系如下：

---

① 参见［日］砂山稔《关于〈海空经〉的思想与作者——以七宝庄严及十转思想与益州至真观主黎君碑为中心》，收录于砂山稔《隋唐道教思想史研究》，东京：平河出版社 1990 年版。

表 7 – 1　　　　　　　　《海空经》与《涅槃经》内容对应表

《海空智藏经》	《涅槃经》
卷二 "哀叹品"	师子吼菩萨品 高贵德王菩萨品
卷五 "问病品"	现病品 菩萨品 高贵德王菩萨品
卷六 "持戒品"	圣行品 高贵德王菩萨品
卷七 "平等品"	梵行品
卷八 "供献品"	纯陀品 哀叹品

　　关于《海空经》是如何改变《涅槃经》的内容的，神塚淑子曾概括为以下几点：（1）改换《涅槃经》中的菩萨名字，如将《涅槃经》中的"师子吼菩萨"改为"善才童子"；将"迦叶菩萨"改为"海空智藏"等；（2）将《涅槃经》的根本概念改换为道教概念，如用"海空智藏"替换"涅槃"，用《海空智藏经》的经名替换为《涅槃经》的经名等；（3）将《涅槃经》的佛教术语改换为道教术语，如将如来、世尊、十二因缘分别改换为"海空智藏""天尊""次第因缘"等；（4）对《涅槃经》中出现的譬喻或本生谭灯故事，《海空经》袭用其故事情节，而对一些细节作了改动。如《涅槃经》的"高贵德王菩萨品"讲到佛陀在前世曾为了挽救得了恶病的人而割下三两肉为其治病。《海空经》的"持诚品"也讲到这个故事，只是割三两肉的情节换成了以"眼"救治病人。①

　　据镰田茂雄的研究，在《海空经》之前问世的道教经典中，还有一部以改写《涅槃经》而形成的经典即《元阳妙经》。② 《海空经》应该是在参考《元阳妙经》的基础上而形成的，因为前者的内容有袭用后者之处。如《海空经》卷一以海空智藏弟子身份出场的"决理真人""最胜真人""妙思真人""大慧真人"等人名，亦出现于《元阳妙经》卷十。两者之间的借用关系很清晰。虽然两部道教经典皆以《涅槃经》为底本改写而成，但其风格有很大不同。《元阳妙经》基本上对《涅槃经》的故事情节、经文原本照抄，只是

---

① 参见〔日〕神塚淑子『「海空智藏経」と「涅槃経」—唐初道教経典の佛教受容』，『日本東方学』2007 年版第 98—132 頁。

② 参见〔日〕镰田茂雄《中国佛教思想史研究》，东京：春秋社 1968 年版第一部第四章。

对若干带有明显佛教色彩的术语略作改动。如《涅槃经》有"圣行品",《元阳经》也将卷一、二直接名为"圣行品"上、下;《涅槃经》有"高贵德王菩萨品",《元阳经》则将卷九命名为"德行高贵品"。相对于《元阳经》对《涅槃经》的近似原本照抄,《海空经》则除了术语的改动,对《涅槃经》的故事情节、思想内容等也进行了改动。这种做法与《海空经》独立的主题有关。《海空经》以引导信徒"离苦安乐"为全部经文的核心目标。其中关于道性的理解虽然受到《涅槃经》的深刻影响,但对于如何证得道性,实现离苦安乐的目标,《海空经》提到的修行方法与《涅槃经》有很大不同。《涅槃经》强调布施、持戒等大乘六度的重要性,而《海空经》则强调受持读诵《海空经》的重要性,即只要一字一句读诵《海空经》就能"处于长乐,清净自在"。

(二) 道性与佛性

从《本际经》卷九的内容看,其关于"道性"的论述显然受到佛教经典特别是《涅槃经》的佛性说的影响。如关于"道性"的内涵,《本际经》云:

> 所言道者,通达无碍,犹如虚空。非有非无,非愚非智,非因非果,非凡非圣,非色非心,非相非非相,即一法亦无所即。何以故?一切法性即是无性,法性道性,俱毕竟空。是空亦空,空无分别。分别空故,是无分别,亦复皆空,空无二故。①

从"空"的角度把握"道性"受到佛教从"空"的立场把握佛性的影响。《涅槃经》虽然强调佛性是"有",但与《般若经》的万法皆空的观念并不矛盾。因为《涅槃经》中有"佛性者,第一义空"的说法,将佛性视为超越一切分别对立的超验存在。《本际经》"法性道性,俱毕竟空"的说法,与《涅槃经》的立场有相似之处。当然,《本际经》将"法性"等同于"道性"的说法,其直接来源或许是吉藏的《大乘玄论》。吉藏在《大乘玄论》中明确地将佛性与法性等同,从而力图会通《涅槃经》的佛性之"有"与中观学派的诸法之"空"。

关于道性不是世间法而是出世间法,《本际经》云:

---

① 叶贵良:《敦煌本〈太玄真一本际经〉辑校》,巴蜀书社 2010 年版,第 221—222 页。

> 敢问道身为有因也，为无因也？若有因者，同世间法，有因生故，故是无常；若无因生，复堕邪见异道之谓。若是道身不从因生，自然有者，一切众生不修道者，应皆成道。如是二义，云何可了？①

这种从"有因"和"无因"的角度区分世间法和出世间法的逻辑，在《涅槃经》中也可以看到。《涅槃经》在讲述涅槃的超验性时，就是从涅槃的"不从因生"而立论的：

> 若使涅槃从因生者，因无常故，果亦无常；而是涅槃不从因生，体非是果，是故为常。善男子！以是义故，涅槃之体无定无果。②

关于《海空经》的道性说与《涅槃经》的佛性说之间的思想关联，至少有以下几个方面。

其一，道性和佛性的普遍性。《海空经》"见诸众生皆有道性，为诸烦恼之所覆蔽"的说法③，与《涅槃经》"一切众生悉有佛性"的说法很相似④。虽然"道性"和"佛性"的内涵不同，但两个概念都指称成就果位的一种潜质和可能性。道教认为人人具有道性的理念，显然受到《涅槃经》众生悉有佛性说法的影响。

其二，道性的"非外非内"与佛性的"非内非外"。《海空经》关于"道性"云：

> 是内法中，虽有道性，而是道性，非外非内，非无非有，等无二正。所以者何？真性常住，无变易故，是名真人，是名童子。观于内空，内法空故，观一切法，本性皆空。无常苦乐，净不净者，是名法空。以法空故，故名空空。⑤

---

① 叶贵良：《敦煌本〈太玄真一本际经〉辑校》，巴蜀书社 2010 年版，第 221 页。
② 《涅槃经》卷二十七，《大正藏》第 12 册，第 505 页上。
③ 《海空智藏经》卷七，《道藏》，洞真部，第 22 册，第 4 纸右。
④ 《涅槃经》卷七，《大正藏》第 12 册，第 405 页中。
⑤ 《海空智藏经》卷七，《道藏》，洞真部，第 22 册，第 2 纸右。

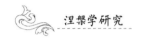

这里的"非外非内"的说法与《涅槃经》所说"佛性"的"非内非外"很相似：

> 佛性者，复有二种。一者是色，二者非色。色者为佛菩萨，非色者一切众生。色者名为眼见，非色者名为闻见。佛性者，非内非外。虽非内外，然非失坏，故名众生悉有佛性。①

其三，道性的"常乐我净"与佛性（涅槃）四德。"常乐我净"被称为佛性四德，表达的是佛教觉悟的最高境界，即法身的常住、烦恼的解脱、自在的获得、清净的自性。《海空经》吸收《涅槃经》的四德说，以此描述道性的内涵。《海空经》云：

> 大哀天尊，即于是时，俱入一乘，无碍解脱，得不思议。常得法轮，入不退行。常得法地，安乐不动。见海空城，心观诸法，了解苦空，无常无我，常乐我净。②

其内容与《涅槃经》卷二十七之说相对应：

> 是故佛性，常乐我净。以诸众生，不能见故，无常无乐，无我无净。佛性实非无常无乐，无我无净。③

在《涅槃经》中，佛性有两重内涵：众生的佛性，即修行的潜质和成佛的可能性；佛的功德，即所具有的三十二相八十种好等诸种殊胜功德。常乐我净是形容佛的功德，不是形容众生的佛性。《海空经》所说的道性显然也是指天尊的道性，即天尊见到"海空城"之后的境界。

其四，道性和佛性是了因而非生因。《海空经》谈到道性与众生的关系

---

① 《涅槃经》卷二十七，《大正藏》第 12 册，第 530 页中。
② 《海空智藏经》卷七，《道藏》，洞真部，第 22 册，第 24 纸左。
③ 《大正藏》第 12 册，第 523 页下。

时云：

> 道性能令众生，无有障碍。平等无二，无有方所。此彼之异，如是
> 正道，能为一切众生道性而作了因，不作生因。如彼然灯，照了于物。①

这段说法应该源自《涅槃经》的如下说法：

> 善男子！因有二种：一者生因，二者了因。能生法者，是名生因；
> 灯能了物，故名了因。②

《涅槃经》关于觉悟之因有多种说法，出现频率最多的是正因—缘因、正因—了因、生因—了因的说法。一般来说，正因指觉悟的主要原因，而缘因和了因则是辅助原因。但在生因—了因的组合中，生因指因缘所生的世间法，而佛性是超越世间因果的存在，所以佛性相对众生来说不是"生因"而是"了因"，即作为般若智慧，让众生获得开悟。《海空经》中的道性与众生的关系也是如此，道性不是众生的"生因"而是"了因"。就像灯光可以照亮万物，道性的智慧可以引导众生进入海空城。

《海空经》的道性说虽然受到《涅槃经》佛性说的直接影响，但与《本际经》一样，《海空经》将道性等同于法性，而法性则意味着毕竟空。《涅槃经》的佛性虽然也被称为"第一义空"，但受到《胜鬘经》等如来藏思想的影响，佛性的"空"同时是"不空"，兼具空性和智慧性。这是道性和佛性最大的不同之处。道教经典将道性定位于法性，直接影响到《道教义枢》的草木道性说。③

---

① 《海空智藏经》卷二，《道藏》，洞真部，第22册，第11纸右。
② 《大正藏》第12册，第530页上。
③ 《道教义枢》卷八："又道体体义者，显时说为道果；隐时名为道性。道性以清虚自然为体，一切含识乃至畜生果木石者，皆有道性也。"《道藏》卷八，第6纸右左。

第八章 《涅槃经》与中国佛教诸宗派

第一节 《涅槃经》与三论宗

一 《涅槃经》在三论宗中的地位

梁末和陈初，活跃于江南的三论宗法师主要是摄山止观寺僧诠的弟子。其最著名者是法朗、慧勇、慧布，而法朗门下则有法安、吉藏、明法师，明法师门下又涌现出慧嵩（547—633年）、慧棱（576—640年）等。在隋代活跃的三论宗祖师就是法朗的门下及其再传弟子。

法安，荆州枝江人，十八岁游学金陵，先学《成实论》，后从道朗学习中观学，亦精通涅槃学。据说关于涅槃义，法安经常独树新义以难众僧，而众僧皆莫能屈。

明法师的事迹不详，一生主要在荆州茅山讲法。慧嵩、慧棱即其门下弟子。慧棱既是慧嵩的师弟，同时也是慧嵩的追随者。二人先后离开荆州到达成都，但不幸受牵连入狱。据说在监狱中也不忘给犯人讲三论。出狱后，在安州、随州等地弘法，讲《涅槃经》《大品般若经》等。

在三论宗思想发展史上，吉藏既是一位集大成者同时也是三论宗的终结者。因为他不仅为《中论》《百论》《十二门论》作疏，而且还为《法华经》《涅槃经》等作疏，其讲《法华经》的遍数甚至远远超过《般若经》。这与其说是他个人的选择，不如说是佛教发展的形势使然。在刘宋时期发生的从般若学向涅槃学的转变，在齐梁时代进一步发展，而随着《摄论》《十地经论》的翻译和传播，般若学面临着更大的冲击。虽然吉藏本人坚守法朗以来的三论宗的立场，对其他宗派都持批评的态度，但不能改变其他宗派兴起的大势。在吉藏的同辈或晚辈中，从三论宗转向其他宗派者越来越多，成为一种不可逆转的趋势。

如庐山大林寺智锴（533—610年）早年在兴皇寺法朗门下学习三论，"善受玄文，有名当日"。但在隋开皇十五年（595）遇到智者大师之后，修习禅法。曾讲《涅槃经》《法华经》《十诵律》，听者众多。晚年主持修缮庐山大林寺、西林寺。在道宣的《续高僧传》中被列入"习禅篇"。

杭州天竺寺的真观（538—611年）早年也在法朗门下学习三论，曾应兴皇寺僧众之请升座讲"二谛宗"。法朗曾希望他能到燕赵齐秦传播三论宗，但由于北方战乱不止而没有成行。可见，真观早年得到法朗的赏识，并曾肩负传承三论宗的重任。但在陈少帝至德二年（584），真观被迎请到浙东，在这里与智者大师相遇相知。隋开皇年间，真观住杭州天竺寺，常讲《法华经》，并行《法华经》所说的"五法师行"。其《涅槃经》传承自法朗，本来是从三论宗的立场来诠释《涅槃经》义，但由于常讲《法华经》，其思想受到天台宗的影响。在灌顶的《涅槃经疏》中对真观《涅槃经》解说多有引用，显示出真观已经被视为天台宗的涅槃师。

江都慧日道场慧觉（554—606年）八岁出家，跟从法朗学习三论宗旨，后跟从摄山栖霞寺慧布学习，以擅讲《大智度论》而知名。在南朝，除了"三论宗"也有"四论宗"的说法，即在《中论》《百论》《十二门论》之外，加上《大智度论》。如慧均曾著《四论玄义》，显示当时确实存在兼修四论的僧人群体。后辗转在江南慧日道场、永福道场、白塔寺等地讲经，所讲包括《大品般若》《华严经》《涅槃经》及四论。

越州静林寺法敏（579—645年）早年跟从荆州茅山明法师学习三论，属于法朗的再传弟子。后避难到江南，曾在余姚梁安寺、会稽一音寺、越州静林寺讲经，所讲包括《法华经》《华严经》《涅槃经》等。

常州建安寺智琚（？—619年）新安寿昌人，早年从誉法师学习三论，后从坦法师学《华严经》等，转讲《华严经》《大品般若》《涅槃》《大智度论》，并作三经一论的意疏。另外，越州弘道寺的慧持（575—642年）亦诸宗兼学，在会稽的弘道寺宣讲三论及《华严经》《大品般若》《涅槃经》和老

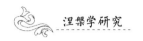

庄凡三十年。

嘉祥吉藏是三论宗的集大成者，与天台宗的智者大师、地论宗的净影寺慧远并称为"隋代三大士"。吉藏有安息血统，祖父一代移住南海，后辗转到交州、广州、金陵。七岁就投身法朗门下，十九岁就可以代替法朗讲解经论。在陈亡之后，吉藏在会稽的嘉祥寺开坛讲学，历时十年。进入隋代之后，先后住江都的慧日寺、长安的日严寺，讲学授徒。进入唐代，受到齐王元吉的崇信，晚年住延兴寺。据《续高僧传》的记载，吉藏一生讲三论一百余遍，《法华经》三百余遍，此外，《大品般若》《大智度论》《华严经》《维摩经》等各讲数十遍。传记中虽然没有提到吉藏讲《涅槃经》，但他留下了《涅槃经游意》一卷，可见，他亦曾讲《涅槃经》。

吉藏在长安日严寺期间，对三论进行注疏。当时，在长安流行的是地论宗、摄论宗乃至奉持《地持经》的地持宗。从吉藏注疏的行文看，他弘扬三论宗的同时有着明确的对抗其他宗派的意识。①

在《涅槃经游意》的开头部分，吉藏回顾了三论宗与《涅槃经》的关联，认为三论宗人关注和讲说《涅槃经》始自兴皇寺法朗。在《涅槃经游意》中阐述三论宗的立场时，时常引用法朗的说法。可见，吉藏的《涅槃经》观是法朗以来三论宗《涅槃经》观的延续和发展。

二 三论判教说中的《涅槃经》

三论宗的判教说，最典型的是嘉祥吉藏的"三法轮"说，即根本法轮、枝末法轮、摄末归本法轮。② 这三种"法轮"分别指"一乘教""三乘教""同归教"。"一乘教"指佛初成道时，在华严会上宣讲一因一果法门。这

---

① 《百论疏》卷中："又有所得十地师执六相义，谓同相、异相、总相、别相、成相、坏相，亦同今破也。"《大正藏》第 42 册，第 271 页下。《百论疏》卷下"破空品"："大业四年为对长安三种论师，谓摄论十地地持三种师明二无我理及三无性为论大宗。今立此一品正为破之。"《大正藏》第 42 册，第 302 页中。

② 《中论疏》卷一："十方诸佛及释迦一化，凡有三轮：一根本法轮，谓一乘教也；二枝末法轮之教，众生不堪闻一，故于一佛乘分别说三。三从一起，故称枝末也；三摄末归本，会彼三乘，同归一极。此之三门，无教不收，无理不摄。如空之含万像，若海之纳百川。"《大正藏》第 42 册，第 85 页中。

一法门纯为利根菩萨所说，而福薄钝根众生不堪听闻此法门，于是佛陀权设方便法门，于一佛乘，分别说三乘。由于三乘都是从"一乘"这一根本生出，故称"枝末之教"。最后的"同归教"则指宣扬摄三乘归于一乘的《法华经》。① 可见，三论宗的判教虽然有三论宗的中观思想的影响，但更多受到《法华经》的影响，这与吉藏对《法华经》的强烈关注和重视的立场是一脉相承的。即吉藏是站在《法华经》的一乘思想基础上构筑他的判教思想的。

值得注意的是，在三论宗的判教中，相对于《华严经》和《法华经》有明确的历史和思想定位，《涅槃经》并没有获得明确的定位。由于《涅槃经》是佛陀最后所说经典，显然不能归入作为"根本法轮"的一乘教；同时，在思想属性上也与《法华经》不同，所以也不能归入会三归一的"摄末归本教"。那么，《涅槃经》只能归入"枝末法轮"的三乘教。这种对《涅槃经》的无视态度，不仅与当时的"涅槃师"的判教形成鲜明对照，而且与当时兴起的摄论宗的立场也不同。在真谛三藏的"三时"判教说中，第三时被认为是"一乘法轮""了义法轮"。虽然没有明确讲《涅槃经》属于"一乘法轮"，但至少在逻辑上留下了这种解释的空间。而吉藏的判教说则完全没有留下将《涅槃经》视为最高经典的空间。

不仅如此，吉藏对"五时"说也持批判立场。如在《胜鬘宝窟》卷上云："三教五时，非今所用。"② 在《法华游意》中云："南方五时说，北土四宗论，无文伤义。"③ 吉藏认为，一切大小乘经论实际上只有大乘和小乘两种法轮之分，不应该立所谓"顿教""渐教""不定教"。吉藏还以《大智度论》中的"显示法轮"和"秘密法轮"，以及大小乘说法的四句分别（始说小终说大、初大后小、始终俱大、始终俱小）为根据，认为佛陀随缘施教，不应该立"三教""五时"说：

---

① 《法华游意》："言三种者：一者根本法轮；二者枝末之教；三者摄末归本。根本法轮者，谓佛初成道，花严之会，纯为菩萨开一因一果法门，谓根本之教也。但薄福钝根之流，不堪于闻一因一果，故于一佛乘分别说三，谓枝末之教也。四十余年说三乘之教，陶练其心，至今《法花》，始得会彼三乘，归于一道，即摄末归本教也。"《大正藏》第 34 册，第 634 页下。

② 《大正藏》第 37 册，第 6 页上。

③ 《大正藏》第 34 册，第 643 页下。

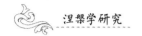
以显密二教及四句不同，岂可局在五时、限于三教？但知如来随缘
说法，教无定也。①

如果说道生、僧宗、僧亮等提出"四时""五时"说是对印度大乘佛教的大
小乘判教说的否定，那么，吉藏主张回归大小乘的二教判则是对南北朝时期
诸教判说的否定。正如吉藏对《大智度论》的引用所表明的，吉藏是站在中
观的立场上看待判教问题的，力图正本清源，回到印度大乘佛教的原点。

吉藏还对自道场寺慧观以来的顿渐"五时"判教提出疑问，按照吉藏的
转述，顿教即《华严经》，渐教则分为三乘别教、三乘通教、抑扬教、同归
教、常住教。吉藏对这种判教持否定的立场，认为"但应立大小二教，不应
制于五时"。并引用《大品般若》《大智度论》《地持论》《正观论》来论证
佛教经典只应该分为大小乘经典，不应该分为"五时"。

如果只区分大小乘而不对大乘经典进行进一步的区分，那么，《华严经》
《般若经》《法华经》《涅槃经》等大乘经典如何在属性上加以分别呢？吉藏
以这些经典所教化对象的不同来说明。即《华严经》教化菩萨而不教化声闻；
《般若经》等大乘经以公开的形式教化菩萨，而以隐秘的形式教化声闻；《法
华经》则既以公开的形式教化声闻也以公开的形式教化菩萨；《涅槃经》虽是
常住教，然而也仅仅是对治众生的一种法门而已，并不意味着它就是最究竟
的经典。② 从吉藏对"五时"判教的批评看，他判教的立场受到《大智度论》
等经论的影响，以大小乘的二教判作为底色。

如上所述，结合《涅槃经》的"五味"说论述"五时"判教的内涵是
"涅槃师"的一大理论创造。通过"五味"说，确立了《涅槃经》作为教义

---

① 《法华玄论》卷三，《大正藏》第 34 册，第 384 页中。

② 《三论玄义》卷一："问：若乃皆是菩萨藏者，《华严》《般若》《法华》《涅槃》，此四何异？
答：须识四句，众经焕然。一但教菩萨不化声闻，谓《华严经》也；二但化声闻不教菩萨，谓三藏教
也；三显教菩萨，密化二乘，《大品》以上《法华》之前诸大乘教也。命小乘人说于大法，谓显教菩
萨密示此法，以为己任。如付穷子财，谓密化声闻也；四显教声闻显教菩萨，《法华》教也。'菩萨闻
是法，疑网皆已除'，化菩萨也。'千二百罗汉，悉亦当作佛'，化二乘也。……次《涅槃》为常住教
者，然常与无常，皆是对治门。若论涅槃，体绝百非，理超四句。旧宗但得用门，未识其体，故亦
失旨也。"《大正藏》第 45 册，第 5 页下。

最纯熟经典的地位。原本"五时"教的说法并不是纯粹从佛陀讲说经典的时期来定位大乘经典的地位，也考虑到各经典的教义属性，如《法华经》的"同归教"的属性和《涅槃经》的"常住教"的属性。但"五时"说并没有对这些经典的品位高低和价值高下作出进一步的辨析。而《涅槃经》的"五味"说恰恰以牛乳、酪、生酥、熟酥、醍醐等有品质差异的譬喻来对经典的价值属性作出判别。《涅槃经》不仅仅是一种"常住教"，重要的是，它是"醍醐味"，是所有大乘经典中最高的经典。而吉藏则对结合"五味"而谈"五时"持批评态度。[①] 在《法华玄论》中，吉藏批评用"五味"匹配"五时"是不恰当的。如在"五时"中，《般若经》属于第二时"般若时"，而在"五味"中，《般若经》属于第四"熟酥味"。吉藏在这里虽然没有直接涉及《涅槃经》，但如上所述，由于"五时"和"五味"的结合实际上是确证《涅槃经》的至上地位，所以吉藏的反对，也意味着对《涅槃经》判教地位的否定。

如上所述，在南北朝的"五时"说中，《法华经》作为"同归教"的地位不及作为"常住教"的《涅槃经》。《涅槃经》在佛陀的说法时间序列中虽然位居最后，但在很长的时期一直被认为是最究竟的大乘经典。那么，吉藏是如何看待《法华经》与《涅槃经》之间的关系的呢？

首先，吉藏认为《涅槃经》所讲的佛性说和佛身常住说，实际上并不是《涅槃经》独有的教义，《法华经》同样有类似的教义。在《法华玄论》中甚至有这样的问答：既然《法华经》已经讲了佛性和常住，那么佛陀为什么还要说《涅槃经》呢？吉藏直接回答，如果听闻《法华经》就已经了悟佛性之义，就不需要听闻《涅槃经》。[②] 这就解构了在传统"五时"说中《涅槃经》的相对优越性和特殊地位。

其次，吉藏并没有否定《涅槃经》的价值，而是力图论证《涅槃经》和《法华经》在思想上是同一的，在价值上是同等的。在《法华经》之前已经

---

① 《法华玄论》卷三："问：若无五时者宁有五味相生譬耶？答：五味与五时义不相应，乃欲证成，反为自害。五时中以《波若》为第二时，五味中《波若》为第四，虽欲曲会，云《波若》即是《法华》平等大慧，此乃回文就义，非所以也。《大经》云，如我前于《摩诃波若》中说，我无我，无有二相，可是平等大慧引《法华》耶？此出人情，深非文义也。"《大正藏》第34册，第384页上。
② 《法华玄论》卷一："问：若此经已明佛性，《涅槃》何须复说？答：若已了悟，不须《涅槃》也。"《大正藏》第34册，第367页上—中。

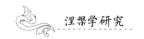

通过《般若经》等大乘经典开悟者为上根；听闻《法华经》而回小向大者为中根；听闻《法华经》而犹未能得道、直到听闻《涅槃经》才开悟者为下根。虽然听闻《法华经》和《涅槃经》的听众的根机不同，但这并不意味着二经在思想上有深浅之分。二经皆明四德（常乐我净）三点（伊字三点，指涅槃之法身、般若、解脱），缘正二因（缘因佛性与正因佛性）。由此之故，二经虽然说法不同，但主旨是一致的。①

吉藏对《法华经》和《涅槃经》的同一性的论证，消除了传统"五时"判教中的"法华时"和"涅槃时"之间的鸿沟。吉藏本身所提出的三法轮（根本法轮、枝末法轮、摄末归本法轮）在结构上虽然不是从时间顺序对大乘经典进行定位，但承认《法华经》和《涅槃经》都属于摄末归本法轮，而且由于《涅槃经》为钝根人所说，所以在时间上后于《法华经》，是佛陀最后的教诫。

吉藏关于"五时"判教说的批判以及对《法华经》和《涅槃经》关系的论述，可以说是对南北朝时期主流判教说的一种解构，消解了《涅槃经》在"五时"判教构架中的至上地位。从思想史的发展看，吉藏的论述客观上对智者大师思考判教问题产生启发，我们在智者大师的"法华涅槃时"的说法中，可以看到吉藏对《涅槃经》与《法华经》之间关系论述的影响。可以说，吉藏的说法为智者大师提出"法华涅槃时"的概念开拓了理论空间。

第二节 《涅槃经》与天台宗

天台宗的根本经典无疑是《法华经》，但由于《涅槃经》在中国佛教中的巨大影响力，也由于《涅槃经》在教理上有与《法华经》相近或相通之处，如"如来常住"思想等，所以在天台宗中《涅槃经》也受到重视。智顗在自己的著作中对《涅槃经》多有引用。灌顶著有《涅槃经疏》和《涅槃经玄义》，结合天台思想对《涅槃经》进行再阐释，是南北朝之后《涅槃经》注释史上的重要著作，奠定了天台宗《涅槃经》观的基础。天台宗第九祖湛

---

① 《法华玄论》卷二："问：'二经明常者，有何异也？'答：'此经直明二义，一者教权实；二者身真应。略开斯二，众便解了。大经广明四德三点，缘正二因，故与此经语异义同也。'"《大正藏》第34册，第377页中。

然（711—782 年）除了对灌顶的《涅槃经疏》进行再治之外，还著有《金刚錍》，从佛性即法性的角度对《涅槃经》的佛性说进行了再解读，论证了无情亦有佛性的主张。湛然的弟子道暹著有《大般涅槃经玄义文句》《大涅槃经疏私记》，行满著有《涅槃经疏私记》，进一步阐发湛然的思想。宋代的天台宗山外派代表性僧人智圆（976—1022）则著有《涅槃经治定疏科》《涅槃玄义发源机要》《涅槃经疏三德指归》。从天台宗的《涅槃经》注释书可以看出一条贯穿始终的红线，这就是结合天台思想阐释《涅槃经》的思想，这可以说是天台思想家的共同立场。但具体到每一位注释者，由于其天台思想有异，所以其对《涅槃经》的阐释亦各有特色。从智顗、灌顶到湛然师徒再到宋代智圆，其《涅槃经》观各不相同，显示出在天台宗内部，《涅槃经》观也经历了发展演变的过程。考察这种演变过程，不仅可以一窥《涅槃经》注释在唐代之后的展开历史，也可以从一个层面对天台宗思想的演变加深理解。

一 智顗的《涅槃经》观

智顗虽然没有专门撰写《涅槃经》注释书，但在其天台学的著作中关于《涅槃经》的引用很多。如在"天台三大部"《法华玄义》和《摩诃止观》中，《大智度论》和《涅槃经》的引用次数最多，这从一个侧面可以看出，智顗在构建其思想体系过程中，大量参考了《涅槃经》的思想。

（一）天台判教中的《涅槃经》

天台宗的判教说，按照《天台四教义》的说法，可概括为"五时八教"。"五时"即华严时、鹿苑时、方等时、般若时、法华涅槃时；"八教"即作为化仪的"顿教、渐教、秘密教、不定教"四教，以及作为化法的"藏教、通教、别教、圆教"四教。[①] 在天台的判教中，我们可以看到"顿教""渐教""不定教"以及"五时"的说法。而在南北朝"涅槃师"那里，最流行的判

---

① 《天台四教义》卷一："天台智者大师，以五时八教，判释东流一代圣教，罄无不尽。言五时者，一华严时，二鹿苑时（说四《阿含》），三方等时（说《维摩》《思益》《楞伽》《楞严三昧》《金光明》《胜鬘》等经），四般若时（说《摩诃般若》《光赞般若》《金刚般若》《大品般若》等诸般若经），五法华涅槃时。是为五时，亦名五味。言八教者，顿渐秘密不定，藏通别圆，是名八教。顿等四教是化仪，如世药方；藏等四教，名化法，如辨药味。"《大正藏》第 46 册，第 774 页下。

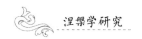

教说就是"五时""三教"说。那么,天台宗的判教与涅槃宗的判教说之间有什么关联呢?

实际上,天台宗的判教正是在对涅槃宗的判教说进行批判和改造的基础上形成的。在《法华玄义》中,智者大师首先对涅槃师的"五时"判教作了批判,认为它们的名目及与佛教经典的对应性存在问题。如"阿含时"被定位于"有相教",但根据《成实论》的说法,"无相二谛"属于方便说,即使证得"无相二谛"也不能得道。如果阿含时属于"有相教",就意味着佛陀在鹿野苑初转法轮、演说四谛法时,五比丘都没有得道。又比如"般若时"被定位于"无相教",即只讲般若空而不讲佛性有。但在智者大师看来,实际上,般若空意味着诸法实相,诸法实相即不二法性,而不二法性就是佛性。在这个意义上,说《般若经》只讲"无相"不讲"常住佛性"也是说不通的。

智者大师尤其对涅槃师判教中的《法华经》和《涅槃经》的定位提出疑问。在涅槃师的"五时"判教中,《法华经》被定位于"同归教"。智者大师认为如果将"同归"理解为"万善同归"的话,《法华经》作为大乘佛教的"圆教"经典是可以称为"同归教"的。但将《法华经》定位于"同归教"实际上是为了把《法华经》排除在"常住教"之外,换言之,即把《法华经》置于作为"常住教"的《涅槃经》之下。而涅槃师的这种做法是智者大师所反对的,所以智者大师认为《法华经》也有佛身常住的思想,如"世间相常住""寿命无量""常住不灭"等。因而,不能只把《涅槃经》定位于"常住教"。

和吉藏对涅槃师的判教说的批判一样,智者大师也认为用《涅槃经》的"五味"说来说明"五时"有所不当。如涅槃师认为佛陀在"阿含时"所说为十二部经,但实际上十二部经属于大乘经典,并不属于"阿含时";涅槃师又认为佛陀在"般若时"所说为修多罗,但实际上修多罗是佛教大小乘经典的总称,并不特指般若类经典,这种说法显然也是不恰当的。参照"五味"说所说的由生酥出熟酥、由熟酥出醍醐,涅槃师认为由《般若经》出《法华经》、由《法华经》出《涅槃经》,但智者大师认为,根据经典的说法,涅槃由般若而得,而非由法华而得。

基于这种理解，智者大师在判教说中保留了"五时"的框架，但对其内涵进行了调整和再解释。其"五时"的内涵及其与"五味"、诸经典之间的对应关系如下：

表 8 - 1 　　　　　　　　智者大师的"五时"说

时教	经典	相应五味
第一时	《华严经》	乳味
第二时	小乘《阿含经》	酪味
第三时	《维摩经》《思益经》等	生酥
第四时	《般若经》	熟酥
第五时	《法华经》《涅槃经》	醍醐

天台宗的这种"五时"说，虽然相对于涅槃师的"五时"说更为合理，但从现代佛教学的角度看，也不能说是一种符合佛教发展史或经典成立史的真实的历史叙述。例如，"五时"说仍然保留《华严经》是第一时经典的说法。而其理由仅仅是《华严经》本身讲佛陀在开悟的二七日讲了本经。但现代的经典成立史研究已经表明，《华严经》成立于公元前后，先是有《十地经》等单品经流传，后来才将这些单品经汇编整合为《华严经》。至于《维摩经》《般若经》《法华经》《涅槃经》的出现时期，也需要细致的学术考证才能找到线索，难以仅仅依靠经典自身的说法就能够给其进行历史定位。

当然，判教本身并不是一种历史判断，更多的是一种价值判断。这种价值判断集中体现天台宗本身对于特定经典的立场。智者大师的"五时"说与涅槃师的"五时"说之间最大的差异，在于智者大师将《法华经》和《涅槃经》同时列为"第五时"。在涅槃师那里，《涅槃经》作为第五时的"常住教"，在地位上和价值上高于作为"同归教"的《法华经》，而在智者大师这里，在形式上，《法华经》获得了与《涅槃经》同等的地位。而且，这两部经虽然都属于"第五时"，相当于"醍醐味"，但《法华经》属于"前番五味"，《涅槃经》属于"后番五味"。所谓"前番"是指在"法华会"上，八千声闻闻《法华经》而得到佛陀的授记，未来必当作佛；而所谓"后番"是

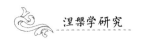

指在"法华会"未能得度的五千比丘最后在"涅槃会"上获得觉悟。这些根机低劣的五千比丘在"法华会"上虽然听闻《法华经》，但如聋如哑，最后退席而去。这些人后来听闻般若才获得涅槃。①

智者大师将《法华经》和《涅槃经》在度化众生方面的不同，譬喻为农民种田有先熟先收和后熟后收。《法华经》所度化的众生根机纯熟，所以属于大果实，是前熟果实。《涅槃经》所度化众生则根机未熟，需要在学习《般若经》之后才能入涅槃。智者大师的这种说法对后来湛然的《涅槃经》观有很大影响，湛然将《涅槃经》定位为"捃拾教"，即《法华经》度化所剩余的众生。

比较智者大师与嘉祥吉藏对待《涅槃经》的不同态度，我们发现智者大师的态度更积极也更合理。吉藏的"三种法轮"说的重心在《华严经》和《法华经》，刻意忽略《涅槃经》，没有给予《涅槃经》应有的地位。这种做法只能增加涅槃师的反感，很难得到涅槃师的认同。而智者大师不仅保留了"五时"的解说框架，而且明确地将《涅槃经》与《法华经》并列，将两经皆视为最高的"醍醐味"经典。即使智者大师对"五时"判教有批判，但由于这种批判是从学理角度作出的辨析，而且有经论的说法作为根据，所以即使是涅槃师也几乎难以辩驳。智者大师对涅槃师"五时"说的批判和改造，意味着旧的"五时"说被天台宗思想吸收后，在新的思想体系中获得了新生。从当时大量的涅槃师转向天台学的现象看，这些涅槃师认同和接受了天台的"五时"说，所以能够在新的判教体系中继续《涅槃经》的研习。

（二）灌顶的《涅槃经》注疏

智者大师虽然在《法华玄义》等著作中多次引用《涅槃经》的经文，并

---

① 《法华玄义》卷十下："《涅槃》称为醍醐，此《经》名大王膳，故知二经俱是醍醐。又灯明佛说《法华经》竟，即于中夜唱入涅槃。彼佛一化，初说《华严》，后说《法华》。迦叶佛时，亦复如是，悉不明《涅槃》，皆以《法华》为后教后味。今佛熟前番人，以《法华》为醍醐，更熟后段人，重将《般若》淘汰，方入《涅槃》。复以《涅槃》为后教后味。譬如田家先种先熟先收，晚种后熟后收。《法华》八千声闻，无量损生菩萨，即是前熟果实，于《法华》中收，更无所作。若五千自起，人天被移，皆是后熟，《涅槃》中收。"又云："此五味教，调熟一段渐机众生，如身子等大德声闻，于《法华》中得受记莂，见如来性，成大果实，如秋收冬藏，更无所作，不生不生，名大涅槃，即是前番。从《摩诃般若》出《妙法华》，为未熟者更论《般若》，入于《涅槃》而见佛性，即是后番，又从《般若》出《大涅槃》也。"《大正藏》第33册，第808页中—809页上。

化用其内容如佛性说构筑自己的思想体系，但他本人并没有留下关于《涅槃经》的注疏性的著作。据灌顶在《涅槃经玄义》的说法，他本人曾多次要求智者大师跟自己讲解《涅槃经》，但都没有如愿。[①]

智顗构建天台思想体系的一大重要阶段是天台判教思想的确立。而其判教思想不是凭空构想出来的，而是在批判总结南北朝时期的诸种判教思想基础上，提出独具特色的天台判教体系。

在《法华玄义》卷十"判教相"中，智顗介绍了南北朝时期的十种判教学说，即"南三北七"。对这十种判教学说，智顗一一加以批判。如"南三"是指南朝的三种判教，包括笈法师的三时教、宗爱法师和庄严寺僧旻的四时教，定林寺僧柔、慧次以及道场寺慧观的五时教（开善寺智藏、光宅寺法云也持五时说）。这三种判教学说都将释尊一代教说判为顿、渐二教（或加"不定教"为三教），其中，"顿教"指《华严经》，"渐教"则开为"三时"或"五时"，并与诸经相对应。具体而言，五时教分别为：有相教（三藏经）、无相教（《般若经》）、褒贬抑扬教（《维摩经》《思益经》）、同归教（《法华经》）、常住教（《涅槃经》）。上面提到的南朝诸法师皆属于"涅槃宗"，都将《涅槃经》视为"常住教"，定位为最高的经典。

与此相对，在北朝所展开的判教包括：刘虬的五时教（在南朝的"五时教"基础上略加改定而成）、菩提流支的半满二教、慧光的四宗判（以及加"法界宗"的五宗判）、耆阇寺安廪的六宗判（四宗再加《法华经》的真宗、《大集经》的圆宗）、两种大乘判（有相大乘与无相大乘）、一音教。其中，除了刘虬的五时教之外，其他各种判教说都属于地论宗所立，而影响最大的则是作为地论宗之祖的慧光的四宗判。四宗即因缘宗（毗昙）、假名宗（《成实论》）、诳相宗（《大品般若经》、三论）、常宗（《华严经》《涅槃宗》）。在这种判教体系中，《华严经》和《涅槃经》被赋予了特殊的地位。这也是南北朝时期诸种判教学说的共同特征。

智顗以《法华经》作为根本经典，在其判教体系中自然将其置于一切大

---

① 《涅槃经玄义》卷下："尝面请斯典，降旨垂许，有期无日。逮金陵土崩，师徒雨散。"《大正藏》第 38 册，第 14 页中。

311

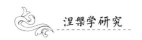

小乘经典中的最高位置。这就需要对南北朝的诸种判教学说进行重新组织，而其前提则是对诸种判教说的批判性考察。

在南朝的五时判教中，《法华经》被视为"同归教"，即收摄万善，同归一乘，但相对于作为"常住教"的《涅槃经》，《法华经》仍然有两个根本性的理论缺陷：一是没有提到众生皆有佛性；二是没有提到如来常住。虽然《法华经》承认佛的寿命已经过恒河沙数，未来也将有倍于此数的寿命，但这种惊人的长寿是依靠佛的神通力而得到的，这与《涅槃经》的如来常住的理念是不同的。对于这种说法，智顗引用《法华经》《涅槃经》和《法华经论》的内容进行了驳斥，认为《法华经》中也有佛性义，而且《法华经》所说的佛身也是佛身常住而非靠神通延寿。应该说，《法华经》的主题与《涅槃经》的主题不同，其中不存在佛性义，到《法华经论》才谈到与佛性相关的内容；佛身常住的思想也并不是《法华经》的主题。智顗的反驳，从文献学的意义上说是难以成立的。但由于智顗需要确立《法华经》在诸种经典中的至上地位，所以他只有结合《法华经论》等论书曲为解释。

智顗的这种对《法华经》的信仰立场，也表现在他对《涅槃经》义理的评判方面。如关于《法华经》与《涅槃经》的对比，智顗云：

> 且《涅槃》犹带三乘得道，此经纯一无杂。《涅槃》更不发迹，此经显本义彰。①

也就是说，在智顗看来，《涅槃经》只是分别讲了声闻、缘觉、菩萨三乘如何修行得道，而《法华经》则将三乘会归一乘，并没有明确的三乘差别；此外，《涅槃经》没有本佛和迹佛的概念，不如《法华经》既讲迹佛的生住异灭同时讲本佛的不生不灭。通过这种比较，智顗认为《法华经》相较于《涅槃经》是纯一无杂的存在。智顗还认为，《涅槃经》中所说的如来常住、众生佛性、阐提作佛等思想并不是《涅槃经》特有的思想，在所谓"常住教"之前的诸经典中同样有这些思想，所以将《涅槃经》定位于"常住教"是不合适的。

---

① 《法华玄义》卷十，《大正藏》第33册，第803页上。

　　关于北朝的判教说特别是其中的"四宗判"，智顗认为其中的"常宗"说不成立，因为《涅槃经》并不仅仅是讲"常"而同时讲"非常"，是通过"非常"—"非无常"、"能常"—"能无常"两对概念来表达一切诸法的辩证性。单纯用"常"来概括《涅槃经》的思想特质是不准确的。

　　那么，智顗自身到底如何看待《法华经》和《涅槃经》之间的关系呢？在《法华玄义》的"判教相"中，智顗在吸收"五时"判教说的基础上，将五时与佛陀一生的说法次序结合起来，将佛陀一代时教分为"华严时""鹿苑时""方等时""般若时""法华涅槃时"。如此一来，《法华经》与《涅槃经》一并被置于第五时。而且，按照《涅槃经》所说，佛陀所说教法不同，如乳、酪、生酥、熟酥、醍醐五味不同。智顗认为，《法华经》讲"十界皆成佛"，而《涅槃经》则讲"一切众生悉有佛性"，所译两者都属于"醍醐味"。虽然两经同时同味，但《法华经》在前、《涅槃经》在后。这种前后次序也有理由，即《涅槃经》摄受佛陀说《法华经》时没有机缘听闻的五千人，以及后来那些无缘闻《法华经》教义者。由于智顗对两部经的这种定位，后世将《涅槃经》称为"追说""追泯"。可见，在智顗的心目中，《法华经》的位阶高于《涅槃经》。

　　智顗虽然将《涅槃经》置于《法华经》之后，认为《法华经》高于《涅槃经》，但在行文中，智顗仍然对《涅槃经》多有引用；在思想上，对《涅槃经》多有吸收。如智顗对"三因佛性"的解说，就受到《涅槃经》解说框架的直接影响。《涅槃经》"师子吼品"用两组"因"来说明佛性，即"生因"—"了因"、"正因"—"缘因"。《涅槃经》所说的"三因佛性"是指作为真如的正因佛性、作为智慧的了因佛性、作为照了真如之手段的缘因佛性。并且，《涅槃经》中的"三因佛性"与十二因缘结合在一起。"观十二因缘智慧，即是阿耨多罗三藐三菩提种子。以是义故，十二因缘名为佛性。"[1] 智顗在《摩诃止观》卷九下中有言："若转无明而为佛智之妙，则知初发心十二缘是三佛性。若通观十二缘，真如实理是正因佛性。观十二因缘智慧是了因佛性。观十二缘心具足诸行，是缘因佛性。"[2] 即在智顗看来，十二因缘的理法是正因佛性，观照十二

---

[1] 《大正藏》第12册，第768页中。
[2] 《摩诃止观》卷九，《大正藏》第46册，第126页下。

因缘的智慧是了因佛性，观十二因缘之心具足一切善行即缘因佛性。可见，智颛承袭了《涅槃经》的"三因佛性"说，将觉悟十二因缘之理视为佛性的开显。

二 灌顶的《涅槃经》观

灌顶，俗姓吴，祖籍常州义兴（今江苏宜兴），生于临海章安（今浙江台州），故后世称"章安灌顶"。

据道宣的《高僧传》记载，"智者辩才，云行雨施，或同天网，乍拟璎珞。能持能领，唯顶一人"①。可见，灌顶是智颛最知名的弟子，也是其思想的继承者和发挥者，被后世尊为天台宗五祖。灌顶跟从章安摄静寺的慧拯法师学习。在慧拯去世后，在二十七岁时到金陵投入智者大师门下。隋末跟从智者大师在荆州、扬州等地讲学。智者大师圆寂后，常住天台山国清寺。晚年得到晋王崇信，曾到长安面见晋王。还曾到江都开讲。从灌顶数次请求智者大师讲《涅槃经》来看，他对《涅槃经》一直很关注。自隋大业十年（614）十月十日起，在天台山南麓开始撰写《涅槃经玄义》及《涅槃经疏》。由于隋末战乱，盗贼横行，灌顶辗转于沃洲山、遂安、栅城、安洲等地。中间还曾经历罹患疾病、书稿烧失等厄难。但灌顶还是克服一切艰难险阻完成了《涅槃经玄义》一卷和《涅槃经疏》十二卷的写作。但《涅槃经疏》属于未完之作。直到中唐时期的湛然对十二卷本《涅槃经疏》再治，扩展为三十三卷，我们才看到此书的完成本。由于灌顶是在参考以往诸种《涅槃经》注释书的同时，吸收智者大师对《涅槃经》的解说评价而写成，后来又经过湛然的再治才成为完本，所以我们现在看到的《涅槃经疏》可以说是凝聚了天台宗三代祖师思想而成的著作。

作为天台宗的祖师，其代表性著作不是《法华经》的注释书而是《涅槃经》的注释书，似乎有些不符合宗派发展的常规。但如果考虑到天台宗的宗派意识在唐初尚薄弱，灌顶的做法就不难理解。实际上在南北朝时期，《涅槃经》几乎是"成实宗""三论宗""地论宗"等所共尊的经典，《涅槃经》几乎成为当时僧人必修的一部经典，许多学派的僧人都著有《涅槃经》的注释

---

① 《大正藏》第50册，第585页中。

书。灌顶不过是延续了南北朝时期僧人的这一传统而已。灌顶即便是天台宗学者，并不妨碍他在《法华经》之外选择《涅槃经》来表达自己的思想。

灌顶之所以为《涅槃经》作疏，与他个人对《涅槃经》的强烈理论兴趣分不开。据灌顶的自述，"余以童年，给侍摄静，摄静授《大涅槃》，诵将欲半。余虽不敏，愿闻旨趣。于是负笈天台，心欣蓝染。登山甫尔，仍逢出谷，不惟菲薄，奉从帝庭。师既香涂二宫，光耀七众，道俗参请，门堂交络。虽钦渴甘露，如俟河清，讵可得乎？尝面请斯典，降旨垂许，有期无日"①。可见，灌顶在早年就接触到《涅槃经》，并对其情有独钟。后来上天台山求法，直接目的也是探索《涅槃经》的宗旨。可惜，智𫖮的主要工作是通过《法华经》的注疏而构建天台的思想体系，《涅槃经》不是其关注的重点，所以并没有能够亲闻智𫖮系统地讲解《涅槃经》。

如上所述，智𫖮虽然没有关于《涅槃经》的注释书，但很重视《涅槃经》的思想。除了在《法华玄义》等著作中对《涅槃经》多有引用外，在《摩诃止观》的"旨归"部分，智𫖮对《涅槃经》的思想精髓即"伊字三点"所代表的相即互入的思想作了深刻阐发。可惜，《摩诃止观》是一部未完成的著作，智𫖮对《涅槃经》思想的阐释也未及展开。灌顶认为可以继续智𫖮未竟的工作，将智𫖮在《摩诃止观》中所表达的关于《涅槃经》的思想，扩展到对整部《涅槃经》的疏释中。

（一）关于《涅槃经》的定位

由于灌顶与智𫖮之间在思想上的继承关系，关于《涅槃经》的思想定位，自然会想到他们之间的联系与区别。如上所述，智𫖮将《法华经》和《涅槃经》视为五时教中的"第五教"，《涅槃经》所说"五味"中的"醍醐味"，将两者皆视为"圆教"的范畴。但由于智𫖮是依据《法华经》展开其思想的，所以智𫖮认为无论是在教义的圆满程度上还是在摄受众生的功能方面，《法华经》仍然高于《涅槃经》。

在《涅槃经玄义》的最后一部分"释教相"中，灌顶从"乳、字、修、教、味"五个方面对《涅槃经》的定位作了考察。"乳"指释尊之教法。灌顶

---

① 《涅槃经玄义》卷二，《大正藏》第 38 册，第 14 页中。

将《涅槃经》视为最上品之"乳"，即完全以实法教化众生，不假借方便。"字"即"半""满"二字，有些教法只是片面强调真理的一个方面而不能辩证地看待真理，所以称为"半"。如阿含类经典（鹿苑时）只强调"无常"而不谈"常住"，所以属于"半教"。而《涅槃经》主张一切众生皆有佛性，不仅讲无常也讲"常住"，所以属于"满"字教。"修"分为邪修（外道之修行）、劣修（二乘之修行）、胜修（《涅槃经》之修行），《涅槃经》的教法属于最尊最上之修行。"教"分"藏、通、别、圆"，《涅槃经》是包含一切诸教在其中的圆顿之教。"味"即《涅槃经》中所说的"五味"（乳、酪、生酥、熟酥、醍醐）：

> 今经是最后之说，喻彼醍醐。一切诸药，悉入其中，叹于横广；在四味之上，叹其竖高。故此经处处叹教不可思议，只是叹于上妙之乳，常住二字，最后新伊，极圆之教，醍醐妙味耳。①

可见，灌顶将《涅槃经》视为"上妙之乳，常住二字，最后新伊，极圆之教，醍醐妙味"，从五个方面将《涅槃经》视为最高、最究竟的经典。从这里可以看出智者大师与灌顶之间的微妙区别：一是智者大师将《涅槃经》视为《法华经》之下的经典，而灌顶则将两者都视为最高、最究竟的经典；二是灌顶力图从天台教义出发对《涅槃经》进行再诠释，这一立场尤其表现在灌顶对《涅槃经》的"伊字三点"的诠释中。

（二）从"伊字三点"到"圆伊三点"

"伊字三点"语出《涅槃经》卷二，表达的是解脱、法身、般若三者单独都不能称为"涅槃"，三者相互联系、相互交涉共同构成"涅槃"的内涵。②"伊"字，最早在阿育王的石碑上作"∴"，《涅槃经》以此表达涅槃三

---

① 《大正藏》第 38 册，第 14 页上。
② 《大般涅槃经》卷二："我今当令一切众生及我诸子四部之众，悉皆安住秘密藏中，我亦复安当住是中，入于涅槃。何等名为秘密之藏？犹如伊字，三点若并，则不成伊，纵亦不成。如摩醯首罗面上三目，乃得成伊。三点若别，亦不得成。我亦如是，解脱之法，亦非涅槃；如来之身，亦非涅槃；摩诃般若，亦非涅槃；三法各异，亦非涅槃。我今安住，如是三法，为众生故，名入涅槃，如世伊字。"《大正藏》第 12 册，第 616 页中。

德之间不即不离、相互照应的关系。

值得注意的是，"伊"字总共仅在三十六卷的《涅槃经》中出现了三次，甚至在专门讲述梵文字母的《涅槃经》"文字品"中，"短伊"与"长伊"的解释也与三点以及涅槃三德毫无关系。可以说，将"伊"字与《涅槃经》的主题直接联系在一起是中国南北朝时期《涅槃经》注释家们的功劳。《涅槃经集解》中提到的南北朝时期的注释家中，除了道生侧重以"常"来界定《涅槃经》的主题外，僧亮、法瑶、昙济、僧宗、宝亮、智秀、法智、法安、昙准等皆以"伊字三点"所代表的涅槃三德概括《涅槃经》的主题。①

如上所述，灌顶继承了南北朝时期《涅槃经》注释家们的这一立场，也从"伊字三点"的立场把握《涅槃经》的修行观。但灌顶的理论特色是结合天台的四教说来展开其对涅槃三德关系的分析。在他看来，藏教、通教、别教关于"伊字三点"的解释属于"旧伊"，而圆教关于"伊字三点"的解释则属于"新伊"：

> 旧伊可譬昔教三德。法身本有，般若修成，入无余已，方是解脱，无复身智。如竖点水，纵而相离。又约身、约智分，得有余解脱。横一时有，三法各异，如横列火，各不相关。

> 新伊字者，譬今教三德。法身即照，亦即自在。名一为三，三无别体，故是不横；非前非后，故是非纵。一即三，如大点；三即一，如细画。而三而一，而一而三。不可一三说，不可一三思，故名不可思议。不可思议者，即非三非一，名秘密藏。"如世伊字"，此句是兹经之根本。

---

① 《大般涅槃经集解》序："僧亮：'略说三相，以标神道。一般若、二法身、三解脱。'法瑶：'是以涅槃至号，其义赡博，折而辨之，则弥论无穷，岂唯般若等三，以极其致？但略而举其要者，是以径此三名，入于涅槃，伊字之譬，不亦宜手（手字误，应为乎？）？然则此三，名殊而实同，非体异者也。'昙济：'涅槃者，敢无学地诸功德，尽为涅槃体也。略举三事，以称遂焉。三事者，般若、法身、解脱。'僧宗：'今略举有三，可以贯众。一法身、二般若、三解脱也。'宝亮：'夫涅槃无体，为众德所成，故况况宝城，喻于斯旨。'智秀：'斯盖圆极至德之总名也。……即圆极之体，有可轨之义，名为法身；有静照之功，号为般若；有无累之德，称之解脱。'法智：'然方应欲显其果体圆满具足，故为之置名，是则万德之义，无非涅槃义也。故始开伊字，便寄三德，以明涅槃，表异昔说也。法安：将以汲物，乃寄言三德。以其唯法为体，号曰法身；惑累斯亡，称为解脱；所照靡遗，谓之般若。'"《大正藏》第37册，第377页中—380页上。

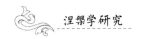

为显斯义，广立问答，致二十五品，洋洋无尽。若失此意，全迷根本，
将何指归（云云）。①

在这里，灌顶认为藏、通、别教中的"伊"字属于"旧伊"，它代表的是法
身、般若、解脱三者在时间上或空间上是相互独立的。如在时间的维度上，
法身是众生本有的，般若是经过修行而成就的，解脱则是进入无余涅槃之后
才获得的。如同"氵"，在纵向上相互分离。而在空间维度上，报身、未尽烦
恼障与有余涅槃可以同时存在，但三法各异，互相之间没有本质性关联，如
"灬"（古同"火"）字。

相对而言，圆教所说的"新伊"则代表着法身、般若、解脱之间的非一
非异、圆顿互具的关系。从时间的维度看，三者不是前后相继的关系，所以
说"不纵"；从空间的维度看，三者不是各有别体的关系，所以说"不横"。
灌顶认为，只有理解了三者之间的这种不可思议的互具关系，我们才能了解
《涅槃经》的秘密藏。《涅槃经》二十五品的内容都是围绕着涅槃三德之间的
关系展开的，是为了阐明三者之间的圆顿互具。

如上所述，在《涅槃经》中，"伊字三点"只是无数譬喻中的一个，并
没有特殊的意义。只有到南北朝时期的《涅槃经》注释家那里，"伊字三点"
才获得了特殊意义，并且与《涅槃经》的主题连接在一起。灌顶继承了宝亮
等注释家的这一诠释路径，进一步结合天台"圆教"的理念，对其意义进行
了再诠释。如关于《涅槃经》的"秘藏"云：

> 法身亦非，般若亦非，解脱亦非。不纵不横，不并不别。三一相即，
> 一中无量，无量中一，非一非无量者，是名秘藏。②

如果说"不纵不横""不并不列"的说法在南北朝时期的注释家那里已有端
倪的话，那么，"三一相即，一中无量，无量中一"的说法则带有强烈的天台

---

① 《涅槃经疏》卷六，《大正藏》第38册，第69页中。
② 《涅槃经疏》卷六，《大正藏》第38册，第69页下。

"圆教"的色彩。

灌顶在《涅槃经疏》中注释佛陀"咐法迦叶"部分时云，"内同佛德，外委大臣，秉正法教，乃指圆伊而作依止，酬其所请。此中为学新伊者故，故言法付迦叶"①。这里的"圆伊"是指作为"圆教"的涅槃义。是说迦叶尊者因为住于涅槃正法而得到佛陀的咐法。"圆伊"的说法后来被湛然等继承，成为天台宗表达涅槃三德关系的标准说法。②

值得注意的是，"圆伊"的说法并非灌顶首创，在《涅槃经集解》中，僧宗曾提出"三德既显，伊字始圆"的说法③，但这里的"圆"是形容三德具足之意。而灌顶所说的"圆伊"则指三德之间重重无尽的相互含摄的关系，是从"圆教"的立场理解"伊"字。两者的立场并不相同。嘉祥吉藏在《涅槃经游意》中解说涅槃为何具有"具足"义时云，"三点圆伊，金刚宝瓶，满足无缺，故是具足"④。灌顶的"圆伊"说应该直接继承了吉藏的说法，但吉藏所说之"圆"也不是"圆教"之"圆"，而是指"具足"之意，与僧宗的说法近似。灌顶是在吸收吉藏思想的基础上，从天台宗的立场对其加以改造而建立自己的"圆伊"说。

三 湛然的《涅槃经》观

湛然被视为天台宗的中兴之祖，他虽然没有留下关于《涅槃经》的专门注释书，但其《金刚錍》一书实际上是关于《涅槃经》的解说书。该书通过问答的形式，结合对《涅槃经》相关内容的解说而提出了自己关于佛性的见解。智顗虽然也有"一色一香，无非中道"的说法，但关于佛性的解说还是限于有情众生。而湛然则从佛性即法性的立场出发，将佛性范畴的外延扩大，即不仅限于有情众生，而且遍于山川草木、砖石瓦砾等一切无情之物。这种

① 《涅槃经疏》卷六，《大正藏》第38册，第72页上。
② 《金刚錍》卷一："圆伊金錍，以抉四眼无明之膜，令一切处悉见遮那佛性之指，偏权疑碎，加之以刚。假梦寄客，立以宾主，观者恕之。"《大正藏》第46册，第781页上。
③ 《大般涅槃经集解》卷八："愿佛开微密，广为众生说。案：僧宗曰：此下有九问，广门也。上略门中，明般若法身。今广门中，明解脱也。三德既显，伊字始圆也。"《大正藏》第37册，第412页下—413页上。
④ 《涅槃经游意》，《大正藏》第38册，第235页中。

佛性观可以说是天台宗佛性观的一大突破，它标志着天台宗的佛性观已经从关注众生修行成佛的潜在能力和可能性转向了万物皆有佛性的泛灵论的方向，在某种意义上意味着传统意义上的佛性论的讨论的终结。因为关于理佛性—行佛性、正因佛性—了因佛性等的相关讨论都是限定于有情众生，与修行论和成佛论结合在一起，如果佛性延展到无情之物，这些讨论就变成存在论的问题。与此相联系，关于《涅槃经》的思想主题和思想定位也出现新的动向。湛然从"捃拾残机"和"扶律谈常"的角度重新定位《涅槃经》，原本与《法华经》同属"醍醐味"的《涅槃经》退居辅助性、补充性的地位。这种定位深刻影响了湛然之后天台宗的《涅槃经》观。

（一）捃拾残机

在《法华经》第二"方便品"中，舍利弗三请佛陀开示妙法，当佛陀准备演说妙法时，有五千比丘、比丘尼、优婆塞、优婆夷等退席而去。对此，佛陀默然而坐，并不制止。等五千比丘等走后，佛陀对舍利弗说，走的这些比丘都是枝叶，留下的才是"纯有贞实"，并说这些人是"增上慢人，退亦佳矣"。即这些人可能听闻一些佛法或有禅定功夫就以为自己已经证得最高果位，不需要再听闻佛法。实际上这些人并没有真正悟道，只是心中充满贡高我慢而已。对这些人，佛陀也不愿强留。那么，这就留下一个公案，即这些退席者未来还有没有可能听闻佛法而得度呢？智𫖮认为这些退席者最后在佛陀讲《涅槃经》时被摄受得度。在智𫖮看来，这也是为什么《法华经》和《涅槃经》都属于第五时教而《法华经》在前而《涅槃经》在后的原因。

关于《涅槃经》和《法华经》摄受众机的不同，《涅槃经》有如下说法："是经出世，如彼果实，多所利益，安乐一切，能令众生，见如来性。如《法华》中，八千声闻，得受记莂，成大果实。如秋收冬藏，更无所作。"① 《涅槃经》在摄受众生方面，并没有比较《涅槃经》和《法华经》孰优孰劣的问题，而是将两者一视同仁，认为它们都能够让众生见性成佛。

但智𫖮在《法华文句》中将《法华经》在摄受众生方面的殊胜凸显了

_____

① 《涅槃经》卷九，《大正藏》第12册，第661页。

出来：

> 然本门得道，数倍众经。非但数多，又熏修日久。元本垂迹，处处开引，中间相值，数数成熟。今世五味，节节调伏，收罗结撮，归会《法华》。譬如田家，春生夏长，耕种耘治，秋收冬藏，一时获刈。自《法华》已后，有得道者，如捃拾耳。①

在这里，智顗通过对《涅槃经》中"秋收冬藏"的再解释，认为这里所指是《法华经》普摄群机之意。通过奉持《法华经》而得道的人数远远超过奉持其他经典者，《法华经》摄受了大部分众生，如秋收季节收获了大部分庄稼一样。《法华经》之后的经典所摄受的是极少数人，如秋收之后在地上捡拾遗失的谷穗等。那么，这里所说的"捃拾"的主体是哪部经呢？在《摩诃止观》中，智顗云：

> 又《华严》日出，先照高山，偏多四荣。鹿苑三藏，偏多四枯。方等、般若，多调枯以入荣，引小而归大。鹤林施化已足，于荣枯中间，而入涅槃。为极钝难化，来至双树，始复毕功。利根明悟，处处得入。如身子等，于《法华》中，入秘密藏，得见佛性。所以《涅槃》遥指八千声闻，于《法华》中得记作佛。如秋收冬藏，更无所作。约此一番，施化早毕，不俟涅槃。②

由此可见，虽然智顗认为《法华经》和《涅槃经》都属第五时、都属"醍醐味"，属于佛教经典中最高的经典，但比较起来，两者之间还是有区别的。从摄受众生的角度看，《法华经》摄受人数最多，《涅槃经》只能说是补缺拾遗而已。

将智顗这种立场进一步明确化的是湛然。湛然在《法华文句记》中，解

---

① 《法华文句》卷十，《大正藏》第 34 册，第 137 页上。
② 《摩诃止观》卷七，《大正藏》第 46 册，第 90 页下。

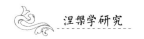

释《法华文句》中的"捃拾"一词云：

> "捃拾"指《涅槃》文。《涅槃》自指八千声闻于《法华》中得授记
> 莂，如秋收冬藏，更无所作。故知大获，须在《法华》。①

智顗在《法华文句》中并没有明确地说"捃拾"的主体是《涅槃经》，而湛
然则直接从度化众生人数多寡的角度，将《法华经》与《涅槃经》作了对
比，认为大的收获已经完成于《法华经》，《涅槃经》所摄受的只是剩下的
众生。

为什么《法华经》是"大获"而《涅槃经》只是"捃拾"呢？智顗从得
度人数和熏习时长上加以说明，而湛然给出了更具体的说明：

> 故《大经》中得道众者，如"梵行品"末云："摩伽国无量人发菩
> 提心"，至"陈如品"末，"十千菩萨得一生实相，五万菩萨二生法
> 界……二万亿现转女身"。前八节文，始自一生，终至平等，并非地前，
> 虽深虽多，若比此经，四天下尘，及大千尘，盖不足言……故知"捃拾"
> 今经之余。②

本来，佛经中的数字大多不是确切的数字而是概数或者譬喻性的说法，如恒
河沙数等。仅仅靠佛经中提供的概数来比较度化众生数量的多少显然是论据
不足的。实际上，湛然在《法华玄义释签》中，还从另外的角度比较了《法
华经》和《涅槃经》：

> 问：彼经自以醍醐譬于《涅槃》，今何得以譬于《法华》？
> 答：一家义意，谓二部同味。然《涅槃》尚劣。何者？《法华》开
> 权，如已破大阵，余机至彼，如残党不难。故以《法华》为大收，《涅

---

① 《法华文句》卷十，《大正藏》34 册，第 341 页下—342 页上。
② 《法华文句》卷十，《大正藏》34 册，第 342 页上。

槃》为捃拾。若不尔者，《涅槃》不应遥指八千声闻于《法华》中得授记荊，见如来性。如秋收冬藏，更无所作。①

在这里，湛然援用《涅槃经》的说法，即八千声闻于法华会上得成佛授记、见如来性，说明《法华经》摄受绝大多数众生，属于"大收"，《涅槃经》属于"捃拾"。湛然还以战争场面做譬，认为《法华经》中讲八千声闻得佛授记，相当于已经攻破敌军的阵营，取得了基本胜利，而《涅槃经》摄受其他根机的众生，相当于打扫战场，收拾残敌。

一般而言，智顗的基本立场是圆教至上主义而非《法华经》至上主义，他虽然在《法华经》和《涅槃经》之间更崇奉《法华经》，但没有明显地贬斥《涅槃经》，而是强调"两经文义，宛宛恒同"②。但到湛然这里，随着宗派意识的增强，湛然需要强化天台宗在理论上的独特性和殊胜性，从而出现了扬《法华》而贬《涅槃》的倾向。

尽管如此，湛然对待《涅槃经》的态度总体上仍然是融摄的态度而非批判拒斥的态度。这从《金刚錍》的内容可以明显看出来。《金刚錍》在形式上不是《涅槃经》的注释书，但从内容看，完全是对《涅槃经》中有关佛性义的一种再阐释。该书以"客问"和"主答"的方式展开，可以看出湛然著作此书的意图是批判有情众生有佛性而无情没有佛性的观点，主张无情亦有佛性。关于无情佛性的问题，嘉祥吉藏就曾从三论宗的立场作过论证。但到唐代，华严宗人澄观却提出"法性"和"佛性"两个概念，认为有情众生所具有的是"佛性"，而无情之物所具有的只是"法性"。关于湛然在《金刚錍》中所批判的对象是谁，学术界还没有定论，但针对华严宗澄观的可能性比较大。《涅槃经》中有"非佛性，所谓墙壁瓦砾者是"，法藏在解说这段经文时，引《大智度论》的说法，"在有情物中名为佛性，在无情物中名为法

① 《法华玄义释签》，《大正藏》第33册，第823页下。
② 《法华玄义》卷五上，"又《涅槃》三德为秘密藏，安置诸子秘密藏中，我亦不久当入其中，此即自他俱入秘密。此经云：'佛自住大乘，以此度众生。终不以小乘济度诸众生，悉以如来灭度而灭度之。'如是自他俱入如来灭度。灭度祇是涅槃，涅槃祇是秘藏。《释论》云：'《法华》为秘藏，两经文义宛宛恒同。'何故诸人，苟欲抗异？"《大正藏》第33册，第746页上。

性"。澄观在法藏的思想基础上进一步发挥，明确认为无情之物只有"法性"而无"佛性"，只有有情众生才有成佛的能力和可能性。可以说，法藏和澄观的解释更符合《涅槃经》中的原意。但湛然扩大了"佛性"的外延，将其视为万物存在的本质属性和存在的根据，如此一来万物皆有其存在的根据，所以万物皆有佛性。湛然的思想应该是受到了嘉祥吉藏"无情佛性"说的影响。

（二）扶律谈常

湛然在《止观义例》中，对天台宗的教理教义及所依经典有如下说法：

> 故知一家教门，远禀佛经，复与大士，宛如符契。况所用义旨，以《法华》为宗骨，以《智论》为指南，以《大经》为扶疏，以《大品》为观法。引诸经以增信，引诸论以助成。观心为经，诸法为纬，织成部帙，不与他同。①

在这里，湛然提到《法华经》《大智度论》《涅槃经》《大品般若经》在天台宗的思想体系和修行体系中占有的重要地位。其中，《法华经》为"宗骨"、《大智度论》为"指南"、《大品般若经》为"观法"尚容易理解，《涅槃经》为"扶疏"到底何意则需要进一步的解释。宋代僧人从义在《摩诃止观义例纂要》中对此有如下解释：

> 散引诸文，该乎一代。文体正义，唯归二经：一依《法华》，本迹显实（即向所谓"以《法华》"为宗骨也）。二依《涅槃》，扶律谈常。良以《法华》虽则显实，末代根钝，若无扶助，则正行倾覆。故正助相添，方能乘于大车远运。故云"以《大经》为扶疏"也。②

按照从义的解释，"扶疏"是"扶助"之意。湛然在《止观义例》中所要表达的意思是，天台宗虽然依据《法华经》而彰显万法的真实，但仍需要《涅

---

① 《止观义例》卷一，《大正藏》第46册，第452页下—453页上。
② 《摩诃止观义例纂要》卷五，《续藏经》第56册，第80页下。

槃经》来作为辅助。在末法时代，众生根机浅钝，众生除了以《法华经》为修行的根本之外，还需要依靠《涅槃经》来熏习善根。只有"正""助"相互借力，众生才能在大乘修行的路上走得更远。值得注意的是，从义将《涅槃经》的主题概括为"扶律谈常"。"谈常"的定位容易理解，因为在南北朝时期的判教说中，《涅槃经》或被判为"常住教"或被判为"常宗"，都是表达《涅槃经》的主题是"如来常住"。当然，智𫖮对此曾有异议，认为并不是只有《涅槃经》才讲"如来常住"，《法华经》也有相关内容。但无论如何，《涅槃经》是"谈常"的经典，在宋代已经是佛教界的共识。但"扶律"的内涵又是什么呢？

"扶律"一词，最早出自智𫖮的《四念处》：

> 问：藏、通云何得入《涅槃》中修学耶？
>
> 答：《涅槃》扶律而说，故名赎命。若别、圆有法身慧命，何须赎命？赎命意在藏、通灰断之命，令得法身常住也。①

在这里，智𫖮是讨论五教中的藏教和通教为什么能够依靠《涅槃经》而修学的问题。在智𫖮看来，《涅槃经》虽然属于"圆教"的范畴，但不妨碍处于藏教和通教阶段的修学者学习《涅槃经》，因为《涅槃经》强调持戒的重要性。持戒可以超越肉体的生命，获得智慧之生命，从而让法身常住。"扶律"应该是宣扬戒律的精神之意。《涅槃经》的主题虽然不是戒律，但里面有大量关于持大乘戒律的思想。

智𫖮的"扶律"说也被湛然继承。在《止观义例》中，湛然将《法华经》的主题概括为"本迹显实"，将《涅槃经》的主题概括为"扶律显常"：

> 散引诸文，该乎一代。文体正意，唯归二经：一依《法华》，本迹显实；二依《涅槃》，扶律显常。以此二经，同醍醐故，所译释名。论待论

---

① 《大正藏》第 46 册，第 567 页下。

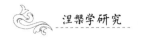

绝，乃至偏圆。①

可见，湛然和智顗一样，认为《涅槃经》的主题与"扶律"相关。湛然通过
对《法华经》和《涅槃经》主题的比较，进一步认为，两者虽然都属于"醍
醐味"，但有主有扶，《法华经》处于主导地位，而《涅槃经》则处于扶助地
位。《涅槃经》的"扶律显常"也是为了显示诸法实相。② 在《法华玄义释
签》中，关于为什么有了《法华经》的"显实"还要《涅槃经》的"施
权"，湛然有如下解释：

> 今家引意，指《大经》部以为重宝，若消此文，应有单复两义。所
> 言复者，谓乘及戒。若言不许畜八不净，此是戒门、事门；若说如来毕
> 竟涅槃，及遮外典，此是乘门、理门。以彼经部，前后诸文，皆扶事说
> 常。若末代中，诸恶比丘破戒，说于如来无常，及读诵外典，则并无乘
> 戒，失常住命。赖由此经，扶律说常，则乘戒具足，故号此经为"赎常
> 住命"之重宝也。所言单者，唯约戒门。彼经扶律，律是赎常住命之重
> 宝也。③

由湛然在这里的解释可以看出，"扶律"和"谈常"不是一种随意的组合，
而是一种有教理根据的解释框架。"扶律"是"戒门""事门"；"谈常"是
"乘门""理门"。在末法时代，不仅出家比丘破戒，不守戒律，而且还宣扬
如来是无常的存在，否定如来是不生不灭的存在。而《涅槃经》不仅宣扬持
戒的重要性，而且强调如来常住。所以，《涅槃经》无论从"事"的层面讲
还是从"理"的层面讲，无论从"戒"的层面看还是从"乘"的层面看，都
是"赎常住命"的重要宝典。

---

① 《止观义例》卷一，《大正藏》第46册，第447页上。
② 《止观义例》卷一："次用《涅槃》者，虽依《法华》，咸归一实。末代根钝，若无扶助，则
正行倾覆。正助相添，方能远运。佛化尚以涅槃为寿，况末代修行，非助不前。故扶律说常，以显实
相，推功在彼。故正用《法华》，意显圆常，二经齐等。"《大正藏》46册，第447页上。
③ 《法华玄义释签》卷六，《大正藏》第33册，第858页中。

（三）《涅槃经》主题观转换的背景

大乘《涅槃经》的戒律思想与小乘佛教的戒律思想有根本区别，大乘《涅槃经》的戒律思想，一言以蔽之即"乘急戒缓"①。"于乘缓者，乃名为缓；于戒缓者，不名为缓。菩萨摩诃萨于此大乘，心不懈慢，是名奉戒。为护正法，以大乘水，而自澡浴。是故菩萨虽现破戒，不名为缓。"② 也就是说，能够坚持大乘的真理才是最重要的，相对于大乘的真理，小乘的戒律是次要的，是可以突破的。如在小乘戒律中，"不杀生"是五大根本戒之一，但大乘《涅槃经》明确地讲杀一阐提没有罪报，不堕地狱。③ 在小乘佛教中，戒律是佛教的生命，戒律在则佛法在，戒律亡则佛法亡。所以佛陀在《遗教经》中才会有"以戒为师"的教戒。但《涅槃经》颠覆了这种传统戒律观，认为信奉大乘佛教的教义比持戒更为重要。从这个意义上说，《涅槃经》是"扶乘"而非"扶律"。

那么，为什么自湛然已降，《涅槃经》的主题会被定位于"扶律谈常"呢？一个重要原因或许在于湛然等所理解的《涅槃经》不限于大乘《涅槃经》也包括小乘《涅槃经》特别是《遗教经》（全称《佛垂般涅槃略说教诫经》）。《遗教经》的开头即云，"汝等比丘，于我灭后，当尊重珍敬波罗提木叉，如暗遇明，贫人得宝。当知此则是汝大师，若我住世，无异此也"④。《遗教经》"以戒为师"的说法影响深远，成为后世佛教徒强调戒律重要性的经典根据。从这个意义上说，《遗教经》是不折不扣的"复律"经典。但问题是大乘《涅槃经》与小乘《遗教经》在思想内容方面差异巨大，在《大藏经》中虽然都属于"涅槃部"，但经典的性质完全不同。湛然及宋代以后的僧人为什么将两者相提并论呢？

首先是在唐代《遗教经》受到特别的重视，唐太宗李世民颁布政令，要

---

① 《法华义疏》卷十二："问：'故受龙身等不得道耶？'答：'乘急戒缓四句：一、乘缓戒急者，生天人中不得道；二、乘急戒缓者，生鬼龙趣而得道；三、乘戒俱急者，生天人而得道；四、俱缓者，生余趣不得道。'"《大正藏》第34册，第629页上。

② 《涅槃经》卷六，《大正藏》第12册，第641页中。

③ 《涅槃经》卷十五，《大正藏》第12册，第702页。

④ 《大正藏》第12册，第1110页下—1111页上。

求五品以上的诸州刺史必须各备一部《遗教经》，并敦促僧尼按照《遗教经》的教理，严格持戒，不得违反。① 比之大乘《涅槃经》，《遗教经》篇幅很小，内容通俗易懂，适合在普通僧尼和在家信徒中流传。加上朝廷借助政治力量推广宣传，使得《遗教经》逐渐深入人心。以至于中唐高僧义净在描述当时最流行的经典时，将《遗教经》与《观音经》相提并论。② 由此可见《遗教经》在当时民间的影响之大。由于隋唐之后宗派佛教兴起，《法华经》《华严经》等地位隆起，相对而言，大乘《涅槃经》的地位下降。同属"涅槃部"的《遗教经》受到更大关注，人们把《遗教经》的主题转移到《涅槃经》，把《涅槃经》视为"扶律"的经典也就不足为奇。

其次是天台宗有重视戒律的传统。智顗曾依慧旷大师学律，并撰有《菩萨戒经义疏》二卷。中国律宗的创始人道宣将天台教义融入戒律之中，著有《四分律行事钞》等，认为持戒应以止心为本。道宣在关中设戒坛，大江南北的信徒云集关中受戒，奠定了中国律宗之基。玉泉寺高僧弘景是道宣的再传弟子，曾奉敕入内宫受戒，强调"心转明净，发生定慧"，亦结合天台教理而弘扬戒学。弘景的法嗣鉴真和尚兼通《四分律》和天台教观，东渡日本之后，创建唐招提寺，成为日本律宗的祖师。玉泉寺惠真从义净（635—713 年）处得到律藏的梵本，精通毗尼。一行、法璿等俱出其门下。正是天台宗这种重视戒律的传统，使得湛然及其后的天台宗人倾向于从戒律的角度来看待《涅槃经》的主题及其思想史定位。

如智顗在《法华文句》中解释《法华经》中佛陀入灭起塔时云："就此文有唱灭有嘱累。嘱累如《遗教》。有悲泣如《涅槃》，有慰喻，亦如《遗教》。"这里的《涅槃》是指小乘《涅槃经》的可能性很大。根据经录的记载，在法显译出六卷本的大乘《泥洹经》之前，实际上已经有很多小乘《涅槃经》的译出，它们多为小本，一卷或两卷。其中，最知名的是竺法护所译

---

① 参见陈尚君辑校《全唐文补编》卷一《太宗皇帝李世民·佛教遗教经施行敕》，中华书局 2005 年版，第 2220 页。《仁王经科疏》卷六："《遗教经》者，是佛临涅槃所说，诫劝弟子，甚为详要，末俗缁素，并不崇奉。大道将隐，微言且绝，永怀圣教，用思弘阐。宜令所司差书手十人，多写经本，务在施行。所须纸笔墨等，有司准给。其官宦五品以上及诸州刺史，各付一卷。若见僧尼行业，与经文不同，宜公私劝勉，必使遵行。"《续藏经》第 26 册，第 295 页上。

② 参见（唐）义净著，王邦维译注《南海寄归内法传校注》，中华书局 1995 年版，第 181 页。

《方等般泥洹经》。小乘《涅槃经》以佛陀临终咐嘱为主题，而大乘《涅槃经》以何谓"涅槃"为主题，两者的性质完全不同。之所以推测智顗这里所说的《涅槃》是小乘《涅槃经》有两个理由：一是小乘《涅槃经》的开头第一品即"哀泣品"，如果仅就"悲泣"的内容，小乘《涅槃经》比大乘《涅槃经》内容更丰富；二是智顗将《涅槃经》与《遗教经》相提并论，因为只有小乘《涅槃经》与《遗教经》主题接近，所以这里所说的《涅槃经》大概率是小乘《涅槃经》。湛然在解释《法华文句》中的"嘱累如《遗教》"时云，"嘱累如《遗教》者，彼经初云：'我灭度后，当珍敬波罗提木叉，如暗遇明，如贫得宝云云。是汝大师，若我在世无异此也。'"① 可见，湛然确实是从戒律的角度看待《遗教经》的。

随着《遗教经》由于政治力量的介入而在唐宋受到重视，大乘《涅槃经》的影响力受到抑制。这或许是大乘《涅槃经》从南北朝时期的中心走向唐宋时期的边缘的原因之一。而其背后的原因更值得关注。它彰显出唐宋社会《涅槃经》观的转向，由重视如来常住、佛性悉有等高端理论问题转向严守佛教戒律，做一个本分的佛教信徒；由否定小乘戒律、崇奉大乘教义转向重新肯定小乘戒律，寻求佛教出世伦理与世俗伦理之间的契合一致。这与唐宋佛教走向三教融合的历史大趋势也是可以相互说明的。

四 智圆的《涅槃经》观

孤山智圆（976—1022 年）少习儒学，后依奉先寺源清学习天台教观，并与天台宗义学沙门慈云遵式（964—1032 年）相交，是天台宗山外派的代表性人物之一，注疏甚丰。在流传下来的著作中，关于《涅槃经》的注释解说书有：《涅槃玄义发源机要》四卷、《涅槃经疏三德指归》二十卷（现存十九卷）、《涅槃经治定疏科》十卷。如上所述，湛然的《金刚錍》也应该归入《涅槃经》注释书，所以，智圆的《金刚錍显性录》四卷也应该说是《涅槃经》的注释书。

从天台宗的历史看，对《涅槃经》如此关注且撰述数种注释书者，在天

---

① （唐）湛然：《法华文句》卷三，《大正藏》第 34 册，第 209 页上。

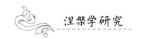

台宗学者中无出其右者。这说明智圆对《涅槃经》的教义情有独钟，并力图借《涅槃经》义以阐发天台宗教义的理论目标。这种意图明确体现在他的诸种《涅槃经》注释书中。

（一）判教中的《涅槃经》

智圆继承了自南北朝以来在佛教界流行的顿渐、五时、五味的教判说。在智圆看来，而之所以有顿渐、五时、五味的差别，原因在于众生的根机有顿、渐、不定之分：

> 由此根机不等故，有五时之教差别。故云"是以大圣赴缘等也"。顿即华严，渐即三味。鹿苑渐始，方等渐中，般若渐终。法华涅槃会前顿渐，归非顿非渐。①

顿教、渐教的区分，主要是为了凸显《华严经》的殊胜地位，即佛陀在开悟之初就首先对顿根的众生讲了《华严经》，如同日出首先照到高山，然后才照到平地和山谷。这种说法是基于《华严经》经文的说法，并没有历史根据。但由于《华严经》在大乘经典中占据重要地位，所以这种说法被后来的佛教思想家继承，似乎成为判教说的一种共识。相对于"华严时"的顿教，其他诸教都属于"渐教"。但智圆则认为《法华经》和《涅槃经》所代表的是"非顿非渐"之教。即这两部经超越了"顿""渐"的范畴，它们属于更高层次的"圆教"。

"五味"的说法出自北本《涅槃经》的"圣行品"，用"乳、酪、生酥、熟酥、醍醐"譬喻佛教诸经。② 对《涅槃经》的"五味"说，智圆作了如下解说：

---

① 《大正藏》第38册，第17页上。
② 《涅槃经》卷十四："譬如从牛出乳，从乳出酪，从酪出生酥，从生酥出熟酥，从熟酥出醍醐。醍醐最上，若有服者，众病皆除，所有诸药，悉入其中。善男子！佛亦如是。从佛出生十二部经，从十二部经出修多罗，从修多罗出方等经，从方等经出般若波罗蜜，从般若波罗蜜出大涅槃，犹如醍醐。言醍醐者，喻于佛性。佛性者，即是如来。若有服者众病皆除，所有诸药，悉入其中。"《大正藏》第12册，第449页上。

从牛出乳，譬从佛出十二部经，即《华严》也；从乳出酪，譬从十二部出九部，即《阿含》也；从酪出生酥，譬从九部出《方等》；从生酥出熟酥，譬从《方等》出《般若》；从熟酥出醍醐，譬从《般若》出《大涅槃》。《法华》与《涅槃》开显义同，故经省之。此证钝根，既于《华严》全生如乳，故须历三味，渐次调熟。①

智圆的解说与《涅槃经》的原意是有出入的。首先，《涅槃经》并没有涉及《华严经》的定位，将《华严经》定位为"顿教"，是从刘虬的判教说开始的。《涅槃经》仅仅提到"十二部经"，智圆则将"十二部经"直接与《华严经》等同。此外，《涅槃经》的原文用"五味"说来譬喻《涅槃经》本身是最高的"醍醐味"，并没有涉及《法华经》。智圆则认为"醍醐味"是指《法华经》和《涅槃经》两部经典。《涅槃经》的经文中没有提到《法华经》，智圆认为，原因在于《法华经》和《涅槃经》在义理上是相通的，《涅槃经》省略了《法华经》的字样。在别处，智圆特别提到，《法华经》和《涅槃经》都讲佛性，二经在"见性"的意义上是同等的。②

如上所述，自湛然之后，将《涅槃经》定位于"扶律谈常"成为天台宗的一种主流的见解。"谈常"即讲述如来常住，"扶律"则弘扬戒律。"扶律"，最早出现于智者大师的著作中，但对这一概念作出详细解说的是湛然及宋代天台僧人。智圆在解说"息教二河"时云：

息教二河者，即经云"寂然无声"也，故云"息教"也。"二河"者，拔提河大，在城南；熙连河小，在城北。相去百里，佛居其间。于四双八只树下涅槃也。诸佛下灯明，迦叶出于净土。但说《法华》即入涅槃。今佛世尊，既出秽土，故须扶律以拾残机。二经虽殊，见性无别。

---

① 《涅槃玄义发源机要》卷一，《大正藏》第38册，第17页上。
② 《涅槃玄义发源机要》卷四："或作下叙五时。华严唯别圆故大；鹿苑但三藏故小；方等诃责偏小，褒叹圆大，意令耻小慕大；般若委以大法，令教菩萨渐使通泰；法华开权，名定天性。众生下明法华既见佛性，故于今经涅槃。故知二经，见性义一。"《大正藏》第38册，第35页中。

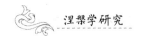
又若约扶律为涅槃者，则唯秽土；若约谈常为涅槃者，则净秽皆说。①

可见，智圆接受了自智者大师以来从"扶律"的角度把握《涅槃经》的传统，认为《涅槃经》的属性之一就是宣扬戒律。但智圆与智者大师、湛然等不同之处在于，他将《涅槃经》的"扶律"属性与佛陀在秽土说法联系在一起。释迦牟尼佛在尘世间示现寂灭，在临入灭时说了《涅槃经》。因为听闻《涅槃经》的众生都在秽土，所以佛才特别强调持戒的重要性。而如来常住的教义则无论佛在秽土还是在净土都是一并强调的。湛然注意到末法时代的出家众戒律松弛的现象，认为《涅槃经》是针对末法时代的众生所说的，所以是"扶律"之经典。而智圆则更进一步，认为《涅槃经》是针对秽土众生而法，所以才重视戒律。他们都力图论证《涅槃经》"扶律"的合理性和必然性。

（二）"三德"与《涅槃经》

如上所述，在南北朝时期，大多数的《涅槃经》的注释家都将"涅槃三德"即法身、般若、解脱视为《涅槃经》的主题和宗旨。本来，《涅槃经》顾名思义就是阐述何谓"涅槃"的经典，而"三德"恰恰是"涅槃"最核心的内涵，所以从"三德"的角度把握《涅槃经》的主题是顺理成章的事情。关于"三德"之间的关系，历代注释家又多以所谓"伊字三点"的譬喻来表达三者之间不纵不横、互即互摄的关系。特别是灌顶在《涅槃经疏》中，从"圆教"的立场重新诠释"伊字三点"，将三者之间圆融无碍的关系视为"新伊"，以区别于将三者分别看待的所谓"旧伊"。

智圆继承了前代《涅槃经》注释家从"三德"角度把握《涅槃经》宗旨的做法。不过，智圆更进一步，认为一切佛教经典都是围绕"三德"问题展开的。如云："《般若》《法华》既不出三德，故知一代，其旨咸然。所以诸经不出三德。"② 又在解说"包含总别"一词时云："总，唯三德；别，出群经。摄别入总，咸归三德，故曰包含。"在智圆看来，三德似乎成为佛陀设教以来一切教义的最核心的内容，大小乘一切经典的教义都与"三德"相关联。

---

① 《涅槃玄义发源机要》卷四，《大正藏》第 38 册，第 35 页中。
② 《三德指归》，《续藏经》第 37 册，第 376 页上。

这种解释显然有将"涅槃"教义泛化之嫌。虽然说历史上以"涅槃"为主题的经典种类很多，但小乘佛教的"涅槃"类经典基本上是劝诫众生严守戒律，甚少涉及"三德"问题。"三德"问题凸显出来是大乘《涅槃经》传入中国之后、在中国注释家那里才实现的。一切大小乘经典都围绕"三德"问题而展开并不符合历史事实。那么，智圆为什么会产生这样的观念呢？这或许与智圆本身对"三德"内涵的扩大解释有直接关系。

比如，智圆将"三德"与佛教的佛法僧三宝相比类，认为"佛即般若；法即法身；僧即解脱。既各具三，则开之成九。九只是三，三只是一。一三融即，开合适时"①。这种解释独具特色，但实际上佛、法、僧的内涵都比"三德"丰富。比如，"佛"既有原始佛教时期的佛陀的内涵，也有大乘佛教十方世界十方佛的内涵，还有禅宗的即心即佛、密教的即身成佛等内涵，"般若"概念远远不能涵盖"佛"这一概念的丰富内涵。同样，"法"和"僧"也都是一个历史上展开的立体性的概念，是不能与"法身"和"解脱"完成等同的。

智圆也将"三德"与天台宗的"空假中"三谛教义联系在一起。"即一而三，即三德性者，即中是法身性；即空是般若性；即假是解脱性。"② 即"空假中"分别相当于"般若、解脱、法身"。"三德"的另一根本属性是"三德"皆归于"一心"。"若了了三德在一心中，则此经一部，居于方寸。"③又云："夫三德者，实诸佛之所证也，众生之所具也。生佛不二，同归于心。"④ 自永明延寿著《宗镜录》，提倡以"一心"而统摄禅、教、净、律等诸宗派以来，在"一心"基础上追求诸宗的融合成为宋代以后佛教的主流。佛教的诸法门皆收摄于"一心"，从"一心"又延展出诸法门。智圆之所以将"三德"这一源自《涅槃经》的特殊概念扩展为普遍性的概念，也与智圆的"一心"观密切联系在一起。

从以上分析可以看出，自智者大师以迄宋代的智圆，《涅槃经》在中国天台宗的思想发展史上居于不可忽视的地位。虽然从总体上讲，《涅槃经》在天

---

① 《三德指归》，《续藏经》第 37 册，第 372 页上。
② 《三德指归》，《续藏经》第 37 册，第 593 页下。
③ 《三德指归》，《续藏经》第 37 册，第 374 页中。
④ 《涅槃玄义发源机要》卷二，《大正藏》第 38 册，第 15 页中。

台宗所依据的经典中地位不及《法华经》，但在天台宗的佛性观的建构方面，《涅槃经》发挥了其他大乘经典不可替代的作用。特别是在智者大师的佛性观和湛然的佛性观方面，《涅槃经》的佛性说成为他们展开佛性论述的重要思想素材和思想资源。

中国天台宗的《涅槃经》观的另一个特色是将《涅槃经》视为"扶律谈常"的经典。这种思想定位源自智者大师，成型于湛然。"谈常"可以说是继承了南北朝时期诸种判教说的立场，即将宣扬如来常住的《涅槃经》视为"常住教"或"常宗"。但"扶律"则与《涅槃经》"乘急戒缓"的立场并不一致。而中国天台宗之所以将《涅槃经》视为"扶律"的经典，与天台宗本身有着重视戒律的传统，以及唐宋统治集团在政治上推崇《遗教经》有关。《遗教经》与《涅槃经》在教义上差异很大，一个属于小乘经典，一个属于大乘经典。两者原本属于不同类型的经典，但由于两者都属"涅槃部"，在内容上也都与佛陀的涅槃有关联，所以天台宗思想家遂将《遗教经》重视戒律的思想投射到《涅槃经》之上，从而得出"扶律"的结论。

中国天台宗思想家继承了南北朝时期《涅槃经》注释者的主流见解，将涅槃"三德"视为《涅槃经》的主题，从法身、般若、解脱三位一体的立场把握《涅槃经》的宗旨。正如我们在灌顶的《涅槃经疏》和智圆的《涅槃经疏三德指归》等著作中所看到的，这些思想家从天台宗的"圆顿互具"和"三谛圆融"的立场来重新诠释"涅槃三德"，从而赋予"三德"更宽泛、更丰富的内涵。一方面可以说，天台宗的《涅槃经》注释书赋予了《涅槃经》以新的思想色彩；从另一方面说，中国天台宗借助《涅槃经》丰富了自身的逻辑框架和思想内涵。

第三节 《涅槃经》与法相宗

一 法相宗的《涅槃经》观

说到唐代的法相唯识宗，其理论源头要追溯到玄奘（600—664 年）。玄奘法师宿慧早发，十一岁诵《维摩经》《法华经》，十五岁从洛阳净土寺景法师学习《涅槃经》，跟从严法师学习《摄论》。后来在四川成都，滞留此地四、五年，跟从道基学《毗昙》，跟从宝暹学《摄论》，跟从道振学《八犍度论》。离开成都之后，到达荆州天皇寺，讲《毗昙》《摄论》各三遍。又北上到达邺城，跟从慧休学《杂心论》《摄论》，又北上赵州，从道深学习《成实论》。又转而到达长安，跟从道岳学习《俱舍论》，从法常、僧辩学习《摄论》，从玄会学习《涅槃经》。从玄奘的求学经历看，他在西行求法之前，就广泛学习了当时流行的《毗昙》《成实论》《俱舍论》《摄论》《涅槃经》等，其中，用力最勤的是《摄论》。而对于《涅槃经》，玄奘除了年轻时从净土寺景法师学习之外，在长安也曾跟从玄会再次学习《涅槃经》。玄会是涅槃宗法总的弟子，而法总在隋开皇年间被敕封为"涅槃众主"，是当时涅槃宗代表性僧人。由此可见，玄奘也可以说是涅槃宗的正统传人。

但《摄论》和《涅槃经》似乎不能完全解决玄奘当时的理论困惑。据冥祥的《玄奘行状记》记载，玄奘在住大庄严寺时，发现众师异说纷呈，莫衷一是，而征之于经典，经典的内涵有隐有显，亦不得要领。于是决心西行求《十七地论》以决心中的理论疑惑。

但玄奘带回国内、在大慈恩寺翻译出来的经典主要属于护法、戒贤一系的唯识学说，而不是他西行求法之前所学习的无著世亲一系的唯识说，即以《摄论》为代表的唯识说。从此，玄奘所译的唯识被称为"新译唯识"，而真谛所译唯识则被称为"旧译唯识"。"新译唯识"和"旧译唯识"之间存在着根本差异，特别是在佛性问题上，"新译唯识"主张"一乘方便，三乘真实"，而"旧译唯识"则主张"三乘方便，一乘真实"。当时兼习《摄论》和《涅槃经》的灵润从十四个方面比较了"新译唯识"和"旧译唯识"之间的理论差异，站在"旧译唯识"的立场批判"新译唯识"的"一分不成佛"说，维护"旧译唯识"的"一切众生皆能成佛说"。灵润虽然被道宣誉为当时传承涅槃正义的唯一涅槃师[1]，但随着"新译唯识"声势渐起，宣扬"旧译唯识"的摄论宗不可避免地走向衰落，而《涅槃经》也彻底地被边缘化。

---

① 《续高僧传》卷十五："居宗扬化，涅槃正义，惟此一人。"《大正藏》第50册，第546页下。

法相宗的《涅槃经》观，在其判教说中也可以窥其端倪。法相宗的判教说是"三时"判教，即有相教（四谛法轮）、无相教（《般若经》）、了义教（《楞伽经》《解深密经》《法华经》《涅槃经》），其中，《涅槃经》与《法华经》《解深密经》《楞伽经》都被视为"了义教"，并没有如涅槃宗的"五时"判教中的特殊地位。法相宗的著名思想家慧沼批判一乘佛性说，引用《无上依经》说，力证一阐提不能成佛，如枯木、焦种。[①] 涅槃师认为主张一分不成佛之说属于权教，只有一乘佛性说才是实教。慧沼引用《涅槃经》自身的说法，力图证明一分无性之教才是实教而非权教。

对法相宗的《涅槃经》观提出挑战的是法宝（生卒年不详）。法宝与玄奘门下的普光都是唐初讲习《俱舍论》的名家，同时对《涅槃经》研究有素。法宝在继承南北朝涅槃师的基本立场的同时，在理论上又有所发展。如在判教说上，法宝继承了涅槃宗的"五时"判教的框架，但又结合佛性说进行了再阐释，即将"五时"与小乘教、大乘教、三乘教、一乘教、一性教相匹配，认为只有到第五时的"一性教"即《涅槃经》，佛性说才获得了完备的形态。在这种判教说中，法相宗所依经论如《解深密经》《瑜伽师地论》等属于"第三时"的"三乘教"，至少在佛性说的发展史上，其理论的成熟度低于《法华经》所代表的"一乘教"和《涅槃经》所代表的"一性教"。

法宝为了强化自己的立场，除了依据《涅槃经》展开自己的论述之外，还吸收和活用三论宗、天台宗、摄论宗、华严宗的教义。如针对法相宗的"一乘方便，三乘真实"说，法宝借用天台宗的"三乘方便，一乘真实"说进行反驳。又如，法宝借用摄论宗的"真如佛性"的概念，认为如果从真如的角度看，不仅有情众生有佛性，而且山川草木等非情之物也有佛性。《涅槃

---

① 《能显中边慧日论》卷一："《无上依经》说有三品众生：一者著有，著有有二：一者背涅槃道，无涅槃性，不求涅槃，愿乐生死；二者于我法中，不生渴仰，诽谤大乘。此二种别，前是无性，后是有性。但谤大乘，《佛性》《宝性》二论皆会言不作佛，据谤者说不会无因。迷者不知，谓言是一，若是一者，佛何二说？故知一分无性之教是实显了，同《涅槃经》河中常没，常没亦二，又七人各一。又《第九》云：'假使一切无量众生一时成菩提已，此诸如来亦复不见彼一阐提得成菩提。'又云：'如枯木，如燋种等。'此即《涅槃》显密之说，而说一分无性之教，是权密说，故为大失。"《大正藏》第45册，第413页中。

经》本身曾明确否定草木瓦石等非情之物也有佛性，在南北朝时期的涅槃师中也没有人宣扬非情有佛性。法宝之说，一方面受到吉藏《大乘玄论》的相关说法的影响，另一方面则与摄论的真如佛性说有关联。如果从真如的立场看待诸法，法宝认为"一切法中有一切法，似因陀罗网"①。这种一切法之间重重无尽、相互摄入的说法，正是华严宗的理事无碍、事事无碍的学说。法宝对佛性的理解显然超越了传统涅槃宗的理论框架。

二 法宝与唐初的佛性论争

（一）法宝、慧沼其人

法宝是唐初著名的《俱舍论》学者，也是"涅槃宗"最后一位大家。《宋高僧传》卷四"唐京兆大慈恩寺法宝传"云：

> 释法宝，亦三藏奘师学法之神足也。性灵敏利，最所先焉。奘初译《婆沙论》毕，宝有疑情，以非想见惑请益之，奘别以十六字入乎《论》中，以遮难辞。宝白奘曰："此二句四句为梵本有无？"奘曰："吾以义意，酌情作耳。"宝曰："师岂宜以凡语增加圣言量乎？"奘曰："斯言不行，我知之矣。"自此怠然颉颃于奘之门。至乎六离合释义，俱舍宗以宝为定量矣。光师往往同迦湿弥罗余师礼记衍字也。时光宝二法师，若什门之融叡焉。后越精义学，令问孔胶。长安三年，于福先寺、京西明寺，预义净译场。宝与法藏胜庄等证义。于时颇露头角，莫之与京钦。②

从《宋高僧传》的内容看，法宝虽然曾参与玄奘的译场，但其实在参与玄奘

---

① 《一乘佛性究竟论》卷三"问：'真如若是佛体，故名佛性，无情真如，亦是佛体。若佛因故名佛性者，无情真如，亦是佛因。若以是性功德，故名佛性，无情真如，亦有性功德因，何有情名有佛性，无情不名有佛性邪？'答：'若真俗翻覆相摄，即一法中有一切法，如一切法中有一法，如如无二故；若摄真从俗，即色如，非色如，众生如，弥勒如，有情如，无情不同；若摄俗从真，即色非色无异，情非情无异。若就如辨法，一切法中，有一切法如。故一切法中，有一切法，似因陀罗网。若以此言之，即情无情，皆名有佛性。'"《续藏经》第55册，第495页上—中。
② 《宋高僧传》卷四，《大正藏》第50册，第727页上。

的译场之前就已经学有所成。故在译场能够与当时声望如日中天的玄奘辩论，据理力争。玄奘的《大婆沙论》是唐显庆元年（656）至显庆四年（659）译出。从《宋高僧传》记载的对话来看，法宝在这时已经有相当的佛学造诣和关于翻译经典原则的认知（即不能"以凡语增加圣言量"），所以其年龄应该在三十岁左右。故日本学者久下陞推测其生年为唐贞观元年（627）。[①] 而关于法宝晚年参与义净译场的事情，除了《宋高僧传》的上述记载之外，《开元释教录》卷九"沙门释义净"亦云：

> 久视已后，方自翻译。即以久视元年庚子至长安三年癸卯，于东都福先寺及西京西明寺，译《金光明最胜王》《能断金刚般若》……北印度沙门阿儞真那证梵文义，沙门波仑复礼慧表智积等笔受证文，沙门法宝法藏德感成庄神英仁亮大仪慈训等证义。[②]

即从久视元年（700）至长安三年（703），法宝与法藏等参加了义净译场并担任证义的工作。由此推断，法宝的卒年应在公元 705 年前后。

法宝与普光被视为玄奘门下的双璧，如同当初鸠摩罗什门下的道融与僧叡。这主要是就二人撰述了玄奘翻译的《俱舍论》注疏，而不是就继承玄奘唯识学而言。从唯识学的传承看，圆测和窥基作为玄奘继承人的地位是不可动摇的。据说，普光在玄奘译出《俱舍论》后随即撰述了《俱舍论记》，并得到很高评价，被视为正确理解《俱舍论》奥义的"正义"。但法宝对普光的注释并不认同，故又著《俱舍论疏》批驳普光之论，阐发己见。后人评价法宝为解《俱舍论》第一人。[③]

法宝的师承不明，但从唐初佛教界的思想动向看，法宝在思想上受到隋代思想家灵润影响的可能性很大。在进入玄奘译场之前，法宝所学应该

---

① 参见［日］久下陞『法宝撰「大般涅槃经疏」中の的一阐提思想』，『人文学論集』1973 年第 7 号，第 57 頁。

② 《大正藏》第 55 册，第 568 页中—下。

③ 参见［日］快道林常《阿毗达磨俱舍论法义》卷一："普光多解，无可取决。无实相传失信。法宝叹息不止。是故撰疏，开解一时。祛泰光非，如不染污。辩五缚论，实一人而已。"《大日本佛教全书》第 21 卷，第 6 页。

是《涅槃经》《摄大乘论》等当时隋代流行的经论。灵润早年跟从净影寺慧远的弟子灵粲学习，"初听《涅槃》，妙通文旨"。终生与《涅槃经》结下不解之缘。据《续高僧传》记载，灵润一生讲《涅槃经》七十余遍，并著有《涅槃经义疏》十三卷。① 应该说，灵润是隋代和唐初涅槃学的翘楚，在晚期涅槃学的传承方面是一个不可忽视的人物。尤其是灵润也曾参与玄奘的译场，担任证义，与法宝有交集。② 虽然在灵润的传记中没有提到法宝之名，但从法宝关于《涅槃经》的注疏和《一乘佛性究竟论》（以下简称《究竟论》）等著述的内容看，其涅槃学应该是接续净影寺慧远、灵粲、灵润的系统而来的。

　　法宝的著作，《大般涅槃经疏》原本十五卷，是对昙无谶所译四十卷本《涅槃经》的注疏。现存第九、十卷。第九卷的内容是对《涅槃经》卷十五"梵行品"第八之一至卷十八"梵行品"第八之四部分的注释；第十卷的内容则是对《涅槃经》卷十九"梵行品"第八之五至卷二十三"光明遍照高贵德王菩萨品"第十之三部分的注释。在华严宗四祖澄观的《演义疏》中亦有关于法宝《大般涅槃经疏》的引用，是关于《涅槃经》卷二十七"师子吼菩萨品十一之一"部分的注释。③ 法宝最重要的著作是《一乘佛性究竟论》。为了反驳玄奘新译经论的三乘真实一乘方便、众生一分无佛性之说，法宝著《究竟论》，阐释其一乘究竟三乘方便、一切众生皆有佛性。在唐初玄奘声望最著的佛教界，法宝在理论上仍然坚持《涅槃经》的立场，显示出其理论上的自信和坚持。可惜，此书只留下第三卷。后来在金泽文库发现法宝所著《一乘佛性权实论》（以下简称《权实论》）三卷，其内容与《究竟论》大同小异，有学者猜测，《权实论》有可能是《究竟论》的草稿，《究竟论》是在《权实论》基础上修订而成的。不过，遗憾的是《权实论》也不是完本，在

　　① 《续高僧传》卷十五："前后所讲《涅槃》七十余遍，《摄大乘论》三十余遍，并各造《义疏》一十三卷，《玄章》三卷。自余《维摩》《胜鬘》《起信论》等，随缘便讲，各有疏部。"《大正藏》第 50 册，第 546 页下。

　　② 《续高僧传》卷十五："贞观八年（634）敕造弘福，复被征召。即现翻译，证义须任。众所详准又当斯任。"《大正藏》第 50 册，第 546 页中。

　　③ 参见张文良『「演義鈔」に見られる法宝著「涅槃経疏」』，『東アジア佛教研究』2005 年通号 3。

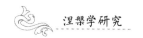

全十章中，第三、四章散佚。最近，在金泽文库发现的《权实论》断简中有目次部分，这使我们得以知道《权实论》全十章的章名。①

关于慧沼生平的记载，主要见于李邕（678—747 年）所撰《唐故白马寺主翻译惠沼神塔碑》和《宋高僧传》。俗姓刘名玄，字惠沼。彭城人，世居淄川，故许多文献出现淄州惠沼的说法。早年（推测 662—667 年，惠沼十五至二十岁），读到《金光明经》的"舍身品"，有感于王子舍身救虎、尸毗王割肉贸鸽的故事，曾有舍身修道之志。后来跟从窥基和普光学习唯识和因明，得到两位唯识大家的高度评价，"法门后进，此一人也！"② 被认为是振兴唯识宗的希望所在。其著作有《成唯识论了义灯》《金光明最胜王经疏》《能显中边慧日论》等。③ 其中，《成唯识论了义灯》是慧沼批驳圆测、道证的著作。在玄奘和窥基圆寂之后，以圆测、道证为代表的西明寺派抬头，对玄奘编著的《成唯识论》作出新的解释。慧沼在《成唯识论了义灯》中维护玄奘的地位，认为圆测等的唯识说背离了唯识学的正统。从这部著作所体现的立场看，当时的慧沼俨然以正统唯识学的继承人自居，似乎已经是窥基门下的代言人。后世，关于中国法相宗有三祖的说法，即窥基（633—682 年）—慧沼（648—714 年）—智周（668—723 年）的传承。这种说法虽然流传很广，但在中国史料中找不到根据，应该是日本法相宗中的说法，而起源则与日本僧人玄昉跟从智周学习有关。日本法相宗为了建立法相宗的传承体系，追溯中国的宗派渊源，才有了窥基—慧沼—智周—玄昉的传承谱系。

据考证，法宝的《究竟论》撰写于 695 年至 699 年，当时法宝在佛授记寺参与实叉难陀的翻场，担任证义。④ 而慧沼在看到《究竟论》之后，为了破斥之，撰写了《慧日论》。值得注意的是，慧沼虽然后世被视为唯识学的正

---

① 参见［日］冈本一平『称名寺所藏・金沢文库保管大開業寺沙門・法宝述「一乗佛性権実論」断简の翻刻と紹介』，『金泽文库研究』2022 年第 349 号。其内容为"一略述纲要、二教时前后、三权实义例、四列经通义、五一乗显密、六佛性同异、七破法尔五性、八增寿变异、九对妄通经、十释外执难"。

② 《玄奘三藏师资传丛书》卷下，《续藏经》第 88 册，第 383 页下。

③ 参见［日］根无一力『慧沼の研究——伝記・著作をめぐる問題』，『佛教学研究』1987 年第 43 号。

④ 参见［日］村上明也『法宝の著作に関する基礎研究』，『佛教学研究』2016 年第 72 号。

统传人，但其所学并不限于唯识学的经论，对《涅槃经》亦有研究，曾撰
《涅槃经义记》十卷、《涅槃经科文》一卷。① 从《慧日论》的引文可以看出，
慧沼对《涅槃经》的内容很熟悉，往往引用《涅槃经》之文批驳法宝的立
论，显示出多方面的佛学造诣。

（二）"五时"判教还是"三时"判教？

《涅槃经》之所以能够赢得中国佛教界的持续关注和研究的兴趣，除了其
涅槃佛性思想之外，也与"涅槃宗"思想家基于《涅槃经》而提出的判教说
有一定关系。无论是早期刘虬、诞法师的顿渐二教判，还是后来智藏等人提
出的"五时"判教，无一例外地把《涅槃经》视为佛陀最后的究竟之教。这
种究竟性是建立在与其他大乘经典如《般若经》《解深密经》《法华经》相比
较的基础之上的，按照诞法师的说法，《涅槃经》之前的经典都是"非了
义"，只有《涅槃经》作为"常住教"才是"了义"。

这种基于《涅槃经》的"五味"说引申出来的五教说，实际上只是在
《涅槃经》的教义体系中才是自洽的，而放在整个佛教经典体系中去看并没有
逻辑正当性。在吉藏那里，"五时"判教的合理性就受到质疑，《涅槃经》作
为"常住教"的特殊地位也被解构。但在唐初，法宝作为《涅槃经》的奉持
者，仍然坚持传统的"五时"判教，坚持《涅槃经》在佛教经典体系中的独
特地位。而慈恩宗的慧沼则站在唯识学的立场，直接否定法宝的"五时"说
的合理性。按照布施浩岳的推测，法宝的《究竟论》是在玄奘圆寂（682 年）
之后不久撰写的，由于法宝在书中攻击和否定唯识学的判教说，慧沼为了回
应法宝的攻击，撰写了《能显中边慧日论》（以下简称《慧日论》）。这场发
生在 7 世纪末的论争，最终是各是其是，各非其非，并没有分出轩轾。但当
时唯识学正处于兴盛期，在慧沼之后，唯识学仍然有传承，而法宝之后，本

---

① 参见［日］根无一力『慧沼の研究——伝記・著作をめぐる問題』，『佛教学研究』1987 年
第 43 号。根据根无一力的研究，慧沼的著作包括：《法华纂要》一卷（佚）、《法华玄赞义决》一卷、
《法华经略纂》五卷（佚）、《金光明最胜王经疏》十卷、《仁王经疏》一卷（佚）、《金刚般若经疏》
（佚）、《涅槃经义记》十卷（佚）、《涅槃经科文》一卷（佚）、《盂兰盆经纂》（佚）、《十一面神咒心
经义疏》一卷（佚）、《温室经疏》一卷（佚）、《唯识论了义灯》十三卷、《因明论续疏》一卷、《因明义
断》一卷、《因明入正理论义纂要》一卷、《因明论略纂》（佚）、《大乘法沙义林章补欠》、《能显中边
慧日论》四卷、《劝发菩提心集》三卷、《大唐三藏法师传西域正法藏受菩萨戒法》等。

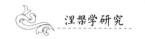
来就已经走向衰落之途的涅槃学更加式微。

法宝在《究竟论》中将佛教经论分为五时：第一时小乘经（对应《六足论》等）、第二时《般若经》（对应《中论》等）、第三时《解深密经》（对应《瑜伽师地论》等）、第四时《法华经》（对应《法华论》）、第五时《涅槃经》（对应《涅槃论》）。此"五时"分别对应于"有教"、"空教"、"中道、三乘教"、"一乘教"、"一性教"。① 这种"五时"说与传统的"五时"说大同小异。"一性"的说法比较特殊，法宝从佛性的角度看待各经论的价值和地位，认为只有到《涅槃经》，佛性的内涵才得到充分的彰显。法宝重提"五时"判教论，不仅仅是明确涅槃学的主张，而且要贬低唯识学的地位。因为在"五时"判教中，《解深密经》等经典只是第三时的"三乘"教，在教义的究竟性上不及作为"一乘"的《法华经》，当然也不及作为"一性"的《涅槃经》。

对于法宝的这种攻击，慧沼反驳道："故约前后，判为五时，但婴儿慧，智者不许。"② 认为"五时"判教是婴儿级别的判教说，经不起推敲。判教问题之所以成为争论的焦点之一，主要是因为这关涉一乘三乘何者是真实的问题。如果认可涅槃学的"五时"判教，自然《涅槃经》所主张的一乘真实、三乘方便就是究竟的教义，而按照唯识学的"三时"判教，一切经典分为"有相"（四谛法轮）、"无相"（《般若经》）、"了义"（《楞伽经》《解深密经》《法华经》《涅槃经》）。在这种判教体系中，唯识学的《解深密经》与涅槃学的《涅槃经》就处于平等的地位，都是"了义"。正因为如此，慧沼认为仅仅从佛陀说法时期的不同来判定经典的属性并不可取，"故说五时，非是佛教"③。

无论是"五时"判教还是"三时"判教，都是从特定的宗派立场出发对佛教思想体系进行的一种序列化整理，由于各自有明确的价值判断蕴含其中，所以判教就意味着对经典教义的褒贬。如果从一切法皆是佛法的立场看，这

① 参见［日］浅田正博『石山寺所藏「一乘佛性究竟論」卷第1・卷第2の検出について［含資料］』，『龙谷大学论集』1986年通号429。
② 《能显中边慧日论》卷一，《大正藏》第45册，第411页中。
③ 《能显中边慧日论》卷一，《大正藏》第45册，第410页下。

些判教说都是方便说，并没有谁对谁错的问题。但在特定的思想史背景下，透过这种判教说的提出及其争论，可以看出不同经典影响力的消长，也可以看出不同学派的不同走向。

（三）一切悉有还是五性各别？

法宝与慧沼在判教说上的对立，源自双方在佛性问题上的根本分歧。法宝以"一性"概括《涅槃经》的教义，表明涅槃学的一个根本立场是承认一切众生皆有佛性，哪怕是极恶众生如一阐提都有佛性，在适当的因缘条件下也可以成佛。这可以说是成佛论上的普遍主义立场。而唯识学则主张众生有不同种性，声闻种性、缘觉种性、菩萨种性、不定种性具有佛性，而还有一类无种性者则没有佛性。此即五性各别一分无性。玄奘西行求法的动机之一就是看到不同经典在佛性问题上有不同说法，无法定夺，故不远万里到印度求法。而玄奘从印度带回的瑜伽行派的经论则反对《涅槃经》的一切众生悉有佛性说，而主张五性各别。这可以说是成佛论上的差别主义立场。从现代佛教学研究的成果看，瑜伽行派的立场反映了公元3、4世纪古印度社会种姓制度的现实，即一部分低种姓民众被排斥在社会主流之外，被视为"非人"。这种社会现实反映在佛教思想中就是佛性的差别主义，一部分人的宗教修行资格被否定。而在中国古代社会，虽然社会也分为三六九等，但至少名义上民众都是皇帝的臣民，在宗教层面上，宗教修行对一切社会阶层都是开放的，并没有明显的对特定社会阶层的歧视。儒家所谓人人皆可为尧舜的理念就反映了这种社会观念。所以，自《涅槃经》译出之后，《涅槃经》所包含的一切众生悉有佛性的主张就大行其道，成为佛教界的主流观念。

法宝在佛性问题上继承了南北朝涅槃宗的立场，同时吸收了地论宗"理佛性、行佛性"之说，从而使得一切悉有说变得更有逻辑性。所谓理佛性即作为万法存在根据的真如之理；而行佛性则指由修行所得的万善功德。在《究竟论》的"佛性同异章"，法宝云："若有理性，定当成佛。既信一切众生平等悉有理性，岂得执一分众生不成佛耶。"可见，法宝所说的众生悉有佛性是建立在一切众生皆有理佛性基础之上的。由于理佛性等于真如法性，而真如法性不仅存在于有情众生也存在于山川草木等无情之物，所以，法宝认

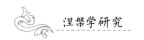

为有情无情皆有佛性。也就是说，法宝把佛性普遍主义扩展到了极致。① 法宝的这种无情有佛性说与天台宗湛然的佛性说有相契合之处。

但让法宝等涅槃师在理论上感到棘手的是包括《涅槃经》在内的诸多大乘经典都谈到一部分众生不能成佛。如《涅槃经》卷三十二"师子吼菩萨品"将众生譬喻成恒河边的其中人，其中一类人就是虽然欲渡恒河，由于断善根故，没入恒河之中。② 而《涅槃经》中主张一阐提不成佛的经文比比皆是。只有到了《涅槃经》的后半部分才提到一阐提有佛性的问题。而被法宝本身在判教说中列为第五时的《无上依经》也提到有一类诽谤大乘的众生不得成佛。慧沼在《慧日论》中正是抓住法宝在理论上的这一弱点，引用《无上依经》《涅槃经》《佛性论》《宝性论》的内容，力证一分不成佛是实教而非权教。

实际上，法宝和慧沼各抓住了佛性概念的一个侧面而立论，故得出了截然相反的结论。法宝是从"理佛性"的立场出发讨论众生佛性问题，因为"理佛性"是一种抽象的存在性，并不需要与佛教的修行相伴随，所以不仅众生有佛性而且一切山川草木等无情之物也有佛性。而慧沼则从"行佛性"的立场讨论众生佛性问题，因为在现实生活中总有一类众生不信佛法甚至诽谤大乘，无恶不作，所以这些人如焦芽败种，不可能具有"行佛性"，也不可能成佛。法宝的一切皆成是一种成佛论上的理想主义，而慧沼的一分不成则是成佛论上的现实主义。

（四）一阐提能否成佛？

如上所述，在佛性论方面，法宝主张一切悉有而慧沼则主张一分不成。其争论的焦点之一是如何看待佛教经典中提到的"一阐提"的概念。"一阐提"是梵文"icchantika"的音译，意译则为"不具信""断善根"之意，指不信佛法甚至诽谤佛法，故没有成佛可能性者。关于"一阐提"能否成佛的

---

① 《一乘佛性究竟论》卷一："若摄真从俗，即色如非色如众生如弥勒如有情如无情如不同。若摄俗从真，即色非色无异，情非情无异。若就如辨法，一切法中有一切法如，故一切法中有一切法，似因陀罗网。若以此言之，即情无情皆名有佛性。"《续藏经》第55册，第495页中。

② 《大般涅槃经》卷三十二："第二人者，发意欲渡生死大河，断善根故，没不能出。"《大正藏》第12册，第554页下。

问题，《涅槃经》本身的说法是矛盾的。在前面的诸品中断然否定其成佛的可能性，而在后面的诸品中，立场又发生变化，似乎肯定一阐提也可以成佛。法宝与慧沼都以《涅槃经》为经典依据展开其"一阐提"说，但由于他们各取所需，关注的是《涅槃经》的不同内容，所以得出的结论大相径庭。

如慧沼在《慧日论》中，引《涅槃经》卷九"假使一切无量众生一时成菩提已，此诸如来亦复不见彼一阐提得成菩提"①，说明《涅槃经》是承认"一阐提"的存在的。慧沼不仅引用了《涅槃经》的经文，还引用了《无上依经》的经文。《无上依经》将众生分为三品：著有、著无、不著有无，分别代表"一阐提"、异学外道与二乘、大乘众生。《无上依经》将众生分为三品的说法对慈恩宗人的影响很大。窥基的"三时"判教即初时有教、第二时空教、第三时中道教，虽然主要基于《解深密经》的教义而展开，但此三教所对应的教化对象恰恰就是《无上依经》的三品众生。即"有教"对应"著有"的众生，"空教"对治"著无"的众生，中道教对应"不著有无"的众生。三时教从"能化"的时间序列看是三时，从"所化"的对象看则是三品众生。

"三品"的说法，还被隋代的涅槃师净影寺慧远和昙延用在对《涅槃经》的"一阐提"的解释中，提出"三品阐提"说。《涅槃经》"梵行品"讲到阐提有两种：一种得现世善根；另一种得后世善根。"阐提"为什么有这样的区分呢？原因在于一阐提从根性上讲亦分两种：利根阐提和中根阐提。利根阐提可以得现世善根，中根阐提可以得后世善根。对于《涅槃经》的这段经文，慧远和昙延不约而同地结合"三品"说重新作了解释。净影寺慧远在《大般涅槃经义记》中，将"一阐提"分为三种：微能生信的上品、不信不谤的中品、不信生谤的下品。《涅槃经》为什么只说有两种阐提而不说三种呢？这是因为慧远认为，下品阐提没有生善的可能，被佛陀直接抛弃，故在《涅槃经》中没有被提及。净影寺慧远认为存在下品阐提，实际上是承认存在不能成佛的一阐提的存在，仍然是一种一分不成佛的立场。

与净影寺慧远类似的解说还有隋代涅槃学大家昙延。关于《涅槃经》的

---

① 《大般涅槃经》卷九："假使一切无量众生一时成就阿耨多罗三藐三菩提已，此诸如来亦复不见彼一阐提得成菩提。"《大正藏》第 12 册，第 659 页下。

上述经文，昙延认为"一阐提"分为三种：现在得益、来世得益、毕竟无益。对于前两种，佛陀尚为之说法，而对于第三种，佛陀认为说也无益，所以对于这些下根阐提直接放弃。昙延还提到《涅槃经》中的一个概念"未合药"，即佛陀虽然被譬喻为大医王，可以治疗一切众生病，但下品阐提不在佛陀的治疗对象中，或者说佛陀还没有针对这一类阐提配出相应的药。

法宝对净影寺慧远和昙延的解释皆不以为然，认为这两人的说法都不符合《涅槃经》的原意。《涅槃经》本来只言及两种阐提，并没有提到下品阐提、毕竟阐提。净影寺慧远和昙延对《涅槃经》进行扩大解释，没有任何根据地提出第三类阐提，为一分不成佛之说预留了空间，实际上背离了涅槃学一切悉有佛性的基本立场。在法宝看来，《涅槃经》之所以不提下品阐提是因为完全断绝善根的"一阐提"根本不存在。为什么这么说呢？因为如果前世断绝善根而没有"续善"，那么这样的人早已堕入地狱，根本不可能转生为人。也就是说，只要今世能够转生为人，那就意味着哪怕前世是极恶之人必然也有善根。[①]

法宝认为实际上《涅槃经》已经明确讲到两种阐提何时生善根的问题，即一种是在入地狱时，一种是在出地狱时。[②] 入地狱时生善根者属于利根阐提；出地狱时生善根者属于钝根阐提。只有利根阐提才能在初入地狱时就明了因果之理，而钝根者只有实际体验地狱之苦才能获得觉悟。既然转生为人的阐提都是经过地狱的赎罪才来到世间的，所以不可能存在完全无善根者。由此可以看出，法宝不仅与慧沼等唯识学学者的立场不同，而且在对《涅槃经》解释的立场上与净影寺慧远和昙延等涅槃师的立场也有差异。

那么，这种差异是如何形成的呢？除了社会思想背景的差异，也与他们的知识背景有关。净影寺慧远和昙延在知识背景方面，除了《涅槃经》主要是《十地经论》和《摄大乘论》的思想框架。众所周知，《十地经论》是世亲从唯识的立场出发对《十地经》所作的注释，而《摄大乘论》属于旧译

---

① 《大般涅槃经疏》卷十："然不说下根者，以不能断善故。前世断善，若非现续，即于地狱生时死时续故。必无不续善而生人中者。"朝鲜总督府版，1924年，第10页丁右。

② 《涅槃经》卷三十五："迦叶菩萨白佛言：'世尊！如是之人，何时当能还生善根？'佛言：'善男子！是人二时还生善根，初入地狱、出地狱时。'"《大正藏》第12册，第570页下。

唯识的经典著作，二者都属于唯识学的范畴。在佛性问题上，虽然两宗的具体说法不同，但总体上都持一种非普遍主义的立场，即承认一部分人没有佛性。如我们在净影寺慧远和昙延的《涅槃经》注释书中所看到的。而法宝作为《俱舍论》的研究大家，在思想上深受《俱舍论》的影响。如关于断善根的问题，《俱舍论》认为"断"不是彻底的"断"，那些利根之人可以"续善根"。法宝正是以《俱舍论》的说法为根据，对《涅槃经》的"一阐提"概念进行了再阐释，承认阐提有"续善根"的能力，所以在理论上讲，不存在完全没有善根的"一阐提"。从这个意义上讲，法宝已经不是传统意义上的涅槃师，而是在吸收改造《俱舍论》思想的基础上，对《涅槃经》进行创造性诠释的思想家。在"一阐提"问题上，法宝针对净影寺慧远、昙延的批判，实际上也是针对慧沼、窥基的"三品"说而发。相对于慧沼仅仅是引用《涅槃经》《无上依经》而批驳法宝，法宝则更重视借鉴吸收其他经论的思想在逻辑展开论证，其说服力更强。

（五）如何理解真如所缘缘种子？

另一个与佛性问题直接相关联的重要理论问题，同时也是法宝与慧沼争论焦点问题之一的是对"真如所缘缘种子"概念的理解。众生出世间法的根源是什么？或者说为什么众生会厌烦生死而追求涅槃？这是佛教经论都关注的问题，只有这个问题获得说明，才能解决众生修行的动力因问题。在这方面，涅槃师基于《涅槃经》和如来藏系经典认为一切出世间法的根源是佛性或如来藏。佛性或如来藏是一切众生本具的自性清净心，只是被烦恼染污而不得显现。如果通过修行去除烦恼染垢，佛性就能得到显现，即众生获得觉悟而成佛。而唯识学在这个问题上的立场与涅槃学不同，唯识学用"无漏种子"概念来说明众生一切出世间法的根源。说起"种子"，我们会联想到作为实体的花草树木的种子。"种子"成为佛教概念可以追溯到原始佛教，如《阿含经》就提到众生的业力如"种子"，可以带来善恶等种种果报。① 这里的"种子"是一种譬喻用法，也是一种中性用法。而在大乘瑜伽行派的经典中，

---

① 《别译杂阿含经》卷三："譬如下种子，随种得果报。汝今种苦子，后必还自受。"《大正藏》第2册，第388页下。

"种子"的内涵发生了根本变化，成为表达诸法存在根据和发生原因的概念。瑜伽行派把"种子"分为两种：一种是作为实体的种子，称为有漏种子，即与烦恼相伴随的种子；而作为出世间法根源的"种子"，在《成唯识论》中称为"法尔无漏种子"，即没有烦恼伴随的清净种子。那么，这种无漏种子是众生先天本有的呢，还是后天获得的？中国唯识思想家如窥基等认为无漏种子兼具"本有"和"新熏"两个特征。基本上是本有的，这种本有种子在众生进入菩萨修行十地之前由于闻熏习而获得增长，但不会熏习生出无漏新熏种子，而进入见道位则可以熏生无漏种子。

无漏种子的概念在《瑜伽师地论》卷五十二中被称为"真如所缘缘种子"：

> 复次我当略说安立种子。云何略说安立种子？谓于阿赖耶识中，一切诸法遍计自性妄执习气，是名安立种子。然此习气是实物有，是世俗有。望彼诸法，不可定说异不异相，犹如真如。即此亦名遍行粗重。问，若此习气摄一切种子，复名遍行粗重者，诸出世间法从何种子生？若言粗重自性种子为种子生，不应道理。答，诸出世间法从真如所缘缘种子生，非彼习气积集种子所生。①

根据《瑜伽师地论》的说法，"遍计自性妄执习气"是一切世间染污法的根源，而出世间法不可能由烦恼粗重种子所生，只能由"真如所缘缘种子"所生。只是关于什么是"真如所缘缘种子"，唯识学者与涅槃学者之间有着不同的理解。

"真如所缘缘种子"可以有两种读法。将真如视为"种子"本身即出世间的智慧，概括地说，即真如＝所缘缘＝种子。另一种解读即将众生的智慧视为"种子"，但此"种子"不等于真如，而是以真如为"所缘缘"才得以产生，概括地说，即真如＝所缘缘≠种子。前一种解读是法宝的解读。如果真如等于所缘缘等于种子，意味着一切众生平等具有"真如所缘缘种子"，这与涅槃学的一切悉有佛性的立场一致。而后一种解读则是包括慧沼在内的中

---

① 《大正藏》第30册，第589页上。

国唯识家的解读。如果真如只是出世间智慧得以发生的根据或条件之一，那么，智慧是否发生必然依赖其他条件，这就意味着众生的智慧是有差别的，不可能人人具有智慧，同时意味着不可能人人具有"真如所缘缘种子"。

那么从《瑜伽师地论》的原文来说，哪种解读才符合经典的原意呢？从《瑜伽师地论》引入"毕竟障种子"概念，并将"真如所缘缘"和"真如所缘缘种子"加以区分来看，后一种解读更符合原意。因为这意味着一部分众生因为存在"障种子"而只有"真如所缘缘"而无"真如所缘缘种子"，即不具有出世间智慧。对于"真如所缘缘"的认知只存在于一部分众生之中，或者说只存在于有种性者之中。

法宝在《究竟论》中转述了护法和难陀对"真如所缘缘种子"的解释，前者认为是"缘真如智"，真如只是这种智慧得以生成的所缘缘；后者则认为是"闻熏习种子"，由于与佛正体智慧相关故而得名。法宝认为，这两种解释都不能成立。因为法宝所理解的"真如所缘缘种子"一切众生皆有，没有优劣之分。如果"真如所缘缘种子"意味着一切众生悉有的真如，那么，唯识学所主张的五性各别、一分五性说在逻辑上就不能成立。

对此，慧沼在《慧日论》中反驳云：

> 此亦不尔！所以者何？若以真如为种生法，过失如前。不平等因，为妄中说。云二师解释与《论》相违者，此亦不尔，释不违《论》。何以故？答意以真如为所缘缘之能缘之智种，为出世法因。[①]

慧沼认为护法和难陀两位大德对"真如所缘缘种子"概念的诠释符合《瑜伽师地论》的原意，并没有错误。反倒是法宝将真如视为出世间法生起之因是错误的。因为真如本来是平等法，而众生的种性有种种差别，作为平等法之真如不能生出差别法。

法宝和慧沼的理论争论看起来针锋相对，火花四溅，但和历史上的很多思想争论一样，双方在核心问题上相互存在根本性误解，从而造成聋人吵架，

---

① 《慧日论》卷二，《大正藏》第45册，428页下—429页上。

各说各话的结局。如慧沼在《慧日论》批驳法宝以真如为种子而生诸法的说法，但法宝所理解的"种子生诸法"并不是如世间法那般由花草树木的种子生出花草树木，而是指真如是诸法存在的根据，是诸法得以存在的"所缘缘"，而不是"亲因缘"。正是在这个意义上，"真如所生诸法，真如不生"。真如生诸法只是一种譬喻，是为了形象地说明真如与诸法之间的依存关系，与瑜伽行派所说的无漏种子"生"出世间法的"生"不是一个概念。从这个意义上说，慧沼对法宝的批驳有些无的放矢。而从法宝的方面说，"真如所缘缘种子"在瑜伽行派的思想体系中有其特定内涵，法宝从涅槃学的立场对这一概念进行诠释，本质上是对这一概念的误读。当然，从诠释学的立场看，任何一个概念一旦进入公共领域，就成为一个开放概念，允许诠释者进行多种诠释。法宝对"真如所缘缘种子"概念的诠释，实际上是涅槃学力图吸收改造唯识学的概念，为一切悉有、一切皆成说进行理论论证的一种努力。

第四节 《涅槃经》与华严宗

在华严宗的判教体系中，《涅槃经》属于"大乘终教"，虽然与《华严经》一样属于"实教"的范畴即就万法的本质而立论，但二者还是有很大区别。简单地说，《涅槃经》所表达的还是凡夫众生的境界，探索众生成佛的可能性和现实性问题，而《华严经》所表达的则是佛菩萨的境界。对于以诠释佛的重重无尽境界为目标的华严宗来说，《涅槃经》只是通向"圆教"的一个理论阶梯或理论中介，而不具有终极理论意义。如上所述，在佛性说方面，唯识学的"五性各别"说与《涅槃经》的"一切皆有"说直接冲突，从而引起唐初关于佛性问题的激烈论争。而华严宗的佛性说虽然没有与《涅槃经》之说直接冲突，但华严宗却将《涅槃经》的佛性说贬为不究竟之说。这种对《涅槃经》理论价值相对化的处理，导致《涅槃经》的佛性说在华严学的体系中被边缘化。华严学的核心内容转向了理事无碍、事事无碍、一即一切等，在理论目标上与《涅槃经》的佛性说有了根本差异。

一 华严宗判教体系中的佛性

如上节所述，在唐初的佛教界，法宝和慧沼之间曾爆发一场围绕佛性问题的理论论争，论争的实质是众生佛性到底是"一性"还是"五性"。法宝基于《涅槃经》的众生佛性普遍性的原理，主张一切众生平等地具有佛性，而慧沼则基于唯识学的原理，主张不同类型的众生具有不同性质的佛性，还有一类极恶众生即一阐提没有佛性。实际上，两者对这场争论的大前提即佛性概念的理解就不同。法宝主要是从"理佛性"的角度理解佛性，即将佛性理解为超越性的真如、如来藏；而慧沼则将其理解为通过修行而获得的"行佛性"。如果从"理佛性"的立场出发进行推论，由于真如是遍在于一切众生的，所以自然得出悉有佛性的结论；而如果从"行佛性"的立场出发，由于众生修行的阶位有差异，自然得出众生所具有的佛性也各有差异的结论。这种争论由于双方赖以进行理论推演的大前提有别，所以注定不可能得出双方都认可的结论。但通过这场争论，可以使佛教界更清晰地认识到佛性概念的复杂性，并引导佛教界从新的视角看待佛性问题。

而在法藏的思想体系中，我们可以看到力图扬弃"一性"说和"五性"说的努力。这种扬弃是与华严宗独特的判教说结合在一起而展开的。

在华严宗的判教体系中，一切大小乘经论被判为小乘教、大乘始教、大乘终教、顿教、圆教五教，按照《华严五教章》的说法，小乘教指《阿含经》《俱舍论》《大毗婆沙论》等经论中的教义；大乘始教包括两部分即"相始教"和"空始教"。前者指大乘瑜伽行派的教义，如《解深密经》《瑜伽师地论》《成唯识论》所说；后者则指中观学派的教义，如《般若经》《中论》《十二门论》所说。大乘终教指佛性、如来藏思想，如《涅槃经》《胜鬘经》《楞伽经》《宝性论》《起信论》所说；顿教指超言绝相之教，如《维摩经》的"维摩一默"、《大乘起信论》的"离言真如"等；圆教则指《华严经》所说的圆融无碍的教义。① 五教之间的关系不是并列的，从小乘教到圆教存在着

---

① 《华严一乘教义分齐章》卷一："圣教万差，要唯有五：一小乘教，二大乘始教，三终教，四顿教，五圆教。"《大正藏》第45册，第481页中。

依次递进的关系，如"大乘始教"阐明的是"一切皆空"，"大乘终教"阐明的是"真德不空"，只有到《华严经》才达到对"空"与"不空"的辩证理解，阐明了"圆明具德"的宗旨。

在五教的框架中，佛性的内涵各异。按照法藏《探玄记》的说法，小乘经典主张"六种性"，即退性、思性、护性、住性、升进性、不动性三品（佛种性、独觉性、声闻性）。在小乘的体系中，只承认佛陀一人有佛种性，不承认一切众生悉有佛性。

大乘始教则主张"五种性"，即声闻种性、缘觉种性、佛种性、不定性、无种性。此教的特征是将有为无常的种子视为种性，从而否定一切众生具有同一的佛性，并且认为存在一类无佛性的众生。慧沼等所提到的一阐提就是此类无佛性的众生。

大乘终教则以真如性为佛性，主张一切众生悉有佛性。如《涅槃经》将佛性视为第一义空，以众生本具的智慧为性种，而所谓习种性也被视为真如的作用。大乘终教的佛性说与圆教的佛性说有一致之处，都承认"一性"说，但两者的理论基础不同，故对"一性"说的解释也有很大不同。如大乘终教的"一性"仅限于有情众生，而否定山川草木、墙壁瓦砾亦有佛性，而圆教则除了有情众生，同时承认无情之物也有佛性。

顿教作为超言绝相之教，扫荡五种性之间的差异，将唯一真如视为种性，不见一切法的分别相，所以否定所谓性种性和习种性的区别。一切众生从究竟的意义上说都是真如的表现方式，超越一切概念分别。顿教作为一种否定性环节，是大乘终教转向圆教的重要理论中介。

圆教之"圆"包括两个方面。一是圆摄，即法藏所说的"同教"，即《华严经》所代表的圆教的佛性说涵盖了前面四教的佛性说。前四教的佛性说虽然不是究竟之说，只是一种相对真理，但各有其合理性，作为一种方便说，可以成为圆教的一个组成部分。另一方面含义即圆融，即法藏所说的"别教"圆融无碍、一即一切、一切即一。在《华严经》所代表的佛的境界中，因果不二、依正不二、三世圆融。从佛性义看，圆教的佛性甚深广大，等同法界。不仅众生有佛性，一切山川国土草木瓦砾皆有佛性。

对于以上五教的佛性说，法藏认为可以分别从教义本身和佛性主体两个方面作出以下概括：

表 8 - 2 　　　　　　　　　　　　法藏的五教佛性说

	约法——隐显相收	约机——得法分齐
小乘教	随执非有门	一切皆无，唯除一人
大乘始教	随事亏盈门	亦有亦无，一分无性
大乘终教	从理遍情门	一切皆有，唯除草木
顿教	绝相离言门	非有非无，以离相故
圆教	性备众德门	具前四，一乘摄方便说即因即果，通三世间

从以上论述看，法藏对诸教的佛性说进行层次化的处理，将看似矛盾的佛性说分别置于不同的思想体系之中，将其相对化，从而达到将诸说统一的目的。如将"五性"说置于"大乘始教"的范畴，而将"一性"说置于"大乘终教"的范畴，再经过"顿教"的否定环节而在"圆教"中将"一性"和"五性"统一起来。在"圆教"中，"五性"说和"一性"说都只是真理的一个侧面，或者说是针对不同根机众生而言的真理。

法藏虽然在根本立场上认同"一性"说，但与法宝不同的是，他并没有否定"五性"说，而是对"五性"说作了再阐释，即五性不是种性的差异，而是修行阶位带来的差异。不是众生根据种性而分为五类，而是同一个人身上可以体现出五种不同的习性。如果此人无恶不作，那就是无佛性的众生，而一旦回心转意，潜心修行，就可以成为有佛性的众生。五性不是横向的"五性"，而是纵向的"五性"。这种对"五性"的重新解释，消弭了"一性"说和"五性"说之间的鸿沟，在承认一切众生皆有佛性的同时，也承认佛性在表现形态上的差异性。

法藏之所以能够统一"一性"说和"五性"说，还在于法藏强调众生有从"无性"转向"有性"的可能。虽然灵润、法宝等人也言及这种转变，但法藏对此作了更详细的论证。在《大乘起信论义记》玄谈的"教所被机"部分，法藏讨论了所谓趣寂声闻的问题。在印度佛教中，承认有一类声闻众非成佛之器，在涅槃之前不可能成佛。而法藏引用《佛性论》等说，认为以往

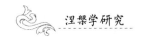

所说的"无余涅槃"只是灰身灭智，并不是真的涅槃。真的涅槃是建立在禅定基础上的般若智慧。在声闻进入涅槃之前，完全有可能"回心"，成就菩提。这就打破了唯识学所说的定性声闻的说法，承认声闻乘众生也具有佛性，也可以成佛。这可以说是对《涅槃经》一切悉有佛性说的一种理论深化。①

二 佛性缘起与如来藏缘起

佛教的根本宗旨就是超越烦恼而证得菩提，或者说超越生死轮回而获得永恒涅槃。而从烦恼到菩提、从生死到涅槃的转换过程，佛教用种种缘起来说明。提起缘起说，在佛教史上影响最大的缘起说是原始佛教的十二支缘起、唯识学的阿赖耶识缘起、华严学的法界缘起。除了这些缘起说，在中国佛教史上还有种种缘起说，如真如缘起、佛性缘起、如来藏缘起等。

佛性缘起出现于净影寺慧远的著作中。慧远在解释《涅槃经》中的四种佛性之一———阐提所有而善根人所无之不善性时，提出"佛性缘起"的概念，即"佛性缘起，为不善阴，故不善阴，名为佛性"。② 如上所述，慧远所理解的"佛性"与"如来藏""真识心"是同义词，那么其本质属性是无为法、清净法。而一阐提所具有的不善性毫无疑问是烦恼法、染污法。那么，作为清净法的佛性如何"缘起"生出不善法？其内在机制是什么？这是慧远需要解决的。在《胜鬘经》中就有"有二法难可了知；谓自性清净心，难可了知；彼心为烦恼所染，亦难了知"③。可见，在如来藏的话语系统中，两种异质的存在如何发生实质性关联是一大理论难题。为了解决这一难题，慧远引入"本识中无始熏习妄想种子"的概念，即"佛性缘起"不是佛性—不善法的二元结构，而是佛性—妄想种子—不善法的三元结构。佛性"生出本识"中无始以来业力所熏习的妄想种子，此妄想种子再"现行"为各种虚妄的主观和客观世界。慧远将"本识"中的"妄想种子"譬喻为空中月，而将虚妄

---

① 《起信论义记》卷上，"然彼二乘既不能知此三余故，是故化火烧分段身，入无余依。法尔皆有变易报残，而彼不知，谓为涅槃。而实但是未烧身前，期以灭智所得灭定。《法华论》云，方便入涅槃城故，涅槃城者，诸禅三昧城。过彼城已，令入大般涅槃城故"。《大正藏》第44册，第244页上

② 《涅槃经义记》卷九，《大正藏》第37册，第873页中。

③ 《胜鬘经》"自性清净章第十三"，《大正藏》第12册，第222页下。

万法譬喻为水中月。从种子和万法的关系看，种子是本，万法是映像，但由于"种子"是佛性所缘起，所以"佛性"才是种子和万法的根本。

净影寺慧远借助"妄想种子"概念似乎说明了虚妄万法的生起机制问题，但实际上这一概念只是说明了同是染污法的"种子"和妄法之间的关系，仍然没有解决清净法的"佛性"如何缘起"妄想种子"的问题。佛性与不善性之间的联结问题并不因导入"妄想种子"的概念而消解。而且，从佛性的词源看，这个概念主要为了说明众生与佛之间的连续性问题而被构想出来的概念，从缘起的角度看，一般用这个概念说明它与善法之间的关系。如在《佛性论》的三种佛性说中，"佛性"相当于自性住佛性，而一切善法相当于"引起佛性""果佛性"。但慧远的"佛性缘起"特意将"佛性"与一阐提所具有的"不善性"连接在一起，这实际上是自我设定了一个无解的难题。慧远给出的解释，不仅没有逻辑的说服力，相反，进一步彰显了"佛性"与"不善性"之间的异质性以及"佛性缘起"说的内在逻辑缺陷。正因为如此，这一概念在其后并没有流传开来，在法藏提出"如来藏缘起"说之后，"佛性缘起"就彻底销声匿迹。

"如来藏缘起"的概念，最早出现于法藏的《大乘起信论义记》。在对《大乘起信论》进行思想史定位时，法藏提出"四宗"说，即把大小乘经论的宗旨划分为随相法执宗、真空无相宗、唯识法相宗、如来藏缘起宗。《大乘起信论》属于"如来藏缘起宗"，其思想主旨是阐发"如来藏缘起"的道理。当然，在法藏看来，阐释"如来藏缘起"道理的经论不限于《大乘起信论》，还包括《楞伽经》《密严经》《佛性论》《宝性论》等。

如上所述，《宝性论》中的"如来藏"有"法身""真如""佛性"三重内涵，而法藏所说的"如来藏缘起"中的"如来藏"概念，基本上是在"真如"的意义上使用的，可以视为"真如"的同义词。从这个意义上说，"如来藏缘起"就是"真如缘起"。"真"者不虚；"如"者不动。"真如"是指万法真实不虚、不生不灭的本质。但这种本质不是一种实体，如果作"实体"解，恰恰违背佛教最根本的缘起性空的教义。实际上，"真如"与"实相""法界""空性"等属于同义词，可以把它们理解成一种超言绝相、非有非无的概念抽象。说它"非有"，是指它不具有实体性存在的任何特征如生灭、染

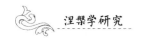

净等；说它"非无"，是指它是出世间法的存在，是我们思考万法真实时的逻辑起点。

那么，作为一种概念抽象，它如何与现象世界发生关系呢？实际上，在印度佛教中，如来藏与现象界的关系并不是生成和被生成的关系，而是一种本质和现象相依持的关系，即"依如来藏而有万法"，如来藏不是万法生成的质料因、形式因和动力因，"如来藏"和万法之间也不是历时性的关系，而是一种共时性关系。而净影寺慧远显然并没有理解这种关系的属性，其"佛性缘起"说，仍然认为"佛性""生出本识中无始以来业力所熏习的妄想种子"，这不仅违背"佛性"概念的原意，而且也不能使"佛性缘起"命题在逻辑上自洽。

法藏对如来藏缘起诸法的问题的思考，在早期和后期也存在很大变化。在《探玄记》中，法藏力图以"如来藏不守自性"作为"如来藏缘起"的逻辑起点。如来藏本性是不生不灭的无为法，但它要与作为有为法的烦恼等发生关联，必然要否定自己，通过这种自我否定而与烦恼染法结合。这种说法避开了如来藏作为无为法如何生出有为法的生成论困境，力图通过哲学上的"否定"概念给出一种存在论的解释。由于"真如"是非生灭法，所以站在"真如"的立场自然可以从自我否定的角度对其与烦恼的关联性作出说明。但烦恼是生灭法，站在"烦恼"的立场看待其生灭，仍然需要生成论的解释。

在后期的《大乘起信论义记》中，法藏的思想立场发生了微妙变化，法藏不再强调"如来藏不守自性"，而是强调"如来藏随缘所成"。这实际上是一种视角的转换，即从"真如"的视角转向"烦恼"的视角。从主体的角度看，"真如"指觉悟者的一种境界，与此相对，"生灭"则是凡夫众生的境界。这种转换同时意味着从觉悟者的视角转向凡夫众生的视角。《大乘起信论》的核心逻辑框架是"一心二门"，即将存在的"一心"分为"真如门"和"生灭门"。这里的二门并不是说"一心"作为实体，存在"真如"和"生灭"两种属性，而是指主体观察"一心"可能的两种立场或两种视角。如果我们用出世间的佛的视角看待"一心"，就是"真如门"，而用世间的众生的视角看待"一心"，就是"生灭门"。"如来藏缘起"是指"如来藏"（真如）在"生灭门"中与烦恼相结合而有万法的显现，此即"如来藏所缘所成"。

如此一来，法藏将如来藏（真如）如何与烦恼相结合的难题，转化为一种解释学的范式转换，即从存在论、生成论的解释范式，转换成由于主体观察视角的不同而呈现出的不同表象。当我们从觉悟者的视角观察，就是"如来藏"（真如）的如如不动、不生不灭；而从凡夫众生的视角观察，就是烦恼的生生灭灭。如来藏与万法之间的生成论的张力，在这种解释学的转换中在某种程度上被消解。

从净影寺慧远的"佛性缘起"和法藏的"如来藏缘起"的理论展开可以看出，"佛性"作为一个修行论的概念，与作为生成论、存在论概念的"缘起"之间的理论张力难以消解，将两者连接在一起的理论努力，实际上以失败告终。这从"佛性缘起"命题仅止于净影寺慧远，在后来的佛教思想中销声匿迹的历史事实中得到验证。而"如来藏"作为"真如"的同义词，除了具有修行论的内涵，同时具有存在论的特质，可以通过哲学的、解释学的转换，完成与烦恼等生灭法的对接，从而使"如来藏缘起"的命题得以成立。从与"缘起"概念的关系看，"佛性"与"如来藏"概念的内涵差异是明显的。

三　佛性与法性

《涅槃经》中有一段有名的经文"非佛性者，所谓墙壁瓦砾无情之物"①，也就是说，《涅槃经》所说的一切众生皆有佛性是有条件的，是排除墙壁瓦砾等一切没有感觉知觉的无情之物的。《涅槃经》的这一立场在中国佛教思想家那里得到进一步强化。如净影寺慧远在解释《涅槃经》的这段经文时，将"佛性"分为能知性和所知性，作为能知性的心性只存在于有情众生，而作为所知性的佛性则遍在于有情和无情。② 吉藏在讨论佛性问题时，立"通门"

---

① 《涅槃经》卷三十七，《大正藏》第 12 册，第 581 页上。
② 《大乘义章》卷一："二体义名性。说体有四，一佛因自体，名为佛性，谓真识心。二佛果自体，名为佛性，所谓法身。第三通就佛因佛果，同一觉性，名为佛性。其犹世间麦因麦果，同一麦性。如是一切当知，是性不异因果。因果恒别，性体不殊。此前三义，是能知性，局就众生，不通非情。第四通说，诸法自体，故名为性。此性唯是诸佛所穷。就佛以明诸法体性，故云佛性。此后一义，是所知性，通其内外。"《大正藏》第 44 册，第 472 页上。

和"别门",前者是依正不二的立场,后者是修行论的立场。从依正不二的立场看,不仅众生有佛性,而且草木也有佛性。但从修行论的立场看,众生有"心"故有"心迷",有"心迷"故有觉悟之理;草木无"心"故不迷,无迷则无觉悟。从这个意义上说,"众生有佛性,故成佛;草木无佛性,故不成佛"。①

中国佛教思想家这种非情无佛性和非情有佛性两说并立的做法,一直延续到唐代。如对澄观的佛性说有直接影响的唐初法宝的佛性说同样具有这一特征。法宝在《一乘佛性究竟论》的"佛性义"中,将"佛性"分为"理佛性"和"事佛性",前者指众生身中的第一义空、真如,后者指经由六波罗蜜等而证得之佛性。"理佛性"遍在于有情和无情,而"事佛性"则只存在于有情众生之中。②

关于《涅槃经》中的佛性说,华严宗使用"佛性"和"法性"一组概念进行了细分化处理。"佛性"属于《涅槃经》本有的概念,虽然其内涵也很丰富,但基本含义是指众生成佛的潜质和成佛的可能性。而"法性"概念则是般若系和瑜伽行派的概念,指万法的本质规定性,与"真如"概念相通。这两个概念分别属于大乘佛教的不同系统,原本没有交叉,华严宗思想家为了对《涅槃经》中的有情佛性和无情佛性进行更清晰的划分,将两个概念连接在一起。如法藏在《大乘起信论义记》中云:

> 法性者,明其真体普遍义,谓非直与前佛宝为体,亦乃通与一切法为性。即显真如遍于染净,通情非情,深广之义。《论》云,在众生数中,名为佛性;非众生数中,名为法性。③

在这里,法藏对"佛性"和"法性"概念作了明确区分,即有情众生的本质规定性是"佛性";而无情的墙壁瓦砾等的规定性则是"法性"。法性遍在于一切有情众生和无情万物,而佛性则只存在于有情众生。这种区分某种意义上与法宝的"理佛性"和"事佛性",乃至净影寺慧远的"能知性"和"所

① 《大乘玄论》卷三,《大正藏》第45册,第40页下。
② 参见〔日〕久下陞『一乘佛性權實論の研究』(上),東京:隆文館1985年版,第327页。
③ 《大乘起信论义记》卷上,《大正藏》第44册,第247页下。

知性"的划分是一样的逻辑。

但与净影寺慧远和法宝等不同的是，华严思想家并没有停留在这种概念的划分上，而是力图超越《涅槃经》的佛性说，在更高层次上将"佛性"和"法性"概念统合起来。这种统合是和华严宗的判教说联系在一起的。在华严宗思想家中，无论是二祖智俨还是三祖法藏都结合华严宗的五判教而谈佛性。如智俨就认为区分"本有佛性"和"行佛性"、否定草木成佛的立场是三乘终教的立场，而按照华严一乘教义的说法，依正不二，不仅众生不能成佛而且草木也可以成佛。① 法藏继承智俨的立场，也主张在"圆教"中，佛性和性起皆通依正，成佛通三世间（器世间、国土世间和有情世间），国土身等皆是佛身。② 也就是说，将"佛性"与"法性"进行区分只是层次较低的大乘始教的做法，而在最高的"圆教"体系中，佛性与法性获得统一，有情众生可以成佛，草木瓦砾也能够成佛。

但到华严宗四祖澄观那里，关于"佛性"与"法性"的理解又发生了微妙变化。如果说，智俨和法藏强调在"圆教"体系中的佛性与法性之间的统一性，那么，澄观则强调两个概念在修行论意义上的差异性。即从万物的根本规定性（"性"）的立场出发，佛性和法性没有区别，换言之，从诸佛的依正不二（主体世界与客体世界的同一）角度看，不仅法性遍于一切诸法，而且佛性也遍于一切诸法。但从现象的层面或修行论的立场出发，佛性与法性不同。澄观引用《大智度论》之说云："《论》云，在非情数中，名为法性；在有情数中，名为佛性。明知非情非有佛性。"③ 在这里，澄观显然呼应了《涅槃经》的"非佛性者，所谓墙壁瓦石无情物也"的说法，即强调没有情感反应的墙壁瓦石等没有佛性。

关于佛性与法性问题，澄观之所以回归《涅槃经》的立场，与澄观在修

---

① 《华严五十要问答》初卷"若依三乘终教，则一切有情众生皆悉成佛。由他圣智显本有佛性及行性，故除其草木等，如《涅槃经》说。依一乘义，一切众生通依及正，并皆成佛，如《华严经》说"。《大正藏》第45册，第519页下。

② 《探玄记》卷十六："若三乘教，真如之性，通情非情，开觉佛性，唯局有情。故《涅槃经》云，佛性者，谓草木等。若圆教中，佛性及性起，皆通依正，如下文辨。是故成佛，具三世间，国土等皆是佛身。是故局唯佛果，通遍非情。"《大正藏》第35册，第405页下—406页上。

③ 《华严经疏》卷三十，《大正藏》第35册，第726页中—下。

行论的层面重视圣与俗的区分有关。站在佛菩萨的立场看，的确可以说因果不二、依正不二。在诸佛解脱的世界里，不仅众生成佛，还连带着众生所在的世界也变成佛的世界。但在凡夫众生的世界里，此岸世界与彼岸世界之间存在着鸿沟，只有通过累劫的修行才能克服烦恼证得菩提。在修行论视域中，佛性和法性概念之间的差异就彰显出来。因为草木瓦砾没有感觉知觉，也没有烦恼，所以不可能修行成佛。从这个意义上说，无情之物只有作为某物的规定性（法性），而不具有成佛的可能性（佛性）。

澄观从"性""相"二元论的立场出发对"佛性"和"法性"作出的区分，受到天台宗湛然的激烈批评。天台湛然在《金刚錍》中认为，虽然华严宗引用《大智度论》之说，将佛性和法性加以区分，但实际上《大智度论》中并没有被引用的原文存在，也就是说，将两个概念加以区分并没有经典依据。从理论上讲，相对于澄观的性相二元论，湛然从"真如"一元论的角度论证佛性与法性的同一性。即无论是佛性还是法性都是"真如"的一个侧面，都是真如之体的用。两者不能分割。如果将两者分割，在教义上就属于不究竟的"小宗"，只有将两者统合起来，才是"大宗"。①

在印度佛教语境中，"佛性""法性"与"真如""法界"等概念可以互换，都是表达世界的终极真实的概念。在《涅槃经》中，这两个概念也是同义词。在中国天台宗中，湛然以法性诠释佛性的做法是符合《涅槃经》原意的。但澄观这两个概念的区分，是对两个概念内涵的拓展，也是佛性思想中国化的理论成果之一。

四　佛性与第一义空

《涅槃经》中有一段关于佛性与空的论述：

> 善男子！佛性者名第一义空，第一义空名为智慧。所言空者，不见空与不空。智者见空及与不空、常与无常、苦之与乐、我与无我。②

---

① 《金刚錍》"故知觉无不觉，不名佛性；不觉无觉，法性不成。觉无不觉，佛性宁立。是则无佛性之法性，容在小宗；即法性之佛性，方曰大教"。《大正藏》第46册，第783页上。
② 《涅槃经》卷二十七，《大正藏》第12册，第523页中。

一般认为，《涅槃经》所说的众生佛性悉有，代表着大乘佛教"有"的逻辑，与《般若经》等所说的诸法皆空所代表的"空"的逻辑不同。但如上述《涅槃经》经文所示，佛性的论述最初就与"第一义空"的概念相关联。这说明《涅槃经》的作者从一开始就意识到佛性概念作为"有"的逻辑如何与中观思想所代表的"空"的逻辑相协调、相整合的问题。不仅是佛性概念，包括《胜鬘经》的如来藏概念也面临着"有"与"空"问题的纠缠。原本"空"这个概念，在表示对某种东西的否定、非存在的同时，也意味对某种真实性、超越性存在的肯定。而佛性或如来藏的"有"的逻辑也并不排斥"无"的逻辑。也就是在佛性的底层逻辑中就不能排除"空"的问题。中国三论宗所提倡的中道佛性说，实际上也与《涅槃经》《胜鬘经》的这种结合"空"来谈佛性的思想有关联。

关于《涅槃经》的这段经文，历代注释家的解释各有不同。如唐初的涅槃学大家法宝在《涅槃经疏》中对此段经文结合《胜鬘经》作出了解释。法宝现存的《涅槃经疏》只有两卷，其中关于这段经文的解释付之阙如。所幸澄观在《演义钞》中有如下引用：

> 下文云，一切诸法皆是虚妄，随其灭处，即是第一义空等。故知第一义空是不空如来藏，非空如来藏。诸佛菩萨，真俗双观，有无齐照，故名中道。又准下文云，佛性云何为空？以其常故。云何非空非非空？能与善法作种子故。准此经文，第一义空不是空如来藏。①

根据澄观的引述，法宝严格区分"空"与"第一义空"，认为"空"为"无"之义，即"非有""非存在"；而"第一义空"则为"有"之义。法宝在解释《涅槃经》的"一切诸法皆是虚假，随其灭处，即是第一义空"时云，"故知妄相灭无，名之为空。所显实理，名为空性。相即非有，性即非无"②。法宝从"相"和"性"两个角度来界定"空"与"不空"。一切诸法的假相即"空"，假相背后的真实之理即"不空"或第一义空。在法宝

① 《大方广佛华严经随疏演义钞》卷十，《大正藏》第36册，第37页上。
② 《大般涅槃经疏》卷九，《玻璃版大般涅槃经疏》，1924年。

看来，因为"空如来藏"意味着烦恼的"灭无"，而"不空如来藏"意味着无量性功德，所以《涅槃经》的"第一义空"只能是"不空如来藏"而非"空如来藏"。

法宝还从唯识的三性说的立场来界定"空"与"不空"，即"空"意味着遍计所执性和依他起性，而"不空"则意味着圆成实性。澄观在诠释这段经文时也结合唯识说来解说"空"与"不空"，但其结论却与法宝完全相反。澄观引用《辨中论》的三空说（遍计所执性为无性空，依他起性为异性空，圆成实性为自性空），对法相宗与法性宗的"空"说的差异作了如下说明：

> 谓依他是因缘所生之法。缘生无性，无性故空。空即圆成，更无二体。此中无性，即无遍计妄执之性。法相宗中，无于遍计。无即是空，故但空遍计。法性宗中，则依他起性上无遍计性，故依他即空。空即无性之理，无性之理，即是实性。①

在澄观看来，法宝对"空"的理解属于法相宗的无性空、异性空。在法相宗的范畴中，空与不空相异，而在法性宗的范畴中，一切缘起法无自性即为空，因此空与不空为一体不二的关系。如果从法性宗的空观来把握如来藏，那么"空如来藏"的"空"就不是烦恼的虚妄性，而正是烦恼的真实本性。也就是说，空如来藏的"空"不是烦恼的"相空"，而是烦恼的"性空"。因此，澄观主张"第一义空"意味着"空如来藏"，而且"空如来藏"与"不空如来藏"不相分离。

除了以第一义空定义佛性，《涅槃经》还将佛性与中道联系在一起，而此处的中道概念又与上述的"空""智慧"密切相关，即"中道"意味着不偏于"空"与"不空"的任何一边，而是既见"空"又见"不空"。但这里的"见"的具体内涵是什么呢？"见"的主体是谁？对"见"的不同理解，决定着对"智慧"乃至"佛性"内涵的不同理解。按照澄观的引用，法宝主张《涅槃经》经文中的"见"的主体是佛及菩萨，也就是经文中出现的"智

---

① 《演义钞》卷九，《大正藏》第36册，第65页中。

者"。而所谓智慧就是佛菩萨的智慧，即果位的智慧。法宝的这种见解与其两种佛性观联系在一起。在法宝看来，佛性分为"性得"和"修得"两种，所谓"性得"即"性得中道""智慧觉性"，相当于人人本具的觉悟的潜质和可能性；而"修得"即佛菩萨经过修行而同时关照"空"与"不空"的智慧。这样，所谓佛性的智慧就是"修得佛性"的智慧。

　　与此相对，澄观则对《涅槃经》的上述经文作了完全不同的解读。首先，关于经文中的"见"，澄观认为，此处的"见"并非基于主体与客体分立的"修见"，而是主客一体的无分别之"见"，即"性见"。此"性见"非修得之智慧，是第一义空应有之义。即众生本有的、能同时观照"有"和"无"的智慧性。这种强调众生本有智慧性的立场，显然更接近如来藏思想本来的立场。其次，关于经文中的"智者"，澄观的解释也与法宝不同，即"智者"并不是所谓佛菩萨等"见"的主体，而是指智慧本身。如此一来，智慧就不是所谓"修得"的智慧，而是指"性得"的智慧。①

　　法宝与澄观在佛性问题上的对立，正如澄观所说，源于"法相宗"与"法性宗"的立场的对立。而"法相宗"与"法性宗"最根本的区别是"真如随缘凝然别"，即真如是如如不动还是随缘而成一切法。"法相宗"以众生的心识为基础，强调染污的心识转化为清净的智慧；而"法性宗"则以理、真如为基础，强调心与性、理与事的相互融摄。在法相宗的系统中，真如是凝然不动的，所以众生的性得佛性与修得佛性不同，而在法性宗的系统中，真如随缘生起万法，性得佛性和修得佛性是体与用的关系，是一体不二的关系。

　　在《演义钞》中，澄观还讨论了以《大乘起信论》为代表的"大乘终教"与以《华严经》为代表的"圆教"在佛性问题上的区别。《大乘起信论》以体、相、用三大表达"心"或"如来藏"的本体性和普遍性的统一，以三大之间的互涉互融表达众生的"本觉"（本有的觉性）与佛菩萨的"始觉"的一体性。换言之，众生的性得佛性与修得佛性的统一，已经在《大乘起信

---

　　① 《演义钞》卷十，"智者见空与不空下，释上智慧。经文稍略。若具应云，所言智慧者，能见于空及与不空。故此中'者'字，非是人也，只是牒词。此中言'见'，非约修见，但明性见。本有智性，能了空义及不空故"。《大正藏》第 36 册，第 73 页上。

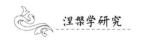

论》等著作中得到诠释和说明,那么,华严宗的圆教教义的特殊性在哪里呢?澄观云:

> 若尔《起信论》中已有此义,何以独名华严为别教耶?故次释云。《起信》虽明始本不二,三大攸同,而是自心各各修证,不言生佛二互全收。是则用《起信》之文,成华严之义,妙之至也。①

即虽然《大乘起信论》和《华严经》都讲"本觉"与"始觉"不二,但《大乘起信论》是站在众生的立场来看二者的关系,而《华严经》则是站在佛的立场看待二者的关系。只有站在佛的立场看待二者的关系,才不仅可以说"本觉"与"始觉"不二,而且可以进一步说众生与佛二者相互包摄,佛就是众生,众生就是佛。也就是说,性得佛性与修得佛性的最终统一,只有在《华严经》所代表的圆教的系统中才得以实现。

---

① 《演义钞》卷十三,《大正藏》第36册,第97页上。

附　录

附录1　《涅槃经》与唐代居士佛教

——以唐导江县令韦谂撰《注大般涅槃经》为中心

从《涅槃经》的注释史看，相较于南北朝和隋代，在唐代，《涅槃经》的注释活动进入一个衰退期。这一方面是因为《涅槃经》在隋代就已经被地论宗、摄论宗等吸收，作为一个相对独立的学派已经失去了独立性；另一方面，随着唯识宗、天台宗、华严宗、禅宗等宗派的兴起，中国佛教的主题已经发生了根本性转折，由偏教理的佛教转向教理与佛教实践并重的佛教。南北朝时期，围绕《涅槃经》的佛性论争曾主导佛教思想界的动向，而在唐代，判教说等成为主流话题。虽然在唐初关于佛性的论争也曾在佛教界掀起涟漪，但总体来看，这一话题已经不是思想界的主流，而作为佛性说源头的《涅槃经》也不再是主流经典，其在佛教界的地位被《法华经》《华严经》等经典取代。

在唐代，"涅槃宗"作为一个学派虽然不复存在，但《涅槃经》的思想影响仍然持续不绝。在唐代佛教诸宗派中，《涅槃经》的影响仍很显著。如在本书第八章所叙述的那样，无论是在天台宗还是在华严宗中，《涅槃经》的思想经过改造被诸宗思想家吸收，成为构筑宗派思想体系的重要思想要素。如天台宗的"三种涅槃"说、"新伊三点"说、"佛性即法性"说等都是基于《涅槃经》教义而发展起来的重要思想。在华严宗中，法藏对佛性、法性的区分，澄观对"如来藏"与"第一义空"的重新解释，也可以视为《涅槃经》思想的一种创造性转化和创新性发展。

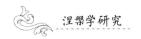

除了在教理佛教层面可以看到《涅槃经》的影响之外，在社会层面，我们也可以看到《涅槃经》的传播及其影响。如唐代曾有一部出自居士韦谔之手的《涅槃经》注释书——《注大般涅槃经》存世。这部著作在中国失传已久，在日本则有残卷存在。日本学者青木佳伶对此著作了文献学的考证。现以《注大般涅槃经》为例，对《涅槃经》在唐代居士佛教中的传播略作考察。

一 《注大般涅槃经》的文献学特征

根据青木佳伶的调查①，《注大般涅槃经》在中国未发现存本，在日本则有以下七卷留存：

（1）《注大般涅槃经》卷二，奈良时代写本，藏于三重县西来寺，是对《涅槃经》"寿命品"的注释；

（2）《注大般涅槃经》卷八，奈良时代写本，藏于滋贺县西教寺，是对《涅槃经》"如来性品"的注释；

（3）《注大般涅槃经》卷十，奈良时代写本，藏于滋贺县圣众来应寺，是对《涅槃经》"如来性品"的注释；

（4）《注大般涅槃经》卷十二，奈良时代写本，藏于三重县西来寺，是对《涅槃经》"圣行品"的注释；

（5）《注大般涅槃经》卷十四，奈良时代写本，藏于京都毗沙门堂，是对《涅槃经》"圣行品"的注释；

（6）《注大般涅槃经》卷十九，奈良时代写本，藏于神奈川县西方寺，是对《涅槃经》"梵行品"的注释；

（7）《注大般涅槃经》卷二十二，奈良时代写本，藏于东京五月堂美术店，是对《涅槃经》"光明遍照高贵德王菩萨品"的注释。

---

① 参见［日］青木佳伶『「注大般涅槃経」の文献学的研究』，京都：法藏館 2022 年版，第11—12 页。

现存诸本的卷首皆有"导江县令韦谂注"的题记，因为在历史上只有唐代武德二年（619）至武德九年（626）以及开元年间（713—741）使用"导江县"的名称，所以，《注大般涅槃经》的作者韦谂或者生活在唐朝初期或者生活在唐朝中期。青木佳伶根据唐朝政治形势的演变，特别是发生在唐中宗时代的"韦后事件"（710 年）推测，由于当时韦氏一族受到整肃，不排除韦谂被贬到相对偏远的导江县的可能性。① 也就是说，韦谂应该是生活于唐开元年间的一位有佛学造诣的官僚。但由于现存史料中找不到关于韦谂生平的任何记载，所以关于韦谂的生卒年代、生平事迹、学术传承等皆不得而知。从《东域传灯目录》《奈良朝现在一切经疏目录》《古圣教目录》等经录的记载看，除了《注大般涅槃经》之外，韦谂还著有《注维摩经》六卷、《注金刚般若经》、《注法华经》等著作。② 可见，韦谂是当时相当博学的士大夫，在当时的佛教界和知识界有一定影响力。

那么，韦谂的《注大般涅槃经》是如何经由入唐僧而传到日本的呢？日本天台宗僧人圆仁在所著的《入唐求法巡礼行记》中记载，在旅途中曾受到许多有佛学素养官僚的帮助，还记载曾受地方官僚的邀请而做佛学讲座。③ 在佛教全盛期的开元年间，日本入唐僧在中国与地方官僚接触的机会应该很多。而成都在当时是佛教隆盛的都市，故青木佳伶猜测日本入唐僧到访成都时与韦谂有接触，从韦谂手里得到《注大般涅槃经》。④ 实际上，当时的入唐僧登陆中国的地点一般在宁波，回国时也在宁波等待归国的商船。有时候归国的日僧在宁波要等待半年甚至一年以上。在此期间，日僧有机会在宁波等地的寺院见到佛经和注释书。如前几年在日本发现的姚昙所著《三教不齐论》就

---

① 参见［日］青木佳伶『「注大般涅槃経」の文献学的研究』，京都：法藏館 2022 年版，第 50 页。

② 参见［日］青木佳伶『「注大般涅槃経」の文献学的研究』，京都：法藏館 2022 年版，第 53—60 页。

③ 圆仁：《入唐求法巡礼行记》卷二："二十三日早朝，赴萧判官请，到宅吃粥汤药茗茶周足。判官解佛法，有道心，爱论义。见远僧殷勤慰问，欲斋时，节度副使差一行官唤入州，进奏院斋。官人六七人，饮食如法。"《大藏经补编选录》第 18 册，58 页。

④ 参见［日］青木佳伶『「注大般涅槃経」の文献学的研究』，京都：法藏館 2022 年版，第 50 页。

是日本僧人空海在宁波发现并带回日本的。① 考虑到韦谂地处唐朝的边地，日本入唐僧亲自接触韦谂的可能性很小。与《三教不齐论》一样，《注大般涅槃经》很可能也是在外地被日本入唐僧发现并带回日本的。

关于何人将《注大般涅槃经》带到日本，青木佳伶考察了唐开元年间及其前后遣唐使的入唐情况，认为道慈（生卒年不详，702—718 年在唐）和玄昉（生卒年不详，717—735 年在唐）的可能性比较大。因为根据文献记载，道慈和玄昉回日本时各带回了约五千卷的经典。②

关于《注大般涅槃经》的文献学特征，有三点值得注意：一它是针对北本《涅槃经》所作的注释；二是韦谂是用"注"而非"疏"的方式来注释《涅槃经》；三是针对经典中术语的注释占相当比例，故韦谂的注释兼有《涅槃经》词典的性质。

在南北朝时期，由于南朝的佛教学和涅槃学比之北地更盛，所以南本《涅槃经》即三十六卷本《涅槃经》成为注释者青睐的版本。《涅槃经集解》所收录的诸家注释皆针对南本《涅槃经》。基于北本《涅槃经》的注释在唐代之前，只有净影寺慧远的《涅槃经义记》。而韦谂不仅选择北本《涅槃经》作注，而且在注释过程中，多处引用净影寺慧远《涅槃经义记》。可见，韦谂对北本《涅槃经》情有独钟。但在经文注释过程中，韦谂又时常引用南本《涅槃经》乃至六卷本《泥洹经》的经文，显示出作者并没有独尊北本《涅槃经》。按照汤用彤等的说法，南本《涅槃经》和北本《涅槃经》相比，在文字上更加典雅和考究，而北本《涅槃经》则更为质朴。韦谂或许更喜欢质朴的经文。③

在中国佛教经典注释史上，有一个从"注"到"疏"的转变。早期的经典注释多"注"，如《维摩经注》《心经注》等。"注"需要将经典原文全文抄出，所以多针对篇幅较小的经典。而后来出现的"疏"则不需要将经典全

---

① 纯一：《〈三教不齐论〉与唐代三教关系》，《儒释道融合之因缘研讨会论文集》2013 年。

② 参见［日］青木佳伶『「注大般涅槃経」の文献学的研究』，京都：法藏馆 2022 年版，第 69 页。

③ 汤用彤："总之，南北二本之不同，一、为品目增加，此仅及北本之前五品。二、为文字上之修治。则南北本相差更甚微也。"《汉魏两晋南北朝佛教史》（增订本），第 336 页。

文抄出，只需要将经典段落标出即可，如"从××讫××"。《涅槃经》特别是昙无谶翻译的四十卷本《涅槃经》以及南本的三十六卷本《涅槃经》篇幅都很长，所以自道生的《关中疏》以讫唐代的灌顶《涅槃经疏》大都以"疏"的方式对《涅槃经》进行诠释。

但《涅槃经集解》则是针对三十六卷本《涅槃经》而作的"注"。无论是"圣语藏本"还是"白鹤美术馆本"都是在抄出《涅槃经》相关段落之后再进行注释。这有些不合常理，因为《涅槃经》篇幅很长，适合作"疏"而不适合作"注"。但事情并不是绝对的。在5世纪末6世纪初，出现了一些针对大部头经典的"注"。如灵辨在公元622年撰述《华严经论》，此书是针对六十卷本《华严经》所作的"注"。由于在将《华严经》全文抄出基础上作"注"，所以《华严经论》有百卷之巨。在南北朝时期出现对大部头经典如《涅槃经》和《华严经》的全文注释，或许与5世纪后半叶北方的战乱有关。由于社会出于混乱状态，佛教经典翻译事业处于停滞状态，已经翻译出的经典也难以流通。为了适应佛教徒的信仰需求，经典的注释者就以"注"的方式来传播经典，满足佛教徒的信仰需求。

韦谞为《涅槃经》作"注"，可以说是继承了《涅槃经集解》的做法。但在隋唐之后，"疏"已经取代"注"成为经典解释的主流方式，在此背景下，韦谞的《注大般涅槃经》显得不合时宜。究其原因，或许与韦谞僻居边地，经典流通不畅有关。为了便于佛教徒学修《涅槃经》，韦谞不惮其劳，在抄录《涅槃经》全文的基础上作出注释。

能够佐证这一点的是本书的第二个特征，即对《涅槃经》出现的概念和术语作出详细注释的做法。如《注大般涅槃经》卷二出现的"婆罗门"，注曰"净行者也"；"毗舍"，注曰"若今之官长也"；"首陀"，注曰"农夫之类也"。而韦谞的《注金刚般若经》中，"比丘尼"，注曰"尼女称也"；"优婆塞"，注曰"此言净信士"；"优婆夷"，注曰"此言净信女"等。其中的"婆罗门"等词语，对于一般有佛学素养的佛教徒来说都是常识性的术语，不需要特别加以注释。而韦谞对于这些耳熟能详的词语都加以注释，说明韦谞《注大般涅槃经》的读者对象是庶民阶层的佛教徒，而不是社会精英阶层的佛教徒。因为这些潜在的读者群文化水准和佛学素养不高，对于《涅槃经》的

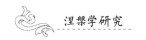

术语理解有困难，所以需要特别加以解释。

二 《注大般涅槃经》的撰写背景

《注大般涅槃经》的撰写背景从大的方面看，是唐代佛教的庶民倾向，与此相联系的则是居士佛教的活跃。

佛教最初传到中国，如我们在史书中所看到的，是在王公贵族中传播。无论是汉明帝夜梦金人，还是楚王英祭祀浮屠，都显示出这一倾向。这一倾向即使在南北朝时期也仍然很显著。如南齐萧子良、梁武帝、昭明太子等，不仅是佛法的弘扬者，而且是当时佛教信仰的引领者，其信仰活动影响到当时的社会文化形态。

在唐代初期，以法相宗和华严宗为代表的佛教宗派仍然具有强烈的贵族佛教、精英佛教的特质。佛教界的代表人物玄奘、法藏等备受朝廷推崇，而玄奘的《成唯识论》和法藏的《探玄记》等著作需要高深的佛教素养才能读懂，所以这些著作和它们所体现的教义教理也只是在精英阶层才有影响力。

但在唐中期之后，随着禅宗和净土宗的兴起，佛教的庶民化倾向显著增强。净土宗僧人积极地以庶民为对象讲经说法，以称名念佛法门吸引大批社会底层民众。而原本栖息于山林的禅宗僧人也进出都市，推动了禅思想的普及。这种实践性佛教的流行带来了中国佛教信仰形态的巨大变化。相对于佛教的深奥教义，信仰者更倾向于通过布施而获得福禄寿等现世的幸福，人们或者希望通过念咒而免除世间的痛苦，或者希望通过念佛使来世往生极乐世界。据《太平广记》（卷102—115 "报应类"）记载，在当时庶民阶层最流行的经典是《般若经》《法华经》《金光明经》《无量寿经》《药师经》等。民众相信通过受持读诵书写这些经典可以免除疾病灾难，获得种种现世的福报。

佛教世俗化的另一个表征则是佛教的法会斋会等仪式仪轨渗透到传统的葬礼等活动中。如在佛教的丧葬仪式中会有诵经超度等活动，这些佛教特有的仪轨在唐代已经进入儒家传统的葬礼之中。如开元初期的著名宰相姚崇（650—721 年）目睹当时佛教的种种弊端，曾上书唐玄宗，建议清理寺院、淘汰僧尼。但即使是对佛教持严厉立场的姚崇，也难以抗拒社会习俗的强大力量。《旧唐书》卷九十六"姚崇传"记载，姚崇临终遗言云："夫释迦之本法，为苍生之大弊，汝等各宜警策，正法在心，勿效儿女子曹，终身不悟也。吾亡后必不得为此弊法。若未能全依正道。须顺俗情，从初七到终七，任设七僧斋。若随斋须布施，宜以吾缘身衣物充，不得辄用余财，为无益之枉事，亦不得妄出私物，循追福之虚谈。"① 姚崇希望完全按照儒家仪式办理自己的葬礼，但也意识到完全排除佛教的斋会不太现实。由此可以看出佛教的法会斋会等已经深深嵌入传统的儒家仪式中。

再有是佛教法会的民俗化。如盂兰盆会本来是佛教特有的法事活动，但从唐玄宗时代开始，成为向民众开放的民俗活动。如圆仁记载唐文宗时期在太原举行的法会情景云，寺院装饰华丽，"光彩映人"，市民倾城出动，尽来观礼。② 又如由佛教的燃灯供养演变而成的灯会，也成为社会民俗的一部分。在唐代都市有严格的夜禁制度，晚上市民严禁出门。但在正月十四、十五、十六日三天，因为有寺院灯会而全民尽出，热闹非凡。③

佛教的庶民化意味着佛教走向社会，成为社会公共的精神财产。相应地，对经典的解释不再是佛教高僧的专利，社会上有佛教信仰和佛学修养的士大夫也参与到经典注释的行列中来。在唐代著名的佛教居士有王维（701—761年）、颜真卿（709—785年）、白居易（772—846年）、裴休（791—864年）等。特别是裴休曾为华严宗四祖澄观撰写《妙觉塔记》、为华严宗五祖宗密（780—841年）撰写《圭峰定慧禅师碑》，还曾为宗密所撰写的《注华严法界观门》《圆觉经略疏》作序。裴休虽然没有为特定经典作注疏，但在上述作品中体现出很高的佛学素养。

与韦谠一样作为在职的官僚而为经典作注的例子，还有唐代刑部郎中封

---

① （五代）刘昫等：《旧唐书》卷九十六《姚崇传》，中华书局1975年版，第3028—3029页。

② 《入唐求法巡礼行记》卷三"十五日赴四众寺主请。共头陀等，到彼寺斋。斋后入度脱寺，巡礼盂兰盆会。及入州，见龙泉，次入崇福寺。巡礼佛殿阁下诸院，皆铺设张列，光彩映人，供陈珍妙。倾城人尽来巡礼，黄昏自恣。"《大藏经补编选录》第18册，第80页上。

③ 《入唐求法巡礼行记》卷一："十五日夜，东西街中，人宅燃灯，与本国年尽晦夜不殊矣。寺里燃灯供佛，兼奠祭师影。俗人亦尔，当寺佛殿前建灯楼，砌下庭中，及行廊侧皆燃油。其灯盏数，不遑计知。街里男女，不惮深夜，入寺看事。供灯之前，随分舍钱。巡看已迄，更到余寺看礼舍钱。诸寺堂里并诸院，皆竞燃灯。有来赴者，必舍钱去。"《大藏经补编选录》第18册，第20页中。

无待。封无待约生活于 7 世纪后半叶至 8 世纪前半叶，其所著《注心经并序》在中国失传，但保存在日本古写经中。① 从这一文献可以看出唐代中期官僚士大夫的佛学造诣和注释风格。封无待的例子说明，在唐代，官僚士大夫在为政之余注释佛教经典并不是孤例。只是由于社会的和思想的原因，这些注释书并没有进入中国佛教思想史的主流。如果不是日本入唐僧带回日本并抄写保存，这些著作势必被湮没在历史的尘埃中。

三 《注大般涅槃经》的思想特征

就现存的《注大般涅槃经》七卷内容看，韦谂就《涅槃经》的以下核心问题，表达了自己的立场，显示出韦谂对《涅槃经》思想的独特认知。

（一）关于涅槃思想

《涅槃经》，顾名思义，是以"涅槃"为核心主题的经典。但佛教的涅槃教义经历了从原始佛教涅槃到大乘佛教涅槃的转变，其内涵意蕴丰富，后世的解说也分歧众多。在原始佛教中，涅槃是烦恼之火的熄灭，特指佛陀的解脱和觉悟以及最后的入灭。在大乘佛教中，比之修行者个人的解脱和觉悟，更强调菩萨即使获得觉悟也不舍众生，并以般若智慧启发众生，让一切众生皆得解脱。所以，大乘佛教虽然也接受了原始佛教的涅槃说，但对这一概念作了再解释，即涅槃不再是肉体的入灭，也不再是个体的解脱和觉悟，而是与般若和法身概念集合在一起的境界论概念。那么，韦谂是如何理解涅槃的呢？

韦谂在解说《涅槃经》"寿命品"中的"究竟断有者，今日当涅槃"时注云："有谓有身之有也。如来久已无有，而今舍身。此明非灭而现灭也。"② 也就是说，"涅槃"是佛所特有的境界，由于佛已经超越了世俗的生死，其肉体的死亡并不是世俗意义上的死亡，而是为了教化众生而示现死亡。从这个意义上说，佛的"涅槃"已经超越了凡夫众生作为烦恼的"死苦"，而达到

---

① 参见［日］落合俊典『刑部郎中封無待撰「注心経並序」本文と小考』，『国際佛教大学院大学懸研究紀要』2011 年第 15 号。

② ［日］青木佳伶：『「注大般涅槃経」の文献学的研究』，京都：法藏館 2022 年版，第 176 頁。

了极乐的境地。韦谂在解释"是故于今日，纯受无上乐"时注云："有有即有苦，无有即无苦。无苦之极，是名妙乐。"① 对于凡夫众生来说，痛苦的根源是我们的身体，只要肉体存在一天，就有种种烦恼痛苦，肉体归灭，烦恼就结束。佛菩萨已经证得无生的境界，超越了肉体的生死。所以，进入涅槃，不仅仅是烦恼的结束，也是一种极乐的境界。

那么，凡夫众生的死亡与佛菩萨的涅槃之间存在差异的根源何在呢？在注释《涅槃经》的"我等今者，皆未得度，云何如来便欲放舍，入于涅槃？"时云："若弃众生入涅槃者，是无兼爱之心。云何见舍，将入涅槃？"② 正如帝王将命终时，会大赦天下一样，佛菩萨也应度一切众生之后方如涅槃。如果放弃度化众生的责任而入涅槃，不符合大乘佛教的慈悲精神。韦谂这里没有用佛教的术语"慈悲"而用了"兼爱"。"兼爱"即不分亲疏，爱所有的人和事，是战国之际，墨子所提倡的一种伦理思想。其针对的是儒家的"爱有差等"的观念。如果说儒家的仁爱是建立在种种社会基础之上的仁爱，那么，墨家的"兼爱"则是超越阶级、超越亲疏的普遍的爱。韦谂用"兼爱"来表达佛菩萨不舍众生的精神，显示出其传统文化的素养以及将佛教精神与中国传统思想观念相结合的企图。

在南北朝时期，《涅槃经》注释家不约而同地关注到《涅槃经》"寿命品"中的"伊字三点"的说法，正如伊字三点之间不纵不横不离的关系，涅槃概念所蕴含的法身、般若、解脱三义也是互涉互融的关系。韦谂在注释《涅槃经》的"解脱之法亦非涅槃，如来之身亦非涅槃，摩诃般若亦非涅槃，三法各异亦非涅槃"时云："夫证涅槃者，要有能证之身，智慧之用。又须烦恼等灭，三法具足，名证涅槃。此三各别，未有断证，非涅槃也。"③ 关于《涅槃经》的"我今安住如是三法"云："无感不应，名为法身；无境不照，称为般若；无累不尽，是名解脱。三法圆备，即是涅槃。"④ 这种解释路径，与《涅槃经集解》中所收录的诸家解释是一致的。

---

① ［日］青木佳伶：『「注大般涅槃経」の文献学的研究』，京都：法藏館2022年版，第176页。
② ［日］青木佳伶：『「注大般涅槃経」の文献学的研究』，京都：法藏館2022年版，第200页。
③ ［日］青木佳伶：『「注大般涅槃経」の文献学的研究』，京都：法藏館2022年版，第198页。
④ ［日］青木佳伶：『「注大般涅槃経」の文献学的研究』，京都：法藏館2022年版，第198页。

值得注意的是，韦谠在注释《涅槃经》的"汝诸比丘，今当真实，教敕汝等"时云："欲示新伊涅槃，故云真实教敕。"① 这里出现了"新伊"的概念。"新伊"概念出自灌顶的《涅槃经疏》。所谓"新伊"即基于天台宗的圆融教义的伊字三点，而"旧伊"则是《涅槃经》中所说的伊字三点。在灌顶看来，它们之间的区别在于，《涅槃经》中的伊字三点所代表的法身、般若、解脱之间还缺乏内在的一体性，而天台宗的伊字三点所代表的法身、般若、解脱之间则是圆融一体的关系，是三而一、一而三的关系。② 韦谠接受"新伊"的概念，说明他受到灌顶的《涅槃经疏》和天台宗思想观念的影响。

（二）关于生死思想

与涅槃相伴生的问题就是生死问题，在原始佛教中，涅槃意味着生死，而在大乘佛教中，涅槃恰恰是对生死的超越。韦谠也将生死分为两个层面。一是小乘佛教中所说的生死，这种意义上的生死就是众生肉体的生死。韦谠在注释《涅槃经》的"汝今当观诸行性相"时云："小乘佛法中，以佛是有，为诸行所摄。若观性相无常，而佛色身终归坏灭。"③ 即在小乘佛教的无常观中，佛的肉身也是因缘和合而成，属于无常的存在，有生就有灭。这也是世俗意义上的生死观。

在《涅槃经》的"寿命品"中，文殊师利曾讲述佛陀的无常，而纯陀则讲佛陀常住，寿命无量。那么，如何看待这种看似矛盾的说法呢？韦谠释曰："文殊说佛无常，以权道除常也。纯陀说佛常住，以实智除无常也。二俱利益，两义无伤。"④ 也就是说，文殊菩萨随顺众生的理解能力，宣说有生就有死，不应该贪其生而恶其死。但这种无常观是一种"权道"即非究竟的道理。从究竟的意义上说，佛所代表的真理是常住不灭的。

---

① ［日］青木佳伶：『「注大般涅槃経」の文献学的研究』，京都：法藏館 2022 年版，第 197 頁。
② 《涅槃经疏》卷六："新伊字者，譬今教三德。法身即照，亦即自在，名一为三，三无别体，故是不横。非前非后，故是非纵。一即三，如大点；三即一，如细画。而三而一，而一而三。不可一三说，不可一三思。故名不可思议。"《大正藏》第 38 册，第 69 頁中。
③ ［日］青木佳伶：『「注大般涅槃経」の文献学的研究』，京都：法藏館 2022 年版，第 178 頁。
④ ［日］青木佳伶：『「注大般涅槃経」の文献学的研究』，京都：法藏館 2022 年版，第 184 頁。

佛陀虽然有入灭，但佛陀的入灭与凡夫众生的死亡不同。凡夫众生的死亡是单纯的生老病死的自然过程，由于众生不理解佛法的真意，不知道生死与涅槃不一不二的道理，所以生与死都充满了烦恼和痛苦。而佛陀的入灭是一种行为艺术，是以自己肉体存在的有限性彰显世间诸法的无常。《涅槃经》的"我以怜悯汝及一切，是故今欲入于涅槃。何以故？诸佛法尔"，韦谌注曰："久住则不生难逢之想。"又云："众生不知身之过患，有为无常。今示般涅槃，令解斯义。故云法尔。"① 也就是说，凡夫众生的死亡是一个自然的过程，并没有任何宗教意义，而佛陀的入灭则是其教化众生活动的一环，是为了让众生认识到佛陀难逢，产生对佛陀的信仰之心，同时让众生认识到世间法的无常。佛陀的入灭虽然在现象上是从生到死的自然过程，但它具有重要的宗教意义，这种宗教意义使其超越了世俗的生死。

涅槃和生死，在宗教的意义上似乎是对立的存在，因为涅槃意味着无生无灭、永恒常驻，而生死则意味着生灭变化。韦谌在注释《涅槃经》的"修余法苦者，皆名不善；修余法乐者，则名为善"时云："生死望涅槃，则涅槃为生死之余；涅槃望生死，则生死是涅槃之余。若以涅槃为苦而修者惑，故非善；若以涅槃为乐而修者解，故称善。"② 也就是说，生死和涅槃在概念上虽然是对立的存在，各以对方的存在为自己存在的条件，就像黑相对于白而存在，长相对于短而存在一样，但从众生的修行实践来看，如果看破生死和涅槃的本质，将二者视为本质上一体的存在，不以生死为苦而以涅槃为乐，则意味着修行者正确认识到生死和涅槃的本质。

（三）关于佛性思想

《涅槃经》的主题之一是佛性问题。在原始佛教中，能够获得解脱和觉悟者被限定在出家修行者的范围内。只有出家修行者才有可能通过持戒、禅定获得智慧，从而从生死轮回中解脱出来。而大乘佛教运动的社会基础是在家的信众，如我们在《维摩经》等经典中所看到的那样，在家居士维摩诘成为佛经的主角。由此带来的教义的转变就是解脱之门向一切信众敞开。这就是

---

① ［日］青木佳伶：『「注大般涅槃経」の文献学的研究』，京都：法藏館 2022 年版，第 187 页。
② ［日］青木佳伶：『「注大般涅槃経」の文献学的研究』，京都：法藏館 2022 年版，第 223 页。

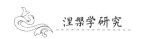

《涅槃经》"一切众生悉有佛性"教义出现的社会背景。它确信一切众生无论贫富贵贱，皆有成佛的潜质和成佛的可能性。

但《涅槃经》的这一教义有一个理论上的难题，即"一切众生"是否包括极恶的众生（一阐提），特别是佛教中所说的破坏僧团的团结、诽谤正法的众生。在佛教看来，这些众生如燋芽败种，即使有佛法的阳光雨露也不可能生发任何智慧。在《涅槃经》的前十卷，一阐提确实被排除在外，否认其任何成佛的可能性。但在后三十卷中，一阐提也被涵盖在佛的教化范围内。根据日本学者水谷幸正的说法，《涅槃经》后三十卷内容是在受到《宝性论》的"悉有如来藏"思想影响的基础上形成的，所以关于一阐提的立场发生了根本性变化，由否定一阐提佛性转为肯定一阐提佛性的存在。①

关于《涅槃经》的阐提佛性说，韦谂在注释《涅槃经》的"高贵德王菩萨品"时，作了阐释。在此品中，高贵德王菩萨对"一阐提"的概念能否成立提出疑问，即"世尊！若断善根名一阐提者，断善根时，所有佛性云何不断？佛性若断，云何复言常乐我净？如其不断，何故名为一阐提邪？"② 即一阐提的概念与众生悉有佛性的说法有着直接矛盾。承认众生悉有佛性，就应该承认极恶众生也有佛性。如果承认有人能断佛性，就意味着《涅槃经》所宣扬的常住佛性的概念不成立。关于高贵德王的质疑，韦谂注曰：

> 难意以为佛性先有者，当断善根之时，亦为阐提所断。若言性不可断，则不得言无常乐也。若有性不可令断，则阐提之义不成。若修之始有，即是本无之义。③

这里涉及佛性思想中的一对重要概念：佛性的"本有"与"始有"。即佛性到底是众生先天本具的成佛潜质，还是通过后天的修行而获得的一种品性。如果是"本有"的天性，那就意味着佛性不可断，即使如一阐提这样的极恶之人，也不可能断善根。这种情境下，一阐提的概念就不能成立。如果佛性

① 参见［日］水谷幸正『涅槃経の成立史的問題』，『印度学佛教学研究』1963 年通号 22。
② 《涅槃经》卷二十二，《大正藏》第 12 册，第 493 页中。
③ ［日］青木佳伶：『「注大般涅槃経」の文献学的研究』，京都：法藏館 2022 年版，第 310 页。

是"始有"，那就意味着众生的佛性不是先天本有的，需要后天的修行才能获得。如此一来，完全没有修行潜质的一阐提自然没有佛性。这一假定虽然满足了一阐提概念成立的条件，但却与《涅槃经》一切众生悉有佛性的主张相违背。这是韦谠从逻辑上对一阐提概念提出的批判。

高贵德王菩萨又云："世尊！犯四重禁，名为不定。谤方等经，作五逆罪及一阐提，悉名不定。"① 也就是说，犯下五逆重罪的一阐提也不是绝对的恶人，在特定的条件下他们也可以洗心革面，重新做人。一阐提不是天生的罪人，也不是永远的罪人。针对高贵德王之说，韦谠注曰：

> 若佛性非先无今有，阐提不信，是先有今无。先有今无是不定义。回心则信，云何阐提而无佛性。②

韦谠仍然从佛性的"本有"论出发，论证一阐提也有佛性。如果承认众生先天本具佛性，而不是依赖后天的修行才获得，那么，一阐提对佛法没有产生信仰，仅仅意味着其本有的佛性没有显现而已，并不意味着其佛性根本不存在。如果条件成熟，佛性可以由隐藏状态转为显现状态。如一阐提由于某种机缘而由恶转善，佛性就得以显现。从这个意义上说，一阐提也不是绝对的一阐提，若有朝一日回心转意，仍然能够获得觉悟。

四 结论

韦谠作为一地方官僚，不仅信仰佛教而且勤于著书立说，说明唐代的士大夫阶层除了儒家的知识修养，也把佛教视为一种有价值的文化来理解和接受。佛教的传播主体由传统的高僧群体扩大到了有佛教知识素养的居士阶层。从韦谠和封无待的例子看，在唐代官僚士大夫阶层中，致力于弘扬佛法者，并不是孤例。

这种风气的形成，与唐代的政治环境有关。贞观十三年（639），太宗颁

---

① 《涅槃经》卷二十二，《大正藏》第 12 册，第 493 页中。
② ［日］青木佳伶：『「注大般涅槃経」の文献学的研究』，京都：法藏館 2022 年版，第 310 页。

布《施行〈遗教经〉敕》。① 要求官宦五品以上者及诸州刺史人手一卷。《遗教经》属于小乘佛教的《涅槃经》，与大乘《涅槃经》的内容和主题都不相同。而且，唐太宗颁布敕令的目的并不在于传播佛法，而是加强对僧尼的管理。尽管如此，太宗的举措为《涅槃经》的传播创造了外部条件，特别是对于地方官僚来说，研究《涅槃经》等经典似乎具有了充足的理由。

有唐一代，虽然佛教在武则天当政的时代盛极一时，但总体上说，唐朝实行的是扬道抑佛的政策，佛教处于受排挤、受压制的状态。而在庶民社会，佛教的民俗化、仪式化得到极大发展，在家居士阶层成为佛教传播的重要力量。正是在此背景下，才出现了韦谂和封不待等人的经典注释书。这种传统在宋代发扬光大，担任过宰相的王安石和张商英分别著有《楞严经解》《楞严经补注》，成为《楞严经》注释史上的重要著作。

---

① 《施行〈遗教经〉敕》："往者如来灭后，以末代浇浮，付嘱国王大臣，护持佛法。然僧尼出家，戒行须备。若纵情淫佚，触涂烦恼，关涉人间，动违经律，既失如来元妙之旨，又亏国王受付之义。《遗教经》者，是佛临涅槃所说，诫劝弟子，甚为详要。末俗缁素，并不崇奉，大道将隐，微言且绝，永怀圣教，用思宏阐。宜令所司，差书手十人，多写经本，务在施行。所须纸笔墨等，有司准给。其官宦五品已上，及诸州刺史，各付一卷。若见僧尼行业，与经文不同，宜公私劝勉，必使遵行。"（唐）许敬宗编，罗国威整理：《日藏弘仁本文馆词林校证》，中华书局2001年版，第213页。

附录2　蕅益智旭撰《遗教经解》及其思想史意义

《遗教经》，全名《佛垂般涅槃略说教诫经》，为后秦鸠摩罗什所译，是以佛陀临入灭前对弟子的教诲为主题的经典。由于经典内容强调"以戒为师"，将戒律视为佛陀的法身慧命，故自译出之始就备受关注，在诸多南北朝和隋唐思想家的著作中都有引用。南北朝后期，署名马鸣菩萨所著《遗教经论》由真谛三藏译出。此后，《遗教经》和《遗教经论》在中国佛教界并行，被视为佛陀临终给弟子们的嘱咐。值得注意的是，除了佛教界重视《遗教经》之外，历代统治者也用此经作为加强宗教管理的工具。如唐太宗曾颁布敕令，抄写此经，让中央和地方官员人手一册，并以此规范全国僧尼。宋真宗也曾为《遗教经》作注以弘扬之。由于政治势力的介入，在一个时期里，《遗教经》获得佛教代表性经典的地位。

关于《遗教经》的注疏，在隋唐时代就有灵裕法师（518—605 年）著《遗教经义疏》和唐怀素律师（624—697 年）著的《遗教经义疏》，但皆不存。现在所能看到的主要是宋代和明代的注疏。在宋代有天台宗孤山智圆（978—1022 年）的《遗教经疏》、华严宗晋水净源（1011—1088 年）的《遗教经论疏节要》、元照（1048—1116 年）的《遗教经法住记》、笑庵观复（1144—? 年）的《遗教经论记》等，主要是对《遗教经论》的注疏。在明代则有云栖袾宏（1535—1615 年）的《遗教经论疏节要补注》、蕅益智旭（1599—1665 年）的《遗教经解》、古灵了童的《遗教经补注》（宋代守遂注，了童补注）等，明末清初的为霖道霈（1615—1702 年）的《佛祖三经解》（对《四十二章经》《遗教经》《沩山警策》的注释）也包含《遗教经解》。可以说，明末清初，佛教界出现一个注释《遗教经》的高潮。只是宋代的注疏主要针对《遗教经论》而明代注疏则主要针对《遗教经》本身，这是明代注疏与宋代注疏最大的不同。

蕅益智旭的《遗教经解》是明代诸多《遗教经》注疏书中的一种。那么，蕅益智旭为什么选择《遗教经》进行注疏？其注疏的主要特色何在？在

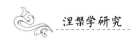

中国佛教思想史上蕅益智旭的《遗教经解》又处于何种地位呢？以下，结合明末佛教界的动向及蕅益智旭的佛教思想对《遗教经解》略作考察。

一　撰述缘起

关于《遗教经解》的撰述时间，《八不道人传》记载："四十六岁，住灵峰，述《四十二章经》《遗教经》《八大人觉》解。"而《蕅益大师年谱》则云："崇祯十七年、清顺治元年，甲申，四十六岁。……九月，述《四十二章经》《遗教经》《八大人觉经》解。"可见，蕅益大师是在公元 644 年 9 月对《遗教经》作注的，同时对《四十二章经》《八大人觉经》作注。学术界的研究表明，《遗教经》的首尾部分与法显译《大般涅槃经》的内容有密切关系，而中间的遗教部分则与《八大人觉经》有密切关联。如果进一步追溯这部分内容的渊源，则可以在《中阿含·八念经》《阿那律八念经》等经典中找到其源头。① 蕅益大师虽然没有现代文献学的知识，但应该是认识到《遗教经》与《四十二章经》《八大人觉经》在内容上的密切关联，故将这三部经典作为一个系列，进行了注解。

关于撰写《遗教经》注解的经纬，蕅益大师在写于 644 年 9 月 20 日的"跋语"中云：

> 旭未出家时，读此《遗教》，便知字字血泪。既获剃染，靡敢或忘。所恨慧浅障深，悠悠虚度。二十余年，空无克获。既非道人，又非白衣。方抚心自愧，对镜生惭。而虚名所误，谬膺恭敬。承甫敦沈居士，固请解释此《经》。嗟夫！予不能臻修世出世间功德，徒以语言文字而作法施，何异诸天说法鸟耶？然一隙之明，弗忍自吝，藉此功德，回向西方，仍作迦陵频伽代弥陀广宣法要可矣。②

由这段跋语可知，蕅益大师未出家时就读到《遗教经》。这表明在明代的佛教

---

① 参见［日］增永灵凤『八大人覚の原始的研究』，『驹沢大学実践宗乗研究会年報』1935 年第 3 辑。
② 《遗教经解》，《大正藏》第 37 册，第 646 页下。

界和社会上，《遗教经》应该是流传较广的一部佛经。在出家之后，蕅益大师也一直重视《遗教经》。而让蕅益大师动笔撰写《遗教经解》的直接契机是"沈居士"的恳请。关于"沈居士"是何许人，在史料中没有更多线索。但通灯为了童《遗教经补注》于崇祯九年（1636）写的跋语中提到一位"沈居士"：

> 尝考传灯世谱，载大鉴下青原派曹洞宗第十三世守遂禅师所注《四十二章经》《遗教经》，并了童禅师《补校》。我慈圣宣文明肃皇太后，刊板在金台西直门里迤南永祥寺。适海盐广槃刘宰官，讳祖锡，号念崧，系云栖莲大师高足。秉教念佛，行敦孝义，历官光禄。于崇祯四年辛未八月二十六日，舟次东昌。借一味禅院震宇法师藏本《四十二章经注》，手写携归。迨崇祯九年丙子十月之八日，借本邑沈广冠居士藏本《遗教经注》，仍以手写，与东昌所钞得成合璧。①

即在明崇祯年间流传的《遗教经补注》是《四十二章经注》和《遗教经注》的合本，而宋代守遂的《遗教经注》出自沈广冠居士之手。这里的"沈广冠居士"是否就是蕅益大师在《遗教经解》中提到的"沈居士"不得而知，但两人都活跃于明末清初，而且都与《遗教经》的弘通有关，所以不排除两人是同一人的可能性。也就是说，沈居士先是帮助了《遗教经补注》的出版，后来又敦请蕅益大师撰写了《遗教经解》。无论历史真相如何，透过以上两则跋语可以看到，在明末清初，《遗教经》无论在佛教界还是在社会上都很流行。通灯在上述"跋语"中还提到慈圣宣文明肃皇太后（即明神宗生母李太后，1546—1614）支持《遗教经补注》刊印。李太后一生奉佛，后世被尊为"九莲圣母"，曾以内宫之力造《永乐北藏》的《续入藏经》颁布天下名山。李太后敕令刊刻《四十二章经》和《遗教经》的注释本，对两经在明代社会的传播具有重要意义。可以说，如唐宋时代一样，朝廷的支持是《遗教经》得以流行的一个重要因素。

当然，包括李太后在内的当权者支持《遗教经》的刊刻，如学术界所分

---

① 《遗教经补注》，《续藏经》第37册，638页上一中。

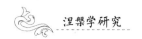
析的那样，虽然不排除他们本身对佛教或者对《遗教经》有兴趣，但不排除是出于加强对佛教管制的目的。① 之所以选择《遗教经》，与《遗教经》的性质有关。其中佛陀告诫佛教徒要严持戒律、以戒为师的教义，与朝廷整饬僧团，使其成为稳定社会力量的意图相一致。

从历史背景和社会背景看，《遗教经》注释书的出现和流行与明代末期的佛教界的动向也有密切关系。《遗教经》历来被视为弘扬戒律的经典，属于律学传承的一部分。但律学传承在明代的大部分时期都处于衰落状态。在明洪武年间（1368—1398），朝廷将佛教寺院分为禅、讲、教三种，律宗寺院被排除在外，而在元代时原本有禅、讲、律三种寺院。明代以教寺代替律寺，这对律学的传承带来负面影响。而明代的所谓教寺也主要不是从事经典讲习，而是主要从事超度亡灵的法事活动，从事此类法事活动的僧人被称为"瑜伽教僧"，也就是后来主要从事瑜伽焰口等荐亡佛事的应赴僧。这样的制度设计对视戒律为生命的佛教僧团来说自然伤害很大。加之明嘉靖时严禁僧尼开坛传戒，各方丛林只能自行传授。一直到万历四十一年（1613）才解除这一禁令。关于这一禁令的起因，根据当时僧人的记载，应该与佛教内部戒坛的混乱有关。如永觉元贤在《续㤧言》云：

> 律学自灵芝照之后鲜见其人。至于后代称律师者，名尚不识，况其义乎？义尚弗达，况躬践之乎？至于潭柘、昭庆二戒坛，其流弊有不忍言者。若不奉明旨禁之，后来不知成何景象也。万历末年，诸方得自说戒，正与佛意合，然卤莽甚矣。今日欲起律宗之废者，非再来人必不能也。②

从元贤的记述看，作为明代代表性戒坛的潭柘寺和昭庆寺的受戒出现混乱，从而招致朝廷的处罚。但这种完全禁止开坛传戒的做法不可能长久持续。实际上，在明末，随着古心如馨法师（1541—1615 年）复兴律学的运动兴起，

---

① 参见［日］滋野井怡『唐贞観中の「遺教経」施行について』，『印度学佛教学研究』1977 年通号 51。

② 《永觉元贤禅师广录》卷三十，《续藏经》第 72 册，574 页上。

戒律重新成为佛教界关注的焦点。古心如馨面对当时戒法沦丧、僧人伪滥、流弊丛生的状况，发愿重振律宗。据说他在登圣地五台山时，感得文殊菩萨于云端为之授戒，从此广学大小乘律法，开坛说戒，徒众万人。万历十二年（1584），他将南京古林庵改为律宗道场，明神宗曾赐"振古香林"匾额。万历四十一年（1613），神宗解除禁令，古心如馨应五台山僧人之请，于五台山说戒，并于五台山圣光永明寺开演皇戒三年。古心如馨弘戒二十余年，被誉为中国佛教的"中兴律祖"。在中国律宗史上，古心法系被称为"律宗古林派"。如馨门下弟子众多，其中三昧寂光（1580—1645 年）秉承如馨律法，重兴宝华山隆昌寺，创建沔阳广长律院，戒嗣遍天下。弘光元年（1645，顺治二年），三昧律师蒙赐紫衣、白金，并受封为国师。寂后奉塔于宝华山千华社龙山，其后嗣形成律宗中影响很大的"千华派"。实际上，明末逐渐为佛教界所接受的戒律系统大概有三家：古心系的律宗系统、云栖系的禅宗系统以及革新派系统。古心一系"奉旨开坛"，后世成为佛门主流。

正是在这种戒律复兴的运动中，明末高僧云栖袾宏、憨山德清、蕅益智旭等皆不约而同地关注到《遗教经》，并积极弘扬，以期振衰起弊，挽救佛教的颓势。云栖袾宏在《云栖法汇》中评价《遗教经》云：

> 世人临终为言以示子孙，谓之遗嘱。而子孙执之，以作凭据，世守而不变者也。况三界大师，四生慈父，说法四十九年，最后之遗嘱乎！为僧者所当朝诵暮习，师授徒传，终身奉之而不可一日废忘者。乃等之以童蒙之书，置之闲处，不复论究，岂非如来之逆子，佛法之顽民也哉？![1]

可以说，蕅益智旭等明末高僧对《遗教经》的弘扬，与古心如馨、三昧寂光等所推动的戒律复兴运动都是明末佛教复兴运动的一环，都是期望通过戒律的整顿，使僧人过上如法如律的生活，再现佛陀时代的僧团生活。这种努力不能说没有效果，但佛教的衰败是历史发展的大趋势，并不是由戒律松弛单

---

[1]　《云栖法汇》，《嘉兴藏》第 33 册，第 62 页下。

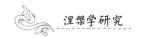

一因素所导致，所以也不可能通过戒律复兴就能扭转。

二 围绕《遗教经》的几个问题

自《遗教经论》译出之后，依据《遗教经论》理解和诠释《遗教经》就成为注释家的定则。如关于《遗教经》的分科，即"序分""修习世间功德分""成就出世间大人功德分""显示甚深毕竟功德分""显示入证决定分""分别未入上上证为段疑分""离种种自性清净无我分"。蕅益智旭也是基于《遗教经论》的科分而展开对《遗教经》的注疏，但由于明末特殊的社会背景以及他本人特殊的思想立场，所以其关于《遗教经》的注释又多有新意。以下，对蕅益智旭《遗教经》注疏的基本立场略作考察。

（一）关于《遗教经》的属性

在现存经录中，最早提到《遗教经》的是僧祐撰《出三藏记集》。在经录卷二的《新集经律论录第一》中提到此经"或云《佛垂般泥洹略说教戒经》"，但没有关于此经属于大乘或小乘经典的说法。而隋法经《众经目录》则明确将《遗教经》归为小乘修多罗即小乘经。费长房《历代三宝纪》将《遗教经》归为小乘毗尼即小乘律。彦琮《众经目录》将《遗教经》归为"小乘经单本"。唐道宣《大唐内典录》和明佺《大周刊定众经目录》均将其归入小乘经或小乘修多罗。如上所述，从《遗教经》的内容看，它与《阿含经》联系密切，围绕四谛和早期佛教戒律展开，所以将其归入小乘经典类是合适的。

而《遗教经论》由于是站在大乘佛教的立场对《遗教经》进行诠释，所以如果将《遗教经》和《遗教经论》看成一组经典，似乎又可以将其归入大乘经典之列。实际上，智升《开元释教录》就提出"右此《遗教经》旧录所载，多在小乘律中，或编小乘经内。今以真谛法师译《遗教论》，彼中解释多约大乘，小宗不显，故移编此"①。智升认为虽然以前经录将《遗教经》编入小乘经或律之中，但由于真谛译《遗教论》具有大乘论书的特征，所以不妨将《遗教经》列入"大乘经单译"。智升的这一做法实际上显示了中国佛教

---

① 《大正藏》第 55 册，第 604 页上。

界对待《遗教经》的矛盾心态。即一方面知道其内容是小乘佛教之说，但另一方面考虑到这部经的影响力又不情愿将其归入小乘的范畴。

这种关于《遗教经》属性的争论在宋代就已经展开。早期《遗教经》的注疏，流传下来的有北宋金陵圆觉《遗教经疏》一卷、孤山智圆《遗教经疏》二卷、真悟律师允堪《遗教经钞》。圆照在《遗教经论住法记》（下简称《住法记》）中总结以前注疏者的立场时云，认为金陵圆觉未判定大小，孤山智圆则将其判为小乘，真悟允堪则专判其为大乘。如孤山智圆依据天台宗的"藏通别圆"的判教框架，将《遗教经》判为"藏教"即小乘，但同时又认为此经中包含着菩萨六度之说，所以是"小中之大"。对此，元照认为《遗教经》只是讲了三学、四谛，并没有讲菩萨六度，所以不能主观地认定它有大乘的内容。元照本人的见解是《遗教经》是小乘而《遗教经论》是大乘。元照的见解受到观复的批判，观复受到华严宗祖师的影响，认为不能将《遗教经》和《遗教经论》分属小乘和大乘。澄观在《华严大疏》中对"佛所说法多门，何以唯陈四谛"[①] 的疑问答云："以名虽在小，义通大小，事理具足。"[②] 观复继承澄观的立场，认定《遗教经》贯通大小乘。

明代的云栖袾宏在《遗教经论疏节要补注》中，在注释佛陀从初转法轮到涅槃之间的说法度生的实践时云：

> 中间所度无量则被机不一故，始陈如终跋陀，似专为小乘而实兼乎大乘也。[③]

佛陀最初在鹿野苑传转法轮，所度的对象是憍陈如等五比丘，而临涅槃的说法对象则是须跋陀，须跋陀也被认为是佛陀最后的弟子。而在最初和最后的说法之间，佛陀所度众生无数，这些被度化的众生根机不一，既有小乘根机也有大乘根机。所以，袾宏认为《遗教经》看起来是针对小乘众生而说的，

---

① 《大方广佛华严经疏》卷十三，《大正藏》第 35 册，第 593 页中。
② 《大方广佛华严经疏》卷十三，《大正藏》第 35 册，第 593 页中。
③ 《大正藏》第 40 册，第 845 页下。

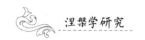

实际上其教理也兼有大乘佛教的成分。袾宏等明代佛教思想家并没有当代佛教界的历史意识，即将大乘佛教理解为佛陀涅槃数百年之后才诞生的佛教运动，而是从信仰的立场出发，将"大乘"理解为佛陀在世时所说法的一部分。从信仰的立场出发理解大乘和小乘，那么，自然就会认为佛陀留下的任何经典实际上都是兼有大小乘教义。

蕅益智旭在《遗教经解》中并没有专门论及《遗教经》的大小乘属性问题，但贯穿通篇的基本立场是用《遗教经论》来解说《遗教经》。在《遗教经》的开头部分云：

> 天亲菩萨以七分建立所修行法释此经义，推征精密，开诱殷勤，万古以下，无能更赞一辞。观其言曰："为彼诸菩萨，令知方便道。以知彼道故，佛法得久住。灭除凡圣过，成就自他利。噫！此经奥旨，菩萨诚尽之矣。"①

从蕅益智旭对马鸣菩萨《遗教经论》的推崇看，他完全认同《遗教经论》的立场，而《遗教经论》的立场则是认为《遗教经》是为菩萨所说的"方便道"，即说法的对象是大乘菩萨，而所说的法则是小乘法。这也是蕅益智旭对《遗教经》属性的基本判断。

《遗教经》中，佛陀在最后告诉弟子，应得度者皆已得度，未得度者也已经获得得度的因缘，弟子们可以依照佛陀遗教而渐次修行，因此佛陀法身可以常住而不灭。"自今以后，我诸弟子展转行之，则是如来法身常在而不灭也。"关于这段经文，蕅益智旭解释云：

> 既弟子展转行之，则因分住持不坏。既法身常在不灭，则果分住持不坏。因果俱常，何云疾灭？然此仍对权机，故且说五分法身为常住耳。若入实者，应化亦常。②

---

① 《续藏经》第37册，第638页下。
② 《续藏经》第37册，第646页上。

也就是说，按照佛陀遗教去践行戒定慧就能获得解脱，就能够获得"五分法身"（戒、定、慧、解脱、解脱知见）。但"五分法身"的说法还是小乘佛教的法身观，是阿罗汉的解脱境界。在蕅益智旭看来，这还是对"权机"众生所说的法。而对于"实机"众生来说，不仅"五分法身"是常住不灭的存在，菩萨的"应身"和"化身"也与"法身"不一不异。"权教"和"实教"是自南北朝就出现的中国佛教的判教说，其基本理念是认为佛陀的说法有"权"有"实"，是针对不同众生而随机说法。如果说"大乘""小乘"概念有明显的褒贬之意的话，"权""实"概念则强调佛陀说法的灵活性和随机性，其价值判断色彩并不明显。蕅益智旭显然是从"权教"和"实教"的角度来定位《遗教经》。《遗教经》属于"权教"，但可以引导众生进入"实教"。

（二）关于"涅槃"的诠释

"涅槃"原本是指佛陀在菩提树下开悟瞬间所证得的境界，这一境界被认为是消除一切世俗的烦恼，获得心灵的清静，不再轮回。而到部派佛教时期，对于涅槃的解释由于部派立场的不同而异见纷呈。而最具代表性的解释是将"涅槃"分为有余涅槃和无余涅槃。有余涅槃是指虽然消除了烦恼，但尚有肉体存在，还有烦恼的残余，所以尚不是彻底的涅槃。无余涅槃则是不仅消除了一切烦恼，而且烦恼所赖以存在的身体也不复存在。后来，在中国佛教和日本佛教中，"涅槃"也被视为高僧圆寂的隐晦说法。

"涅槃"概念伴随《遗教经》《涅槃经》等传入中国而进入中国佛教的话语体系，成为中国佛教概念体系的重要组成部分。特别是在南北朝时期，《涅槃经》的注释书层出不穷，"涅槃"的内涵也得到丰富和发展。最具代表性的阐释是基于《涅槃经》的"伊字三点"，将涅槃视为般若、法身、解脱的三位一体。如果说《遗教经》等小乘佛教中的"涅槃"主要内涵是"解脱"，那么，大乘《涅槃经》的"涅槃"则更强调般若智慧与法身常住。小乘的"涅槃"带有灰身灭智、肉身寂灭的意涵，而大乘的"涅槃"则是一种基于般若智慧而证得法身的境界。

《遗教经论》没有提到《遗教经》的另一个经名《佛垂涅槃略说教戒

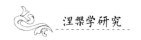

经》，所以也没有论及"涅槃"这一概念。而宋代晋水净源在《遗教经论疏节要》中，对"涅槃"作了如下解说：

> 梵音涅槃，秦言灭度，义翻圆寂。考诸唯识，有其四种：一自性清净涅槃；二有余涅槃；三无余涅槃；四无住涅槃。若乃一往分文，摘字申义，亦具二种：谓佛说教诫，道洽德施，即有余也。而垂涅槃，身灰智灭，即无余也。①

净源首先引用《成唯识论》的说法②，指出"涅槃"的内涵可以分为四种。（1）"本来自性清净涅槃"，即以"真如理"为体，从"真如理"之"性本寂"而名之为涅槃。（2）"有余依涅槃"，指"真如"已不为"烦恼"所障，生死之因已断，而生死之苦果犹有余存，故名"有余依"。（3）"无余依涅槃"，指"真如"已出离生死苦，烦恼及所依之身皆灭，永不在三界之内。（4）"无住处涅槃"，指"烦恼障"和"所知障"二障俱灭，故不脱离生死而超越生死，以利乐有情。第一种涅槃作为"理佛性"，一切众生皆有；第二、三两种涅槃，为声闻、缘觉二乘无学者所有；而佛世尊则四种涅槃皆有。

　　蕅益智旭与晋水净源一样，从唯识学的立场阐释"涅槃"，将"涅槃"理解为"离过绝非，不生不灭"。也将"涅槃"分为四类：自性清净涅槃、有余依涅槃、无余依涅槃、无住涅槃。可以看出，蕅益智旭所理解的"涅槃"已经不是小乘佛教所说的寂灭之意或单纯的解脱之意，而是一种普遍的真理或证得真理的境界。作为普遍的真理，称为"自性清净涅槃"，是一切众生都具有的理体，相当于"真如""佛性"的概念。而作为修行的境界则分为两种，一种是三乘众生断灭烦恼之后所证得的果位，这就是"有余依涅槃"；另一种则是成佛者即使证得涅槃也不安住涅槃的境界，而是出于慈悲而化度众生，这就是"不住涅槃"。在这四种涅槃中，也还保留小乘佛教的"涅槃"之意，这就是"灭度"意义上的"涅槃"即"无余依涅槃"。蕅益智旭认为

---

① 《遗教经论疏节要》，《大藏经》第40册，第845页上。
② 《成唯识论》卷十，《大正藏》第31册，第55页中。

《遗教经》中的佛陀早已经证得"无住涅槃"，只是此生有缘众生已经度尽，所以才示显"无余依涅槃"。①

蕅益智旭关于"涅槃"解释的另一特色是结合天台宗的三种涅槃说来诠释上述四种涅槃：

> 又涅槃有三义：一性净涅槃，即法身理体，此则无出无入；二圆净涅槃，即般若，断惑究竟，冥合性真，此则一入永入；三方便净涅槃，即解脱，方便示现，起诸应化，此则数出数入。②

三种涅槃的说法，出自天台宗。智者大师在《法华玄义》中，在地论宗的"性净涅槃"和"方便净涅槃"的基础上提出了"性净涅槃""圆净涅槃""方便净涅槃"的三涅槃说，并将其与法身、般若、解脱相对应。③ 这可以说是对南北朝时期的"涅槃三德"说的一种再组织，这种再组织不是将"三德"再次分化出来，而是为了更好地认知"三德"之间不一不异的关系。蕅益智旭就以《大乘起信论》中首次出现的"体、相、用"的概念来说明三种涅槃之关系：

> 若以三义对上四种者，"性净"即"自性清净涅槃"，亦即"无住涅槃"之体；"圆净""即无住涅槃"之相；"方便净"即"无住涅槃"之用，其"有余依""无余依"二种。若在二乘分中，则摄属"圆净"，以是"圆净"之少分故。但显偏真，未显俗谛中谛。但净见思分段，未净尘沙无明及变易也。若在如来分中，则摄属"方便净"，初成道时，示同二乘之"有余依"，今灭度时，示同二乘之"无余依"也。④

---

① 《遗教经解》卷一，《续藏经》第37册，第639页上。
② 《遗教经解》卷一，《续藏经》第37页，第639页上。
③ 《法华玄义》卷五上："地人言：'性净、方便净。实相名为性净涅槃；修因所成为方便净涅槃。'今以理性为性净涅槃，修因所成为圆净涅槃，此则义便；薪尽火灭为方便净涅槃，此文便。若将修因所成为方便涅槃者，以薪尽火灭为何等涅槃？故知应有三涅槃，三涅槃即是三轨。"《大正藏》第33册，第745页中—下。
④ 《遗教经解》卷一，《大正藏》第37册，第639页上—中。

按照蕅益智旭的理解，在三种涅槃中，"性净涅槃"或"无住涅槃"是最根本的"体"，而"圆净涅槃"和"方便净涅槃"则分别是"无住涅槃"的"相"和"用"。天台宗通过对"涅槃"概念的扩大解释，即把"真如""佛性"也纳入"涅槃"的概念框架中，使得"涅槃"的主体由佛菩萨扩展到了一切众生。如同人人皆有佛性，人人皆得涅槃。蕅益智旭则进一步将"涅槃"的主体区分为"二乘"和"如来"，二乘的修行者的涅槃属于"圆净涅槃"，而如来的涅槃则属于"方便净涅槃"，包含"有余依涅槃"和"无余依涅槃"两种。

（三）关于"五观"的诠释

《遗教经》的结构分为首尾的故事性叙述和中间关于佛教戒律的内容两部分，其核心内容是关于戒律的讨论。这部分内容涉及关于修行者的衣食起居等诸多方面，最后归结为如何养心、治心等，既具有可操作性又具有教理的深度，所以受到历代佛教思想家的重视。如蕅益智旭在解说《遗教经》的"共世间法要"中的"对治止苦法要"部分，言及"多食苦"的对治。《遗教经》的原文如下：

> 汝等比丘，受诸饮食，当如服药。于好于恶，勿生增减。趣得支身，以除饥渴。如蜂采华，但取其味，不损色香。比丘亦尔。受人供养，趣自除恼，无得多求，坏其善心。譬如智者，筹量牛力，所堪多少，不令过分，以竭其力。①

《遗教经》的上述内容与《佛所行赞》中的内容很相似，如研究者所指出的，《遗教经》的这部分内容很有可能来自《佛所行赞》。② 这部分内容实际上涉及两种生活场景：一是修行者自己进食时的规范，即不能挑三拣四，不能贪食过饱；二是外出乞食时的规范，即要体谅布施者的能力，不能贪求美食。

---

① 《佛垂般涅槃略说教诫经》卷一，《大正藏》第 12 册，第 1111 页上。
② 《佛所行赞》卷二："饭食知节量，当如服药法，勿因于饭食，而生贪恚心。饮食止饥渴，如膏朽败车，譬如蜂采花，不坏其色香，比丘行乞食，勿伤彼信心。若人开心施，当推彼所堪，不筹量牛力，重载令其伤。"《大正藏》第 4 册，第 48 页中。

蕅益智旭对此段经文释云：

> 多食能障三昧，故以五观治之。一当如服药，是受用对治观；二勿
> 生增减，是好恶平等观；三支身除饥渴，是究竟对治观；四如蜂采华等，
> 先喻后法，是不损自他观；五譬如智者筹量牛力等，是知量知时观也。①

在这里，蕅益智旭将乞食和进食更明确地与修行结合起来，认为如果不能如
律如法地乞食和进食就会成为修行禅定的障碍，所以用五种观法来对指多食
之病：第一，受用对治观，如服药一样小心谨慎；第二，好恶平等观，不能
挑食；第三，究竟对治观，进食以满足身体最低需求为目的；第四，不损自
他观，进食以不损害其他人、其他生物的利益为前提；第五，知量知时观，
体谅布施者的立场，不能对布施者有过分的期待和要求。

众所周知，当今中国佛教寺院的食堂称为"五观堂"，这里的"五观"
是指"一计功多少，量彼来处；二忖己德行，全缺应供；三防心离过贪等为
宗；四正事良药为疗形枯；五为成道业故，应受此食"②。即把进食也视为一
种修行，在进食之前观想食物得来不易，不可贪吃，不能以满足自己的口腹
之欲为目的，在感谢供养者的同时坚定修行的目标。"五观"的说法起源于道
宣的《四分律删繁补缺行事钞》卷中③，而道宣的"五观"说是吸收了《大
智度论》《僧祇律》《毗尼母律》《增一阿含经》中的相关内容而形成的，也
是印度佛教戒律中国化的成果之一。

比较两种"五观"，两者有许多共同之处，如都强调进食是修行的一个环
节，通过进食要达到培养感恩心、惭愧心、精进心的目的；另外，两者都提
到把进食视为服药，是为了维系身体最低限度的需要，而不是单纯满足自己
的食欲，所以要懂得节制。当然，二者之间也有区别。因为《遗教经》是针

---

① 《遗教经解》卷一，《续藏经》第 37 册，第 641 页下。
② 《敕修百丈清规》卷六，《大正藏》48 册，第 1145 页上。
③ 《四分律删繁补缺行事钞》卷中："七食须观门五别：一计功多少，量彼来处；二自忖己德
行，全缺多减；三防心显过，不过三毒；四正事良药，取济形若；五为成道业，世报非意。"《大正
藏》第 40 册，第 84 页上。

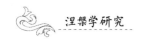

对印度佛教徒托钵乞食的生活而制定的规则，所以才有不得挑食，不能对布施者有过分要求等的规定。而《四分律行事钞》的规定则是针对中国僧人在寺院常住的生活范式所制定的，所以没有与布施者相关的内容。不过，蕅益智旭在《遗教经解》中已经淡化了关于游行乞食的色彩，其"五观"中的"平等观""不损自他观""知量知时观"等，都具有某种道德普遍性，不局限于进食行为本身。由此可以看出，蕅益智旭的《遗教经解》有意识地将《遗教经》的教义与中国佛教徒的现实生活相结合，对《遗教经》的相关规范进行了符合中国佛教实际的改造。

（四）《遗教经解》的思想史意义

蕅益智旭的《遗教经解》应该是《遗教经》注释书史上最后一种影响力较大的注释。虽然《遗教经》一直到近代仍然受到重视，被视为道德修养的基本读本之一，但影响力大的注释书再未出现。

《遗教经解》的注释特色可以概括为以下几点。其一是跳出了《遗教经》属于小乘经典还是大乘经典的无益论争，导入"权教""实教"的概念，将其视为大乘菩萨修行的入门之教。一方面承认其内容如三学四谛等属于原始佛教、部派佛教的内容，另一方面又承认其在大乘佛教修行体系中占有一席之地。既不抬高其价值，又不因为其属于"权教"而否定其思想价值和实践价值。

其二是从大乘佛教的立场对《遗教经》进行重新阐释。马鸣菩萨的《遗教经论》首开以大乘思想阐释《遗教经》的先河，之后的《遗教经》注释书也都是延续这样的注释风格。蕅益智旭的阐释特色集中表现在对"涅槃"这一核心概念的阐释方面。涅槃在《遗教经》中本来是寂灭之意，并没有很丰富的内涵，而蕅益智旭则吸收《成唯识论》的四种涅槃说和智者大师的三种涅槃说，并通过"体相用"的概念，力图将唯识和天台的涅槃说进行会通。在这一过程中，"涅槃"的内涵得到丰富和发展，从众生的单纯寂灭状态发展为反映不同修行阶段所得果位的概念。

其三是丰富和发展了《遗教经》的实践佛教的特色。《遗教经》的最大特色是对戒律的系统说明和对持戒的修行论意义的强调。如关于僧人的进食礼仪，《遗教经》有诸多规定。唐代的道宣基于《四分律》而制定了临食和食中的"五观",而蕅益智旭则基于《佛所行赞》等提出另一种"五观"说。虽然道宣律师的"五观"说成为中国佛教寺院进食规范的主流,但蕅益智旭的"五观"说特别是进食如食药的理念也影响深远。

　　总之,蕅益智旭的《遗教经解》以大乘精神阐释小乘经典,使得《遗教经》这一宋代以后少有弘扬的经典再次引起佛教界的重视。可以说《遗教经解》既是明末佛教复兴戒律大背景下的思想产物,也反过来推动了戒律复兴运动的发展。从印度佛教中国化的视角看,《遗教经解》是印度佛教戒律中国化的一大成果。

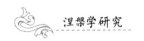

附录3　涅槃师表

人名	生卒年	《涅槃经》讲习、注疏情况	出处
竺道生	355—434	又六卷《泥洹》先至京师，生剖析经理，洞入幽微，乃说"阿阐提人皆得成佛"。……后《涅槃》大本至于南京，果称阐提悉有佛性，与前所说合若符契。生既获斯经，寻即讲说，以宋元嘉十一年冬十一月庚子，于庐山精舍升于法座，神色开朗，德音俊发，论议数番，穷理尽妙	《高僧传》卷七竺道生一
慧叡	355—439	［竺道生］后与慧叡、慧严同游长安，从什公受业	《高僧传》卷七竺道生一
慧严	363—443	《大涅槃经》初至宋土，文言致善，而品数疏简，初学难以措怀。严乃共慧观、谢灵运等依《泥洹》本加之品目	《高僧传》卷七释慧严三
慧观	366—436	《大涅槃经》初至宋土，文言致善，而品数疏简，初学难以措怀。严乃共慧观、谢灵运等依《泥洹》本加之品目	《高僧传》卷七释慧严三
僧弼	365—442	初关中僧肇始注《维摩》。世咸玩味。生乃更发深旨，显畅新异及诸经义疏，世皆宝焉。王微以生比郭林宗，乃为之立传，旌其遗德。时人以生推阐提得佛，此语有据。顿悟不受报等，时亦为宪章。宋太祖尝述生顿悟义，沙门僧弼等皆设巨难。帝曰："若使逝者可兴，岂为诸君所屈。"	《高僧传》卷七竺道生一
昙无成		《涅槃》《大品》常更互讲说，受业二百余人	《高僧传》卷七释昙无成十三
超进		以《大涅槃》是穷理之教，每留思踟蹰，累加讲说	《高僧传》卷七释超进二十九
法庄	382—457	诵《大涅槃》《法华》《净名》	《高僧传》卷十二释法庄九

人名	生卒年	《涅槃经》讲习、注疏情况	出处
昙迁	383—482	时与钟齐名比德者，昙纤、昙迁、僧表、僧最、敏达、僧宝等，并各善经论，悉为文宣所敬，迭兴讲席矣	《高僧传》卷八 释僧钟四
僧瑾		后至京师，值龙光道生，复依凭受业	《高僧传》卷七 释僧瑾二十七
慧静		解兼内外，偏善《涅槃》	《高僧传》卷七 释慧静十九
昙斌		从静林法师咨受《涅槃》	《高僧传》卷七 释昙斌二十四
僧镜		著《泥洹义疏》	《高僧传》卷七 释僧镜二十六
法瑶		著《涅槃》《法华》《大品》《胜鬘》等义疏	《高僧传》卷七 释法瑶三十
道猷		初为生公弟子，随师之庐山，师亡后，隐临川郡山，乃见新出《胜鬘经》，披卷而叹曰："先师昔义，暗与经同。但岁不待人，经集义后，良可悲哉！"……宋文问慧观："顿悟之义，谁复习之？"答云："生公弟子道猷。"	《高僧传》卷七 释道猷三十一
僧慧	407—486	至年二十五，能讲《涅槃》《法华》《十住》《净名》《杂心》等	《高僧传》卷八 释僧慧十一
法瑗	409—489	元嘉十五年还梁州，因进成都，后东适建邺，依道场慧观为师。笃志大乘，傍寻数论。外典坟素，颇亦披览。后入庐山，守静味禅，澄思五门，游心三观。顷之，刺史庾登之请出山讲说。后文帝访觅述生公顿悟义者，乃敕下都，使顿悟之旨，重申宋代。何尚之闻而叹曰："常谓生公殁后，微言永绝。今日复闻象外之谈，可谓天未丧斯文也。"	《高僧传》卷八 释法瑗八

人名	生卒年	《涅槃经》讲习、注疏情况	出处
僧钟	410—489	钟妙善《成实》《三论》《涅槃》《十地》等	《高僧传》卷八释僧钟四
道登	417—501	闻徐州有僧药者，雅明经论，挟策从之，研综《涅槃》《法华》《胜鬘》。后从僧渊学究《成论》	《续高僧传》卷六魏恒州报德寺释道登传七
道盛	425—490	幼而出家务学，善《涅槃》《维摩》，兼通《周易》	《高僧传》卷八释道盛五
慧豫	433—489	诵《大涅槃》《法华》《十地》	《高僧传》卷十二释慧豫十五
慧次	434—490	频讲《成实》及三论	《高僧传》卷八释慧次十四
僧印	435—499	东适京师，止中兴寺，复陶思《涅槃》及余经典	《高僧传》卷八释僧印十八
僧迁	435—513	凡讲《涅槃》《大品》十八部经，各数十遍。皆制义疏，流于后学	《续高僧传》卷六后梁荆大僧正释僧迁传二十一
僧宗	438—496	宗讲《涅槃》《维摩》《胜鬘》等，近盈百遍	《高僧传》卷八释僧宗十六
法令	438—506	善《涅槃》大小品，尤精《法华》《阿毗昙心》	《续高僧传》卷五梁钟山上定林寺沙门释法令传十一
智秀	440—502	尤善大小《涅槃》《净名》《般若》	《高僧传》卷八释智秀二十
宝亮	444—509	著《涅槃义疏》	《高僧传》卷八释宝亮二十四
智顺	447—507	陶练众经，而独步于《涅槃》《成实》	《高僧传》卷八释智顺二十三
道琳	447—519	善《涅槃》《法华》	《高僧传》卷十二释道琳二十一

人名	生卒年	《涅槃经》讲习、注疏情况	出处
法宠	451—524	宣武寺法宠咨曰："未审法身之称为正在妙本。金姿丈六亦是法身。"令旨答曰："通而为论，本迹皆是，别而为语，止在常住。"又咨："若止在常住不应有身，若通取丈六，丈六何谓法身？"令旨答："常住既有妙体，何得无身？丈六亦能轨物，故可通称法身。"又咨："若常住无累方称法身，丈六有累何谓法身？"令旨答："众生注仰，妄见丈六，丈六非有，有何实累。"又咨："若丈六非有，指何为身？"令旨答："随物见有，谓有应身。"又咨："既曰应身，何谓法身？"令旨答："通相为辨，故兼本迹，核求实义，不在金姿。"	《广弘明集》卷二十一宣武寺释法宠咨法身义
法安	454—498	永明中还都，止中寺，讲《涅槃》《维摩》《十地》《成实论》，相继不绝	《高僧传》卷八释法安十七
慧韶	455—508	率诸僧侣，讽诵《涅槃》《大品》，人各一卷，合而成部。年恒数集，伦次诵之	《续高僧传》卷六梁蜀郡龙渊寺释慧韶传四
智藏	458—522	凡讲大小品《涅槃》《般若》《法华》《十地》《金光明》《成实》《百论》《阿毗昙心》等，各著义疏行世	《续高僧传》卷五梁钟山开善寺沙门释智藏传十二
僧迁	465—523	从灵味寺宝亮咨学经论，文理通达，籍甚知名	《续高僧传》卷五梁杨都灵根寺沙门释僧迁传七
僧旻	467—527	尚书令王俭，延请僧宗讲《涅槃经》。旻扣问联环，言皆摧敌	《续高僧传》卷五梁杨都庄严寺沙门释僧旻传八
法云	467—529	至御幸同泰，开《大涅槃》，敕许乘舆上殿，凭几听讲	《续高僧传》卷五梁杨都光宅寺沙门释法云传九

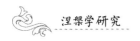

人名	生卒年	《涅槃经》讲习、注疏情况	出处
慧超	475—526	僧宗见而善之，受《涅槃》等经	《续高僧传》卷六梁大僧正南涧寺沙门释慧超传一
僧范	476—555	讲《华严》《十地》《地持》《维摩》《胜鬘》，各有疏记；复变疏引经，制成为论，故《涅槃》《大品》等并称"论"焉，《地持》一部独名"述"也	《续高僧传》卷八齐邺东大觉寺释僧范传一
灵询	482—550	少年入道，学《成实论》并《涅槃经》，穷其幽府	《续高僧传》卷八齐并州僧统释灵询传五
道凭	488—559	讲《地论》《涅槃》《华严》《四分》，皆览卷便讲，目不寻文，章疏本无，手不举笔，而开塞任情。吐纳清爽，洞会筌旨，有若证焉	《续高僧传》卷八齐邺西宝山寺释道凭传四
法上	495—580	讲《十地》《地持》《楞伽》《涅槃》等部。轮次相续，并著文疏	《续高僧传》卷八齐大统合水寺释法上传六
慧皎	497—554	《涅槃义疏》十卷	《续高僧传》卷六梁会稽嘉祥寺释慧皎传五
拘那罗陀	499—569	《佛性论》四卷，《涅槃经本有今无偈论》一卷	世亲著，真谛译《佛性论》四卷；世亲著，真谛译《涅槃经本有今无偈论》一卷
宝琼	504—584	讲《涅槃》三十遍，制疏十七卷	《续高僧传》卷七陈杨都大彭城寺释宝琼传四
警韶	508—583	所讲……《涅槃》三十遍	《续高僧传》卷七陈杨都白马寺释警韶传五

人名	生卒年	《涅槃经》讲习、注疏情况	出处
宝象	512—561	后制《涅槃》《法华》等疏，皆省繁易解，听无遗阂	《续高僧传》卷八 周潼州光兴寺 释宝象传十
慧勇	515—583	讲《华严》《涅槃》《方等》《大集》《大品》各二十遍	《续高僧传》卷七 陈杨都不禅众寺 释慧勇传三
慧暅	515—589	《涅槃》《大品》各二十余遍	《续高僧传》卷九 隋江表徐方中寺 释慧暅传六
昙延	516—588	《涅槃义疏》十五卷	《续高僧传》卷八 隋京师延兴寺 释昙延传十三
灵裕	518—605	《涅槃疏》六卷	《续高僧传》卷九 隋相州演空寺 释灵裕传八
慧远	523—592	《涅槃疏》十卷	《续高僧传》卷八 隋京师净影寺 释慧远传十四
僧盖	530—620	曾游太原，专听《涅槃》	《续高僧传》卷二十六 隋京师大兴善寺 释僧盖传十一
智锴	533—610	晚讲《涅槃》《法华》及《十诵律》	《续高僧传》卷十七 隋九江庐山大林寺 释智锴传十
惠祥	536—618	住宁国寺，常讲《四分》及《涅槃经》	《续高僧传》卷二十 唐邓州宁国寺 释惠祥传一
昙瑎	536—618	少学《成实》，兼诸经论，《涅槃》《大品》，包蕴心目	《续高僧传》卷二十六 隋京师日严寺 释昙瑎传十二

人名	生卒年	《涅槃经》讲习、注疏情况	出处
慧弼	？—599	太建十年，下敕于长城报德寺讲《涅槃》《法华》	《续高僧传》卷九隋常州安国寺释慧弼传七
靖嵩	537—617	有大学寺融智法师……常讲《涅槃》及《地论》，嵩闻之，乃投诚焉	《续高僧传》卷十隋彭城崇圣道场释靖嵩传一
智聚	538—609	讲《大品》《涅槃》《法华》等各二十遍	《续高僧传》卷十隋吴郡虎丘山释智聚传四
真观	538—611	既达东夏，住香严寺，讲《大涅槃》，四方义集，复增荣观	《续高僧传》卷三十隋杭州灵隐山天竺寺释真观传四
慧哲	539—597	常以弘法为务。《涅槃》《三论》，递互相续	《续高僧传》卷九隋襄州龙泉寺释慧哲传五
智闰	540—614	晚学《华严》《涅槃》，咸增荣显	《续高僧传》卷十隋襄阳沙门释智闰传三
慧海	541—609	讲《涅槃》三十遍	《续高僧传》卷十二隋江都安乐寺释慧海传二
昙迁	542—607	后归邺下，历诸讲肆，弃小专大，不以经句涉怀，偏就昙遵法师，禀求佛法纲要	《续高僧传》卷十八隋西京禅定道场释昙迁传一
彭渊	544—611	自《华严》《地持》《涅槃》《十地》，皆一闻无坠，历耳便讲	《续高僧传》卷十一隋终南山至相道场释彭渊传七
慧嵩	547—633	及嵩力微四大退贬，令代讲《涅槃》，咸怪其言谓违嵩义	《续高僧传》卷十四唐襄州紫金寺释慧棱传十

人名	生卒年	《涅槃经》讲习、注疏情况	出处
慧迁	548—626	周经一纪，并通《涅槃》《地持》，并得讲授	《续高僧传》卷十二唐京师大总持寺释慧迁传十二
灵璨	548—718	游学相邺，研蕴正理，深明《十地》《涅槃》，备经讲授	《续高僧传》卷十隋西京大禅定道场释灵璨传十二
吉藏	549—623	《涅槃经游意》一卷	吉藏撰《涅槃经游意》一卷
慧海	550—606	十八便讲《涅槃》	《续高僧传》卷十一隋西京静法道场释慧海传三
善胄	550—620	《大论》《涅槃》，是所钻注	《续高僧传》卷十二唐京师净影寺释善胄传九
明驭	550—620	初学《涅槃》，后习《摄论》	《续高僧传》卷二十六隋京师无漏寺释明驭传三十四
慧觉	554—606	后止白塔，恒事敷说《大品》《涅槃》《华严》《四论》等二十余部，遍数甚多，学徒满席，法轮之盛，莫是过也	《续高僧传》卷十二隋江都慧日道场释慧觉传三
慧乘	555—630	所讲《涅槃》《般若》《金鼓》《维摩》《地持》《成实》等，各数十遍	《续高僧传》卷二十四唐京师胜光寺释慧乘传二
智满	555—632	又听《涅槃》等经，尽其大旨，名教略圆，味静终业	《续高僧传》卷十九唐并州义兴寺释智满传八
慧诞	557—630	学究《涅槃》，及通《摄论》	《续高僧传》卷二十六隋京师延兴寺释慧诞传十八

人名	生卒年	《涅槃经》讲习、注疏情况	出处
道逊	560—634	虽大通群籍，偏以《涅槃》《摄论》为栖神之宅也	《续高僧传》卷十四 唐蒲州仁寿寺 释道逊传三
智徽	560—638	歆慕弘道，岁常讲《涅槃》《十地》《地持》《维摩》《胜鬘》，用为恒业	《续高僧传》卷十五 唐泽州清化寺 释智徽传七
灌顶	561—632	尝于章安摄静寺讲《涅槃经》，值海贼上抄，道俗奔委，顶方挝钟就讲，颜无慑惧。……又讲《涅槃》《金光明》《净名》等经，及说圆顿、止观、四念等法门，其遍不少。撰《大般涅槃经玄义》。	《续高僧传》卷十九 唐天台山国清寺 释灌顶传十灌顶撰《大般涅槃经玄义》二卷
净业	564—616	学《涅槃》等经，皆品酌其致，弘宣大旨，而恨文广功略，章句未离	《续高僧传》卷十二 隋终南山悟真寺 释净业传五
慧頵	564—630	有吴县令陈士绰者，排繁从义，倾仰法音，请讲《法华》《涅槃》	《续高僧传》卷十四 唐苏州通玄寺 释慧頵传七
普明	565—650	讲《涅槃》八十余遍	《续高僧传》卷二十 蒲州仁寿寺 释普明传三
法常	567—645	《涅槃》《维摩》《胜鬘》等各垂疏记，广行于世	《续高僧传》卷十五 唐京师普光寺 释法常传六
行等	570—642	登听净影远公《涅槃》，伏读文义，时以荣之。相从讲说百一十遍，中逢阻难，必预先知	《续高僧传》卷十五 唐京师慈悲寺 释行等传十
慧璇	571—649	周灭法后，南往陈朝，入茅山听明师三论，又入栖霞听悬布法师《四论》《大品》《涅槃》等，晚于安州大林寺听圆法师《释论》	《续高僧传》卷十五 唐襄州光福寺 释慧璇传二

人名	生卒年	《涅槃经》讲习、注疏情况	出处
道洪	571—649	相从传授，迄于暮齿，凡讲《涅槃》八十七遍，依承宗旨，罕坠彝伦	《续高僧传》卷十五 唐京师慈恩寺 释道洪传十四
明略	572—638	特善《涅槃》	《续高僧传》卷十三 唐京师普光寺 释道岳传十
道杰	573—627	莹鉴其高拔，即而剃落，寻与受具，令学《涅槃》等经，性净修明，闻持镜晓	《续高僧传》卷十三 唐蒲州栖岩寺 释道杰传十三
慧持	575—642	隋末避难往越州，住弘道寺，常讲《三论》《大品》《涅槃》《华严》《庄》《老》，累年不绝，立志坚白，书翰有闻	《续高僧传》卷十四 唐越州弘道寺 释慧持传十三
慧棱	576—640	讲《涅槃》《大品》《惟度》等经	《续高僧传》卷十四 唐襄州紫金寺 释慧棱传十
法护	576—643	常讲《中观》《涅槃》《摄论》	《续高僧传》卷十三 唐东都天宫寺 释法护传十五
法敏	579—645	讲《华严》《涅槃》	《续高僧传》卷十五 唐越州静林寺 释法敏传一
慧頵	580—636	讲《华严》《大品》《涅槃》《大智度》《摄大乘》及《中》《百》诸论，皆筌释章部，决滞有闻	《续高僧传》卷三 唐京师清禅寺沙门 释慧頵传二
神照	580—640	《涅槃》《华严》《成实》《杂心》随机便讲，曾不辞退	《续高僧传》卷十三 唐汴州安业寺 释神照传十二
惠仙	581—655	以《华严》《涅槃》二部为始卒之极教也	《续高僧传》卷二十 蒲州救苦寺 释惠仙传九

人名	生卒年	《涅槃经》讲习、注疏情况	出处
玄会	583—640	《涅槃义章》四卷	《续高僧传》卷十五 唐京师弘福寺 释玄会传九
道因	587—658	其专业者，《涅槃》《华严》《大品》《维摩》《法华》《楞伽》等经	《宋高僧传》卷二 唐益州多宝寺 道因传
玄奘	600—664	时东都慧日盛弘法席，《涅槃》《摄论》，轮驰相系，每恒听受，昏明思择。时寺有景法师讲《涅槃经》，执卷伏膺，遂忘寝食	《续高僧传》卷四 京大慈恩寺释玄奘传一《大唐故三藏玄奘法师行状》《大唐大慈恩寺三藏法师传》
慧静		著《涅槃略记》	《高僧传》卷七 释慧静八
道汪		雅善《涅槃》	《高僧传》卷七 释道汪十八
宝林		著《涅槃记》	《高僧传》卷七 竺道生一
法宝		林弟子法宝，亦学兼内外，著《金刚后心论》等，亦祖述生义焉	《高僧传》卷七 竺道生一
僧含		善《大涅槃》，常讲说不辍	《高僧传》卷七 释僧含十四
僧庄		善《涅槃》	《高僧传》卷七 释僧彻十五
静林		善《大涅槃经》	《高僧传》卷七 释道亮二十一
僧钥		善《涅槃经》	《高僧传》卷七 释梵敏二十二
慧定		善《涅槃》	《高僧传》卷七 释道温二十三

人名	生卒年	《涅槃经》讲习、注疏情况	出处
昙济		河东人也。十三出家，为导法师弟子，住寿阳八公山东寺。少有器度，汪汪然。仪望端肃，机悟通举。读《成实论》《涅槃》，以夜继日，未常安寝。高谈远论，以此自娱	《名僧传抄》
道慈		后有豫州沙门道慈，善《维摩》《法华》。祖述猷义，删其所注《胜鬘》，以为两卷，今行于世	《高僧传》卷七释道猷三十一
觉世		世善于《大品》及《涅槃经》，立"不空假名"义	《高僧传》卷七释道猷三十一
昙度	？—489	《涅槃》《法华》《维摩》《大品》，并探索微隐，思发言外	《高僧传》卷八释昙度二
昙纤		时与钟齐名比德者，昙纤、昙迁、僧表、僧最、敏达、僧宝等，并各善经论，悉为文宣所敬，迭兴讲席矣	《高僧传》卷八释僧钟四
僧表		时与钟齐名比德者，昙纤、昙迁、僧表、僧最、敏达、僧宝等，并各善经论，悉为文宣所敬，迭兴讲席矣	《高僧传》卷八释僧钟四
僧最		时与钟齐名比德者，昙纤、昙迁、僧表、僧最、敏达、僧宝等，并各善经论，悉为文宣所敬，迭兴讲席矣	《高僧传》卷八释僧钟四
敏达		时与钟齐名比德者，昙纤、昙迁、僧表、僧最、敏达、僧宝等，并各善经论，悉为文宣所敬，迭兴讲席矣	《高僧传》卷八释僧钟四
僧宝		时与钟齐名比德者，昙纤、昙迁、僧表、僧最、敏达、僧宝等，并各善经论，悉为文宣所敬，迭兴讲席矣	《高僧传》卷八释僧钟四
僧璩		述竺道生善不受报义（释僧璩释镜难璩答）	《出三藏记集》卷十二宋明帝敕中书侍郎陆澄撰法论目录序第一

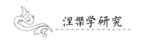

涅槃学研究

続表

人名	生卒年	《涅槃经》讲习、注疏情况	出处
智敷	？—601	讲《涅槃论》	《续高僧传》卷一陈扬都金陵沙门释法泰传六
慧布		又入栖霞听悬布法师《四论》、《大品》、《涅槃》等	《续高僧传》卷十五唐襄州光福寺释慧睿传二
慧顺		初听《涅槃》，略无遗义，因讲而睡，闻有言曰："此解乃明，犹未为极。"	《续高僧传》卷八齐邺下总持寺释慧顺传三
道慎		志《涅槃》	《续高僧传》卷八齐邺下定国寺释道慎传七
僧妙		讲解《涅槃》，以为恒业	《续高僧传》卷八周蒲州仁寿寺释僧妙传八
宝海		于时梁高重法，自讲《涅槃》，命海论佛性义，便升论榻	《续高僧传》卷九周益州谢镇寺释宝海传一
法安		时听《涅槃》，每立异义，令众难之，人虽巨众，无能屈者，由是声闻楚越	《续高僧传》卷九隋荆州等界寺释法安传四
慧藏	？—620	未登冠具，屡讲《涅槃》	《续高僧传》卷九隋西京空观道场释慧藏传九
融智	？—590	常讲《涅槃》	《续高僧传》卷十隋彭城崇圣道场释靖嵩传一
法总		少以诵《涅槃》为业……开皇中年，敕召为涅槃众主	《续高僧传》卷十隋西京海觉道场释法总传十

人名	生卒年	《涅槃经》讲习、注疏情况	出处
宝儒	？—610	听《大涅槃》，首尾三载，通镜其旨，即蒙覆述	《续高僧传》卷十隋西京净影道场释宝儒传十四
慧最	？—601—？	初听《涅槃》，游学邺下	《续高僧传》卷十隋西京光明道场释慧最传十五
慧畅	？—610	达解《涅槃》，慨其晚悟	《续高僧传》卷十隋西京净影道场释慧畅传十七
慧隆	？—601	凡讲《成论》三十遍，《涅槃》《大品》各十余遍，余则有差，故不具叙	《续高僧传》卷十二隋丹阳彭城寺释慧隆传一
童真		晚涉经论，通明大小，尤善《涅槃》，议其词理。……又以《涅槃》本务，常事弘奖，言令之设，多附斯文	《续高僧传》卷十二隋西京大禅定道场释童真传六
辩相	？—627	于《涅槃》一部，详核有闻	《续高僧传》卷十二唐京师胜光寺释辩相传十
智琚	？—619	吾以《华严》《大品》《涅槃》《释论》，此之文言，吾常吐纳	《续高僧传》卷十二唐常州建安寺释智琚传十四
玄鉴		听采经论，于《大涅槃》深得其趣。……每讲《涅槃》《十地》《维摩》，四时不辍	《续高僧传》卷十五唐泽州清化寺释玄鉴传八
志宽		历听诸经，以《涅槃》《地论》为心要也	《续高僧传》卷十五唐蒲州仁寿寺释志宽传十一
灵润	？—650	前后所讲《涅槃》七十余遍	《续高僧传》卷十五唐京师弘福寺释灵润传十三

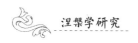 涅槃学研究

续表

人名	生卒年	《涅槃经》讲习、注疏情况	出处
智衍		讲《摄论》《涅槃》	《续高僧传》卷十五 唐京师弘福寺 释灵润传十三
法常		后讲《涅槃》，并授禅数	《续高僧传》卷十六 后梁荆州覆船山 释法常传十一
智赞		《摄论》《涅槃》，是所综博	《续高僧传》卷十七 隋赵郡障洪山 释智舜传九
觉朗	？—630	明《四分律》及《大涅槃》	《续高僧传》卷二十一 隋西京大禅定道场 释觉朗传十二
昙无最		最善弘敷导，妙达《涅槃》《华严》，僧徒千人，常业无怠	《续高僧传》卷二十三 魏洛都融觉寺 释昙无最传一
普应		通《涅槃》《摄论》，有涯略之致	《续高僧传》卷二十四 唐京师大总持寺 释智实传三
僧安		齐文宣时，在王屋山聚徒二十许人，讲《涅槃》	《续高僧传》卷二十五 齐赵州头陀沙门 释僧安传一
圆通	？—573—？	研讽《涅槃》，文旨详核	《续高僧传》卷二十五 齐邺下大庄严寺 释圆通传十四
法冲		遭母忧，读《涅槃经》，见"居家迫迮"之文，遂发出家心。听《涅槃》三十余遍	《续高僧传》卷二十五 兖州法集寺 释法冲传三十九
明璨	？—620	未及三夏，频扬《成论》及《涅槃经》	《续高僧传》卷二十六 隋京师大兴善寺 释明璨传五

人名	生卒年	《涅槃经》讲习、注疏情况	出处
僧顺	？—600—？	习学《涅槃》	《续高僧传》卷二十六隋京师玄法寺释僧顺传十四
法周		《涅槃》《摄论》，是所留神	《续高僧传》卷二十六隋京师静觉寺释法周传十七
圆超		《十地》《涅槃》，是其经略，言行所表，必询猷焉	《续高僧传》卷二十六隋京师沙门释圆超传二十一
法顺	？—620	听习《涅槃》	《续高僧传》卷二十六隋京师光明寺释慧藏传二十二
僧昕	？—610	从学远公，《十地》《涅槃》，咸究宗领	《续高僧传》卷二十六隋京师大兴善寺释僧昕传二十八
智揆		爱慕《涅槃》，净持戒行，不重荣渥，知足无求	《续高僧传》卷二十六隋京师弘济寺释智揆传三十
宝安	？—620	初依慧远听涉《涅槃》，博究宗领。……讲《十地》《涅槃》，纯熟时匠	《续高僧传》卷二十六隋京师净影寺释宝安传三十二
法楷	？—610	师习《涅槃》，通解文义	《续高僧传》卷二十六隋京师扬化寺释法楷传三十九
智巍	？—620	依承慧远，传业《十地》及以《涅槃》，皆可敷导	《续高僧传》卷二十六隋京师静法寺释智巍传四十二
道嵩	？—610	餐味《涅槃》，依行忏悔，身戒心慧，悉戴奉之	《续高僧传》卷二十六隋京师沙门释道嵩传四十三

人名	生卒年	《涅槃经》讲习、注疏情况	出处
道颜	？—622	初学远公《涅槃》《十地》，领牒枢纽，最所殷赡	《续高僧传》卷二十六 隋京师净影寺 释道颜传四十四
道积	？—627	诵通《涅槃》，生常恒业	《续高僧传》卷二十八 唐益州福成寺 释道积传七
洪远		并诵《涅槃》，皂素回向	《续高僧传》卷二十八 唐益州福成寺 释道积传七
僧恩		并诵《涅槃》，皂素回向	《续高僧传》卷二十八 唐益州福成寺 释道积传七
宝相		专读《涅槃》一千八十遍	《续高僧传》卷二十八 唐京师罗汉寺 释宝相传十四

参考文献

一 藏内经典与古代文献

（东汉）支娄迦谶译：《道行般若经》，《大正藏》第8册。

（吴）支谦译：《释摩男本四子经》，《大正藏》第1册。

（西晋）无罗叉译：《放光般若经》，《大正藏》第8册。

（东晋）慧远、罗什：《鸠摩罗什法师大义》，《大正藏》第45册。

（东晋）法显译：《大般涅槃经》，《大正藏》第1册。

（东晋）法显：《高僧法显传》，《大正藏》第51册。

［案达罗］龙树著，青目释，（姚秦）鸠摩罗什译：《中论》，《大正藏》第
  30册。

（姚秦）鸠摩罗什译：《大智度论》，《大正藏》第25册。

（姚秦）鸠摩罗什译：《佛垂般涅槃略说教诫经》，《大正藏》第12册。

（姚秦）鸠摩罗什译：《佛说仁王般若波罗蜜经》，《大正藏》第8册。

（姚秦）佛陀耶舍共竺佛念等译：《四分律》，《大正藏》第22册。

（东晋）佛陀跋陀罗共法显：《摩诃僧祇律》，《大正藏》第22册。

（东晋）竺昙无兰译：《迦叶赴佛般涅槃经》，《大正藏》第12册。

（东晋）僧肇：《注维摩诘经》，《大正藏》第38册。

（北凉）昙无谶译：《大般涅槃经》，《大正藏》第12册。

（北凉）昙无谶译：《大方等无想经》，《大正藏》第12册。

（北凉）昙无谶译：《菩萨地持经》，《大正藏》第30册。

（北凉）昙无谶译：《佛所行赞》，《大正藏》第4册。

（北凉）浮陀跋摩、道泰等译：《阿毗昙毗婆沙论》，《大正藏》第28册。

（刘宋）竺道生：《法华经疏》，《续藏经》第 27 册。

（刘宋）慧严等编《大般涅槃经》，《大正藏》第 12 册。

（刘宋）求那跋陀罗译：《胜鬘师子吼一乘大方便方广经》，《大正藏》第 12 册。

（刘宋）求那跋陀罗译：《杂阿含经》，《大正藏》第 2 册。

（萧齐）昙摩伽陀耶舍译：《无量义经》，《大正藏》第 9 册。

（萧齐）昙景译：《摩诃摩耶经》，《大正藏》第 12 册。

（元魏）慧掌蕴：《胜鬘义记》，《大正藏》第 85 册。

（高齐）那连提耶舍译：《大悲经》，《大正藏》第 12 册。

（梁）僧祐：《出三藏记集》，《大正藏》第 55 册。

（梁）僧祐：《弘明集》，《大正藏》第 52 册。

（梁）宝唱：《名僧传抄》，《续藏经》第 77 册。

（梁）慧皎：《高僧传》，《大正藏》第 50 册。

（梁）宝亮等集：《大般涅槃经集解》，《大正藏》第 37 册。

（陈）真谛译：《大乘起信论》，《大正藏》第 32 册。

（陈）真谛译：《佛说无上依经》，《大正藏》第 16 册。

（陈）真谛译：《佛性论》，《大正藏》第 31 册。

（陈）慧达：《肇论疏》，《续藏经》第 54 册。

（陈）慧思：《法华经安乐行义》，《大正藏》第 46 册。

（失译）《毗尼母经》，《大正藏》第 24 册。

（失译）《别译杂阿含经》，《大正藏》第 2 册。

（隋）法经等：《众经目录》，《大正藏》第 55 册。

（隋）慧远：《大般涅槃经义记》，《大正藏》第 37 册。

（隋）慧远：《胜鬘经义记》，《续藏经》第 19 册。

（隋）慧远：《大乘义章》，《大正藏》第 44 册。

（隋）智顗：《四念处》，《大正藏》第 46 册。

（隋）智顗：《妙法莲华经玄义》，《大正藏》第 34 册。

（隋）智顗：《摩诃止观》，《大正藏》第 46 册。

（隋）智顗：《维摩经文疏》，《续藏经》第 18 册。

（隋）吉藏：《二谛义》，《大正藏》第 45 册。

（隋）吉藏：《三论玄义》，《大正藏》第 45 册。

（隋）吉藏：《中观论疏》，《大正藏》第 42 册。

（隋）吉藏：《百论疏》，《大正藏》第 42 册。

（隋）吉藏：《大乘玄论》，《大正藏》第 45 册。

（隋）吉藏：《胜鬘宝窟》，《大正藏》第 37 册。

（隋）吉藏：《涅槃经游意》，《大正藏》第 38 册。

（隋）吉藏：《法华义疏》，《大正藏》第 34 册。

（隋）吉藏：《法华玄论》，《大正藏》第 34 册。

（隋）吉藏：《法华游意》，《大正藏》第 34 册。

（隋）吉藏：《仁王般若经疏》，《大正藏》第 33 册。

（隋）硕法师：《三论游意义》，《大正藏》第 45 册。

（隋）灌顶：《大般涅槃经玄义》，《大正藏》第 38 册。

（隋）灌顶著，湛然再治：《大般涅槃经疏》，《大正藏》第 38 册。

（唐）道宣：《大唐内典录》，《大正藏》第 55 册。

（唐）道宣：《广弘明集》，《大正藏》第 52 册。

（唐）道宣：《续高僧传》，《大正藏》第 50 册。

（唐）道宣：《四分律删繁补缺行事钞》，《大正藏》第 40 册。

（唐）均正：《大乘四论玄义》，《续藏经》第 46 册。

（唐）玄奘译：《瑜伽师地论》，《大正藏》第 30 册。

（唐）玄奘、辩机：《大唐西域记》，《大正藏》第 51 册。

（唐）玄奘译：《阿毗达磨大毗婆沙论》，《大正藏》第 27 册。

（唐）玄奘译：《成唯识论》，《大正藏》第 31 册。

［犍陀罗］世友著，（唐）玄奘译：《异部宗轮论》，《大正藏》第 49 册。

（唐）智俨：《华严五十要问答》，《大正藏》第 45 卷。

（唐）若那跋陀罗译：《大般涅槃经后分》，《大正藏》第 12 册。

（唐）道世：《法苑珠林》，《大正藏》第 53 册。

（唐）法宝：《一乘佛性究竟论》，《续藏经》第 55 册。

（唐）义净：《大唐西域求法高僧传》，《大正藏》第 51 册。

（唐）法藏：《华严一乘教义分齐章》，《大正藏》第 45 册。

（唐）法藏：《大乘起信论义记》，《大正藏》第 43 册。

（唐）法藏：《大乘法界无差别论疏》，《大正藏》第 44 册。

（唐）法藏：《华严经探玄记》，《大正藏》第 35 册。

（唐）玄嶷：《甄正论》，《大正藏》第 52 册。

（唐）慧沼：《能显中边慧日论》，《大正藏》第 45 册。

（唐）慧苑：《续华严经略疏刊定记》，《续藏经》第 3 册。

（唐）智升：《开元释教录》，《大正藏》第 55 册。

（唐）湛然：《法华玄义释签》，《大正藏》第 33 册。

（唐）湛然：《法华文句记》，《大正藏》第 34 册。

（唐）湛然：《止观辅行传弘决》，《大正藏》第 46 册。

（唐）湛然：《止观义例》，《大正藏》第 46 册。

（唐）湛然：《金刚錍》，《大正藏》第 46 册。

（唐）道暹：《涅槃经疏私记》，《续藏经》第 37 册。

（唐）道暹：《涅槃经玄义文句》，《续藏经》第 36 册

（唐）道邃：《天台法华疏记义决》，《大日本佛教全书》第 16 卷。

（唐）澄观：《大方广佛华严经疏》，《大正藏》第 35 册。

（唐）澄观：《大方广佛华严经随疏演义钞》，《大正藏》第 36 册。

（唐）尸罗达摩译：《佛说十地经》，《大正藏》第 10 册。

（北宋）智圆：《涅槃玄义发源机要》，《大正藏》第 38 册。

（北宋）智圆：《三德指归》，《续藏经》第 37 册。

（北宋）从义：《摩诃止观义例纂要》，《续藏经》第 56 册。

（元）念常：《佛祖历代通载》，《大正藏》第 49 册。

（元）德辉：《敕修百丈清规》，《大正藏》第 48 册。

（明）袾宏：《佛遗教经论疏节要》，《大正藏》第 40 册。

（明）智旭：《遗教经解》，《续藏经》第 37 册。

（宋）守遂注，（明）了童补注：《遗教经补注》，《续藏经》第 37 册。

（东汉）郑玄注，王锷点校：《礼记注》，中华书局 2021 年版。

（唐）许敬宗编，罗国威整理：《日藏弘仁本文馆词林校证》，中华书局 2001
年版。

（唐）义净著，王邦维译注：《南海寄归内法传校注》，中华书局 1995 年版。

（五代）刘昫等撰：《旧唐书》，中华书局 1975 年版。

（清）孙希旦撰，沈啸寰、王星贤校：《礼记集解》，中华书局 1989 年版。

（清）阮元校刻：《十三经注疏清嘉庆刊本》，中华书局 2009 年版。

（清）王先谦撰，沈啸寰、王星贤校：《荀子集解》，中华书局 1988 年版。

（清）郭庆藩撰，王孝鱼校：《庄子集释》，中华书局 2012 年版。

（清）苏舆撰，钟哲校：《春秋繁露义证》，中华书局 2019 年版。

［新罗］元晓：《大乘起信论别记》，《大正藏》第 44 册。

［高丽］谛观：《天台四教仪》，《大正藏》第 46 册。

［日］圆仁：《入唐求法巡礼行记》，《大藏经补编选录》第 18 册。

［日］快道林常：《阿毗达磨俱舍论法义》，《大日本佛教全书》第 21 卷。

［日］佐伯定胤、中野达慧共编：《玄奘三藏师资传丛书》，《续藏经》第 88 册。

［日］武田科学振兴财团编：《敦煌秘笈影片册四》，大阪：武田科学振兴财团出版 2011 年版。

二　研究专著

陈尚君辑校：《全唐文补编》，中华书局 2005 年版。

方广锠主编《藏外佛教文献》（总第十五辑），中国人民大学出版社 2010 年版。

方立天：《中国佛教哲学要义》上卷，中国人民大学出版社 2002 年版。

刘汝霖：《东晋南北朝学术编年》，上海书店出版社 1992 年版。

刘文典撰：《淮南鸿烈集解》，中华书局 2017 年版。

葛荣晋：《中国哲学范畴通论》，首都师范大学出版社 2001 年版。

上海图书馆、上海古籍出版社编《上海图书馆藏敦煌吐鲁番文献》第二册，上海古籍出版社 1999 年版。

汤用彤：《魏晋玄学论稿》，上海古籍出版社 2001 年版。

汤用彤：《汉魏两晋南北朝佛教史》（增订本），北京大学出版社 2011 年版。

杨伯峻编著：《春秋左传注》，中华书局 1990 年版。

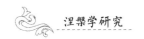

张立文：《中国哲学范畴发展史（天道篇）》，中国人民大学出版社 1988 年版。

［日］布施浩岳：『涅槃宗の研究』（後篇），東京：国書刊行会 1973 年版。

［日］船山徹：『佛典はどう漢訳されたのかースートラが経典になるとき』，東京：岩波書店 2013 年版。

［日］島田虔次：『中国思想史研究』，邓红译，上海古籍出版社 2009 年版。

［日］高崎直道：『如来藏・佛性論 II』，『高崎直道著作集』第七卷，東京：春秋社 2010 年版。

［日］高崎直道：『如来藏思想の形成』，東京：春秋社 1974 年版。

［日］沟口雄三：『中国的思维世界』，刁榴、牟坚等译，生活・读书・新知三联书店 2014 年版。

［日］菅野博史：『南北朝 隋代の中国佛教思想研究』，東京：大藏出版 2012 年版。

［日］菅野博史：『中国法華思想の研究』，東京：春秋社 1994 年版。

［日］久下陞：『一乘佛性權實論の研究』（上），東京：隆文館 1985 年版。

［日］李子捷：『「究竟一乘宝性論」と東アジア佛教—五－七世紀の如来藏・真如・種性説の研究』，東京：国書刊行会 2020 年版。

［日］鎌田茂雄：『中国佛教通史』，高雄：佛光出版社 1986 年版。

［日］木村清孝编：『疑偽佛典の綜合的研究』，東京：東京大学出版會 2000 年版。

［日］平井俊榮：『中国般若思想史研究——吉藏と三論学派』，東京：春秋社 1976 年版。

［日］青木佳伶：『「注大般涅槃経」の文献学的研究』，京都：法藏館 2022 年版。

［日］青木隆、荒牧典俊、池田將則、金天鶴等编『藏外地論宗文獻集成續集』，서울：도서출판 씨아이알 2013 年版。

［日］砂山稔：『隋唐道教思想史研究』，東京：平河出版社 1990 年版。

［日］望月信亨：『浄土教の起源及発達』，東京：山喜房佛書林 1972 年版。

［日］下田正弘：『「涅槃経」の研究—大乘経典の研究方法試論』，東京：春秋社 1997 年版。

［日］伊藤隆寿：『佛教中国化的批判性研究』，肖平译，经世文化出版有限公司 2004 年版。

［日］宇井伯壽：『宝性論の研究』，東京：岩波書店版 1959 年版。

［日］築島裕：『平安时代语新论』，東京：東京大学出版会 1969 年版。

［韩］崔鈆植校注：『「大乘四論玄義記」校勘』，서울：불광출판사 2008 年版。

Radich，Michael，*The Mahāparinirvāṇa-mahāsūtra and the Emergence of Tathāgatagarbha Doctrine*，Hamburg：Hamburg University Press，2015.

Waldschmidt，Ernst，*Die überlieferung von Lebensede des Buddha*ⅰ，ⅱ，1944－1948.

三　研究论文

曹荣芳：《从常用词看竺法护译经的词汇特点》，硕士学位论文，湖南师范大学，2004 年。

纯一：《〈三教不齐论〉与唐代三教关系》，《儒释道融合之因缘研讨会论文集》2013 年版。

贺世哲：《敦煌莫高窟的涅槃经变》，《敦煌研究》1986 年第 1 期。

景盛轩、吴波：《南、北本《大般涅槃经》词汇差异》，《汉语史研究集刊》2008 年第 00 期。

叶贵良校：《敦煌本〈太玄真一本际经〉辑校》，巴蜀书社 2010 年版。

张文良：『「演義鈔」に見られる法宝著「涅槃経疏」』，『東アジア佛教研究』2005 年通号 3。

张文良：『南朝成実宗における二諦説―杏雨書屋藏・羽271「不知題佛経義記」の"二諦義"を中心に』，『東アジア佛教学術論集』2019 年通号 7。

张文良：《观师与南北朝涅槃学》，《世界宗教文化》2022 年第 6 期。

张凯：《〈敦煌秘笈〉羽二七一〈不知题佛经义记〉的基础研究》，《世界宗教研究》2014 年第 6 期。

［日］坂本幸男：『教判史上の誕法師』，『印度学佛教学研究』1953 年通号 2。

［日］池田宗讓：『"正諦の中に第一義諦有りや不や"発問の周囲—「婆沙論」と「涅槃経」において』（1），『大正大学大学院研究論集』2011年通号35。

［日］船山徹：『从六朝佛典的汉译与编辑看佛教中国化问题』，载方立天主编『宗教研究2009』，宗教文化出版社2012年版。

［日］船山徹：『体用小考』，载『六朝精神史の研究』，科学研究費補助金研究成果報告書2005年版。

［日］春日礼智：『淨土教史料として名僧傳指示抄名僧傳要文抄竝に彌勒如來感應抄．第四所引の名僧傳に就いて』，『宗学研究』1936年通号12。

［日］春日礼智：『南斉上定林寺僧柔について』，『印度学佛教学研究』1976年第25巻第1号。

［日］村上明也：『法宝の著作に関する基礎研究』，『佛教学研究』2016年第72号。

［日］大坪併治：『白鶴美術館藏 大般涅槃經集解巻十一の訓点』，『訓点語と訓点資料』1966年第32輯。

［日］大久保良峻：『三大部要決をめぐる一、二の問題』，『天台学報』1991年第33号。

［日］岡本一平：『称名寺所藏・金沢文庫保管 大開業寺沙門・法宝述「一乗佛性権実論」断簡の翻刻と紹介』，『金澤文庫研究』2022年第349号。

［日］根无一力：『慧沼の研究—伝記・著作をめぐる問題』，『佛教学研究』1987年第43号。

［日］河村孝照：『潅頂撰「涅槃経玄義」における"有る人"とは誰を指すか』，『印度学佛教学研究』1985年通号67。

［日］花野充道：『「三十四箇事書」の撰者と思想について（三）』、『東洋学術研究』1976年第152号。

［日］菅野博史、孫茂霞：『白鶴美術館所藏「大般涅槃経集解」写本について—巻第1～3、18～20の校訂—』，『東アジア佛教研究』2016年第14号。

［日］近藤喜博：『大般涅槃經集解—白鶴美術館所藏本について—』、『MU-

SEUM』1964 年第 164 号。

［日］久下陞：『「守護国界章」における唐沙門法宝の佛性論』,『佛教大学研究紀要』1975 年通号 59。

［日］久下陞：『「一乗要決」における法宝の佛性論』,『日本文化と浄土教論攷：井川定慶博士喜寿記念』1974 年通号 23。

［日］久下陞：『法宝撰「大般涅槃經疏」における一闡提思想』,『人文学論集』1973 年第 7 号。

［日］柳幹康：『法宝の佛性思想』,『東アジア佛教研究』2020 年通号 18。

［日］落合俊典：『刑部郎中封無待撰「注心経並序」本文と小考』,『国際佛教学大学院大学懸研究紀要』2011 年第 15 号。

［日］木村宣彰：『法寶における涅槃經解釋の特質』,『大谷学報』1978 年通号 217。

［日］平井俊榮：『吉藏著「大般涅槃經疏」逸文の研究（上)』,『南都佛教』1971 年第 27 号。

［日］平井俊榮：『吉藏著「大般涅槃經疏」逸文の研究（下)』,『南都佛教』1972 年 29 号。

［日］平井俊榮：『中国佛教と体用思想』,『理想』1979 年通号 549。

［日］浅田正博：『石山寺所藏「一乗佛性究竟論」卷第 1 卷第 2の検出について〔含資料〕』,『龙谷大学论集』1986 年通号 429。

［日］青木隆：『中国佛教における体用論の一展開』,載于『佛教と文化：多田孝正博士古稀記念論集』,東京：山喜房佛書林，2008 年。

［日］神田淑子：『「霊寶経」と初期江南佛教—因果応報思想を中心に』,『東方宗教』1998 年第 91 号。

［日］神塚淑子：『「海空智藏経」と「涅槃経」—唐初道教経典の佛教受容』,『日本東方学』2007 年第 1 号。

［日］水谷幸正：『涅槃経の成立史的問題』,『印度学佛教学研究』1963 年通号 22。

［日］藤本賢一：『「大般涅槃経集解」の編者について』,『天台学報』1971 年第 14 号。

［日］藤井教公：『天台智顗における「涅槃経」の受容とその位置づけ
（一）』，『大倉山論集』1988 年第 23 号。

［日］藤井教公：『天台智顗における「涅槃経」の受容とその位置づけ
（二）』，『大倉山論集』1988 年第 24 号。

［日］尾崎勤：『「涅槃経」の北本南伝と南本編纂の時期』，『佛教史学研究』
2013 年通号 149。

［日］伊藤隆壽：『道・理の哲学と本覚思想』，『駒澤大学佛教学部研究紀
要』2005 年通号 63。

［日］伊藤尚徳：『慧沼「能顕中辺慧日論」にみる法宝批判』，『大正大学大
学院研究論集』2007 年通号 31。

［日］増永灵凤：『八大人覚の原始的研究』，『駒沢大学実践宗乗研究会年
報』1935 年第 3 辑。

［日］滋野井怡：『唐貞観中の「遺教経」施行について』，『印度学佛教学研
究』1977 年通号 51。

Bareau, André, "La composition et les étapes de la formation progressive du
mahāparinirvāṇasūtra", *Bulletin de l'École française d'Extrême-Orient*, Vol. 66,
1979.

后 记

　　最早接触《涅槃经》是在日本留学期间，当时研究澄观的华严思想时，发现澄观在《华严经疏》中对《涅槃经》的教义进行讨论，而且其相关讨论是结合对唐初法宝的《涅槃经疏》的批判展开的。法宝可以说是中国佛教涅槃宗的最后一个大家，其《涅槃经疏》在《涅槃经》注释史上也占有重要的地位。惜乎《涅槃经疏》只有两卷现存，其思想全貌难以窥知。而澄观对法宝《涅槃经疏》的引用成为我们了解此疏的重要文献。基于此，我撰写了《澄观所引法宝〈涅槃经疏〉及其思想特征》（日文），发表在日文杂志《东亚佛教研究》上。

　　2018 年召开的第七届中日佛学会议的主题是"《涅槃经》与东亚佛教"。为了参加这次会议，笔者在已有研究基础上又作了拓展，除了华严宗，我又关注到天台宗特别是湛然的《金刚錍》的佛性思想，撰写了《〈涅槃经〉与唐代佛教》一文，并在这次会议上发表。湛然的《金刚錍》虽然没有冠以《涅槃经疏》的名字，但从内容上看确实是针对《涅槃经》的经文而作的阐释，可以视为《涅槃经》的注释书。其佛性即法性的说法导出了草木瓦石皆有佛性的结论，湛然并从这一立场出发对包括澄观在内的华严宗思想家对《涅槃经》佛性诠释提出批判。相比于吉藏、净影寺慧远、法宝、澄观等人对《涅槃经》佛性说的诠释，湛然对《涅槃经》佛性说的诠释是一种全新的解说模式。因为以往的诠释都对佛性和法性进行了某种区分，将佛性限定于有情众生，而湛然则将佛性等同于法性，并由此将佛性推展到一切无情之物。这种佛性说并没有成为中国佛性说的主流，但在日本中世天台宗思想中却得到发扬光大，成为比较中日佛性说的典型素材。

　　自从承担教育部的重大课题"南北朝《涅槃经》注释书的综合研究"，

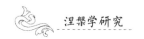

就一直思考如何在既有研究基础上有所突破。因为在中国有汤用彤先生的《汉魏两晋南北朝佛教史》、在日本则有布施浩岳的《涅槃宗之研究》，珠玉在前，在涅槃学研究领域要有所突破并不是容易的事情。如在布施浩岳的《涅槃宗之研究》问世之后，除了横超慧日、菅野博史的单篇论文之外，日本学术界尚未有关于涅槃学的系统性的研究成果出现。

这种状况随着白鹤美术馆藏《涅槃经集解》的公开以及敦煌文书中《涅槃经》注释书的整理和研究的进展而得以改观。菅野博史教授申请到日本文部省科研助成金项目"白鹤美术馆藏《涅槃经集解》研究"，获得白鹤美术馆的支持，对尚未公开的白鹤美术馆藏《涅槃经集解》进行文献学和思想史的研究。征得菅野博史教授的同意，我也得到此本的扫描本。我与菅野博史教授、在读博士研究生贾学霄合作，对《涅槃经集解》前三十卷进行了初步研究，撰写了《〈涅槃经集解〉研究》，发表在日本创价大学《文学部研究纪要》。后面的四十卷也得到白鹤美术馆的授权，正在展开相关研究。从已有的研究来看，白鹤美术馆本相对于《大正藏》所收的《涅槃经集解》版本属于善本，可以通过互校，得到一个《涅槃经集解》的精校本。关于白鹤美术馆藏《涅槃经集解》的研究成果反映在本书第三章的第二节。

在研究资料的拓展方面，中央民族大学的史经鹏副教授对敦煌文献中的《涅槃经》注释书进行了整理和研究。其博士后出站报告《敦煌〈涅槃经〉注释书研究》对敦煌文献中的注释书作了文献学的研究，此研究成果是本书相关研究的重要资料基础。特别是对于考察北朝地论宗的《涅槃经》观有很大帮助。除此之外，宁波大学张凯副教授所整理的萧子良《义记》中也有"涅槃"义。这部分资料弥补了南齐佛教涅槃学的空白，结合对这部分资料的研究，可以对南朝涅槃学有一个更全面的把握。

通过对南北朝和隋唐时代涅槃学的考察，笔者有以下几点新的思考。

一是南北朝前期和后期涅槃学的资料严重不平衡。即前期的涅槃学有《涅槃经集解》等相对完整的资料，关于涅槃家的记载在《高僧传》中也有丰富的资料。《高僧传》之所以有关于涅槃家的详细记载，与作者慧皎本身对《涅槃经》的造诣和关注有关，而《续高僧传》的作者道宣是律学弘扬者，对《涅槃经》没有特别的兴趣，故其《续高僧传》对于涅槃家的记载远远不能与《高僧传》相比。由于种种复杂的原因，南北朝后期《涅槃经》注释书资料留存很少。如梁朝三大士法云、僧旻、智藏皆为《涅槃经》大家，但它们的注释书都没有留传下来，还有灌顶的《涅槃经疏》中提到的"观法师"等人的《涅槃经》注释书也没有流传下来。我们现在能够了解的是梁朝前期的涅槃学大体状况，而对梁朝中期之后的涅槃学状况，由于资料的阙如，我们只能寄望于将来新材料的发现。敦煌文献中的《涅槃经》注释书，虽然不乏6世纪早期或6世纪中叶的文献，但多与地论宗关系密切，其思想特征与梁朝的涅槃学有所不同。我在本书中虽然对"观师"的涅槃学略作考察，但对于梁朝后期的涅槃学研究来说，也只能是聊胜于无而已。敦煌文献中有《涅槃经义记》的文本，据研究，其思想与净影寺慧远的《涅槃经义记》有呼应之处，应该属于陈朝或更早时期的文献。经过对比研究，或许可以对南北朝后期涅槃学的发展线索有更清晰的认知。

二是涅槃学的展开与佛教中国化的历史进程相一致。只有结合佛教中国化的历史课题对"涅槃"概念的嬗变进行考察，从印度佛教的"涅槃"到中国涅槃学的转变轨迹才能获得清晰的呈现。我在本书中，结合中国传统思想中的"理""神明""体用"概念等，对《涅槃经》特别是其中的佛性概念与中国传统思想中的重要概念的交涉互动和概念内涵的重构等进行了考察。"理""神明""体用"都是中国文化的原生性概念，但在与《涅槃经》思想的交涉互动中发生了变异，成为中国佛教思想体系中的重要概念，并对中国佛教思想史的发展产生了不可忽视的影响。除了教理的层面，在佛教戒律方面，《涅槃经》的戒律思想与中国汉地戒律体系的建构也有着密切关联。如《涅槃经》的禁酒肉戒与中国汉地佛教的"不食肉戒"之间的关系就值得关注。我选择梁武帝的《禁酒肉文》进行考察，力图找到中国汉地佛教戒律形成的背景因素。此外，佛教的疑伪经和道教经典中也不乏与《涅槃经》关系密切者，透过对这些非主流典籍的考察，我们可以看到《涅槃经》在中国是如何通过一种变形的方式而影响到佛教思想甚至道教思想的。

三是南北朝涅槃学与隋唐佛教之间的思想关联问题。近些年，包括中国、日本、韩国佛教学术界在内的东亚佛教学术圈不约而同地将南北朝佛教作为研究的重点。因为隋唐佛教的理论素材几乎都来自南北朝佛教，中国佛教诸宗派都可以视为南北朝佛教在理论上的延展和再构成。要理解隋唐宗派佛教的理论创新就需要结合对南北朝佛教思想史的梳理，对思想的起承转合进行时间轴上的考察。我选择了《涅槃经》的"三佛性"到天台宗的"五佛性"的转变、《涅槃经》的佛性与三论宗的空性的融合、《涅槃经》的佛性说与华严宗的法性说等，对《涅槃经》的佛性概念如何在中国宗派佛教中发生结构性和内涵性的嬗变进行分析。通过这种分析，我发现，虽然没有出现一个以《涅槃经》为根本经典的宗派，但《涅槃经》的思想影响却在其他宗派佛教中得到体现，成为其他宗派思想体系的重要组成部分。这种思想史的考察还是初步的，还有许多课题有待进一步研究，如《涅槃经》与摄论宗的思想关联问题等。

本书的部分章节的内容曾公开发表，在编入书稿时曾作了部分修定。部分内容的发表情况如下：

1.『楞伽経における如来蔵』，『印度学仏教学研究』2020 年通号 150；

2.『「涅槃経集解」における如来蔵』，『印度学仏教学研究』2020 年通号 152；

3.『「大乗起信论」中的"大乘"』，『佛学研究』2020 年第 2 期；

4.『「地論宗南道派の仏性説」』，『印度学仏教学研究』2021 年通号 155；

5.《从"体用"到"体相用"——《大乘起信论》"三大"说思想渊源考》，《东方哲学与文化》2021 年第 1 期；

6.《日本近一百年来的佛教研究》，《西南民族大学学报》（人文社会科学版）2021 年第 6 期；

7.《太虚对"真如熏习"的阐释及其理论意义》，《西南民族大学学报》（人文社会科学版）2022 年第 11 期；

8.《太虚的〈大乘起信论〉观》，《宗教学研究》2022 年第 1 期；

9.《"观师"与南北朝涅槃学》，《世界宗教文化》2022 年第 6 期；

10.『伊字三点の解釈と天台宗の涅槃思想』，『法華佛教研究』2023 年第 35 号；

11.『中国古代僧人的生活规范——梁代关于僧人不食肉戒的讨论』，『불교학리뷰』，vol. 33，2003。

12.《"体用""体相用"概念起源通考》,《哲学研究》2023 年第 10 期。

13.『神明と佛性』,『印度学佛教学研究』2022 年 71 卷 1 号。

14.《〈涅槃经集解〉中的道生"〈关中疏〉"》,《畿辅哲学研究》第二辑,河北大学出版社,2023 年版。

在本课题的研究过程中,笔者得到日本创价大学菅野博史教授的帮助,得以接触到白鹤美术馆藏《涅槃经集解》,为本课题的研究提供了重要的资料基础。同时得到史经鹏副教授、张凯副教授的协助,利用了两位学者所整理敦煌文献中的《涅槃经》注释书和萧子良的《义记》。这些资料为本课题的顺利完成助益颇大。围绕本课题曾举办小型研讨会,北京大学王颂教授、中央民族大学刘成有教授,以及中国人民大学的张风雷教授、张雪松副教授等都对本课题的研究思路、研究框架等提出宝贵意见,在此对以上学者表示诚挚的感谢。

我所指导的博士研究生张宇心、明月、贾学霄、张舒晴、段雨函以及硕士研究生谭梦霄、刘姿彤等对相关资料的整理、书稿的排版、校对等做了大量工作,在此一并感谢。

最后,对中国社会科学出版社的郝玉明博士的编辑工作表示感谢。我的前一部书稿《〈大乘起信论〉思想史研究》就得益于郝玉明编辑的热心工作才得以面世,希望以后还能够有这样愉快的合作。

张文良于中国人民大学人文楼